Friederike u. Ulrich Schulze
Emmichstr. 22
12249 Berlin

Pomplun's
GROSSES BERLIN BUCH

Kurt Pomplun

Pomplun's GROSSES BERLIN BUCH

Haude & Spener

Titelbild: Berliner Leben im Lustgarten
Handkolorierte Postkarte
Bildarchiv Preussischer Kulturbesitz

CIP-Kurztitelaufnahme der Deutschen Bibliothek

Pomplun, Kurt:
[Grosses Berlin-Buch]
Pomplun's grosses Berlin-Buch. — Berlin:
Haude und Spener, 1985.
   ISBN 3-7759-0276-7

© 1986 Haude & Spenersche Verlagsbuchhandlung GmbH, Berlin
Druck: Druckhaus Hentrich GmbH, Berlin
Titelgestaltung: Hauke Sturm, Berlin
ISBN 3-7759-0276-7

Inhaltsverzeichnis

Berliner Häuser

Der „Hexenmeister" aus dem Grauen Kloster	13
Die „versetzte" Gerichtslaube	17
Im Schatten der Schmöckwitzer „Palme"	20
Vom Schloß zum Zuchthaus	24
Prominenz am Kupfergraben	28
Das Ermelerhaus — ein Abgesang	32
Zweihundertjährige Naturforschergesellschaft	36
Das Nicolaihaus in Alt-Kölln	39
Der 150jährige Kreuzberg	43
Das Weltkind in der Mitten	46
Knoblauch hatte den richtigen Riecher	49
Das Kavalierhaus auf der Pfaueninsel — Berlins erstes Hochhaus	52
Musiksalat in den Zelten	55
Geburtstagsständchen an Stiers Grab	59
Erinnerung an „Pepitas Ruh"	62
Das Haus hinter der „chinesischen Mauer"	65
Berlins Damenwelt finanzierte Ruhwald	69
Wilhelmshöhe, ein verschwundenes Idyll	72
Die „Schöneberger Engel" und ihre Eisenbahn	76
Ein „Tempel des Wahns"	79
Die Kadetten von Carstenns Ruin	83
Vom Joachimsthalschen Gymnasium ging der Blick bis nach Potsdam	86

"Glück, wie wandelbar bist du" — aus der Chronik
Schwanenwerders 89
"Gott verzeih' ihnen die Sünde, der Schnaps steht im Spinde" .. 93
Das Künstlerhaus in der Fasanenstraße 98
Ein Abbild des alten Rußland 102
Das Verlegergenie und die Schützenkönigin 106
Bei der Wahl der Eltern gut beraten 109

Von Häusern und Menschen

Schloß Friedrichsfelde — Episoden und Histörchen 115
Das Späthsche Arboretum wurde zum Botanischen Garten
Ost-Berlins 119
Jeder kann nach seiner Facon selig werden — aus der Geschichte
von St. Hedwig 122
Das "Hotel Donner" am "stinkerigen Graben" 126
Krebssuppe — zelebriert für Spreegötter 129
Mit einem Teerofen fing es an — das 200jährige Schulzendorf ... 133
Gesucht und nicht gefunden: "Dustere Keller" 137
Ein Analphabet als Günstling des Königs 140
"Was blüht Dir in Berlin?" — 150 Jahre Deutsche
Gartenbau-Gesellschaft 144
Vom Finkenherd zum Charlottenhof 148
Stolpe, die Keimzelle von Wannsee 152
Das Wandern ist auch der Mühlen Lust 156
"Bock" und "Zibbe", einst Berlins Bierparadies 160
Schildhorn — "Lieblingsziel der Berliner Sonntags-Ausflügler" .. 163
Bolle erfüllte sich mit Scharfenberg einen Jugendtraum 167
Im Reichtum geschwommen — in Armut verkommen 171
Am Königsplatz durfte man nur mit königlicher
Genehmigung bauen 176
"Im Dunkeln is jut munkeln" — Aus der Chronik des
100jährigen Südende 180

Zwanzig Morgen Kuschelheide für 1000 Taler 184
Erlauchte Geister trafen sich bei Spaghetti und Würstchen 188
Bismarck schickte nur seine Stiefel 191
Mit sechs Hinterhöfen hielt „Meyers Hof" einen
traurigen Rekord 195
Potsdamer Hofmaurermeister baute die Sowjet-Villa
am Wannsee 200
Für die orthodoxe Kathedrale zahlte auch die „Arbeitsfront" ... 204
„Rindfleisch im eigenen Saft" aus Haselhorst 207
Einst im Baedeker gepriesen — jetzt Objekt der
Stadterneuerung 211
Aus dem Mendelssohn-Palais wurde ein St. Michaels-Heim 215
Schönebergs Rathaus — keine Stiftung der „Millionenbauern" ... 218

Berliner Allerlei

Was wird aus St. Nikolai? 225
Nekrolog einer Straße 228
Der schiefe Turm von Stralau 231
Bismarck war „stets wohlgesittet" 234
Der König ließ das Ribbeck-Haus nicht verkommen 237
„Ein sehr reizender Garten" umgibt das Schloß
Niederschönhausen 240
„Benimm" war der Madame Dutitre nicht beizubringen 243
Schon zu Lebzeiten verkannt und bald vergessen 246
Prominenz in Zuckerguß 249
Wo Theodor Fontane Wache schob 253
Berliner Eisen vom Pankeufer 256
Am Pichelsberg „pichelten" Generationen von Berlinern 259
Auf der Pfaueninsel regierte „Mutter Friedrich" 262
Mit Roß und Wagen im Lietzensee untergegangen 265
„Zum Besten der Bewohner dieser Gegend" schuf man den
Friedrichshain 267

Moabit wollte „durch Einsamkeit des Gemüts von der Welt befreien" 271
Vom Generalsgarten zum Carl von Ossietzky-Park 274
Auch in der „guten alten Zeit" wurde geschmuggelt 277
Offiziell hieß sie „Kaisergalerie" 280
In „Bad" Johannisthal entstand Deutschlands erster Flugplatz .. 283
„Der Rohbau is nu fertich, wat soll'n fürn Stil ran, Meister?" ... 287
In der Kolonie Grunewald spekulierten sogar die Pfarrer 289
Borsigwalde — das klang besser als Dalldorf 293
Nachbarn und doch feindliche Brüder 296
Bunte Häuser — eine Sache von Anarchisten und Hühnerdieben .. 300
Vom Dichter zum Teerbrenner 303
Einstein störte der Duft der Rieselfelder nicht 306
Im „Haus Vaterland" gab's jede Stunde ein Gewitter 309

Berlinisch' Kraut und märkische Rüben

Sechs Witwen und ein See 315
Wo Bimmel-Bolle mit Eis viel Geld machte 317
Der vierhundertjährige Stralauer Fischzug 320
Schönow — ein Dorf ohne Bauern 323
„Laß meine Verjagten bei dir beherbergen, Moab" 327
Branntwein und Regatten 329
Nach den Trabern kamen die Radfahrer 331
Schmidt hießen die Schmiede von Rixdorf 334
Das Denkmal für den „Hauptmann von Köpenick" blieb eine Idee 337
Unter bemoosten Steinplatten ruhen die Leibpferde 340
„Es glänzt ein stilles weißes Haus aus stillen grünen Kronen" ... 342
Einbruchsicher für 4477 Taler 345
Ein Quadratmeter „Siemensstadt kostet sieben Pfennige 348
Das Eierhäuschen — eine ganz besondere Zierde der Oberspree ... 351

Die Elektrische unter dem Wasser 353
Wo Rilke seinen „Cornet" schrieb 355
Halensee — Wüstenpanorama mit Spargelbeeten
und Eisenbahndämmen 357
„No, wa weeß"! sagte der Maurer zum König 360
Goethe war das Haus ganze zwei Worte wert 362
Sorgen um das Holländische Viertel 365
In Paretz blieb die Zeit stehen 368
Der „Rauscher" zwang Tante Klara in den märkischen Sand ... 371
Mit der Heidekrautbahn nach Dammsmühle 375
„Der Bernausche heiße Brei macht die Mark hussitenfrei" 378
Ein „schöner, lustiger Orth, vier Stunden von Berlin" 381
Strenge Bräuche im Strausberger Speisehaus 385
„Nischt zu besichtigen" in des Königs Wusterhausen 387
Auf den Spuren Paul Gerhardts in Mittenwalde 390
Lärm in der Idylle 393
„Luckenkien" wollte man den Kirchturm stehlen 395
In Treuenbrietzen kennt noch jeder jeden 398
„Wer seinen Kindern gibt das Brot..." — Besuch in „Jutriboc" .. 400
Ein Nichtraucher begründete die Tabakindustrie in Dahme 404

Berlin — und kein Ende

Von den Quellen der Spree, Havel und Panke 411
Zuletzt kamen nur ein paar Äppelkähne 413
Bei Mondschein im Kalender hieß es: „Gas aus!" 415
Im Kronprinzenpalais wurden zwei Kaiser geboren 418
Schloß Monbijou, einst „Lusthaus" eines Ministers 423
Bismarck, Buffalo Bill und die Bohemiens:
das Kurfürstendamm-Kapitel 426
Auf dem Wedding endete das Leben einer „lüderlichen" Frau ... 432
In Rom fand man das Vorbild für die Friedrichstadt 435

„Der Kerl hat Geld, soll bauen" befahl der König 438
Schwimmen erster Klasse für zwölf Groschen 442
Berlins erster Porno-Prozeß brachte Maler und Modell
vor Gericht 444
Hochhäuser verdrängten die Gartenpracht 448
Schöneberg, eine Oase in der Sandwüste 451
Auf dem Bayerischen Platz war Gottfried Benn ein
„treuer Bankkunde" 455
Warten unter dem Pappdach — hundertjähriger Bahnhof
Friedenau 457
Lindenhof zeigt den „erdnahen Charakter einer Landstadt" . . . 461
Dem Magistrat wurde der Gashahn abgedreht 464
Mariendorfs Pfarrer verdiente mehr als ein Minister 469
In Lichtenrade lebt ein „Zwitterding von Raubritter
und Osterlamm" 472
Umschau vom Steglitzer Fichtenberg 476
Heiß geliebt von den Fernfahrern: Mutter Machows
Erbsensuppe 478
Nikolassee, die Villenkolonie ohne Einkommensteuer 481
Iwan mißachtet das Schankverbot 484
Schießscharten und Mumiengruft: Groß-Glienicke 488
Ungeahnte Entwicklungsmöglichkeiten für die Zukunft des
Zeppelin-Luftverkehrs 490
Ein Bahnhofsname erregte die Lübarser Bauern 494
Familienausflug nach Französisch Buchholz 496
Die Glocken erklingen mitten in der Nacht 499
Vom Vorwerk zur Stadt: Karlshorst 501
Der standfeste Zuckerfabrikant ließ sich nicht bestechen 504
Oberschöneweide, ein Kind der Elektrizität 507
Ein Propst als Krugwirt 510
Selbst das „Wendenschloß" gibt es doppelt in Berlin 513
Weihnachtsmarkt und Weihnachtsausstellungen 517
Das Vergnügen auf dem Eise und die Neujahrskarten 523

BERLINER HÄUSER

Der „Hexenmeister" aus dem Grauen Kloster

Seit dem 8. Juli 1596, als Leonhard Thurneysser unsere Welt verließ, sind 375 Jahre vergangen, und 400 Jahre ist es her, daß dieser oft verkannte, abenteuerliche und außerordentlich vielseitige Mann im Sommer 1571 als einer der ersten „Gastarbeiter" nach Berlin kam, wo ihn die meisten nur noch als „Erfinder" der Thurneysserstraße im Bezirk Wedding kennen.

Bis 1968 war sogar seine Wirkungsstätte wenigstens als Ruine erhalten. Doch dann wurde sie der Verlängerung der Grunerstraße, der neuen breiten Verbindungsstraße zwischen dem völlig umgekrempelten, überdimensionierten Alexanderplatz und dem Molkenmarkt, geopfert. Es waren das 1474 vom Meister Bernhard errichtete Kapitelhaus und der 1519 angefügte Nordflügel des Grauen Klosters in Ost-Berlin, jener bekannten Niederlassung des Franziskanerordens in der nach ihm benannten Klosterstraße, die hier von ungefähr 1245 bis zur Reformation bestand. Im Jahre 1539 hatte man das Kloster säkularisiert, aber den Mönchen ein Wohnrecht auf Lebenszeit gewährt. Der letzte, ein Bruder Peter, starb erst 1571. Drei Jahre später zog die vom Kurfürsten Johann Georg ins Leben gerufene Lateinschule in die verwaisten Räume und gab ihnen im Laufe der Jahrhunderte einen Namen, dessen Klang noch heute widerhallt, obwohl das „Gymnasium zum Grauen Kloster" seine ruhmreiche humanistische Tradition seit 1963 an ganz anderer Stätte, im Evangelischen Gymnasium in Grunewald, fortführt. Im Sommer 1974 haben die „Klosteraner" sein 400jähriges Bestehen gefeiert, und zwar mit dem Stolz, das den Pennälern dieser ältesten Schule Berlins zukommt.

Doch vor den Lateinschülern war bereits unser Thurneysser in das Kloster eingezogen, in das zweigeschossige Kapitelhaus und den Nordbau. Beide wollte man nach 1945 erhalten und hatte auch schon entsprechende Sicherungsmaßnahmen getroffen. Dazu eine neue Gedenktafel angebracht für den Turnvater Jahn, der 1794/95 hier Schüler, 1810/11 Lehrer war. Die im Kriege zerstörte

Tafel für Bismarck, der 1832 im Grauen Kloster sein Abitur gemacht hatte, wurde nicht erneuert, obwohl es im Reifezeugnis hieß: „Aufführung: Stets anständig und wohlgesittet." Der Fleiß des späteren Reichskanzlers war allerdings „zuweilen unterbrochen", auch fehlte seinem Schulbesuch „unausgesetzte Regelmäßigkeit".

Doch zurück zu Thurneysser, der 1531 in Basel als Sohn eines Schlossers – später war er Goldschmied und Gastwirt – geboren wurde und einer ursprünglich in Nürnberg beheimateten Familie angehörte. Auch Thurneysser junior erlernte den Beruf des Goldschmiedes, betätigte sich aber nebenher als Gehilfe eines Arztes, für den er Kräuter sammelte und aus diesen Arzneien bereitete. Eine Betrugsaffäre mit Geldverleihern, an der sein älterer Bruder Alexander nicht ganz schuldlos war, zwang ihn, Basel bei Nacht und Nebel zu verlassen und in ruheloser Wanderschaft durch Europa und den Nahen Osten überall sein Glück zu versuchen. Dabei erwarb er sich überragende Kenntnisse in der Bergbau- und Hüttenkunde.

Als Thurneysser 1571 vom brandenburgischen Kurfürsten Johann Georg mit dem ansehnlichen Jahresgehalt von 1352 Talern (zu denen noch Kleidung und Deputate kamen) zum „Leibmedikus" ernannt und nach Berlin berufen wurde, war er schon ein gemachter Mann, dessen Ruf durch ganz Europa ging. An der Spree verkörperte er den Typus des bisher hier nicht gekannten kaufmännisch-industriellen Unternehmers, als Gelehrter vollzog er den Übergang vom Mittelalter zur modernen Zeit, vom Aberglauben zur Wissenschaft. Thurneysser verband als eine Art früher „Manager" den Forschungstrieb des Gelehrten mit dem Unternehmungsgeist des Kaufmanns und verwirklichte als erster den Begriff der Reklame.

In seinen Werkstätten im Grauen Kloster waren etwa zweihundert Mitarbeiter in einer Druckerei mit Schriftgießerei beschäftigt, die auch über hebräische, griechische, persische, arabische und andere fremdländische Lettern verfügte. Thurneysser liebte es nämlich, seine vielen Bücher damit zu schmücken, um ihnen ein gelehrtes Ansehen zu verleihen. Haupteinnahmequelle waren die von

1572 an alljährlich herausgegebenen „Nativitäten", astrologische Almanache, über die sein sonst wohlgesinnter Biograph Moehsen bereits 1783 schrieb, sie seien „voll von alchymistischem Unsinn, ein Wust von Worten ohne Bedeutung".

In seinem bekanntesten, nach einem Mose-Wort „Pison" betitelten Buch „Von Kalten, Warmen, Minerischen und Metallischen Wassern", das Thurneysser 1572 „mit großer mühe und arbeit, gemeinem nutz zu gut an tag geben", heißt es über unsere Spree: „Dis wasser Sprew ist etwas grünferbig und lauter. Es führt in seinem Schlich Gold, und eine schöne Glasur." Auch von der Panke behauptet Thurneysser: „Die führt einen trefflichen guten Glaßsandt inn sich, also daß auch Christallein mit sampt dem Zusatz unnd der Fritten daraus möcht gemacht werden." Von Wert ist, daß Thurneysser im Grauen Kloster ein Naturalienkabinett einrichtete und hier Berlins ersten botanischen und zoologischen Garten schuf, in dem die staunenden Spree-Athener neben Exoten auch einen Elch zu sehen bekamen.

So glanzvoll das bewegte Leben Thurneyssers war, so viel Reichtum er auch anhäufte, den er unter anderem 1584 zur Restaurierung der Klosterkirche verwendete – schließlich kam die Wende durch seine dritte Frau, ein um zwanzig Jahre jüngeres Mädchen, das der Fünfzigjährige spontan auf Empfehlung geheiratet hatte, ohne es vorher zu sehen. Es genoß den denkbar schlechtesten Ruf, galt als liederlich, einfältig, mannstoll, war ohne Ehrbarkeit und Erziehung. Nach Thurneyssers eigenen Worten war die ihm als fromme, aufrichtige, treuherzige Frau empfohlene Marina Herbrott aus Ravenstein „eine ehrvergessene Blutschandhure und Giftköchin". Dieser Frau gelang es in einem Prozeß, Thurneysser und seine Kinder aus der zweiten Ehe mit Anna Huettlin aus Konstanz um ihr gesamtes Vermögen zu bringen.

Den infolge eines Schlaganfalls trübsinnig gewordenen „Hexenmeister" aus dem Grauen Kloster trieb es nach seiner schweizerischen Heimat zurück. Da der Kurfürst ihn nicht gehen lassen wollte, floh Thurneysser 1584 aus Ber-

lin und nahm mehrere Wagenladungen der hier gedruckten Bücher mit. Die Titelblätter zeigen immer sein Bildnis: ein faustisches Profil mit markanten Zügen, tiefliegenden ernstblickenden Augen, gebogener Nase und langem spitzen Bart. Nach Aufenthalten in Prag und Rom kehrte Thurneysser nach Deutschland zurück. Am 8. Juli 1596 ist er in Köln am Rhein gestorben, wo ihn der Bettelorden im Predigerkloster begrub.

In der Kirche am Stölpchensee finden wir jetzt die einst von Thurneysser der Klosterkirche gestiftete Kreuzigungsgruppe. Sein Wappen ist entfernt, auch das auf die Erneuerung der Kirche bezogene Spruchband: „Thurneysser hat mich neu gemacht, da ich alt war und ganz veracht."

Die „versetzte" Gerichtslaube

Hundert Jahre ist es nun schon her, und doch mutet es an, als sei es in unseren Tagen passiert. Nämlich der Streit um ein geschichtsträchtiges Bauwerk der jungen deutschen Reichshauptstadt. Die einen waren dafür, es zu erhalten, die anderen wollten es abreißen; beide Parteien aus Gründen, die ebenso einleuchtend waren wie beispielsweise die Wahlkampfparolen unserer Tage.

Worum ging es überhaupt? Um die alte Gerichtslaube des Berliner Rathauses, das in den Jahren 1861–1870 zwar durch den stolzen Neubau des „Roten Hauses" in der Königstraße würdig ersetzt worden war, dem man aber vom mittelalterlichen Vorgänger das weit in die Straße hineinragende Eckgebäude an der Spandauer Straße vorerst belassen hatte.

Samuel Heinrich Spiker hatte zwar schon 1833 in seinem berühmten Ansichtenwerk „Berlin und seine Umgebungen im neunzehnten Jahrhundert" bemängelt: „Das bedeutende Vorspringen des Eckgebäudes des Rathauses an der Ecke jener beider Straßen und die *Verengerung* der Königsstraße auf einem Punkte, der zu den belebtesten in der Residenz gehört, ist ein wirklicher Übelstand." Spiker erwähnte aber auch, daß „die *inneren* Räume allerhand altertümliche Überreste und sehr schöne gewölbte Zimmer enthalten".

Und diese waren es dann, um die seit 1865 – als der zweite, westliche Bauabschnitt des neuen Rathauses entstand – heiß gerungen wurde. Von außen bot die Gerichtslaube das wenig anziehende Architekturbild eines im Laufe der Jahrhunderte immer wieder veränderten und zuletzt unglaublich verwahrlosten zweigeschossigen Putzbaues, der nur durch seine Strebepfeiler auf innere Gewölbe schließen ließ.

Die äußere Hülle war ein Werk des Barocks und verdeckte den mittelalterlichen Bau, der sich innen nahezu unverändert erhalten hatte. Das Erdgeschoß war ursprünglich nach drei Seiten in Arkaden geöffnet und diente bis zur Einführung des römischen Rechts als öffentliche Gerichtsstätte für die Schöffen. Der die Kreuzgewölbe tragende Mittelpfeiler wies mit den Symbolgestalten an seinem Knauf darauf hin. Schweine unter einem Eichbaum vertraten Unzucht und Schlemmerei, ein Adler die Raubsucht, ein Affe die Habgier und den Geiz, Sirenen den Haß und den Zorn: Triebe und Leidenschaften, die den Menschen zum Vergehen und am Ende zur Gerichtsstätte führen. Auch der jedem Berliner Schulkind einst aus dem Realienbuch bekannte Kaak an einem Strebepfeiler der Gerichtslaube war Sinnbild des Schimpfes und der Schande. Unter dem aus gebranntem Ton gebildeten Vogel mit Eselsohren und grinsendem Menschenantlitz stellte man die Übeltäter an den Pranger, der noch bis zum Abbruch durch die dann spurlos verlorengegangenen Ketten und Halseisen kenntlich war.

Im Berliner Stadtbuch von 1390 wird der Kaak mehrmals erwähnt. An ihm wurden begründete Schmähbriefe aufgehängt und Diebe, deren Beute nicht mehr als drei Schillinge wert war, dem Hohn und Spott der Volksmenge preisgegeben. „Ok sleit man eynen mann oder eyne frouwe tu kake, die gestolen hebben, dat myn den drier schillingen wert is" lautet der originale Gesetzestext. Wer etwas über dem Wert von drei Schillingen gestohlen hatte, mußte das schon mit dem Leben büßen. Gleichfalls vor dem Kaak, bis humanere Zeiten das „hochnotpeinliche Halsgericht" nach draußen vor die Stadttore verlegten.

Diese Gerichtslaube war noch eine Schöpfung der Zeit um 1300, während das Obergeschoß ungefähr fünfzig Jahre später entstand. Im Jahre 1555 hatte man es gewölbt und mit den Wappenschilden der Familien Döring, Matthias, Reiche und Tempelhof geziert, die in jenen Jahren abwechselnd die Bürgermeister von Berlin stellten. Auf einem Spruchband hieß es: „Selig sind die Friedfertigen, denn sie werden Gottes Kinder heißen."

Den Wünschen der Geschichtsfreunde auf Erhaltung der Gerichtslaube stand das Verlangen der Bürgerschaft nach Abbruch entgegen, die von der zur inoffiziellen Bedürfnisanstalt gewordenen Ruine als „Geruchslaube" sprach. Nachdem die Stadtverordnetenversammlung im Mai 1869

Rathaus mit Gerichtslaube, 1870

die Beseitigung des so wenig geschätzten Wahrzeichens ihrer ehemaligen Rechte beschlossen hatte, schien die Meinung der Realpolitiker über die der vermeintlichen Romantiker gesiegt zu haben. Doch da meldete sich die übergeordnete Staatsregierung und machte Schwierigkeiten. Schließlich schaltete sich sogar der Kaiser ein – es war noch der alte Wilhelm I. –, der im März 1871 von Versailles aus zwar die Beseitigung der Gerichtslaube genehmigte, aber gleichzeitig den Wunsch um käufliche Überlassung äußerte, da er sie auf seine Kosten an einem anderen Ort neu errichten lassen wollte.

Der Magistrat von Berlin war großzügig, er schenkte dem Kaiser das umstrittene Bauwerk und übernahm auch die Kosten des Abbruchs, der in der kurzen Frist vom 11. bis zum 17. März 1871 geschah. Ein Jahr später stand die Gerichtslaube dann in befremdlicher Form, die man gelegentlich als Regierungsbaumeister-Gotik glossierte, am neuen Platz, der Lenné-Höhe im Babelsberger Schloßpark. Ein paar alte Steine waren wohl wiederverwendet worden, auch der Kaak und die Säulenfriese der beiden gewölbten Hallen. Aber Berlins Gerichtslaube aus den Hansetagen war es nicht mehr und konnte es auch nicht sein. Kurz vor dem letzten Kriege wollte man sie wieder nach Berlin zurückholen. Doch gab man diesen, von Potsdam stark befehdeten Plan bald wieder auf. Sie steht immer noch in Babelsberg, aber recht ramponiert, da ihr nicht nur der Zahn der Zeit, sondern auch „böse Bubenhände" übel mitgespielt haben.

Im Schatten der Schmöckwitzer „Palme"

Von der guten alten Straßenbahn haben wir in West-Berlin vor einigen Jahren Abschied nehmen müssen. Im östlichen Teil unserer zerrissenen Stadt verkehrt sie aber noch auf mehr als zwanzig Linien. Eine von diesen, die 86, befährt zwischen den beiden Endpunkten Köpenick und Schmöckwitz die wohl landschaftlich schönste Straßenbahnstrecke Berlins. Jetzt ist sie 14,5 Kilometer lang; ursprünglich waren es aber nur acht Kilometer, als die „Schmöckwitz-Grünauer Uferbahn" am 9. März 1912 ihre Jungfernfahrt antrat.

Die längst aus einem jahrhundertelangen Dornröschenschlaf erwachte uralte Fischergemeinde Schmöckwitz im Teltower Kreise hat sie auf eigene Kosten von der „Continentalen Eisenbahn-Bau- und Betriebs-Gesellschaft" anlegen und betreiben lassen, um den aufblühenden Ort an der Drei-Seen-Ecke (Zeuthener, Langer und Seddinsee) für die Reichshauptstädter leichter erreichbar zu machen. Seitdem fährt die frühere Uferbahn zwischen Grünau und Schmöckwitz noch immer hart am Langen See entlang, über dem jenseits der breiten Wasserfläche die waldbedeckten Müggelberge aufragen. Dann geht es durch die schöne Villenkolonie Karolinenhof bis zur Endhaltestelle in Alt-Schmöckwitz, dem einstigen Anger des Runddorfes, in dem Fischer, Schiffer und Bootsbauer tonangebend sind.

Die Fischer waren es von jeher, denn sie fanden auf der Insel Schmöckwitz eine ideale Lage: Jedes Gehöft hatte seinen Anschluß ans offene Wasser. Von der einstigen Insel ist allerdings auf den ersten Blick nichts zu merken. Der im Zuge des Adlergestells in den Ort hineinführende Damm ist seit langem hochwasserfrei ausgebaut. Früher war er nach der Schneeschmelze oft überflutet, so daß eine Durchfahrt nur mit Wagen möglich war oder mit dem Kahn übergesetzt werden mußte. Noch vor hundert Jahren nutzte der Gutsbesitzer auf Radeland – dem heutigen Eichwalde – diese Naturereignisse aus, um die Kinder seiner Tagelöhner vom Schulbesuch in Schmöckwitz fernzuhalten und sie in seinem Gutsbetrieb zu beschäftigen.

Im Landbuch Kaiser Karls IV. vom Jahre 1375, das für viele Orte unserer engeren Heimat die älteste Geschichtsquelle darstellt, finden wir auch die ersten Angaben über „Smekewitz", das die Slawisten als „Schlangenort" deuten. Nur Fischer gab es hier, die seit urdenklichen Zeiten die Fischerei in den Gewässern des Herrn Markgrafen innehatten, kein Ackerland besaßen und neben dem Fischfang der Zeidlerei oblagen, der Nutzung der von wilden Bienen bewohnten hohlen Bäume in der markgräflichen Heide auf dem Schmöckwitzer Werder zwischen Seddin- und Krossinsee. Honig war im Mittelalter, das weder Rohr- noch Rübenzucker kannte, als allein verfügbarer Süßstoff ebenso begehrt wie das Bienenwachs für Lichte in Kirche und Haus.

Das Landbuch verzeichnet auch eine „Taberna", den Dorfkrug, der weniger von den Fischern als vom Überfahrtrecht profitierte und dafür jährlich 25 Schillinge und 30 Hühner zu zinsen hatte. Über Schmöckwitz und die schmale, aber tiefe Dahme – auch Wendische Spree genannt – ging ein alter Weg von Köpenick ins Land Storkow und über Erkner in den Barnim. Den bereits vor 600 Jahren urkundlich erwähnten Dorfkrug gibt es noch heute. Seit den 1870er Jahren heißt er „Gasthaus zur Palme", 1899 übernahmen ihn Angehörige der Familie Peter, die ihn zur beliebtesten Gaststätte des an derartigen Unternehmen nicht gerade armen Schmöckwitz gemacht haben. „Schönstes Panorama der Oberspree" hieß es bereits vor dem Ersten Weltkrieg in den Anzeigen des Gastwirts Hermann Peter, der es mit der Geographie nicht so genau nahm und die Wendische Spree mit der eigentlichen oder Müggelspree gleichsetzte. Das Landschaftsbild, das sich dem Besucher vom Garten der „Palme" darbietet, ist unverändert schön mit seinen von Sportbooten aller Art belebten Wasserflächen, seinen Inseln und Buchten und der alles überhöhenden Silhouette der Müggelberge.

So gut wie wir über die Geschichte der „Palme" orientiert sind, die im Jahre 1927 von Erich Weise nach den Akten des Geheimen Preußischen Staatsarchivs dargelegt wurde, so wenig wissen wir über den ungewöhnlichen Namen, der in früherer Zeit niemals auftaucht. Der mit der Geschichte seines Geburtsorts sehr vertraute Fischermeister August Nusche – 1962 konnte er seinen 100. Geburtstag feiern – wußte sich zu erinnern, daß der Name und das Abbild einer Palme um 1876 am Neubau des Tanzsaales erschienen sind. Möglicherweise übernahm man die Bezeichnung von der „Palme" in Berlin, die damals – bei den Älteren noch jetzt – als Obdachlosenasyl und „Herberge zur Heimat" stadtbekannt war.

Mit der Fährgerechtigkeit des Schmöckwitzer Kruges war es Mitte des 18. Jahrhunderts vorbei, als man über die Dahme die erste der oft erneuerten Holzbrücken schlug, deren letzte dank ihrer malerischen Konstruktion nach dem Muster holländischer Portalzugbrücken unzählige Male photographiert, gezeichnet und gemalt wurde. So lange, bis eine nüchterne Eisenbrücke sie 1907 verdrängte, die 1945 in die Luft flog und nach dem Provisorium eines hölzernen Steges vor einem Jahrzehnt eine Erneuerung in Gestalt einer modernen Betonbalkenbrücke von imponierender Breite erfuhr. Doch ist einige Meter stromab auf dem östlichen Dahmeufer noch die alte baumbestandene Brückenrampe aus friderizianischer Zeit erhalten. Und unmittelbar dahinter steht auch noch das 1702 vom Oberbaudirektor Martin Grünberg errichtete ehemalige Jagdhaus des begeisterten Weidmannes und späteren Königs Friedrich Wilhelm I.

Auf dem zugehörigen „Försteracker" hat mein verstorbener Freund Karl Hohmann – von Berufs wegen Direktor der Höheren Schule in Eichwalde und im Nebenamt Archäologe von überregionalem Ruf – 1924/25 die ältesten Berliner ausgegraben. Die vor etwa 5000 Jahren am Ende der mittleren Steinzeit dort beigesetzten Toten hatte man nach dem primitiven Glauben jener Zeit aus Angst vor der Wiederkehr unter die Lebenden zerstückelt und in rotbraunen Eisenocker eingebettet. Diese Rotfärbung entsprach ebenfalls den Glaubensvorstellungen der Steinzeitmenschen und sollte dem Toten bedeuten, daß er den roten Lebenssaft des Blutes noch in sich habe und nicht von den Lebenden zu holen brauche.

Zugbrücke in Schmöckwitz, 1900

Vom Schloß zum Zuchthaus

Ein Sonnabendvormittag in der Carl-Schurz-Straße, der Hauptgeschäftsstraße der Spandauer Altstadt, die ähnlich betriebsam ist wie die „Tauentzien". Während diese jedoch eine Breite von 49 Meter hat, muß die Carl-Schurz-Straße sich mit maximal zwanzig Meter begnügen, zur Nikolaikirche hin sogar noch mit vier Meter weniger. Diese Maße und ihr gekrümmter Verlauf kennzeichnen sie als historischen Straßenzug, der ebenso alt ist wie Spandau selbst.

Als ich den Baublock Carl-Schurz-, Charlotten-, Kinkel- und Moritzstraße mehrmals umrundet hatte, in einen oder den anderen Hausflur gegangen war, um auf den Hof vorzudringen, erregte ich die Neugier eines Mitbürgers. „Suchen Se wat Bestimmtes?" lautete seine Frage, auf die ich ihm entgegnete, daß mich das alte Zuchthaus interessiere, auch nach wem die Carl-Schurz-Straße benannt sei. „Ach, da hab'n Se wohl mal drin gesessen, aber da sind Se hier falsch, det Zuchthaus is draußen in der Wilhelmstraße, für die Kriegsverbrecher – is ja bloß noch eener da – und Carl Schurz? Nu, det wird wohl so'n Stadtrat oder Bürgermeister sein", erwiderte mein Gesprächspartner; kein einheimischer Spandauer, vielmehr ein ins Falkenhagener Feld zugezogener „Schlorrendorfer".

Er konnte natürlich nicht wissen, daß auf besagtem Baublock, den jetzt neun verschiedene Hausgrundstücke einnehmen, fast zwei Jahrhunderte lang ein Bauwerk stand, das dafür verantwortlich war, daß „die Vorstellung dieses Ortes (Spandau) so genau mit der von Gefängnis bei Wasser und Brot verbunden als Sibirien mit der von Landesverweisung und Zobelpelzen ist". Das schrieb im Jahre 1776 Dr. Ludwig Heim, nachmals Berlins populärster Arzt, der kurz vorher als Vertreter des erkrankten Stadtphysikus nach Spandau gekommen war. Bevor man den Bau zum Zuchthaus degradierte, war er das „Schloß" des Grafen Rochus zu Lynar, der 1578 den Ruf des brandenburgischen Kurfürsten Johann Georg angenommen und sich das frühere Wohnhaus des Amtsschreibers Zimmermann standesgemäß ausgebaut hatte.

Lynar, Sproß eines alten italienischen Geschlechts und in Florenz am Hofe der Medici erzogen, war eine interessante Persönlichkeit. Er hatte bereits ein bewegtes Leben an den Höfen Frankreichs, der Pfalz und Sachsens hinter sich, als er es übernahm, die Zitadelle von Spandau, an der seit 1560 gebaut wurde, nach neuesten fortifikatorischen Erkenntnissen zu vollenden. Er wurde „Sr. Churf. Gnaden bestalter General Oberster Artollerey Zeug- und Baumeister" und erhielt neben dem beträchtlichen Jahresgehalt von 3000 Talern als Deputat 250 Tonnen Bier, 2 Scheffel Weizen, 12 Scheffel Roggen, 6 Fuder Wein, 6 Ochsen, 50 Hammel, 30 Kälber, 8 Zentner Hechte und 8 Zentner Karpfen, mit denen er allerdings auch die ihm unterstellten Soldaten verpflegen mußte. Der vielseitig tätige, ingeniöse Graf hatte überdies Einkünfte aus Pulvermühlen, Salz- und Salpetersiedereien sowie aus den Rüdersdorfer Kalkbergen.

Es war ein stattliches Gebäude, „das gräflich Lynarsche Schloß" an der damaligen Klosterstraße, durchgehend bis zur Jüdenstraße, der heutigen Kinkelstraße. Der Kupferstecher Matthäus Merian hat es in seiner Ansicht der „Statt und Vestung Spandaw" dargestellt: ein mächtiger Renaissancebau unter vier Giebeln, der selbst das Rathaus überragte. Bis zum Ende des 17. Jahrhunderts hat es den Lynars gehört, als Graf Rochus schon lange in der Gruft der Nikolaikirche unter dem von ihm gestifteten prachtvollen Altar den letzten Schlaf tat. Während des Dreißigjährigen Krieges wohnte der Schwedenkönig Gustaf Adolf vorübergehend im Lynarschen Haus, in das er im Dezember 1632 für eine Nacht zurückkehrte – diesmal im Sarg auf dem Wege vom Schlachtfeld in Lützen nach Stockholm.

Im Jahre 1686 hatte der Große Kurfürst das Lynarsche Haus gekauft und die Räume, die soviel Glanz und Trauer sahen, zum Spinnhaus umgewandelt, in dem sich die „Züchtlinge" beim Wollespinnen oft blutige Finger holten. Unter den bis zu tausend Insassen des Zuchthauses befand sich ab 1728 auch „Preußens letzte Hexe", die man nicht, wie es in Bayern und in der Schweiz noch 1775 und 1782 geschah, kurzerhand dem Henker überantwortet hatte. Der Gerichtshof verfuhr in einer damals ungewohnten Weise. Er sandte nicht nur einen Geistlichen, sondern auch einen Arzt in das Gefängnis, die bald feststellten, daß die sich selbst des Umgangs mit dem Teufel bezichtigende Müllertochter Dorothea Steffin aus Berlin eine schwachsinnige „Horizontale" war. Zwar erkannte der Gerichtshof einen Teufelspakt noch als möglich an, doch lautete sein Spruch: „Es solle die Inquisitin nicht am Leben bestraft werden..., zumal die von ihr erzählten Umstände unwahrscheinlich, ja ungereimt seien, so daß man auf Verstandesverrückung und wunderliche Einbildung durch ihre Krankheit schließen müsse... Damit sie aber durch ein liederliches Leben und Versuchen des Selbstmordes nicht ferner in dem Wege des Satans sich verstricken könne, sei sie lebenslänglich in das Spandauer Spinnhaus zu bringen und zu leidlicher weiblicher Arbeit anzuhalten."

Die gleiche Zeit sollte dort der am badisch-pfälzischen Aufstand von 1849 beteiligte Johann Gottfried Kinkel, Professor der Kunst- und Literaturgeschichte an der Bonner Universität, zubringen, nachdem das ursprüngliche Todesurteil gemildert worden war. Kinkels Frau wendete sich an Carl Schurz, einen Schüler und begeisterten Freund Kinkels, der erst 21 Jahre zählte, mit der Bitte, Kinkels Befreiung zu versuchen. Der gleichfalls politisch geächtete Schurz sah ein, daß diese gewaltsam nicht möglich war, und erreichte sie schließlich in der Nacht vom 6. zum 7. November 1850 durch die Hilfe eines bestochenen Zuchthauswärters und mittels tatkräftiger Unterstützung demokratisch gesinnter Spandauer Bürger, von denen einer sogar dem Rat angehörte.

Carl Schurz, der mit Kinkel über Mecklenburg nach England geflohen war und zu jener Zeit außer „Beefsteak" und „Sherry" kein Wort Englisch beherrschte, ist später in Amerika bis zum Staatssekretär des Innern aufgestiegen. Kurz vor dem Tode (1906) gab er seine Lebens-

Spandau, Schloßkaserne und Nikolaikirche, 1895

erinnerungen heraus. In diesen hat er die abenteuerliche Befreiung Kinkels – „dieses Haupterlebnis meiner Jugend" – dermaßen spannend geschildert, daß es mich wundert, wie das Fernsehen bislang an dem publikumswirksamen Krimistoff vorübergehen konnte.

Anno 1872 wurde das Zuchthaus aufgelöst und das in den 1820er Jahren erneuerte Gebäude als „Schloßkaserne" von den „Elisabethern" bezogen. Kurz vor 1900 riß man das nüchterne, nur durch die Größe der Vierflügelanlage inmitten der niedrigen Altstadthäuser imponierende Bauwerk ab. Der vom Fiskus für 375 000 Mark an den Vater von „Paule" Simmel verkaufte Grund und Boden wurde aufgeteilt und mit Miethäusern besetzt, die zum Teil im Bombenkrieg wieder dahingingen.

Vor Kriegsausbruch hat man mit der Umbenennung der Jüdenstraße in Kinkelstraße und der Potsdamer Straße – der einstigen Klosterstraße – in Carl-Schurz-Straße den Helden von 1850 ein spätes Denkmal gesetzt.

Prominenz am Kupfergraben

Wenn sie gelegentlich auch als Romantiker verspottet werden, so gibt es dennoch genug Leute, die sich für das alte Berlin interessieren. Früher war das nun kein Problem. Man ging oder fuhr in die Keimzellen der Schwesterstädte Berlin-Kölln; etwa in die Gegend der Klosterstraße oder in die Brüderstraße, wo es dicht beieinander ganze Häuserreihen gab, die ihre zweihundert und mehr Jahre auf dem altersgrauen Buckel hatten. Trotz der in der unglückseligen Spätzeit des 19. Jahrhunderts vertretenen, auch heute noch nicht restlos überwundenen Meinung, daß die Mißachtung alter Baudenkmäler zum Fortschritt gehöre und ein Beweis freiheitlicher, demokratischer Gesinnung sei, waren viele architektonische Zeugen der Vergangenheit erhalten geblieben.

Heute muß man sie mit der Lupe suchen. Das große Aufräumen hat schon 1934 eingesetzt, als das Viertel um Raules Hof und die von Theodor Fontane in seinem Roman „Frau Jenny Treibel" literarisch verklärte Adlerstraße dem aufdringlich-ungefügen Neubau der Reichsbank Platz machen mußten. Dann folgten der Abriß des einzigartigen Ephraimhauses am Mühlendamm und des zwar sehr malerischen, doch recht heruntergekommenen Krögels, der Parochialstraße und anderer oft besuchter (aber ungern bewohnter) Gassen im Herzen der Reichshauptstadt.

Selbst nach den grausamen Verlusten, die Berlins Stadtlandschaft im Feuersturm des Bombenkrieges erlitt, konnte man noch in der Fischerstraße zwischen Häuserreihen aus dem 17. bis 19. Jahrhundert einherwandeln. Das alles ist jetzt vorbei, und wenn an der Friedrichsgracht zwischen Roß- und Fischerstraße bis zum Sommer 1971 noch eine halbwegs intakte alte Häuserzeile stand, wußte man von der am Märkischen Ufer neben dem neuen Ermelerhaus errichteten Fassadenkopie des Hauses Nummer 15 der Friedrichsgracht, daß auch ihre Tage gezählt waren.

Zum Glück gibt es noch ein Häuserensemble, das anmutet, als ob die Zeit stehengeblieben sei. Hinter dem Zeughaus in der Bauhofstraße findet man die „alte, ganz einfache schmale Straße – Gasse müßte man richtiger sagen –, die in sanfter Krümmung vom Kupfergraben zu dem Platz führt, wo die große Büste des Philosophen Hegel steht, der nach diesem Hegelplatz heißt. Schmucklose, altmodisch-niedrige Häuser zur Rechten, eine lange, beinahe die ganze Straße sich entlang ziehende Gartenmauer zur Linken".

So hat uns Ernst von Wildenbruch den kaum angetasteten kleinstädtisch-idyllischen Winkel geschildert, als er vor sechzig Jahren den Berliner Erdentagen seines Schweizer Dichterkollegen Gottfried Keller nachging, der 1854/55 „Bauhof Nr. 2 bei Schmidt" gewohnt hatte. Wildenbruch und der Magistrat von Berlin nahmen an, das sei in der Bauhofstraße 2 gewesen; seit 1929 trägt das Haus die obligate Gedenktafel. Sie ist noch immer am Haus, obwohl Felix Hasselberg, der belesene Bibliothekar des Vereins für die Geschichte Berlins, vor Jahrzehnten in der Vereinszeitschrift nachwies, daß Bauhof Nr. 2 durchaus nicht mit Bauhofstraße 2 identisch ist. Es handelt sich vielmehr um ein Haus am heutigen Hegelplatz, der erst 1872 seinen neuen Namen empfing. Und dort hat Keller tatsächlich gewohnt, dort hat er den „Grünen Heinrich" vollendet und die schöne Novelle „Romeo und Julia auf dem Dorf" geschrieben.

Ähnlich unverändert wie die in den zwanziger und dreißiger Jahren des vorigen Jahrhunderts errichteten, neuerdings verständnisvoll restaurierten klassizistischen Bürgerhäuser der Bauhofstraße präsentiert sich auch das zwischen jener und der Dorotheenstraße am Kupfergraben 7 liegende palaisartige Magnushaus, dem man neuerdings den Namen Max Plancks zugelegt hat.

In den Jahren 1755/56 wurde es für den Kriegsrat Westphal erbaut; laut Grundbrief auf „derjenigen wüsten Stelle, welche bey der Lauffbrücke am Kupfergraben neben der kleinen Gasse und dem ehemaligen Fortificationsgraben lieget". Die Straßennamen erinnern bis heute daran, daß hier – am Ostrande der Dorotheenstadt – einmal der kurfürstliche Bauhof und das Gießhaus lagen, dem das Kupfer auf dem Wasserwege zugeführt wurde. Die vermauerte Mündung des vor hundert Jahren zugeschütteten „stinkerigen" Festungsgrabens (wie Friedrich Wilhelm IV. ihn in einem Brief an seine Schwester kennzeichnete) ist noch in der Uferwand vor dem Magnushaus sichtbar.

Friedrich Nicolai hat in seiner bis heute unentbehrlich gebliebenen dreibändigen Berlin-Beschreibung von 1786 selbstverständlich den Baumeister des Westphalschen beziehungsweise Magnushauses gewußt und mitgeteilt, es sei „nach den gemeinschaftlichen Rissen Boumanns des Sohnes und Naumanns von letzterem gebauet". Der Oberhofbaurat Georg Friedrich Boumann und Maurermeister Christian August Naumann in allen Ehren, aber ihre baukünstlerische Kollektivarbeit ist ohne die Einwirkung des großen Knobelsdorff nicht denkbar. Der schmückende Mittelrisalit mit den korinthischen Pilastern entspricht dem von Knobelsdorff an den Seitenrisaliten seines Opernhauses Unter den Linden gegebenem Vorbild, das der Baudirektor Johann Boumann, Georg Friedrichs Vater, an den Flügelbauten des ebenfalls nach Knobelsdorffschen Rissen geschaffenen Palais Prinz Heinrich, der heutigen Humboldt-Universität, wiederholte.

Die neun Achsen unseres Kupfergrabenhauses wurden 1822 um vier weitere nach Süden verlängert. In einer Fensternische dieses Anbaus hat die Deutsche Physikalische Gesellschaft 1930 für ihren Gründer, Gustav Magnus, eine Gedenktafel angebracht, die auch dessen Mitarbeiter und Schüler nennt. Der 1802 in Berlin geborene Chemiker und Physiker Magnus, ein Gelehrter von Weltruf, hat von 1842 bis zu seinem Tode 1870 in dem nach ihm genannten Haus gewohnt und seine Freunde zu „glänzenden und doch zwanglosen Soiréen" eingeladen, wie sein Fachgenosse August Wilhelm von Hofmann im Nekrolog zu berichten weiß. Magnus' Witwe, eine Tochter von Pierre Humblot – Mitbegründer des noch in Berlin bestehenden Verlages Duncker und Humblot – hat ihren Mann lange überlebt und ist erst 1910 neunzigjährig verstorben. Nach einer alten Berliner Gepflogenheit, die sie bis an ihr Lebensende beibehielt, wohnte sie nur im Winter am Kupfergraben. Im Sommer zog sie „aufs Land": in ihre Villa Tiergartenstraße 28.

Ein Jahr nach dem Tode der Frau Geheimrat Magnus wurde das Haus von der Krongutverwaltung gekauft, die bereits mehrere Häuser in der Bauhofstraße besaß und dort ihr aktives und pensioniertes Schloßpersonal untergebracht hatte. In das Magnushaus zogen jedoch keine Hofbedienstete ein, sondern der große Zauberkünstler des deutschen (und Deutschen) Theaters, Max Reinhardt. Von 1912 bis zu seiner Emigration bewohnte er die nördliche Hälfte des ersten Stockwerks zur Bauhofstraße hin, zusammen mit seinem Bruder Edmund und seinen Eltern.

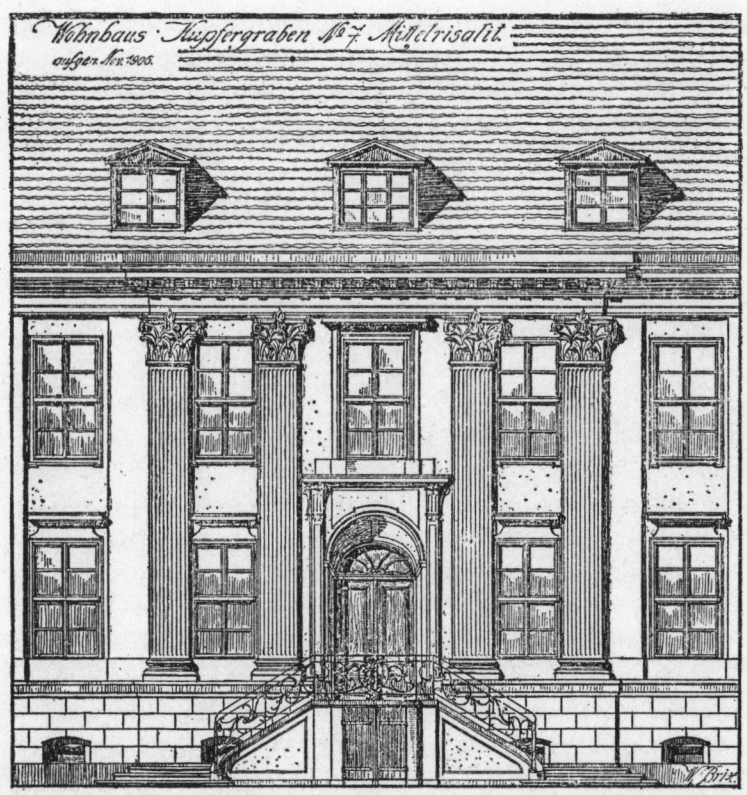

Reinhardt hatte es am Kupfergraben besonders das unverändert gebliebene Stiegenhaus mit der „zauberhaft heiteren Treppe" angetan, die gleich der doppelarmigen Freitreppe vor dem Hause durch ein graziös geschmiedetes Rokokogeländer ausgezeichnet ist. „Es gibt viele prunkvollere Treppen, aber diese ist die schönste, bequemste, behaglichste, lustigste Gelegenheit irgendwo hinaufzusteigen von allen, die mir in der Welt unter die Füße gekommen sind. Das Licht, das tagtäglich durch die alten breiten Fenster die Stufen hinaufstieg, kann ich nie mehr in meinem Leben vergessen." Diese Worte stehen in einem Brief, den Reinhardt viele Jahre nach den Berliner Tagen von Amerika aus seinem im Magnushaus geborenen ältesten Sohn schrieb.

Anläßlich des 100. Geburtstages von Max Planck (1958), dessen Quantentheorie (nicht etwa die Planckentheorie, wie studentischer Witz behauptete) zur Umgestaltung des physikalischen Weltbildes beitrug, wurde das Magnushaus der Physikalischen Gesellschaft feierlich übergeben und zu Ehren des großen Physikers umgetauft. Gleichgültig, wie es nun genannt wird – ob Magnus- oder Max-Planck-Haus –, den Berlinern und allen Freunden historischer Architektur ist es nach dem Verlust des Ermelerhauses lieb und teuer als letztes, besonders ansprechendes Beispiel eines bürgerlichen Wohnhauses der Zopfzeit, dessen Noblesse hoffentlich noch lange für den Meister des Opernhauses Zeugnis ablegt.

Das Ermelerhaus – ein Abgesang

Das Ermelerhaus stand in der Breiten Straße, aber deren Fluchtlinien entsprachen trotz des Namens durchaus nicht den Ansprüchen, die an eine Aufmarschstraße zur „Nationalen Demonstrationsstätte" auf dem Marx-Engels-Platz gestellt wurden. Als die Westberliner Zeitungen im März 1960 den bevorstehenden Abbruch dieses letzten Anschauungsobjekts friderizianischer Bau- und Bürgerkultur meldeten, wurde die Nachricht bereits 24 Stunden später vom Magistrat in Ost-Berlin als „ein besonders plumper

Ermelerhaus in der Breiten Straße, 1910

Schwindel" bezeichnet. Man verwies auf die „völlig erneuerte Fassade" und schloß mit der Versicherung: „Das Gebäude wird selbstverständlich auch in seinem Innern wieder ausgebaut und später einem repräsentativen Zweck zugeführt."

Nun, alle Freunde des alten Berlin (und nicht nur diese) wissen, daß es seit dem Winter 1966/67 das Ermelerhaus nicht mehr gibt. Es mußte der Straßenverbreiterung und dem Neubau des Ministeriums für Bauwesen den jahrhundertelang innegehabten Platz räumen. Mit diesem Kahlschlag war die Bevölkerung Ost-Berlins nicht einverstanden. Es hagelte Proteste, und so entschloß sich Joachim

Näther, Chefarchitekt des „neuen sozialistischen Stadtzentrums", eine Fassadenkopie des Ermelerhauses in einer Baulücke des Märkischen Ufers zu errichten.

Seit dem 20. Geburtstag der DDR (1969) prunkt an der Uferstraße des Spreekanals in leuchtendem Gelb die anscheinend unveränderte Front des Ermelerhauses aus der Breiten Straße 11. Doch wenn man nähertritt, merkt man den entscheidenden Wandel. Die alte gediegene Haustür aus Holz gibt es nicht mehr, auch nicht den holzgepflasterten Flur, über den einst die schweren Frachtwagen in den tiefen Hof der Ermelerschen Tabakfabrik rollten. Ein paar Stufen führen durch eine moderne, ausdruckslose Glastür in ein Treppenhaus, das nur entfernt an das alte erinnert. Zwar ist das elegant geschwungene, schmiedeeiserne Geländer wieder eingebaut worden, aber auf die köstliche Illusionsmalerei des Treppenhauses hat man „zugunsten einer starken Aufhellung verzichtet, wodurch der neuen gesellschaftlichen Nutzung besser entsprochen wird".

Gerade diese Malerei war besonders reizvoll und nicht leicht zu vergessen. Durch eine Eisenpforte mit der biedermeierlichen Warnung „Sachte zu" betrat man eine Treppe, die an ihrer ersten Biegung jenseits einer halbgeöffneten Glastür mit mondbeglänzter Parklandschaft lockte. Doch ein weißer Seidenspitz hütete die Schwelle, und über den unvorsichtig gegen die Treppe gestellten Besen hätte der Besucher stolpern können – wenn es eben nicht nur gemalt gewesen wäre.

Das neue Ermelerhaus birgt eine exquisite Gaststätte mit einem „Raabediele" genannten Bierrestaurant, ein Café und ein Weinrestaurant in der „historischen Barock-Etage". Diesen Anspruch leitet sie von der Tatsache ab, daß hier die Reste der im alten Ermelerhaus übriggebliebenen Dekorationen mit neugeschaffenen zu einer prunkvollen Einheit verschmolzen wurden, die nur denjenigen wirklich erfreuen kann, der das einzigartige Haus in der Breiten Straße niemals betreten hat.

Mitten im Siebenjährigen Krieg, 1760, hat es der Kaufmann Peter Friedrich Damm, der 1741 als schlichter

Sattler aus Brandenburg nach Berlin gekommen war und dann Heereslieferant des Alten Fritzen für Lederzeug und Monturen wurde, gekauft und zwei Jahre später bezogen, nachdem es grundlegend umgebaut worden war. Das Treppenhaus und die acht Repräsentationsräume des ersten Stocks bezeugten, wie sehr das bürgerliche Leben im Rokoko doch Abglanz des höfischen Vorbildes war. Der Theatermaler Karl Friedrich Fechhelm hat die großen Wandbilder mit den Darstellungen antiker römischer Architekturen geschaffen. Die auf Damm (und seine erst 1802 verstorbene Witwe) folgenden Besitzer haben das Innere des Hauses pietätvoll so belassen, wie es war, und ihm nur eine Fassade im Zeitgeschmack gegeben. Zuerst 1804 der Tabakhändler Neumann, der es für 20 000 Taler gekauft hatte und zwanzig Jahre später zum doppelten Preis an seinen Konkurrenten Wilhelm Ermeler weitergab. An dessen Geschäftsgründung Anno 1808 erinnert am neuen Ermelerhaus noch das hierher übertragene Relief über der Tür – Tabakbau und -handel –, aber auch der volkstümliche Werbeslogan: „Wo kommt der beste Tabak her? Berlin, von Wilhelm Ermeler!"

Im Jahre 1914 ging das Ermelerhaus für eine runde Million Goldmark an die Stadt Berlin über, die sich im Kaufvertrag verpflichten mußte, die Prachträume des ersten Stocks bis 1965 zu erhalten. Doch schon 1932 hatte mit der Eröffnung des Ermelerhauses als Zweigstelle des Märkischen Museums eine neue Ära begonnen, über die Max Osborn in der „Vossischen Zeitung" frohlockte: „Heute ist uns das Ermelerhaus, so wie es jetzt dasteht, wenn es auch nicht mehr mit einer Million ‚zu Buch stehen' würde, für kein Geld der Welt mehr feil."

Der begnadete Museumsmann Walter Stengel nahm nämlich etwas vorweg, was heutzutage alltäglich ist, aber vor vierzig Jahren als Wagnis erschien. Er hat die Räume des Ermelerhauses nicht mit einer abstrakten Kunstgalerie gefüllt, vielmehr ein gewichtiges Stück Geschichte des Berliner Familienlebens verkörpert und die Fülle der Beziehungen in dem vielverflochtenen Bereich berlinisch-märkischer Bürgerkultur dargelegt, die auch dem unscheinbarsten Ding seinen eigentümlichen Wert verleihen. Hier gab es bereits ein „Reich des Kindes", auf das sich die Spielzeugstadt Nürnberg erst im Dürer-Jahr 1971 besann. Ferner – dem genius loci entsprechend – ein kleines „Rauch-Museum" sowie eine Schau der Wohnstile aus der jüngsten Vergangenheit: vom Makartzimmer der Zeit um 1885 bis zum Jugendstil und den Ausdrucksformen des Bauhauses.

Nachdem das Ermelerhaus den Fährnissen des Krieges widerstanden hatte, zogen die Ratsbibliothek und das Stadtarchiv in die bei Kriegsbeginn vorsorglich von den Museumsobjekten entleerten Räume ein, die dem Märkischen Museum trotz aller Bemühungen Dr. Stengels nicht zurückgegeben wurden. Warum eigentlich nicht, sollte der Abbruch eine längst beschlossene Sache gewesen sein?

Zweihundertjährige Naturforscher-Gesellschaft

An berlinischen Superlativen mangelt es wahrlich nicht. Doch halten sie näherer Prüfung zumeist nicht stand, wie beispielsweise die „älteste Gaststätte", die „kürzeste Straße" oder das „kleinste Haus" unserer Stadt. Unbestreitbar aber bleibt, daß die „Gesellschaft Naturforschender Freunde zu Berlin" die älteste naturwissenschaftliche Vereinigung der Spreemetropole und jetzt – da die früher (1743) entstandene Naturforschende Gesellschaft in Danzig nicht mehr existiert — auch die älteste Deutschlands ist; 1973 konnte sie ihr 200jähriges Bestehen feiern.

„Bei dem jetzt herrschenden und fast allgemeinen Hang zur Naturgeschichte war es noch immer verwunderlich, daß in einer so großen Stadt, wie unser Berlin ist, noch kein Mensch auf den Einfall gekommen ist oder sich ernstlich bemüht hatte, zu einer solchen gesellschaftlichen Verbindung, wobei die eifrigsten Liebhaber gemeinschaftlich, folglich mit besserem Nachdrucke, an Erweiterung ihrer Einsichten arbeiten könnten, die nötigen Verfügungen zu treffen." Mit diesen Worten in der umständlichen Ausdrucksweise der friderizianischen Zeit umriß der praktische Arzt Dr. Martini seine Beweggründe für die von ihm ins Leben gerufene private Gesellschaft zur Förderung der Naturwissenschaften. Die Gründung erfolgte am 9. Juli 1773 in Martinis Wohnung im Beisein von sechs interessierten Männern, unter denen neben dem als Molluskenforscher geschätzten Gastgeber der Astronom Bode und der durch seine zwölfbändige „Allgemeine Naturgeschichte der Fische" in der Fachwelt berühmt gewordene Zoologe und Arzt Bloch die namhaftesten waren.

Die neue Gesellschaft machte sich neben der Beschäftigung mit der Wissenschaft auch die Pflege eines freundschaftlichen, anregenden Verkehrs zur Aufgabe. Man traf sich zunächst jeden Dienstagnachmittag in der Wohnung eines Mitgliedes und beschloß die Sitzung am Abend mit Wein und einer schlichten Mahlzeit. Die Reihenfolge, in der man bei den einzelnen Mitgliedern zusammenkam, wurde durch das Los entschieden, „um Rang- und Standesunterschiede innerhalb der Mitglieder zu vermeiden". An schönen Sommertagen traf man sich gelegentlich im Freien. So in Pankow oder in Tegel beim Forstrat von Burgsdorf, dessen berühmte Baumkulturen auch Goethe besichtigt hatte, als er im Mai 1778 der preußischen Hauptstadt den einzigen Besuch seines langen Lebens machte.

Da die Gesellschaft Naturforschender Freunde in Berlin, das noch der Universität ermangelte, eine fühlbare Lücke ausfüllte, blühte sie rasch auf und wurde zum Mittelpunkt für alle, denen das Studium der Natur Beruf oder Herzenssache bedeutete. Doch genügte es nicht, Liebhaber oder Kenner der Natur zu sein, als Mitglied mußte man auch „natürliche Seltenheiten oder optische und physische Instrumente, Präparate und dergleichen, auch dahin gehörige Bücher gesammelt haben und seine Sammlungen nach Möglichkeit zu erweitern suchen".

Schon in den ersten Jahren und Jahrzehnten des Bestehens der naturforschenden Freunde vereinigten sich in der Gesellschaft die bedeutendsten Naturwissenschaftler Berlins, die wiederum viele der führenden Fachgelehrten des In- und Auslandes in ihren Kreis zogen. So wurde 1794 der damalige Bayreuther Bergrat Alexander von Humboldt als auswärtiges Mitglied aufgenommen; er gehörte

Naturforscherhaus in der Französischen Straße, 1905

der Gesellschaft dann 66 Jahre lang bis zu seinem Tode an. Andere prominente Mitglieder waren die Botaniker Bonpland, Adelbert von Chamisso, Gleditsch, Link und Willdenow, die Chemiker von Berzelius, Bunsen und Klaproth, die Genetiker Baur und Correns, der Geograph und Forschungsreisende Schweinfurth, die Mediziner Heim und Virchow, die Zoologen Blumenbach, Cuvier und Lichtenstein, der Gründer unseres Zoos.

Wenn die meisten wissenschaftlichen Vereinigungen erst in unserem Jahrhundert dazu übergingen, auch Damen in ihren erlauchten Kreis aufzunehmen, so waren die Berliner Naturforscher in dieser Hinsicht ausgesprochen fortschrittlich und ihrer Zeit weit voraus. Denn bereits 1775 schlug der berühmte Botaniker Gleditsch vor, auch „angesehene, mit der Kenntnis der Natur beschäftigte Damen" aufzunehmen, eine Ehre, die als erster der Gräfin Podewils im märkischen Gusow zuteil wurde.

Die wissenschaftliche Arbeit der Gesellschaft fand ihren Niederschlag in vielen Veröffentlichungen, mit denen man bereits zwei Jahre nach der Gründung unter dem Titel „Beschäftigungen der Berlinischen Gesellschaft Naturforschender Freunde" begann. Als „Sitzungsberichte" erscheinen sie noch heute.

Viele werden sich des vornehmen, statuengeschmückten Hauses in der Französischen Straße 29 erinnern und seiner Inschrift „Friedrich Wilhelm den Naturforschern". Der Neffe und Nachfolger Friedrichs des Großen auf dem Königsthron, Friedrich Wilhelm II., hatte das ehemalige Wohnhaus der Familie Nicolas für die Gesellschaft umbauen lassen und dafür zehntausend Taler spendiert. Über hundert Jahre lang hat sie hier gewirkt bis 1906, dann verkaufte sie das Haus an die Deutsche Orientbank, um mit den erheblichen Kaufgeldern das neubegründete „Archiv für Biontologie" sowie Forschungsreisen und andere spezielle naturwissenschaftliche Arbeiten zu finanzieren. Das Naturforscherhaus in der Französischen Straße brannte im Krieg aus und wurde abgerissen.

Jetzt treffen sich die rund 250 Mitglieder der traditionsreichen Gesellschaft, die nach wie vor interessierte Laien und Fachleute vereint, im Zoologischen Institut der Freien Universität in Dahlem. Vorsitzender ist der achtzigjährige Zoologieprofessor Herter, ein Sohn des bekannten Bildhauers, dessen Bronzegruppe „Seltener Fang" am Wasserfall des Kreuzberges uns immer wieder erfreut.

Das Nicolaihaus in Alt-Kölln

So mancher, der in den letzten Jahren auf die des öfteren in Aussicht gestellten Passierscheine hoffte, hatte sich nicht nur auf das Wiedersehen mit Verwandten gefreut, sondern wollte auch durch Augenschein feststellen, was der mit dem 20. Geburtstag der DDR ursächlich verbundene „Neuaufbau eines sozialistischen Stadtzentrums" vom alten Berlin übrigließ. Schließlich ist man lange nicht mehr „drüben" gewesen.

Schauen wir uns also im Geiste um, und zwar in Kölln, der alten Schwesterstadt Berlins zwischen Spree und Schleusenkanal, den die Berliner beharrlich Kupfergraben nennen, obwohl diese Bezeichnung offiziell nur für den

Unterlauf stromab der Eisernen Brücke gilt. Die sagenumwobene Jungfernbrücke steht noch in der Gestalt, die sie 1798 erhielt. Doch von den Häusern der benachbarten Friedrichsgracht ist bis zur Gertraudenbrücke (auf die Siemerings schönes Standbild der mildtätigen Äbtissin von Nivelles bereits vor Jahr und Tag zurückkehrte) nur ein einziges, zudem nicht allzu altes übriggeblieben. Seit 1967 ist es eingerahmt von sechsgeschossigen Appartementhäusern, die vom „VEB Berlin-Projekt" nach den westlich orientierten Entwürfen der Architekten Braun und Grafunder aufgeführt wurden. Rund 700 Ein- und Zweizimmerwohnungen umfassen diese äußerlich recht ansprechenden Neubauten, die entlang der nur noch dem Namen nach vorhandenen Sperlingsgasse und der Scharrenstraße bis in die Brüderstraße hinein reichen und die früher im baulichen Maßstab so harmonische Straße nun als schmalbrüstiges Gäßchen erscheinen lassen.

In der Brüderstraße — nach dem einst hier befindlichen Dominikanerkonvent, den „schwarzen Brüdern" benannt — blieben von alten Gebäuden nur das gleichfalls der Volkssage verbundene „Galgenhaus" (Nr. 10) und Nr. 13, über dessen Portal noch lange „Nicolai Buchhandlung" zu lesen war und in dem jetzt das Institut für Denkmalpflege seinen Amtssitz hat.

„Der Buchhändler Christoph Friedrich Nicolai — ‚bewundert viel und viel gescholten' — hat darin allerlei Kluges und leider noch weit mehr pedantisch Dummes geschrieben und verlegt, und im Sommer 1811 sang hier der zwanzigjährige Bergakademiker Theodor Körner seine Lieder. Erinnerungstafeln schmücken die Front des Hauses, und die Stadt Berlin, die sie gestiftet, unterscheidet mit feiner Dialektik den Dichter vom Philister: Dieser ‚wohnte und wirkte', jener ‚weilte und dichtete' hier." Das schrieb mein berlinischer Wegbereiter Adolf Heilborn vor 50 Jahren in seiner „Reise nach Berlin".

Seitdem sind weitere Gedenktafeln hinzugekommen. Für Christian Gottfried Körner, Minna Körner, geb. Stock — Theodors Eltern — und für die Malerin Dora Stock (Minnas Schwester), die 1815 bis 1828 hier wohnten, sowie für

Elisa von der Recke und August Tiedge (1814/15 im Hause). Am 11. Dezember 1958, dem 200. Geburtstag des Maurermeisters, Musikprofessors und Duzfreund Goethes, Carl Friedrich Zelter, wurde eine fünfte Gedenktafel angebracht. Zelter war nämlich oft Gast in dem aus der Zeit des ersten Preußenkönigs stammenden Hause, das er 1787 für den neuen Besitzer Nicolai umgebaut hatte.

Nicolaihaus in der Brüderstraße, 1937

Kundige Thebaner werden fragen: Und keine Tafel für Lessing, dem hier, in der einstigen Wohnung Nicolais, ein hübsches Museum geweiht war? Der Name „Lessingmuseum" war insofern irreführend, als es auch ein Körner- und Nicolaimuseum wie überhaupt ein Museum des geistigen Alt-Berlin darstellte. Jedoch hat der Dichter der „Minna von Barnhelm" und des „Laokoon" das erinnerungsträchtige Haus nie betreten, weil er bereits sechs Jahre im Reich der Toten weilte, als sein Freund und Verleger Nicolai von der Schloßfreiheit hierher zog. Für das Lessingmuseum war das Nicolaische Haus zur willkommenen Zuflucht geworden, nachdem seine Gründungsstätte am Königsgraben 1910 dem Erweiterungsbau des Warenhauses Tietz im Wege stand. Dort hatte Lessing in den Jahren 1765 bis 1767 beim Kupferstecher Schleuen gewohnt und „Minna von Barnhelm" vollendet.

Durch seine musikalisch oder literarisch gestalteten, kostenlosen Donnerstagabende auch bei denen bekannt und beliebt geworden, die sonst nichts für „historische Mottenkisten" übrig haben, mußte das Lessingmuseum 1936 die gastlichen Pforten schließen. Angeblich, weil keine Mittel zu seiner Erhaltung vorhanden waren. Der wahre Grund: Dem Nazi-Regime war ein Museum, das den Autor des „Nathan" feierte, unerwünscht.

Ein Teil der in dreißig Jahren mühsam zusammengetragenen und liebevoll gehüteten Schätze kam in die Staatsbibliothek, ein anderer ins Märkische Museum. Dieses holte sich den Rest erst nach dem Kriege, als der letzte im Hause wohnende Nachkomme Nicolais gestorben war. Wer einmal Gast in der Partheyschen Wohnung im zweiten Stock sein konnte, erinnert sich unzähliger Familienandenken in den noch mit Möbeln aus Nicolais Besitz ausgestatteten Räumen. Hier schien die Zeit stehengeblieben zu sein. Von den Wänden grüßten Ölbilder, Aquarelle, Handzeichnungen und Schattenrisse mit den Porträts der Hausbewohner und Freunde aus fast zwei Jahrhunderten, darunter eigenhändige Arbeiten von Chodowiecki, Graff, Tischbein und anderen Meistern.

Der 150jährige Kreuzberg

„An keinem anderen Ort habe ich so ‚dauerhaft' gewohnt und gearbeitet wie in Berlin; immerhin dreiunddreißig Jahre." Das hat Theodor Heuss bekannt, und so spielen in seinen „Erinnerungen 1905–1933" die Berliner Jahre eine wesentliche Rolle. In diesen Memoiren führt er den ihm befremdlich klingenden Namen der Monumentenstraße in Schöneberg auf einst hier befindliche Werkstätten von Grabsteinmetzen zurück. Daß die Straße aber geradenwegs auf das früher „Monument" genannte Nationaldenkmal der Freiheitskriege auf dem Kreuzberg zuläuft, dürfte Heuss übersehen haben, der auf seiner schwäbischen Schulbank sicherlich nicht soviel mit preußischer Geschichte gequält wurde wie ein Berliner Junge während der Kaiserzeit.

In meinen Barfußtagen war der Kreuzberg der beliebteste Spielplatz unserer „Kinderkommune", und der weite Anmarsch von der Schöneberger „Insel" wurde gern in Kauf genommen. Hier konnten wir auf den künstlichen Inseln inmitten des rauschenden Wasserfalls frei nach Mark Twain ein Robinsonleben führen wie seine jungen Helden Tom Sawyer und Huckleberry Finn am Mississippi oder in dem fast undurchdringlichen Gesträuch des „Viktoriaparks" die Abenteuer von Old Wawerley und Chingancook nacherleben.

Der von uns wenig fein als „Pupe" gehänselte Parkwächter war im Recht, wenn er auf den Buddelplätzen das Graben allzu tiefer „Kuten" als lebensgefährlich verbot, doch der Kasernenhofton des Mannes, der das Denkmal auf der Höhe des Kreuzberges zu bewachen hatte, war Kindern gegenüber wenig angebracht. Ältere Berliner werden sich des schnauzbärtigen Invaliden von 1870/71 entsinnen, der in der alten blau-roten Uniform mit großer Ordensschnalle auf der Treppe zum Denkmal stand und noch als Achtzigjähriger kommandierte, wie er es seit 1904 gewohnt war. Damals erhielt er seinen „Job" und bezog das nahe gelegene, längst verschwundene Wärterhaus „in altdeutschen Formen und in altdeutschem Stile ungeputzt", das Schinkel entworfen und mit flachem Zinkdach versehen hatte, um die Aussicht auf des gleichfalls von ihm gestaltete Denkmal nicht zu behindern.

Am 1. Januar 1822 hatte der Invalide Martin Herborn das Häuschen als erster Wärter bezogen. Das Denkmal war bereits am 30. März 1821 eingeweiht worden, es ist also 150 Jahre alt. Und ebenso alt ist auch der Name „Kreuzberg", den 1921 der neugebildete Verwaltungsbezirk annahm, nachdem ihn das sogenannte Groß-Berlin-Gesetz vom 27. April 1920 als Bezirk „Hallesches Tor" aus der Taufe gehoben hatte.

Bis 1821 hieß der Kreuzberg nämlich Götzes oder Runder Weinberg und war einer in einer ganzen Kette Rebenhügel, die sich von der Schöneberger Grenze bis zur Hasenheide hinzogen. Für sie gab es sogar ein besonderes „Grundbuch von der Hasenheide und den Weinbergen". Unser Volkspoet Adolf Glassbrenner, der sich gern „Brennglas" nannte, hat die „Berliner Wein-Karte" mit einem Dutzend Markennamen überliefert. So gab es den Fahnen-Wein: „Wenn man een eenziges Achtel über de Fahne jießt, so zieht sich des janze Rejement zusammen." Oder den Schul-Wein: „Diese Droppen sind ein sicheres Mittel, die nich wißbejierjen Kinderkens in de Schule zu jagen, indem man ihnen die Alternatiefe stellt, entweder ihre Pflicht zu duhn oder zu drinken." Schließlich sei der Drei-Männer-Wein erwähnt: „Wenn diesen Traubensaft een Mann jenießen soll, so müssen ihm zwee andere halten."

Dort, wo man bis zum strengen Winter 1740 in erheblichem Umfange Wein kultiviert hatte und sich über zweihundert Jahre zuvor der brandenburgische Kurfürst Joachim I. vor dem prophezeiten Untergang seiner Residenzstadt Berlin-Kölln mit der Familie, dem Hofgesinde und aller beweglicher Habe in Sicherheit brachte, wurde 1818 bis 1821 zur Erinnerung an die Befreiungskriege das Schinkelsche Nationaldenkmal aufgetürmt. Fast zwanzig Meter hoch und 2 300 Zentner schwer in der Form einer gotischen Pyramide mit dem namengebenden „Eisernen

Kreuz" auf der Spitze; das alles nicht aus Stein oder Bronze, sondern preußisch-sparsam aus Gußeisen.

Die zwölf Statuen in den Denkmalnischen stellen sinnbildlich die Hauptsiege der Befreiungskriege dar, sie tragen die Züge der mit jener Zeit und ihren Ereignissen besonders verbundenen Persönlichkeiten. Das haben wir uns vor über einem halben Jahrhundert im Geschichtsunterricht merken müssen oder den Ansichtskarten entnehmen können, mit deren Kauf man den alten Denkmalwächter besänftigen konnte. Bei ihm war auch ein Gesamtbild dessen, was man vom Kreuzberg aus sah, erhältlich; der Architekt Reinhold Schmidt hatte es um 1905 mit spitzem Bleistift und äußerster Akkuratesse gezeichnet.

Wegen der mehr und mehr zuwachsenden Aussicht war das Denkmal 1878 mit zwölf hydraulischen Pressen um acht Meter auf den bastionartigen Unterbau gehoben worden, der uns heute wieder nur noch einen recht beschränkten Rundblick gewährt. Doch ist er sehr eindrucksvoll, weil das gewaltige Häusermeer der Weltstadt Berlin scheinbar endlos bis zum fernen Horizont reicht. Dazu kommt der Stolz, auf einem richtigen Berg zu stehen, der 66,11 Meter über Normal-Null aufragt und seine Existenz der Eiszeit verdankt und nicht dem Trümmerschutt des letzten Krieges. Der Kreuzberg ist eben ein Berg mit Tradition und dazu ein vom Volk geliebtes Wahrzeichen unserer Stadt.

Wärterhaus auf dem Kreuzberg, 1822

Das Weltkind in der Mitten ...

Obwohl er bereits 1950 anläßlich der 250-Jahr-Feier der hier ansässigen Deutschen Akademie der Wissenschaften in „Platz der Akademie" umgetauft wurde, sprechen die Berliner nach alter Gewohnheit immer noch vom Gendarmenmarkt. Auf dem einstigen Hauptmarkt der Friedrichstadt hatte das feudale Kürassierregiment Gens d'Armes von 1735 bis 1782 seine Pferdeställe und das Wachgebäude. Bis zum Bombenkrieg war der fast 50 000 Quadratmeter große Platz der schönste Berlins und einer der prächtigsten Europas, der auch den Vergleich mit der vielgerühmten Place de la Concorde in Paris oder der Piazza del Popolo in Rom aushielt. Von dieser, vielmehr von den dort stehenden beiden Marienkirchen hatte Karl von Gontard auch die Idee zu den pompösen Turmbauten des Deutschen und Französischen Doms empfangen, deren Umriß – namentlich im Mondlicht – von unvergeßlicher Wirkung war.

„Prophete rechts, Prophete links, das Weltkind in der Mitten." Dieses Goethe-Wort wurde in Berlin früher auf die Monumentalbauten des Gendarmenmarktes bezogen; auf das Schauspielhaus und die beiden, das „Weltkind" flankierenden Kirchenbauten.

Dank seiner Betondecke, die 1930 in den Turm eingezogen wurde, ist der Französische Dom als Andachtsstätte und Museum der französisch-reformierten Gemeinde nutzbar geblieben, wenn er auch äußerlich ähnlich ramponiert erscheint wie der Deutsche Dom an der südlichen Platzseite. Doch am Schauspielhaus wird bereits seit Jahren an der Wiederherstellung gearbeitet. Man wollte damit schon 1971 zu Ende kommen, um an der traditionsreichen Stätte eines Jubiläums zu gedenken: der vor 150 Jahren, am 26. Mai 1821 erfolgten feierlichen Einweihung des Schauspielhauses. Doch die von Bomben und Granaten furchtbar mitgenommene und mehr als zwanzig Jahre lang ungeschützt dem Wetter ausgesetzte Bausubstanz muß so durchgreifend erneuert werden, daß es wohl noch einige Zeit dauern und ein paar Millionen Mark mehr – als ursprünglich veranschlagt – erfordern dürfte, bis das stolze Bauwerk sich von außen wieder so zeigt, wie Karl Friedrich Schinkel es 1818–1821 geschaffen hat.

Es war schon der dritte Theaterbau an dieser Stelle, dem ein 1774 errichtetes französisches Komödienhaus und das 1817 abgebrannte Deutsche Nationaltheater von 1802 des Brandenburger-Tor-Baumeisters Langhans vorangegangen waren. Von diesem Bau hatte Schinkel die stehengebliebenen Mauern zu übernehmen, auch die Säulen des Portikus, die nur durch Kanelluren bereichert wurden. Was er unter den erschwerenden Bedingungen schuf, verdient größte Bewunderung. Man sah dem wie ein griechischer Tempel gestalteten Hause auch nicht an, was alles an Räumen hinter den erst in den achtziger Jahren mit Sandstein verblendeten Mauern verborgen war. Als der wortkarge Preußenkönig Friedrich Wilhelm III. bei der Einweihung durch die vielen Räume geführt wurde, soll er gesagt haben: „Ach, ein Theater ist ja auch darin."

Sicherlich war die dem Theater gewidmete Fläche die größte des umfangreichen Hauses, aber der eindrucksvollste Raum war doch der herrliche Konzertsaal im südlichen Flügel, dem bis zur Kriegszerstörung die volle Schönheit der ursprünglichen Verhältnisse und die Gediegenheit der Ausstattung bewahrt blieben, während das Theater des öfteren modernisiert wurde. Viele kennen den Saal, da er in den letzten Jahrzehnten als Foyer diente. Das soll er auch wieder werden, wenn das Schauspielhaus nach seiner Wiederherstellung als Konzertsaal eröffnet wird.

Die Einweihung des Schauspielhauses vor 150 Jahren stand im Zeichen Goethes, dessen Eröffnungsprolog von der 26jährigen Madame Stich gesprochen wurde. Nach ihrer Heirat war sie als Auguste Crelinger eine der bedeutendsten Tragödinnen der deutschen Bühne und gehörte volle fünfzig Jahre dem Hoftheater in Berlin an. Als erstes Werk ging dann Goethes „Iphigenie" über die Bretter des neuen Hauses. Den Beschluß machte ein Ballett „Die Rosen-Fee". Bestimmt auf Wunsch des Königs, der an dieser Kunstgattung – aber auch an den Balletteusen – sehr interessiert war.

Konzertsaal des Schauspielhauses, 1875

Sonderbarerweise blieben die „großen" Stücke weiterhin dem Opernhaus Unter den Linden vorbehalten. Doch konnte das Schauspielhaus bald nach seiner Eröffnung auch mit einem bedeutenden Ereignis aufwarten. Am 18. Juni 1821 erfolgte am Gendarmenmarkt die Uraufführung von Webers „Freischütz", die zwar der deutschen Oper endgültig den Sieg errang, aber dem Komponisten nicht die erwünschte Anstellung in Berlin einbrachte.

Wie das Schauspielhaus sich später entwickelte und was es bot – oder vielmehr nicht bot –, mag man bei Theodor Fontane nachlesen, der fast zwanzig Jahre lang von seinem berühmten „Parkettplatz 23" aus das Geschehen auf der königlichen Bühne beobachtete und dann in der „Vos-

sischen Zeitung" kritisch würdigte. Sein Signum „Th. F."
deuteten Fontanes Gegner als „Theater-Fremdling".
Sicher hat das auch jener Schauspieler getan, über den
Fontane schrieb: „Herr X. verläßt uns, um nach Breslau
zu gehen. Als Abschiedsvorstellung setzte man für ihn
‚Othello' an. Er spielte den Mohren so, als ob er schon in
Breslau wäre."

Knoblauch hatte den richtigen Riecher

„Berlin und seine Bauten" heißt ein fast achthundert Seiten starkes Buch, das 1877 erschien und – ausschließlich mit Holzschnitten illustriert – bis heute als erste Gesamtdarstellung des Berliner Bauwesens und seiner Geschichte geschätzt wird. Bereits zwanzig Jahre später gab es eine neue Ausgabe, diesmal in zwei adreßbuchstarken, der Zeit entsprechend repräsentativen Halblederbänden, in denen die altfränkischen Holzschnitte größtenteils durch die inzwischen erfundenen Autotypien – die seitdem gang und gäbe gewordenen Klischeebilder – abgelöst waren. Seit 1964 erscheint eine dritte Ausgabe dieses von vielen deutschen Großstädten nachgeahmten Dokumentarwerks, das sogar auf elf Bände angelegt ist, bisher aber erst in sieben der interessierten Öffentlichkeit vorliegt. Vor einiger Zeit ist als Teil IV des Gesamtwerks ein Band erschienen, der sich auf fast vierhundert reichbebilderten Seiten dem „Wohnungsbau" widmet. Für alle drei Ausgaben von „Berlin und seine Bauten" seit 1877 zeichnet der „Architekten- und Ingenieurverein zu Berlin" verantwortlich, der bis 1924 schlicht Architektenverein hieß und dann der Tatsache Rechnung trug, daß die Baumeister von heute ihr Studium zumeist als Diplomingenieure oder als Dr.-Ing. abschließen.

Die Förderung der wissenschaftlichen Ausbildung unter den jungen „Bauconducteuren" war ausschlaggebend für die Gründung des Architektenvereins, der nach Einholung der damals erforderlichen behördlichen Genehmigung am 5. Juni 1824 ins Leben trat. Vorangegangen war Anfang April eine Versammlung aller in Berlin anwesenden Baubeflissenen auf dem Kreuzberg, bei der die entscheidende Anregung zur Vereinsgründung von dem 22 Jahre jungen Eduard Knoblauch kam. Sein Vaterhaus steht noch als „Knoblauch-Haus" im Herzen Alt-Berlins in der Poststraße, aber von seinen zahlreichen Schöpfungen ist nur die Synagoge in der Oranienburger Straße – durch die „Kristallnacht" und Bombenschäden arg mitgenommen – erhalten geblieben. Alte Berliner wissen, daß ein Mitglied der im 18. Jahrhundert aus dem ungarischen Kaschau nach Berlin eingewanderten Familie Knoblauch das „Böhmische Brauhaus" in der Landsberger Allee gründete.

Die durchweg jungen Architekten trafen sich in dem neuen Verein wöchentlich einmal am Sonnabend im Kemperschen Garten, der 1858 zugunsten der Viktoriastraße parzelliert wurde. Aber die einsame, windzerzauste Platane inmitten der vielbefahrenen Entlastungsstraße nahe der Neuen Nationalgalerie kündet noch von längst verschwundener Gartenpracht. Dort, bei Kemper, führte man bald einen Brauch ein, der sich lange hielt, heute aber undenkbar wäre. Man stellte sich nämlich allmonatlich eine bestimmte architektonische Aufgabe und bewertete sie in gemeinsamer Beratung. Diese „monatlichen Concurrenzen architektonischer Entwürfe" sind in den Jahren 1837 bis 1842 als Tafelwerk veröffentlicht worden und lassen den Betrachter von heute staunen, wie hervorragend die Architekten des Vormärz zeichnen und malen konnten. Den gleichen Eindruck gewinnt man, wenn man die zwanzig Hefte des „Architektonischen Albums" durchblättert, das vom Verein 1838 bis 1862 in Folioformat mit farbigen Drucken herausgegeben wurde.

Der große Schinkel war bereits 1827 Mitglied des Architektenvereins geworden, und mit seinem Namen ist ein Unternehmen verknüpft, das dem Verein internationalen Ruf verschafft hat. Bald nach dem frühen Tode Schinkels wurde sein Geburtstag jedes Jahr mit einem Fest gefeiert, auf dem seit 1846 berufene Fachleute auch wissenschaftliche Vorträge hielten. Daraus entwickelte sich ab 1852 ein Wettbewerb um den „Schinkelpreis", der bald nicht mehr allein Sache des Vereins blieb, sondern bereits drei Jahre später vom Staat finanziell gefördert wurde. Für

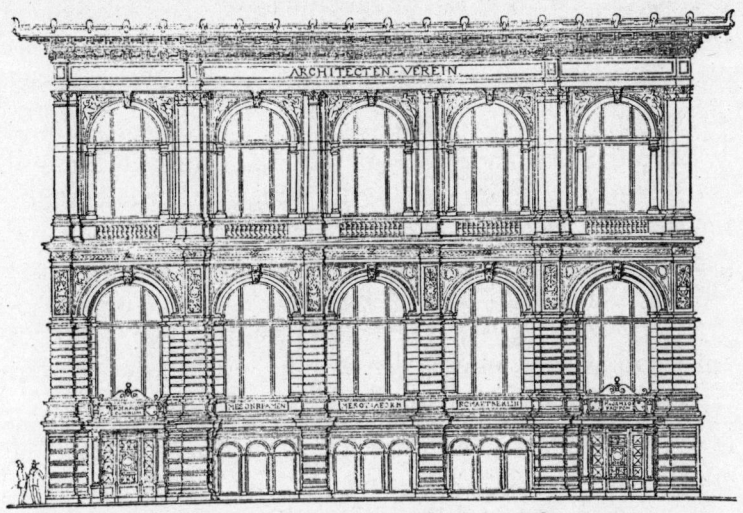
Architektenhaus in der Wilhelmstraße, 1875

die Preisaufgaben aus dem Land- oder Hochbau, dem Wasser- und Brückenbau (zu denen 1898 eine dritte für den Eisenbahnbau kam) wurden je hundert Friedrichsdor – rund 1 700 Mark – bestimmt, die der glückliche Gewinner zu einer Studienreise ins Ausland verwenden mußte.

Den Schinkelpreis gibt es noch immer, und den Preisträgern wird ihre prämierte Arbeit im Staatsexamen angerechnet. Die ungefügen Mappen mit den hervorragend gezeichneten Entwurfsblättern sind erhalten geblieben und gehören mit dem größten Teil der einst fast 30 000 Bände umfassenden Vereinsbibliothek jetzt dem Institut für Baugeschichte der Technischen Universität.

Doch das 1875 für 519 000 Goldmark erworbene eigene Haus in der Wilhelmstraße hat der Architektenverein schon vor dem Ersten Weltkrieg, als er dreitausend Mitglieder in ganz Deutschland zählte, an das benachbarte Kriegsministerium verkaufen müssen; 1934 wurde es zugunsten des Luftfahrtministeriums abgerissen.

Das Kavalierhaus auf der Pfaueninsel – Berlins erstes Hochhaus

Als immer noch bei weitem größte Stadt Deutschlands, in der auf 883 Quadratkilometern 3,3 Millionen Einwohner beieinander leben, hat Berlin einige Rekorde besonderer Art aufzuweisen. Zu diesen gehörte eine Zeitlang auch der, das höchste Wohnhaus zu besitzen. Doch ist der 88 Meter hohe und dreißig Geschosse umfassende Bau in der Großsiedlung Berlin–Buckow–Rudow, der sogenannten Gropiusstadt, inzwischen von höheren in der Bundesrepublik übertroffen worden.

Das Hochhaus ist aus dem Baugeschehen unserer Tage nicht mehr wegzudenken und hat sich bereits das Dorf erobert. Man macht sich darüber kaum noch Gedanken; eher schon, wann das erste seiner Art in Berlin gebaut wurde. Es waren sogar zwei, die gleichzeitig im Jahre 1924 entstanden. Der im Bombenkrieg zerstörte achtgeschossige Rundbau der Rütgerswerke am Knie in Charlottenburg und das zwölf Stockwerke zählende Turmhaus der Borsig GmbH in Tegel. Es steht noch, aber so weit von der Straße abgerückt inmitten des riesigen Werkgeländes, daß der gotisierende Klinkerbau des Messel-Schülers Eugen Schmohl städtebaulich ohne Wirkung blieb.

Was ist eigentlich ein Hochhaus? Nach der Bauordnung jedes Gebäude, das sechs oder mehr Geschosse hat. In der Neufassung vom Februar 1971 erfahren wir es ganz genau. Dort heißt es im Paragraphen 2, Absatz 4: „Hochhäuser sind Gebäude, bei denen der Fußboden mindestens eines Aufenthaltsraumes mehr als 22 Meter über der Geländeoberfläche liegt."

Diesen harten Bedingungen entspricht es heute nicht mehr, „das erste Hochhaus der Reichshauptstadt", wie der Pfaueninsel-Chronist Caesar von der Ahé vor dreißig Jahren das 1824 errichtete „Kavalierhaus" auf Berlins schönster Insel bezeichnete. Es ist zwar – wenigstens mit dem Turm an der rechten Frontseite – ein Bau von sechs Geschossen, der zudem mehr als 24 Meter bis zum Zinnenkranz mißt, aber die Räume des obersten Stockwerks liegen nur zwanzig Meter über dem Erdboden. Doch was macht das schon bei einem Gebäude, das dem Kundigen so viel zu erzählen weiß und der Öffentlichkeit vertrauter werden dürfte, wenn in seinen Räumen das seit langem vorbereitete „Pfaueninsel-Museum" eröffnet wird.

„Auch stand vollendet und hoch empor gerichtet die vielgewanderte Vorderseite des sinnreich geschnörkelten Nürnberger Hauses, vor vier Jahrhunderten von da nach Danzig und nun hieher verpflanzt, in Stein gearbeitet und als Theil einer Schloßburg." So schrieb der Bildhauer und Akademiedirektor Johann Gottfried Schadow in seinem illustrierten Bericht über eine feucht-fröhliche Herrenpartie, die der Berliner Künstlerverein im August 1825 nach Potsdam und der Pfaueninsel unternommen hatte. In seinen Worten klingt schon an, was bis heute immer wieder erzählt wird, obwohl es keineswegs den aktenkundigen Tatsachen entspricht.

Das Kavalierhaus war bereits 1804 erbaut worden, um den Inselgärtner und dazu noch den Schäfer und Tier-

Danziger Haus auf der Pfaueninsel, 1870

wärter sowie den Garten- und Gespannknecht unterzubringen. Nur wenige Räume waren für „herrschaftliche Gäste" bestimmt. Die Dienerschaft mußte bei der Anwesenheit des Hofes auf der Insel in rasch aufgeschlagenen Zelten hausen. Als der Hofmarschall den Neubau eines geräumigen Kavalierhauses anregte, hielt der sparsame König Friedrich Wilhelm III. einen Umbau für ausreichend und verfügte im März 1824: „ ... statt des vorgeschlagenen Kavalierhauses soll das jetzige nach der vom Geheimen Ober-Baurath Schinkel vorgelegten Zeichnung in Verbindung mit der aus Danzig angekommenen merkwürdigen Facade, deren Architektur jedoch ganz genau erhalten werden muß, ausgebaut werden."

Diese Fassade, die das Kavalierhaus zum „Danziger Haus" werden ließ, soll – wie die Fama erzählt – ursprünglich in Venedig gearbeitet und von dort nach Nürnberg geschafft worden sein, wo sie 1360 beim Bau eines erzbischöflichen Palastes aufgestellt wurde. Um 1480 soll man sie dann nach Danzig transportiert haben, um sie in der Brodbänkengasse erneut aufzurichten. In der Danziger Brodbänkengasse 14 hat sie nun tatsächlich die prunkende Schauseite des Wohnhauses der Patrizierfamilie Schlief gebildet, aber erst seit etwa 1520, als sie im zeitüblichen Stil der Spätgotik an Ort und Stelle aus importiertem Sandstein geschaffen wurde.

Dem für Danzig zuständigen preußischen Oberpräsidenten von Schön gebührt das Verdienst, den König auf das durch Abbruch und Neubau gefährdete Haus aufmerksam gemacht zu haben. Schön gelang es auch, die insgesamt 287 einzelnen Werkstücke der Fassade im Gesamtgewicht von 743 Zentnern für dreihundert Taler anzukaufen und auf dem Wasserwege von Danzig zur Pfaueninsel zu schaffen. Als der Umbau des Kavalierhauses vollendet war, ergab sich, daß er fast 28 000 Taler gekostet hatte, das Dreifache der vom Hofmarschall für einen Neubau veranschlagten Summe.

Zierstücke der für das Pfaueninsel-Museum ausersehenen Halle des Danziger Hauses waren einst die vom Maschinenmeister Friedrich, einem Tüftelgenie ersten Ranges, äußerst kunstvoll aus angeblich zehn- bis fünfzehntausend einzelnen Stückchen Elfenbein und Perlmutter gefertigten Modelle der wichtigsten Bauten aus der Regierungszeit Königs Friedrich Wilhelm III. Man sah das Alte Museum, die Friedrichswerdersche Kirche, auch die von Nikolskoe und Sakrow, das Pfaueninselschlößchen und anderes mehr. Obwohl Kopien dieser Miniaturgebäude bereits in den 1830er Jahren als Geschenke des Königs an seinen Schwiegersohn, den Zaren Nikolaus, nach Petersburg gelangt waren, wurden die Originale 1945 ebenfalls gen Osten entführt. Was aus ihnen wurde, konnte bisher niemand sagen.

Musiksalat in den Zelten

Was ein richtiger Berliner ist – gleichgültig ob echter oder gelernter –, der geht Pfingsten zu „seinem" Frühkonzert, das nach alter Sitte im Freien stattfindet. Wie jeder Großstädter, der die Woche über angestrengt zu arbeiten hat, schlafen auch die meisten Berliner an Sonntagen gern in den Tag hinein. Doch einmal im Jahr, eben zu Pfingsten, stehen sie vor Tau und Tag auf, um das Frühkonzert nicht zu versäumen. Auch wenn das Wetter alles andere als sommerlich warm ist, tut das dem Vergnügen keinen Abbruch. Man harrt bei „seiner" Kapelle aus, bis der letzte Ton verklungen ist.

Wann das erste dieser Frühkonzerte stattfand, ist bisher nicht ermittelt worden. Man weiß nur, daß es sie an der Spree seit über 150 Jahren gibt. Eine Witwe Pauly, Wirtin von Zelt Nr. 5, soll sie in Biedermeiertagen aus der Taufe gehoben haben. Möglicherweise geht der alte Brauch aber auf die Zeit Friedrichs des Großen zurück; denn der Stadtchronist Mila hat 1829 berichtet, daß schon in den 1770er Jahren die Besucher der Zelten am Tiergartenrand nach Tausenden zählten, besonders wenn „auf Befehl des Gouverneurs die Musikkorps der in Berlin in Garnison stehenden Infanterie- und Artillerie-Regimenter in die anliegenden Büsche verteilt wurden, welches zusammen ein sehr reizendes Schauspiel machte."

Die Zelten waren bis zur Zerstörung im letzten Kriege nicht nur ein Wallfahrtsort für die Freunde der Frühkonzerte, sondern auch jene Stätte, die ihren Rang in der Geschichte des Berlinertums behaupten konnte, mochten sich auch die Zeiten und mit ihnen die Menschen ändern. Den Älteren unter uns werden unvergeßliche Erinnerungen aufsteigen an eine Reihe von großen Gartenlokalen, die in ihrer Häufung auf engstem Raum früher in Berlin durchaus nicht einmalig waren, aber an Beliebtheit ähnliche Unternehmen vor dem Königstor oder auf dem Tempelhofer Berg bei weitem übertrafen. Aus einfachen Leinwandzelten, die 1745 von eingewanderten Franzosen zwischen der Spree und dem Tiergarten errichtet wurden, hatten sich im Laufe von fast zwei Jahrhunderten die stadtbekannten „Zelten" mit ihren insgesamt sieben, Wand an Wand gelegenen Lokalen entwickelt, von denen das „Kistenmachersche Etablissement" direkt an der Spree einmal das feinste war – schließlich war es aus dem „Nähnadelsruh" genannten Alterssitz des reichen Hofschneidermeisters Freitag hervorgegangen – und nur die Zelten Nr. 1 bis 4 sich „historisch" nennen durften.

Wenn hier Frühkonzert war, hörte man das halbe Dutzend Blaskapellen gleichzeitig, was aber niemand zu stören schien. Viele, die das Eintrittsgeld scheuten, standen überdies stundenlang auf dem „Zirkel" vor den Zelten-Lokalen und lauschten von dort aus dem Musiksalat.

Doch für Musikfreunde mit empfindlichen Ohren gab es ein paar hundert Meter weiter östlich „Krolls Etablissement", dessen schöner Garten ebenfalls Schauplatz der pfingstlichen Frühkonzerte war. Ich habe ihn neulich gesucht, aber außer einigen alten Kastanien und Eichen an der Ecke, wo die Zufahrt zur Kongreßhalle von der John-Foster-Dulles-Allee (der früheren Zeltenallee) abbiegt, keinen Stein mehr von der einst so beliebten Vergnügungsstätte der Berliner und ihrer Gäste gefunden.

Frühkonzert in den Zelten, 1890

Dort, wo sich bis zur Sprengung im März 1951 die Ruine des Krollschen Hauptgebäudes erhob, gibt es Steine genug. Doch die ungefügen abstrakten Gebilde, die dem Gelände den Namen „Osterinsel" einbrachten, sind Überbleibsel eines 1961 und 1963 veranstalteten Symposions internationaler Bildhauer.

„So etwas müßten wir in Berlin auch haben" hatte König Friedrich Wilhelm IV. erklärt, als er 1841 anläßlich der Huldigung in Breslau im „Wintergarten" des Restaurateurs Joseph Kroll nebst 800 Gästen ein „Dejeuner" einnahm und an den prächtigen Festräumen Gefallen fand. Drei Jahre später war es soweit, und Kroll begleitete die Eröffnung seines Berliner Etablissements mit den Worten: „Nach allerhöchster Bestimmung soll mein Lokal dem gebildeten Publikum Berlins einen Erholungsort bieten; ich glaubte daher die mir gestellte Aufgabe am zweckmäßigsten zu lösen, wenn ich mein Lokal zu Konzerten, Bällen und anderen Festlichkeiten so einrichten ließ, daß es den Anforderungen des heutigen guten Geschmacks überall entspräche und Zweckmäßigkeit mit einer äußeren eleganten Ausstattung verbände... Es werden daher nach der von mir beabsichtigten Einrichtung sämtliche Räume, die bequem 5000 Personen fassen, den Besuchenden zur Disposition stehen. Vierzig Kellner werden bereit sein, die ihnen erteilten Befehle auf das schnellste auszuführen."

„Viel zu groß für Berlin" hatte Willibald Alexis gewarnt, und minder Berühmte meinten, es sei zu weit draußen, was noch 1875 die Reichstagsabgeordneten abhielt, sich hier ihr neues Parlamentshaus zu bauen. Wechselvoll waren in der Folge die Schicksale von „Krolls" – wie man es kurzerhand nannte –, das von der Oper und glanzvoll-rauschenden Festen bis zur akrobatischen Schaustellung alle möglichen und unmöglichen Veranstaltungen in seinen weitläufigen Räumen sah; das wohl allen Musen und zuletzt, nach 1933, recht bösen Geistern diente.

Erfreulicher ist, was vom Kroll-Engel erzählt wird, der 1853 die Tochter des Gründers, Auguste Kroll, geheiratet hatte. Joseph Karl Engel, trotz seines deutschen Namens ein waschechter Ungar, war mit einer Zigeunerkapelle nach Berlin gekommen und hier hängengeblieben. Zeitlebens stand der Musikdirektor aus dem Lande der Madjaren mit der deutschen Sprache auf dem Kriegsfuß, und die hieraus resultierenden Anekdoten sind Legion. Eine von ihnen mag genügen: Infolge plötzlicher Erkrankung der Hauptdarstellerin mußte eine Vorstellung ausfallen. Engel trat auf die Bühne und bat das Publikum, „sich das Geld an die Kasse zurückgeben zu lassen". Da tönte es aus dem Zuschauerraum: „An der Kasse!" Worauf Engel mit größter Gemütsruhe erwiderte: „An der Kasse oder an die Kasse – ist ganz egal. Hauptsache ist, daß was ist in Kasse!"

Geburtstagsständchen an Stiers Grab

Auf dem alten Schöneberger Kirchhof an der Hauptstraße steht inmitten prunkvoller Mausoleen der „Millionenbauern" eine zierliche dorische Tempelhalle. Im Jahre 1860 wurde sie nach dem Entwurf von August Stüler über dem Grabe des vier Jahre zuvor verstorbenen Baurats und Professors an der Bauakademie Wilhelm Stier errichtet. Die Grabplatte trägt die schönen Worte: „Dem Freunde, dem Lehrer, die Architekten Deutschlands."

Alljährlich am Himmelfahrtstag treffen sich hier die Aktiven und Alten Herren des „Akademischen Vereins Motiv", und feiern mit Gesang und Ansprache den Geburtstag des geistigen Vaters ihrer Vereinigung, die nach der ein Jahr früher gegründeten „Hütte" die zweitälteste studentische Gemeinschaft an unserer Technischen Universität ist.

Die nun schon seit mehr als hundert Jahren stattfindende Stierfeier – wegen des anschließenden Frühschoppens „Stierspritze" genannt – ehrt einen akademischen Lehrer, der außer dem eigenen, schon früh abgerissenen Hause auf dem Karlsbad an der Potsdamer Brücke, das wegen seines ungewöhnlichen, malerischen Aufbaus „Stierburg" hieß, nichts gebaut hatte, aber es verstand, die „Baueleven" durch sein theoretisches Können, durch seine Begeisterungsfähigkeit und durch seine menschliche Aufgeschlossenheit mitzureißen.

Die faszinierten Studenten fanden sich deshalb am Geburtstage des „alten Stier" zusammen und erfreuten ihren Meister durch Quartettgesang, dem sich dann eine Landpartie nach Saatwinkel oder Treptow anschloß. Aus diesem Brauch entsproß 1847 der akademische Gesangverein „Motiv" unter dem Vorsitz eines „Liedervaters", und so heißt der Vereinspräside noch heute.

„Motiv" nannte man sich nach einem Lieblingswort von Stier, das er sehr häufig verwendete, wenn er den Grundgedanken einer architektonischen Anordnung oder einer Form bezeichnen wollte. „Uns alle hatte von Anfang an dieser uns völlig neue Gebrauch des Wortes ‚Motiv', das sprachlich sonst in ganz anderm Sinne gebraucht wird, stets sehr eigentümlich berührt" berichtete Jahrzehnte später ein alter „Motiver", der zu den vierzehn Gründungsmitgliedern gehörte.

Anfangs widmete man sich nur der sangesfrohen Geselligkeit. Doch bald gab auch die praktische Betätigung seiner Neigungen zu allen schönen Künsten diesem Freundeskreis, der zunächst überwiegend aus Architekten bestand, einen umfassenderen Inhalt und auch einen stärkeren Zustrom. Neben der Musik, Malerei und Dichtkunst huldigte man besonders der Mimik in Gestalt von sorgfältig vorbereiteten oder aus dem Stegreif vorgetragenen Theateraufführungen. Es waren durchweg selbstverfaßte Stücke, in denen Tagesereignisse, aktuelle Vorgänge in der Technik oder politische Geschehnisse ihren satyrischen Widerhall fanden. Die Pflege der schönen Künste war aber nicht Selbstzweck im Motiv, sie sollte die Motiver zusammenführen und miteinander vertraut machen. Vieles, was man früher übte, ist einer neuen Zeit zum Opfer gefallen, aber das „Zweckessen" gibt es bis heute. Und sein Zweck? Nun eben billig, gut und reichlich zu essen.

Dank seiner einflußreichen und zahlungskräftigen Alten Herren, von denen die Stadtbauräte Hobrecht und Hoffmann, die Architekten Gropius, Messel und Muthesius genannt sein sollen, konnte sich das Motiv einen lange gehegten Wunsch erfüllen und 1902 das eigene Haus einweihen, das mehr als eine halbe Million Goldmark gekostet hatte. Es steht noch an der Ecke der Hardenberg- und Knesebeckstraße und ist als Sitz des Renaissance-Theaters allgemein bekannt. Nur gehört es schon lange nicht mehr den Motivern, die es bereits im Ersten Weltkrieg mit einem Wohnhaus in der Leibnizstraße 14 vertauschten. Die an das Motivhaus mit seinen großen, für die Öffentlichkeit bestimmten Saal- und Restaurationsräumen geknüpften wirtschaftlichen Hoffnungen hatten sich nämlich nicht erfüllt, weil Kurfürstendamm und Kantstraße der Hardenbergstraße den Rang abliefen und diese lange eine ruhige Wohnstraße mit Villen bleiben ließen.

Das Motivhaus in der Leibnizstraße wurde im Kriege zerstört. Die Motiver waren dann im Dachgeschoß des früheren Heereswaffenamtes in der Jebensstraße 1 beheimatet, bis es ihnen vor einigen Jahren gelang, in Gemeinschaft mit einer Baugesellschaft das Grundstück in der Leibnizstraße mit einem Neubau zu besetzen. Den Motivern gehören hier die beiden obersten Geschosse. Eins dient mit Gemeinschaftsräumen dem nach wie vor regen Vereinsleben. In dem andern sind Appartements eingerichtet, in denen die von auswärts zum Studium nach Berlin gekommenen Motiver wohnen, aber auch arbeiten können; denn dafür stehen Studios und Zeichenräume zur Verfügung.

Das neue Heim des altehrwürdigen Motiv vereinigt Aktive und Alte Herren, die junge und die alte Generation, als Stätte der Freundschaft für das ganze Leben. Neben den seit jeher bekannten und beliebten Festen gibt es auch wissenschaftliche Vorträge, so etwa von dem Alten Herrn Professor Zuse, der in Deutschland die Automation einführte und die elektronische Rechenmaschine konstruierte.

Die 1834—37 erbaute „Stierburg", Auf dem Karlsbade Nr. 11

Erinnerung an „Pepitas Ruh"

Es mag sentimental klingen, dennoch gestehe ich gern, daß ich bei einer Fahrt in den schönen Spandauer Stadtwald niemals versäume, an der Ecke der Streit- und Hakenfelder Straße – wo die Niederneuendorfer Allee beginnt – den Blick nach links zu richten und „Pepitas Ruh" zu suchen. Dabei weiß ich nur zu gut, daß die erinnerungsreiche, einst so gastliche Stätte seit 1954 nicht mehr existiert.

Auf dem Hof des damals errichteten Wohnhausblocks steht eine vereinzelte alte Linde, doch dürfte sie nicht mehr aus jener Zeit stammen, da Friedrich Nicolai im Spandau-Kapitel seines Berlin-Baedekers von 1786 schrieb: „In der Oranienburgischen Vorstadt ist bey der Haakschen Meyerey ein großer Garten mit schönen Alleen und hohen bedeckten Gängen." Als Baum-, Küchen- und Tabaksgarten hatte ihn 1691 der Bürgermeister, spätere „Königl. Preußische Zollverwalter und Ziesemeister" Ernst Gottlieb Cautius angelegt und dann seiner Tochter Christiane Sophie vererbt, die in zweiter Ehe mit dem „vornehmen Kaufmann zu Spandau" Johann Ludwig Haake verheiratet war. Dieser gab dem Stadtteil nicht nur bis heute seinen Namen, sondern schuf die von Nicolai gerühmte Meierei nebst Orangerie und Treibhaus. Das um 1750 errichtete Hauptgebäude hatte den Charakter eines ländlichen Schlosses, den man 1823 noch akzentuierte, als der Mitteltrakt im Geist der Schinkelzeit aufgestockt wurde und Giebeldreieck mit Statuenschmuck erhielt.

In das repräsentative Haus zog 1858 eine Königin der Grazie ein, die als „Stern von Andalusien" auf den Bühnen der europäischen Hauptstädte früh zu Ruhm und Geld gekommen war: Josefa Duran y Ortega. Pepita de Oliva war ihr Künstlername, und mit feurigen spanischen Tänzen verdrehte sie der Männerwelt die Köpfe.

Die 1830 in Malaga zur Welt gekommene Pepita hatte einen Barbier Pedro Duran und die Zigeunerin Catalina

Ortega zu Eltern. Mit 21 Jahren heiratete sie in Madrid den Zigeunertänzer Juan Antonio Gabriel de la Oliva, den sie aber bald verließ. In Paris hatte sie nämlich 1852 den britischen Gesandtschaftssekretär Sir Lionel Sackville West kennengelernt und sich ihm alsbald in wilder Ehe verbunden. Dieser Entschluß dürfte der glutäugigen Spanierin nicht schwergefallen sein, da ihr Verehrer Herr auf Schloß Knole in Kent, einem der prächtigsten Landsitze Englands, war und ein fürstliches Vermögen besaß.

Pepita folgte Sackville-West auch auf die verschiedenen diplomatischen Auslandsposten, mußte dort aber stets größte Zurückhaltung üben. Obwohl sie ihrem Galan im Laufe der Jahre mehrere Kinder geboren hatte, kam es nie zur Heirat. Ihr angetrauter Mann lebte noch, eine dennoch angestrebte heimliche Vermählung soll 1865 von Sackvilles Vorgesetztem, dem englischen Konsul in Malaga, dadurch verhindert worden sein, daß er seinen liebestollen Sekretär kurzerhand für einige Tage einsperrte.

Nach Berlin war Pepita bereits 1853 zu Gastvorstellungen gekommen, die anfänglich im Opernhaus Unter den Linden, dann im Friedrich-Wilhelmstädtischen Theater in der Schumannstraße, dem heutigen Deutschen Theater, stattfanden und volle Häuser ergaben. Ihre Glanznummern waren die spanischen Nationaltänze „Malaguena" – nach dem volkstümlichen Beifallruf „El Ole" genannt – und „Aragoneza". In beiden hat Adolph Menzel sie gezeichnet, doch lassen die Bilder nicht erkennen, ob Pepita mit oder ohne „Trikots" tanzte. Die auf Sittsamkeit bedachte Berliner Polizei hatte ihr nämlich vorgeschrieben, Trikots anzulegen, die sie anscheinend nicht immer trug.

In Hakenfelde hat Pepita keineswegs die ihr nachgesagten rauschenden Feste gefeiert, auch die angeblich geübte „große Wohltätigkeit" konnte nicht bestätigt werden. In den wenigen Jahren bis 1862, die Pepita auf der alten „Haakschen Meierei" verbrachte, lebte sie mit ihrem zur englischen Gesandtschaft in Berlin delegierten Liebhaber ähnlich zurückgezogen wie schon früher auf anderen Auslandsposten. Im Jahre 1866 hat sie den Tänzerinnenberuf aufgegeben, 1872 ist sie in Paris im Kindbett gestorben.

Pepitas älteste Tochter, die 1862 nicht in Spandau, sondern in Paris geborene Victoria, hat 1890 den Neffen und Erben Sackvilles, Lionel Edward Sackville, geehelicht und ist damit Baronin, Lady und Peereß geworden. Wie sie ihr Riesenvermögen durch ein Vermächtnis noch um anderthalb Millionen Pfund Sterling vermehren konnte, ist eine so abenteuerliche und romanhafte Geschichte, daß ich sie nicht mit wenigen Worten erzählen kann. Doch hat mir das ihre Tochter (Pepitas Enkelin), die mit dem englischen Politiker und Schriftsteller Harold Nicolson verheiratete Vita Sackville-West, in dem 1938 erschienenen, schwer verdaulichen Buch „Pepita. Die Tänzerin und die Lady" abgenommen.

Victorias Bruder, der 1858 geborene Ernest Maximilian, hat in einem Rechtsstreit, der seinerzeit in England ungeheures Aufsehen erregte, versucht, seine Anerkennung als erbberechtigter Erstgeborener zu erreichen. Zwei Jahre nach dem Tode des alten Lionel Sackville-West, 1910, wurde die Klage endgültig abgewiesen, da Ernest nicht hatte beweisen können, daß seine Mutter Pepita jemals mit seinem Vater rechtsgültig getraut worden war. Der über sieben Jahre laufende Prozeß hat Ernest zum armen Mann gemacht; er verfiel in Trübsinn und gab sich im Sommer 1914 in Paris an der Leiche seiner an Krebs verstorbenen Gattin den Tod.

Pepitas Ruh um 1850

Nach dem Wegzug der Pepita ist ihr Hakenfelder Tuskulum in ein Gartenrestaurant umgewandelt worden, das als „Waldschlößchen Pepitas Ruh" ebenso bekannt wie beliebt war. Es war auch nach 1945 in Betrieb, doch haben weder der Besitzer noch die Pächter etwas zur baulichen Unterhaltung getan, so daß es schließlich wegen starken Schwammbefalls der Spitzhacke preisgegeben werden mußte. Einzige Überbleibsel sind die drei klassizistischen Steinfiguren – Mars, Merkur und eine namenlose Göttin – vom Dachgiebel, die ins Spandauer Heimatmuseum wanderten und dort für unsere „sentimental journey" zeugen.

Das Haus hinter der „chinesischen Mauer"

Wer, um mit Fontane zu reden, nicht gerade „gröbliche Augen hat, die gleich einen Gletscher oder Meeressturm verlangen, um befriedigt zu sein", wird selbst als zeitgehetzter Autofahrer auf dem Wege von der Potsdamer Brücke zum Lützowplatz kaum jene Villa übersehen können, die gleich einer „Insel der Ruhe" mit hellenischer Säulenhalle zwischen Von-der-Heydt-Straße und Landwehrkanal aufragt.

Schon die erste Ausgabe (1877) des jetzt in dritter Auflage erscheinenden Dokumentarwerkes „Berlin und seine Bauten" pries sie „als eine bedeutende Anlage, in der die Traditionen der älteren Berliner Architekten-Schule mit den Bestrebungen der neueren Zeit sich vereinen". Diese Kriterien und die städtebaulich so wirksame Lage in einer leeren Landschaft haben den im Kriege zur Ruine gewordenen, aber immer noch imposanten Bau vor dem Abriß bewahrt und ihm zum Denkmalschutz verholfen.

Die kleine Grünfläche vor der Villa heißt ausweislich eines altertümlichen Schildes, das der Berliner Wappenbär bekrönt, Calandrelli-Anlage. Hier ist der einstige „grüne Strand" des Landwehrkanals noch erhalten, der sonst überall um 1890 durch die mit Millionenaufwand errichteten nüchternen Steinkais verdrängt wurde.

Eine hier aufgestellte marmorne Brunnennymphe des Bildhauers Alexander Calandrelli hat den Krieg nicht überstanden, aber sein bronzener König Friedrich Wilhelm IV. reitet immer noch für Preußen auf der Freitreppe der Nationalgalerie in Ost-Berlin.

Neuerdings hat man sich angewöhnt, das Bauwerk am Landwehrkanal „Calandrelli-Villa" zu nennen, weil der in Berlin geborene Bildhauer italienischer Abstammung in dem Haus sein Atelier gehabt haben soll. Doch stimmt das nicht; wahrscheinlich hat Calandrelli es niemals betreten. Gebaut wurde es 1861 nach den Plänen und unter der Leitung des Geheimen Oberbaurats Linke vom Baumeister Ende, den wir als Sozius von Böckmann kennen und dessen Stilbauten im Zoologischen Garten der älteren Generation ein Begriff sind.

Bauherr war August Freiherr von der Heydt, ein Elberfelder Bankier, der in den fünfziger und sechziger Jahren des vergangenen Jahrhunderts preußischer Handels- und Finanzminister war. Am 20. Oktober 1860 hatte er den Grundstein legen lassen. In der damals deponierten Urkunde heißt es: „Gott lasse Frieden wohnen in diesem Hause und seinen Segen ruhen auf uns, unseren Kindern und Kindeskindern."

Nach dem Tode des Ministers, 1874, übernahm es dessen Sohn Eduard. Doch dem gefiel es in seinem Sommerquartier in Wannsee besser, so daß er vier Jahre später ganz dorthin übersiedelte und das Haus am Landwehrkanal der Chinesischen Gesandtschaft überließ. Zwölf Jahre lang hing das Chrysanthemum-Wappen über dem Portal. Etwa in der Gestalt, wie wir es noch jetzt an dem seit Jahren leerstehenden Gesandtschaftsgebäude Kurfürstendamm 218 finden.

Als die Söhne des Reiches der Mitte am Landwehrkanal residierten, wollte Theodor Fontane nach dem Vorbild des die Welt bereisenden Malers Eduard Hildebrandt an Berlins Gesandtschaften vorüberfahren „und ihr Wesentliches aus ehrfurchtsvoller und bequemer Entfernung studieren". Als erste nahm er sich die Chinesische Gesandtschaft vor, lag sie doch ohnehin an seiner täglichen

An der „chinesischen Mauer", 1885

Spaziergangslinie, die in der Potsdamer Straße begann, am Kanalufer entlanglief, „und dann unter Überschreitung einer der vielen kleinen Brücken von größerem oder geringerem (meist geringerem) Rialtocharakter" am Tiergarten ihren Rücklauf nahm, bis der Zirkel sich an der Ausgangsstelle wieder schloß. „Was da vorüberflutete, gelb und schwer und einen exotischen Torfkahn auf seinem Rücken, ja, wenn das nicht der Yang-tse-kiang war, so war es wenigstens einer seiner Zuflüsse." So sah Fontane auf seinem Spaziergang den Landwehrkanal, und die Parkmauer der Gesandtschaft wurde dem Dichter zur „chinesischen Mauer".

Nur von den dahinter hausenden Chinesen bekam er keinen zu Gesicht, einzig und allein murmelspielende Berliner Jungen, die das chinesisch klingende „Schautau" mit Kreide auf die Mauer gekliert hatten, daneben aber auch „Emmy ist dof". Als Fontane sich dann im Café Josty am Potsdamer Platz von den Anstrengungen und Enttäuschungen seiner Entdeckungsreise erholte, traf er wenigstens dort zwei echte bezopfte Chinamänner.

Nach dem Auszug der Chinesen, 1890 erwarb Karl von der Heydt das Haus seines Großonkels und bewohnte es bis 1919. Damals war in den sehr gediegen ausgestatteten Räumen ein Teil der Kunstsammlung zu sehen, die jetzt als Von-der-Heydt-Museum den Stolz der Stadt Wuppertal bildet. Leider hängen dort – und nicht im Berlin-Museum – auch die schönen Bilder, die „Perspektiv-Hummel" Anno 1836 im Schloßpark von Buch malte.

Mancher mag die Muschelkalkmauer von heute mit Fontanes „chinesischer Mauer" identifizieren. Aber diese war aus gelben Backsteinen, während die heutige erst 1938 entstand, als es galt, den neuen Bewohner, Staatssekretär und Reichskanzleichef Hans-Heinrich Lammers, gegen das „Volk" abzuschirmen. Wegen ihres Materialwertes soll die Mauer – allerdings „transparent" gemacht – auch stehenbleiben, wenn das nur teilweise wiederhergestellte Haus zum Amtssitz des Präsidenten der Stiftung Preußischer Kulturbesitz hergerichtet wird. Dieser Plan dürfte in absehbarer Zeit realisiert werden, nachdem das Projekt, die Von-der-Heydt-Villa zur Berliner Residenz des früheren Bundeskanzlers Kiesinger auszubauen, rascher aufgegeben wurde, als den Berlinern lieb sein konnte.

Berlins Damenwelt finanzierte Ruhwald

Irgendein Statistiker oder Infrastrukturtester hat ermittelt, daß die öffentlichen Grünanlagen der deutschen Großstädte von vierzig Prozent der Bevölkerung niemals besucht werden. Nur zehn Prozent gehen regelmäßig in ihren Parks spazieren und fünfzig Prozent hin und wieder. Als ich an einem schönen Sommertag mitten in der Woche durch den Park Ruhwald am Spandauer Damm in Charlottenburg wanderte, traf ich dort nur eine junge Frau, die ihren Sprößling im Kinderwagen ausführte, und ein paar Kinder mit Schulmappen. Ob sie die Schule schwänzten oder botanische Studien trieben, vermag ich nicht zu sagen. Ein Besuch an einem Wintersonntag ergab ein ganz anderes Bild und berechtigte zu der Erkenntnis, daß der schöne Park doch bekannter ist, als ich ursprünglich annahm. Eine stattliche Reihe von Autos stand vor dem Parktor, wo ein alter Meilenstein von der 1822 erbauten Berlin-Hamburger Chaussee kündet. Ihre Insassen aber ergingen sich in dem über 100 000 Quadratmeter großen Park oder gruppierten sich vor der repräsentativen Arkadenhalle zum obligaten Erinnerungsfoto.

Die Halle blieb außer dem Park die einzige Erinnerung an das einst so stolze Ruhwald. Die hier aufgestellten Marmorbüsten eines schnauzbärtigen Herrn mit Schulterband und Ordensstern sowie einer Dame, die man leider um Nasen- und Kinnspitze gebracht hat, bleiben den meisten Besuchern rätselhaft, weil sie keinerlei Beschriftung tragen. Eine Berliner Ärztin hat diese vor geraumer Zeit bei dem zuständigen Bezirksbürgermeister angeregt, mußte sich aber mit folgendem Bescheid abfinden: „Nach den Feststellungen unseres Gartenbauamtes sind nur bei den Bürgern, die sich Verdienste um den Bezirk Charlottenburg erworben haben, Namensschilder angebracht worden. Das Gartenbauamt sieht daher keine Möglichkeit, die beiden Büsten am Ruhwaldpark mit Namensschildern zu versehen." Abgesehen davon, daß ich noch keinem, mit Namensschild versehenen verdienstvollen

Charlottenburger begegnet bin, wüßte ich nicht, welches Verdienst sich die beiden Porträtierten noch zusätzlich erwerben müßten. Genügt es nicht, daß sie die Gründer und ersten Besitzer von Ruhwald waren?

Die 1872 in Rom von Carl Cauer gemeißelten Büsten stellen den Geheimen Kommerzienrat Ludwig von Schaeffer-Voit und seine Frau Margarethe dar. Bis 1959 standen sie in der Gruftkapelle auf dem Alten Luisenkirchhof an der Königin-Elisabeth-Straße. Als der Bau der Stadtautobahn wesentliche Teile des Kirchhofs in Anspruch nahm und auch das Schaeffer-Voitsche Erbbegräbnis benötigte, sind sie auf Veranlassung von Heimatfreunden, die um die Verdienste des Ehepaares wußten, nach Ruhwald gebracht worden.

Im gleichen Jahr, 1866, als die Villenkolonie Westend angelegt wurde, hat Schaeffer-Voit vom Besitzer der benachbarten Spandauer Bergbrauerei – dem bierberühmten „Spandauer Bock" – das schöne Gelände am Hang des Teltowplateaus erworben, von dem aus man über das malerische Spreetal hinweg die ganze Jungfernheide überschaute. An die Industrieanlagen unserer Zeit, an das Kraftwerk Reuter und die Siemensstadt, war damals noch nicht einmal im Traum zu denken. Ruhwald nannte Schaeffer-Voit die in großartiger Weise angelegte Besitzung zum Gedenken an seinen ältesten Sohn Udo, der im böhmischen Feldzug an der Cholera gestorben war. Er wollte ihn ebenso wie den im Kriege 1870/71 gefallenen anderen seiner vier Söhne im Park begraben, erhielt dafür aber nicht die obrigkeitliche Genehmigung.

Der vorwiegend als Gestalter von Postgebäuden hervorgetretene Baurat Karl Schwatlo baute 1867/68 das „Schloß" Ruhwald, von dem Theodor Fontanes späterer Schwiegersohn, Professor Fritsch, gelegentlich einer Besichtigung durch den Berliner Architektenverein sagte: „Einer kritischen Beurteilung des künstlerischen Wertes der interessanten und großartigen Anlage glauben wir uns enthalten zu müssen, da der Gesamteindruck des Ganzen zweifellos verrät, daß dieselbe im wesentlichen der Ausdruck der individuellen, von den Anschauungen der nach hellenischem Kanon empfindenden Berliner Schule gar sehr abweichenden Geschmacksrichtung des Besitzers ist, mit der zu rechten wir als Gäste vermeiden müssen." Schaeffer-Voit hatte sich, eigenwillig wie er war, für eine Villa im damals noch kaum gekannten Stil der Neorenaissance entschieden und sie von Calandrelli mit überreichem Statuenschmuck versehen lassen.

Schloß Ruhwald, früheres Parkportal, 1935

Sein Millionenvermögen hatte er mit der 1854 begründeten „Berliner illustrierten Damenzeitung Der Bazar" verdient, die keineswegs Berlins erstes und alleiniges Modenblatt war, auf jeden Fall aber das erfolgreichste; 1937 wurde es in „Modenwelt" umgetauft und 1942 eingestellt. Von dem fast ein Dutzend fremdsprachiger Ausgaben erscheint der in New York verlegte „Bazaar" noch heute. Den ungewöhnlichen Erfolg des Blattes, das der 1865 geadelte Schaeffer-Voit noch als bürgerlicher Louis Schaefer herausgebracht hatte, verdankte man der Tatsache, daß statt der bislang als Stahlstiche extra beigegebenen Modebilder der Holzschnitt gewählt und auf diese Weise Text und Bilder in den engsten Zusammenhang gestellt worden waren.

Schaeffer-Voit hat sich wegen des Kummers um seine Söhne, auch infolge der Querelen eines Nachbarn um Wegerechte schon Anfang der siebziger Jahre von Ruhwald getrennt und auf sein Rittergut Blankenfelde bei

Mahlow zurückgezogen. Dort habe ich vor über vierzig Jahren seine Tochter kennengelernt, die wegen ihres orientalischen Aussehens und ihrer Allüren allgemein „Donna Clara" genannt wurde. In erster Ehe war sie mit dem Grafen Friedrich zu Eulenburg verheiratet. Nach der Scheidung vermählte sie sich im Alter von 42 Jahren mit dem sechzigjährigen General der Kavallerie Graf Alexander Wartensleben, der dank seiner in Damengesellschaft meist nicht wiederzugebenden Anekdoten einer der populärsten Männer des preußischen Heeres war. Am Tage nach seiner Hochzeit soll er am „Generalstisch" bei Habel Unter den Linden geäußert haben: „Ich weiß nicht, was Ihr immer geredet habt – die Klara is noch janz jut."

Park und Schloß Ruhwald wurden 1925 von der Stadt Berlin erworben. Das baufällige Schloß mußte 1937 abgerissen, die steinernen Brücken über die Schlucht im zwanzig Meter tief zum Ruhwaldweg abfallenden Park in Holz erneuert werden. Nachdem das im Kriege ausgebrannte Kavalierhaus 1952 auf die Schuttkippe wanderte, sind von den Bauten Schaeffer-Voits im Ruhwaldpark nur die Arkadenhalle und der einstige Pferdestall übriggeblieben.

Wilhelmshöhe, ein verschwundenes Idyll

„Wilhelmshöhe wurde im Jahre 1871 als Villenkolonie von dem Geheimen Finanzrat Kühnemann und dem Kaufmann Paul Pinkus Munk angelegt" heißt es in einem 1885 erschienenen, rar gewordenen Buch, mit dem sich mein vermessungstechnischer Kollege Hermann Vogt bemühte, „die Namen sämtlicher Straßen Berlins so zu erklären, wie dies durch feststehende Tatsachen und Urkunden möglich ist."

Wilhelmshöhe ist eigentlich irreführend, Wilhelmstal wäre passender. Die „feine, kleine Villen-Anlage am Kreuzberg" – wie sie schon zwei Jahre nach ihrer Gründung prädikatisiert wurde – entwickelte sich nämlich aus und in einer Sandgrube. Jahrzehntelang hatten die Berliner

Hausfrauen und Maurermeister hier den „weißen Sand" bezogen. Von den Gebrüdern Gericke, die 1829 nach Pariser Vorbild am Osthang des Kreuzberges ihr „Tivoli" eröffnet hatten, einen biedermeierlichen Rummelplatz mit Rutschbahn und anderen Attraktionen, der sich aber bei zehn Silbergroschen Eintrittsgeld und zweieinhalb Groschen für jede Rutschpartie auf die Dauer nicht so krisenfest erwies wie die Sandgrube vor dem Lokal.

Als die Sandabfuhr solchen Umfang angenommen hatte, daß die zum Tivoli und Nationaldenkmal auf dem Kreuzberg führende Straße — Lichterfelder Straße hieß sie ab 1876. Seit dem 150. Geburtstag (1935) des Liederdichters Methfessel ehrt sie diesen — abzustürzen drohte, wurde die Grube zum Verdruß der Sandfuhrleute polizeilich geschlossen und der Grund und Boden von einer Gericke-Tochter an die Herren Kühnemann und Munk zur Parzellierung verkauft. Die beiden Finanziers gründeten die „Villen-Sozietät Wilhelmshöhe", in der sich angesehene Männer der Stadt zusammenfanden. Sie griffen auf den lange zuvor von dem großen Landschaftsgärtner Lenné entworfenen Plan zu Villenbauten auf diesem Gelände zurück und ließen ihn von den stadtbekannten Architekten Ende und Böckmann in die Wirklichkeit übertragen. Das Terrain sollte „mit einem von zwei Seiten hineinführenden Weg und mit einer selbständigen, von einer Dampfmaschine betriebenen Wasserleitung, die alle zu erbauenden Häuser versorgt, sowie mit der nötigen Kanalisierung versehen und dann in ca. 40 Parzellen zerlegt werden, auf deren jeder ein kleines, villenartig gehaltenes Haus mit einer oder höchstens zwei comfortablen Familienwohnungen im Mietswerte von 250 bis 300 Talern für ca. 4 bis 8 Zimmer erbaut wird."

Diese und andere Beschränkungen wurden im Grundbuch festgelegt und der exklusive Charakter der Villenkolonie dadurch betont, daß ihre Zufahrt an der Belle-Alliance-Straße (dem heutigen Mehringdamm) durch ein Gittertor verschlossen war. Eine Tafel verkündete „Privatstraße. Eingang verboten!" Privatstraße ist die „Wilhelmshöhe" noch heute. Nur ist der Zugang nicht mehr verboten. Es heißt vielmehr jetzt: „Benutzung auf eigene Gefahr."

Doch wer wird das bei dem lebensgefährlichen Pflaster auf sich nehmen, nachdem die Kriegsschäden und jahrelange Vernachlässigung dem einst so verträumten und romantischen Wohnidyll jede Anziehungskraft geraubt haben? Zwei riesige Platanen überlebten noch auf einem Schuttplatz, der früher mit Blumenbeeten, Teich und Fontäne, die Anwohner und ihre Besucher erfreute.

Vierzig Villen waren geplant, aber nur die Hälfte ist zustande gekommen. Und von diesen ist allein das Haus Wilhelmshöhe 11 in ursprünglicher Gestalt erhalten. An der Methfesselstraße hat es zwei Geschosse, an der Wilhelmshöhe aber vier, weil das Gelände zum Kreuzberg hin über zehn Meter ansteigt. So war früher die ganze Westseite mit ihren herrlichen Terrassengärten. Zu Munks eigener Besitzung, Wilhelmshöhe 19, führte sogar eine aufwandvolle, mit Laternen auf klassizistischen Kandelabern und Skulpturen reich geschmückte Treppenanlage nach Motiven im Park der römischen Villa d'Este. Ihre beachtlichen Reste waren noch lange nach 1945 vorhanden, auch die Ruine des ausgebrannten Wasserturms an der Methfesselstraße, der ganz das Gepräge seiner Zeit trug und den Wartturm einer Burg vortäuschte. Jetzt ist das alles – auch das üppige Grün der verwilderten Bäume und Büsche – durch die ohne Rücksicht auf die Umwelt errichtete mächtige Betonarchitektur des 1970 eingeweihten Kolpinghauses restlos verdrängt worden.

Zum Mehringdamm hin stehen noch zwei Häuser mit erneuerten Fassaden, die ihr altes Gepräge verloren haben und nichtssagend wirken. Doch hat in Wilhelmshöhe 23 bis zu seinem Tode im Jahre 1933 ein Mann gewohnt, dessen sich ältere Berliner nur zu gern erinnern: Ferdinand Meysel, Gründer und Direktor der „Stettiner Sänger". Der in Frankfurt an der Oder geborene, in der Chausseestraße (wo sein Vater das Friedrich-Wilhelmstädtische Theater leitete) aufgewachsene Meysel hatte sich 1879 mit einem Männerquartett selbständig gemacht. Zufällig in Stettin, und daher kam dann der volkstümlich gewordene Name seiner Truppe, die in fünf Jahrzehnten nichts an ihrer Beliebtheit einbüßte. Ständige Bühne der „Stettiner" war seit 1898 das Reichshallen-Theater am

Dönhoffplatz. Seitdem wohnte Meysel am Fuße des Kreuzberges, zuerst in der Kreuzbergstraße 30 und dann, als die Einnahmen es ihm ermöglichten, im eigenen Haus in Wilhelmshöhe. Meysel soll der einzige Berliner gewesen sein, der niemals weder die Straßenbahn noch Autobus oder U-Bahn benutzt hat. Jeden Tag ging er von seiner Wohnung zu Fuß ins Theater. Auch den Rückweg, spät nach Mitternacht, unternahm er in gleicher Weise, selbst bei Frost und Schneegestöber. Die Familie ließ er fahren, Meysel aber lief zu Fuß.

Wilhelmshöhe, Dampfmaschinenhaus und Wasserturm, 1871

Ein „Haus der Familie" ist in den Jahren 1973-76 auf dem abgeräumten Gelände nördlich der Meyselschen Villa erstanden und hat dem hundertjährigen Wilhelmshöhe wieder Form und Gestalt verliehen. Die junge Architektengemeinschaft Heidenreich, Polensky, Vogel und Zeumer baute im Auftrage des Bezirksamtes Kreuzberg einen vielschichtigen Gebäudekomplex, der vom Standesamt über Säuglingsfürsorge, Kindertagesstätte, Studios für Elternarbeit und Erziehungsberatung, sozusagen von der Wiege bis zur Schulbank führt.

Die „Schöneberger Engel" und ihre Eisenbahn

So mancher, der durch den Schöneberger Rudolph-Wilde-Park spaziert, wundert sich, ausgerechnet hier ein Denkmal zu finden, das ausweislich der Inschrift den im Weltkriege 1914 bis 1918 gefallenen Kameraden der *deutschen* Eisenbahntruppen gewidmet ist. Die Zeiten sind lange vorbei, als sogar im Verwaltungsbericht der Stadt Schöneberg betont wurde: „Das Militär spielt in Schöneberg eine hervorragende Rolle. Die Eisenbahn-Regimenter sind eine Mustertruppe."

Vor hundert Jahren, am 19. Mai 1871, hat es damit angefangen. In einer „Allerhöchsten Kabinetts-Order" genehmigte Kaiser Wilhelm I. die „Formation eines Eisenbahn-Bataillons", und zwar auf Anregung des Generalfeldmarschalls Moltke. Man nannte ihn den „großen Schweiger", doch konnte der perückentragende alte Herr auf Gesellschaften recht beredt sein; vor allem, wenn eine hübsche junge Dame an seiner Rechten saß. Moltke hatte den nordamerikanischen Bürgerkrieg genau verfolgt und registriert, daß sich die dort zum ersten Mal verwendeten Feldeisenbahnkorps außerordentlich bewährt hatten. Automobile gab es ja noch nicht, auch später im deutschfranzösischen Kriege von 1870/71 nicht, wo man sich ebenfalls improvisierter Eisenbahnabteilungen bediente. Doch eine Friedensstammformation fehlte.

Bahnhof „Berlin" der Militäreisenbahn, 1890

Das im Oktober 1871 aufgestellte erste Eisenbahnbataillon wurde zunächst in Baracken in Moabit untergebracht. Zwei Jahre später zog es nach Schöneberg, wo es zu mehreren Regimentern anwuchs, deren Kasernen zum Teil noch an der General-Pape-Straße stehen. Auch die in typisch preußischer Imponier-Architektur errichteten roten Backsteinkästen der früheren Bezirkskommandos sind ebenfalls noch vorhanden. Sie waren die Veranlassung, daß man von der „General-Pappkarton-Straße" sprach. Die zur militärischen Dienstleistung einberufenen Reservisten pflegten mit Pappkartons anzutreten, in denen sie dann ihre Zivilkleidung nach Hause schickten.

Die älteste Eisenbahnerkaserne jedoch stand dort, wo sich jetzt Schönebergs Schuljugend auf dem Sportplatz an der Kesselsdorfstraße tummelt. Gegen die Hinterhöfe der Hohenfriedbergstraße wird der Platz aber noch immer von der alten hohen Mauer begrenzt, die wir Jungens von der „Insel" während der Hungertage des Ersten Weltkrieges oft überklettert haben – die Wache ließ uns nicht vorbei –, um den gutmütigen Soldaten der inzwischen dort eingezogenen Kraftfahrabteilung ein Kommißbrot oder den eigenartig fade-süß schmeckenden, dennoch begehrten Zwieback der „Eisernen Ration" abzubetteln.

Der „Insel" zwischen den Gleisanlagen der Potsdamer und Anhalter Bahn gaben die „Schöneberger Engel" (wie sie wegen des großen „E" auf den Schulterklappen hießen) überhaupt das Gepräge. Hier lag der Bahnhof „Berlin" der Militärbahn, einer Vollbahn, die von der Kolonnenstraße bis nach Jüterbog fuhr und deren gesamter Betrieb – vom Billettknipser bis zum Stationsvorsteher und vom Lampenputzer über den Weichensteller bis zum Lokomotivführer – ausschließlich von Soldaten versehen wurde. Fahrgäste waren jedoch auch Zivilisten, und weil das Fahrgeld einen Groschen weniger betrug als bei der parallel laufenden Zossener Bahn, wurde die Militärbahn bevorzugt. Doch für unsere Jungenstreiche waren die Eisenbahnpioniere nicht zu haben und lohnten den ihnen sattsam bekannten Scherz, daß wir die vom Schulausflug zum Rangsdorfer See mitgebrachten Stichlinge aus den Seltersflaschen in die Glasglocken der Abteilbeleuchtung umschütteten, mit einer schallenden Ohrfeige.

Den Bahnhof gibt es nicht mehr; nur seine Zufahrt mit der schönen Kastanienallee ist in der Kolonnenstraße neben den beiden Gebäuden des Altersheims noch kenntlich, die einst Offizierkasino und Brigadegeschäftshaus gewesen sind. Die Kolonnenstraße war als Magistrale der „Insel" überhaupt die Domäne der Eisenbahner. Die Schaukästen der Photographen mit Rekruten- und Reservistenbildern, die vielen „Schneidermeister für Zivil und Militär", die aus den Fenstern schauenden zahlreichen Einjährig-Freiwilligen, die für die meisten „Schlummermütter" das Einkommen schlechthin bedeuteten, bildeten das äußerliche Kennzeichen der Straße. Hier sorgte auch „Mutter Strauchmann" mit ihrem gern besuchten Restaurant für das leibliche Wohl der vom anstrengenden Dienst arg mitgenommenen Einjährigen, aus denen später namhafte Männer der Technik und der Baukunst, Ordinarien und Rektoren der Technischen Universitäten geworden sind.

Aus der Eisenbahntruppe hatte sich bereits 1884 ein „Ballon-Detachement" entwickelt, das dann zur Luftschifferabteilung wurde und mit der Verlegung nach Tegel (1901) praktisch die Anfänge des dortigen Düsenflughafens schuf. Als die Luftschiffer noch in Schöneberg stationiert waren, halfen sie dem Leipziger Buchhändler Dr. Hermann Wölfert bei der Konstruktion eines Luftschiffes, das 1896 auf der Gewerbeausstellung in Treptow gezeigt wurde. Nach mehreren geglückten Probefahrten startete Wölfert mit seiner „Deutschland" in den Abendstunden des 12. Juni 1897 vom Tempelhofer Feld aus, um Minuten später nach der Explosion des Vergasers abzustürzen. Der wagemutige Buchhändler und sein Mechaniker fanden dabei den Tod.

Wenige Monate später, am 3. November 1897, machte der Unteroffizier Jagels mit dem Luftschiff des Holzhändlers Schwarz aus Agram, einer Konstruktion nach dem „starren System", die Jungfernfahrt. Sie führte zwar bis auf 350 Meter Höhe, endete aber wegen des nicht recht leistungsfähigen und auch nicht genügend betriebssicheren Motors mit der Strandung auf dem unbebauten Schöneberger Südgelände. Graf Zeppelin mußte sich das als Zaungast ansehen; denn den Zutritt zum Startplatz hatte das Kommando der Luftschifferabteilung dem General der Kavallerie a. D. und späteren kühnen Eroberer der Lüfte, schnöde verweigert.

Ein „Tempel des Wahns"

Zwei biedermeierliche Landgendarmen – ein großer langer und ein kleiner dicker – waren einmal das Kennzeichen der „Stettiner Sänger" vom Reichshallen-Theater am Dönhoffplatz, das jedes Kind in Berlin von den Litfaßsäulen und Zeitungsinseraten her kannte. An dieses Signum einer entschwundenen Zeit wird man erinnert, wenn man über den Spandauer Damm fährt und dort die beiden Wassertürme sieht. Der eine ist kurz und gedrungen, von äußerster Sachlichkeit, der andere, mit fast 62 Metern beinahe doppelt so hoch, war offensichtlich ein Lieblingskind seines Architekten, der sich nicht genug daran tun konnte, immer neue Schmuckformen zu ersinnen, die seine eigentliche Zweckbestimmung, Wasserturm zu sein, kaum noch erkennen und an einen Aussichtsturm denken lassen. Den Nebenzweck einer Aussichtswarte hatte der Charlottenburger Stadtbaurat Seeling auch im Sinn, als er 1909 seinen architektonisch so gut weggekommenen Wasserturm neben den älteren Vorgänger von 1883 setzte. Doch habe ich bisher nur von einem Berliner gehört, der die vielen hundert Stufen der Wendeltreppe bezwang, um eine immerhin fragwürdige Aussicht zu genießen.

Rund 266 000 Goldmark hat der Wasser- und Aussichtsturm gekostet. Ein ansehnlicher Betrag, der nicht nur für die damalige glänzende finanzielle Situation der selbständigen Stadt Charlottenburg zeugt, sondern auch für den erst 1920 durch das Groß-Berlin-Gesetz überwundenen Vorort-Partikularismus. Obwohl die Berliner Wasserwerke seit 1877 von Tegel aus ihre Rohrleitungen über den „Rohr"damm durch Charlottenburg verlegt hatten und am Spandauer Damm – dort, wo sich jetzt das Freibad Westend befindet – ein weiteres Wasserwerk betrieben, kam eine Einigung zwischen Charlottenburg und Berlin nicht zustande. Doch gab es das auch in anderen Teilen der deutschen Hauptstadt, so daß schließlich siebzehn Wasserwerke nebeneinander oder leider oft auch gegeneinander arbeiteten.

In Westend hat es insgesamt fünf Wassertürme gegeben. Der älteste stand an der Ecke Kastanien- und Rüsternallee in Gestalt eines schmucken schlanken Achteckbaus aus gelben, durch farbige Streifen belebten Ziegeln. Er war für die Wasserversorgung der Villenkolonie Westend bestimmt und entstand zugleich mit dem kleinen Wasserwerk am Teufelssee. Im Mai 1873 hat es den Betrieb eröffnet und den Turm mit seinem Fassungsvermögen von dreißig Kubikmetern benutzt.

Ein anderer Wasserturm gehörte zu dem Förderwerk der Stadt Berlin auf der Nordseite des Spandauer Damms und ist schon vor vielen Jahren beseitigt worden. Gleich dem Wasserturm des Neuköllner Krankenhauses in Buckow waren bei ihm das Wasserreservoir und der Schornstein zu einem Bauwerk vereinigt. Auch der Wasserturm, der für das krisenreiche Westend zu einer bisher nie dagewesenen Attraktion werden sollte, steht nicht mehr. Dieses „ziemlich merkwürdige Bauwerk" (wie es ein Fachmann bereits 1874 kritisierte) war der Wunschtraum eines Mannes, der nach dem ersten Finanzkrach die Spitze der „Westend-Gesellschaft" eingenommen hatte und an der Stelle, wo heute das Paulinenhaus steht, ab 1872 einen Wasserturm errichten ließ, der als großartiges, von einer Germania bekröntes Monument außer dem Hochreservoir eine Gaststätte und eine Ruhmeshalle enthalten und überdies als Aussichtsturm dienen sollte. Der Potsdamer Hofmaurermeister Petzholtz lieferte die Entwürfe, mußte sich aber sehr den Wünschen des Herrn Heinrich Quistorp fügen, der „vor allem eine recht große Zahl von Säulen" verlangt hatte.

Germaniaturm in Westend, Entwurf 1872

Diese gab's dann am „Germaniaturm" auch in großer Fülle. Insgesamt waren es vierundzwanzig nach der korinthischen Ordnung, jede sechzehn Meter hoch und 1,60 Meter stark, aber nicht aus Werkstein, vielmehr nur aus Zement. Der im Durchmesser von zwanzig Metern angelegte und zweiundzwanzig Meter hohe Innenraum sollte als Festsaal benutzt werden. Darüber lag das zweitausend Kubikmeter fassende Wasserbecken. Der schlecht beratene Quistorp hat für seinen „Aquädukt Germania" angeblich die Riesensumme von 4,5 Millionen Mark aufgewendet und ist darüber zum bettelarmen Mann geworden.

Das Westender Wasserwerk haben 1878 die neugegründeten Charlottenburger Wasser- und Industriewerke – „Charlotte Wasser" im Volksmund – übernommen, aber nicht den „Tempel des Wahns", wie der nur teilweise fertiggestellte Quistorpsche Wasserturm bei seinen Gegnern hieß. Schließlich erwarb ihn Quistorps Bruder, ein Stettiner Kaufmann, in der Zwangsversteigerung für 50 000 Mark. Er gab ihn 1892 an die Abbruchfirma Fischer und Metzger in Weißensee weiter, die hoffte, mit den sieben Millionen verbauten Ziegelsteinen ein Geschäft machen zu können. Nachdem ihre Sprengversuche gescheitert waren, bemühte man die Schöneberger Eisenbahnpioniere. Am 14. Oktober 1892 wurde unter Leitung des Hauptmanns Gerding zuerst der Kuppelbau des Wasserturms in die Luft gejagt. Ende Oktober, Anfang November folgten die riesenhaften Säulen- und Pfeilerstellungen, die man nicht gleichzeitig mit der Kuppel niedergelegt hatte, um Beschädigungen der benachbarten Häuser zu vermeiden.

Quistorp war Zeuge dieses Zerstörungswerks und sah mit Tränen in den Augen auf die Trümmer seiner so glanzvoll gedachten Schöpfung. Zehn Jahre später fand auch sein wechselvolles Leben ein Ende. Quistorps Erdenspur ist heute ebenso verweht wie die des Germaniaturms.

Die Kadetten waren Carstenns Ruin

Seit 1958 mahnen Gedenktafeln neben der Einfahrt zu den „Andrews Barracks", der Unterkunft amerikanischer Soldaten in der Lichterfelder Finckensteinallee, an die „Königliche Preußische Hauptkadettenanstalt zu Groß-Lichterfelde 1878–1920", an das „Königliche Sächsische Kadettenkorps Dresden 1725–1920" und an die Gefallenen beider Weltkriege aus diesen Formationen, deren immer weniger werdende Angehörige sich noch alljährlich zum „Kadettentag" treffen.

Wenn die Dresdener Kadetten auf der Tafel das Gründungsjahr 1725 angeben, so hätten die preußischen sogar bis 1717 zurückgehen können. Denn am 1. September 1717 hat der „Soldatenkönig" Friedrich Wilhelm I. das „Corps des cadets" als Bildungsanstalt für den Offiziernachwuchs ins Leben gerufen. Maßgebend war die Überlegung, eine neue Form für den Offizierstand zu finden, dem bis dahin fast ausschließlich Ausländer und Glücksritter angehört hatten. Der Preußenkönig zwang seine adligen Grundherren, das inhaltlos gewordene Verhältnis des Lehnsmannes zu seinem Lehnsherren in einer völlig gewandelten Gestalt des Offizierdienstes zu erneuern. Auch dachte er an eine Erziehungs- und Ausbildungsstätte für die jüngeren Söhne des Landadels, die – gegenüber den Erstgeborenen im Erbrecht stark benachteiligt – auf den abgelegenen Gütern ohne ausreichenden Unterricht aufwuchsen. Seine erste Unterkunft fand das mit 110 Zöglingen begründete Kadettenkorps im 1693 angelegten „Hetzgarten", einem zirkusähnlichen Rundbau an der Stelle des heutigen Stadtgerichts in der Littenstraße in Ost-Berlin, der nach der grausamen Sitte jener Zeit zum Kampf wilder Tiere untereinander bestimmt war.

Ein altes Reglement verlangte von den Kadetten, daß sie „einen geschickten Leib, soliden Esprit, eine fertige Zunge und Feder sowie eine vorzügliche Conduite" haben sollten. Friedrich der Große gab den „Zöglingen des Mars und der Minerva" 1776 ein neues Haus und durch eine umfassende wissenschaftliche Ausbildung „jenen großen und milden Sinn, der sich so gut mit militärischer Zucht und Ordnung verträgt". Der einst vielgelesene und vielgespielte, heute kaum noch gekannte Ernst von Wildenbruch – selbst vier Jahre im Kadettenhaus, wo auch seine ergreifende Erzählung vom „Edlen Blut" spielt – war anderer Meinung und bekannte, hier „mit einer halben Bildung überfirnißt" zu sein. „Der Lehrplan des Kadettenkorps entsprach dem eines Realgymnasiums, er war also mehr auf eine praktische Ausbildung gerichtet. Jedoch selbst diese trat gegenüber der eigentlichen Zielsetzung, der Ausbildung des Charakters und der Beherrschung der im militärischen Leben gültigen Erfordernisse, stark zurück" berichtet Ernst von Salomon, der lange Jahre vor dem Bestseller „Der Fragebogen" ein Buch über seine Kadettenzeit „hinter den roten Mauern von Lichterfelde" geschrieben hat.

Hierher hatte man 1878 die „Hauptkadettenanstalt" verlegt, nachdem sie mittlerweile auf siebenhundert Zöglinge angewachsen war. Ausschlaggebend für die Wahl des weitab von Berlin gelegenen und schwer zu erreichenden ländlichen Platzes war ein äußerst großzügiges Angebot des Gutsbesitzers Wilhelm von Carstenn, der dem Militärfiskus nicht nur 92 Morgen Grund und Boden für die riesenhafte Anlage schenkte, sondern darüber hinaus eine Unmenge finanzieller Verpflichtungen einging. Wenn er dafür auch bei der Grundsteinlegung der Hauptkadettenanstalt den erblichen Adel derer von Carstenn-Lichterfelde erhielt, so mußte er beim Gründerkrach 1873 schwer büßen. Nach vielen Petitionen an den Reichstag und endlosen Prozessen, die bis zum Reichsgericht gingen, erstritt sich Carstenn als „verarmter Geschenkgeber" schließlich eine Jahresrente von 43 000 Mark und eine Abfindung von 180 000 Mark.

Die nunmehr tausend Kadetten in dem in fünfjähriger Bauzeit für 9 115 000 Mark von den Bauräten Fleischinger und Voigtel errichteten Gebäudekomplex an der Finckensteinallee dürften sich kaum um die Sorgen Carstenns gekümmert haben. Sie waren in einen harten Dienst eingespannt. Als junge Leute heckten sie aber auch so manche Streiche aus, die sich zumeist um den „Flensburger

Löwen", das 1946 an Dänemark zurückgegebene Siegesdenkmal der Schlacht von Idstedt, oder die Michaelstatue auf der Kuppel des „Kadettendoms" drehten, wie das 1953 abgetragene Hauptgebäude genannt wurde. Der im Innern hohle Bronzelöwe ließ sich so schön mit Wasser füllen, das dann an diskreter Stelle des Löwenkörpers herausschoß, wenn sich die Kadetten auf dem Hof zum Appell versammelt hatten. Dazu strahlte der streitbare Erzengel im Schmuck eines weißen Nachthemdes, das ihm die übermütigen Marsjünger in nächtlich-halsbrecherischer Kletterpartie angezogen hatten.

Infolge der Bestimmungen des Friedensvertrages von Versailles wurde die Hauptkadettenanstalt aufgelöst und die Gebäude von der Schutzpolizei und der Staatlichen Bildungsanstalt, einer wissenschaftlichen Oberschule, benutzt. Mit Hitler zog dessen „Leibstandarte" ein, die am 30. Juni 1934 die unglücklichen Opfer der Röhm-Revolte an den roten Backsteinmauern exekutierte.

Seit dem Sommer 1945 sind die Amerikaner in der alten „Pflanzstätte des preußischen Offizierskorps" beheimatet. Sie haben den Zentralbau „Steubenhaus" genannt zur Erinnerung an den preußischen Kadetten Friedrich Wilhelm von Steuben, der 1777 nach Nordamerika ging und Washington so erfolgreich im Freiheitskampf half, daß er bis zum Generalinspekteur der US-Armee aufstieg. In Washington gedenkt noch heute ein Bronzestandbild des verdienstvollen Mannes, während die 1911 von den USA für Potsdam gestiftete Nachbildung 1945 im Bombenhagel zugrunde ging.

Vom Joachimsthalschen Gymnasium ging der Blick bis nach Potsdam

Dort, wo die Joachimstaler Straße kurz nach dem Eintritt in den Bezirk Wilmersdorf ihren Namen aufgibt und als Bundesallee nach Steglitz weiterläuft, erstreckt sich mit 150 Meter langer Front das ehemalige Joachimsthalsche Gymnasium. Während die Straße seit Jahren ohne „h" auskommt, ist es dem Gymnasium verblieben. Auch seiner einstigen Heimstatt, dem Städtchen Joachimsthal zwischen Grimnitz- und Werbellinsee in der uckermärkischen Schorfheide. Doch der Taler (und Dollar) geht auf die durch ihren Silberbergbau zu Weltruhm gelangte böhmische Stadt Joachimsthal zurück.

Der Kurfürst Joachim Friedrich hatte 1604 das Städtlein Joachimsthal gegründet und drei Jahre später dort die nach dem Vorbild der sächsischen Fürstenschulen in Meißen und Schulpforta aufgezogene „Joachimico" gestiftet, „damit unser untertanen kinder in rechter, reiner und unverfälschter lehre erzogen, ihre fundamente desto bas legen und hernach mit nutzen ihre studien auf unserer universität Frankfurt an der Oder kontinuiren."

Das abseits gelegene Joachimsthal wurde gewählt, um die in der Schule wohnenden „Alumnen" in klösterlicher Zurückgezogenheit zu ungestörten und eifrigen Studien anzuhalten. Der erste Rektor Bumann jedoch richtete kurz vor seinem Tode (1610) an seine Angehörigen die prophetischen Worte: „Begrabt mich nicht allhier zu Joachimsthal, wenn ich sterbe; denn ich weiß, daß hier noch wieder eine Grube wilder Tiere werden und kein Gymnasium bleiben wird."

In den Wirren des Dreißigjährigen Krieges wurde die Schule samt dem Städtchen Joachimsthal verwüstet. Lehrer und Schüler zerstreuten sich in alle Winde. Jahre später, unter dem Großen Kurfürsten, erstand die Schule wieder, diesmal in Berlin. Nach öfterem Wechsel der Unterkünfte bezog sie 1688 eine Reihe von Häusern der Post-, Heiligegeist- und Burgstraße. Dort hat sie sich beinahe zweihundert Jahre lang ungestört entwickeln können und unter hervorragenden Direktoren wie Meierotto – dem Vater des Abituriums –, Meineke und Kießling, Blütezeiten erlebt, in denen sie unzähligen Familien, insbesondere unbemittelten Beamtenkreisen, die wissenschaftliche Ausbildung ihrer Söhne mit sehr geringen Kosten ermöglichte. „Schulleistung und Herkunft Joachimsthaler Abiturienten" sind noch 1948 zum Thema einer Doktorarbeit der Würzburger Universität geworden, zu einer Zeit also, da es das 1912 von Wilmersdorf ins uckermärkische Templin verlegte Joachimsthalsche Gymnasium als solches nicht mehr gab. Es wurde 1947 aufgelöst, seine Gebäude von einem Institut für Lehrerbildung bezogen. Die Tradition des „Gymnasio Joachimico" aber übernahm die 1965 gegründete Evangelische Landesschule zur Pforte in Meinerzhagen im westfälischen Kreis Altena, die auch das Andenken an die sächsischen Fürstenschulen Schulpforta, Grimma und Meißen wahrt.

Doch zurück zur Spree, wo die Schulräume mittlerweile zu klein geworden waren. Auch gab der Durchbruch der Kaiser-Wilhelm-Straße (der heutigen Liebknechtstraße) dem an und für sich aus den Einnahmen von sechs Gütern finanziell gut gestellten Gymnasium die Millionenbeträge, die es für die „umfangreiche, für eine Schule gewiß ideale Anlage" auf dem Wilmersdorfer Hopfenbruch benötigte. Der Terrainspekulant Wilhelm von Carstenn hatte 1872 bis 1874 die damals noch Kaiserstraße genannte Bundesallee als Prachtboulevard mit vierfacher Baumreihe zur Verbindung seiner Güter Wilmersdorf und Lichterfelde anlegen lassen, auch die Nebenstraßen waren abgesteckt und bepflanzt, doch die Baulustigen ließen nach dem Gründerkrach von 1873 sehr auf sich warten.

Als man 1876 mit dem Neubau des Joachimsthalschen Gymnasiums begann, war das nächste Haus eine Viertelstunde entfernt. Und als es 1880 fertiggestellt war, bot der Balkon über dem Hauptportal noch eine prächtige Aussicht auf Berlin. Vom Turm, der als Reservoir der eigenen Wasserversorgung und mit der Plattform astronomischen Beobachtungen diente, hatte man sogar „einen herrlichen Fernblick über Berlin und Charlottenburg und weiter hinaus über die Ortschaften der Umgegend bis nach Potsdam und Tegel".

Einschließlich der Kosten für das 43 000 Quadratmeter große Grundstück waren nur 3 655 198 Mark ausgegeben worden. Eine erstaunlich niedrige Summe, denn das Joachimsthalsche Gymnasium bestand nicht nur aus dem jetzt der Musik verschriebenen Hauptgebäude, sondern aus einer Fülle von einzelnen Bauten, die bis zum Fasanenplatz hin das Gelände einnahmen, auf dem seit 1963 das neue Theater der Freien Volksbühne steht. Da gab es ein Wohn- und Wirtschaftsgebäude mit Speisesaal für die zweihundert Alumnen, Krankenstation und Turnhalle, Stall- und Remisengebäude, fünf Lehrerwohnhäuser villenartigen Charakters mit je zwei Siebenzimmerwohnungen, von denen eins übrigblieb und zur Kindertagesstätte wurde. Der Clou jedoch war die dampfbeheizte Badeanstalt mit einem dreizehn mal sieben Meter großen, 180 Kubikmeter Wasser enthaltenden Schwimmbecken.

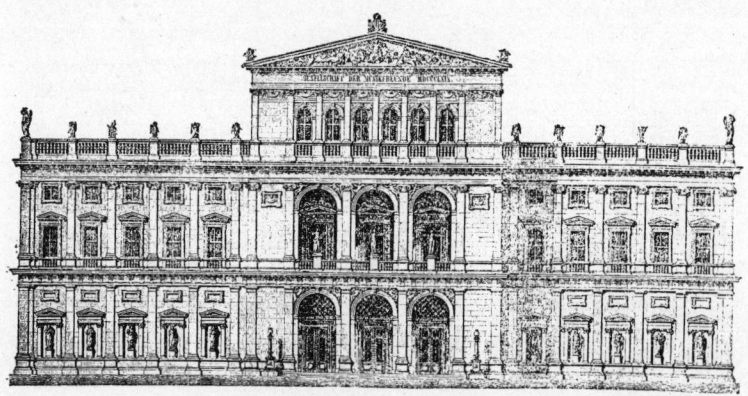

Musikvereinsgebäude in Wien, 1869

„Die sehr lange unübersichtliche, weil unübersehbare Hauptfassade" – so meinte ein Zeitgenosse – aus gelben Verblendziegeln mit architektonischen Gliederungen aus schlesischem Sandstein wird gelegentlich für Heinrich Strack in Anspruch genommen, den Baumeister der Nationalgalerie und der Siegessäule. Die Akten besagen aber, daß Ludwig Giersberg, Geheimer Oberbaurat im

Ministerium für öffentliche Arbeiten, sie entwarf und die fachkundigen Herren Zastrau und Klutmann ihm dabei halfen. Geholfen hat ihm ebenfalls — wenn auch indirekt – sein großer Kollege Theophilos Hansen, ein gebürtiger Däne, der in Wien an der damals angelegten und von aller Welt bewunderten Ringstraße das Parlament, die Börse, die Akademie der bildenden Künste und das Gebäude des Musikvereins errichtete. Diesen 1869 fertiggestellten Prachtbau nahm Giersberg zum Vorbild für sein Joachimsthalsches Gymnasium. Er befand sich damit in guter Gesellschaft, hatte doch schon Langhans neunzig Jahre zuvor die Propyläen auf der Akropolis zu Athen mit dem Brandenburger Tor ähnlich frei wiederholt.

„Glück, wie wandelbar bist du." Aus der Chronik Schwanenwerders

Autofahrer müssen auf den Verkehr achten und haben keinen Blick dafür, aber auch die wenigen Fußgänger, die sich nach Schwanenwerder verirren, gehen oft achtlos an dem Denkmal vorbei, das in der Inselstraße 8 bei der Unterkunft der Wasserschutzpolizei steht. Es ist ein romantischer Säulenaufbau, der an der Vorderseite eine Tafel mit der Inschrift trägt: „Fragmente der Tuilerien 1564–1871." Wer die Seeseite des Denkmals inspiziert, entdeckt dort den verwitterten, deshalb schwer lesbaren Vierzeiler:

> „Dieser Stein vom Seinestrande,
> hergepflanzt in deutsche Lande,
> ruft Dir, Wanderer, mahnend zu:
> Glück, wie wandelbar bist du! 1884"

Diese Inschrift, insbesondere die letzte Zeile, ist für Schwanenwerder symbolisch geworden. Gedichtet hat sie Frau Louise Parey, Gattin des Verlegers Parey, aber veranlaßt wurde sie von einem Fabrikbesitzer aus der Luisenstadt, dem Kommerzienrat Wilhelm Wessel.

Tuileriensäule auf Schwanenwerder, 1971

Wessel besaß zusammen mit seinem Partner Wild in der Alexandrinenstraße, später in der Prinzenstraße eine Lampenfabrik. Da er die Bedeutung des in den 1860er Jahren auf den Kontinent gelangten Petroleums beizeiten erkannte und für das neue „Leuchtöl der gesamten Kulturwelt" den Rundbrenner konstruierte, kam er rasch zu Wohlstand und konnte sich bereits 1875 am Wannsee eine Villa bauen. Sie steht noch, modernisiert, gegenüber dem S-Bahnhof, Am Sandwerder 3. Kompagnon Wild gehörte das in alter Form erhaltene Nachbarhaus, Am Sandwerder 1, das 1945 in den Besitz der UdSSR überging, vor kurzem vom Land Berlin erworben wurde und wegen seines architektonischen Wertes nicht dem bereits verfügten Abbruch verfallen soll.

Von hier aus war es nicht weit zum „Cladower Sandwerder", wie der Schwanenwerder bis 1901 hieß. Er entsprach völlig diesem Namen, denn die paar Kiefern auf der kahlen Insel zählten nicht. Schon eher das dort entdeckte vermeintliche Hünengrab, bei näherer Untersuchung erwies es sich aber als steinzeitliche Siedlungsstätte.

Ein paar Jahre später, 1882, erwarb Wessel den fast 200 000 Quadratmeter großen Sandwerder vom Kladower Gutsbesitzer Kässner für den Spottpreis von neuntausend Mark, versah ihn mit Zufahrt und Brücke, um ihn parzellenweise zum Kauf anzubieten. Neunzehn Grundstücke sonderte Wessel aus, hielt aber große Teile seiner Insel – so das Oval innerhalb der rundherum führenden Inselstraße – für öffentliche Parkanlagen frei. Neben der Tuileriensäule aus Paris hat er eine „Hundingshütte" und einen „Altgermanischen Wohnplatz" aufgebaut, dazu einen Aussichts- und Wasserturm. Dem Gärtner (und Aufseher) der neugeschaffenen Anpflanzungen wurde gegenüber dem heutigen Wasserschutzpolizeirevier ein schlichtes Haus aus Rohziegeln errichtet, dessen Hauptraum die Einrichtung der auf der Gewerbeausstellung von 1879 in Moabit vorgestellten Bauernstube zierte.

Doch den ihm nachgesagten Gewinn von anderthalb Millionen Goldmark dürfte Wessel nicht erzielt haben. Als er 1898 starb, stand erst eine Handvoll Villen – „teilweise großartig angelegt, mit schönen Gärten" – auf der Insel, deren Quadratmeterpreis sage und schreibe nur sechs bis acht Goldmark betrug. Die Entwicklung zum „Millionenwerder", dem Dorado der Wirtschafts- und Finanzprominenz, kam erst später, kurz vor und nach dem Ersten Weltkrieg, als das Automobil kein technisches Problem mehr war.

Besonders die leitenden Herren der Deutschen Bank und der Disconto-Gesellschaft ließen sich hier nieder: Eduard Mosler, Oskar Schlitter, Arthur Salomonsohn und sein Sohn Georg Solmssen, auch der Generaldirektor von Schultheiss-Patzenhofer, Walter Sobernheim. Doch soll nicht verschwiegen werden, daß sich so zwielichtige oder geheimnisumwitterte Gestalten wie der Wettschwindler Max Klante oder der politisch vielseitig engagierte russische Verleger Parvus-Helphand ebenfalls auf dem Schwanenwerder wohlfühlten. Auch weniger ehrbare Zeitgenossen wie Julius Barmat und Alexander Kutisker, die 1925 die Weimarer Republik nicht nur um einige Millionen Mark, sondern auch um einen guten Teil ihres moralischen Kredits brachten.

Nach 1933 wandelte sich erneut das Bild, der „Barmatwerder" wurde zum „Bonzenwerder". Goebbels bezog das Grundstück Inselstraße 10/14, auf Nr. 16/18 etablierte die Reichsfrauenführerin Scholtz-Klink ihre „Reichsbräuteschule", in der parteibegeisterte BDM-Weibsen auf eine „neuzeitliche" Ehe vorbereitet wurden. Und das Haus des Bankdirektors Solmssen bezog Hitlers Leibarzt Dr. Theo Morell, den ein völlig wirkungsloses „Läusepulver" zum Millionär gemacht hatte.

Nach 1945 war auch dieser Spuk vorbei, und die russischen Fliegerangriffe hatten ein Ruinenfeld hinterlassen. Heute dominiert die Jugend auf der Insel, die sich auf von den Bezirksämtern Schöneberg, Steglitz und Tempelhof eingerichteten Zeltlagerplätzen vergnügt. Die erste, 1885 auf dem Grundstück Inselstraße 32 errichtete Villa ist nicht mehr vorhanden. Der in Formen des französischen Spätbarocks gestaltete „Schwanenhof", einst Sitz von Wessel, ist jetzt das älteste Haus. Ihm benachbart sind ultramoderne Bungalows, die es gestatten, vom Obergeschoß in den Swimming-pool zu springen – vorausgesetzt, das Wasser ist tief genug. Imposant, wenn auch nicht gerade von bezwingender Schönheit, ist das durch Kuppellaterne und aufwendiges Garagengebäude auf der anderen Straßenseite ausgezeichnete Haus Inselstraße 16, in dem einst der Allmächtige der Bayerischen

Stickstoffwerke, Geheimrat Baginski, residierte. Zuletzt diente es einem Privathospital als Domizil, und in Kürze wird es wohl neuen Appartementhäusern weichen müssen.

Besonders ansprechend wegen seiner an süddeutsche Architekturen gemahnenden Bauweise ist das 1924 von dem Messel-Schüler Heinrich Schacker für den Kaufmann Koritowsky erbaute Anwesen Inselstraße 5, das jetzt der durch ihre Trumpf-Schokolade bekannt und wohlhabend gewordenen Familie Monheim gehört. Das 1964 von Gert von Schöppenthau für den Verleger Axel Springer erbaute schöne Haus Inselstraße 24/26 liegt tief im Garten und offenbart seine Reize (der vierseitig aus Glas bestehende Pavillon bezieht die herrliche märkische Landschaft ringsum mit ein) nur dem, der auf der Havel herumschippert.

„Gott verzeih' ihnen die Sünde, der Schnaps steht im Spinde"

Ein moselweinseliger Stammtisch war es, um den sich regelmäßig der „Allgemeine Deutsche Reimverein (A.D.R.)" versammelte, und sein Wahlspruch lautete: „Reimen muß die Nationalbeschäftigung der Deutschen werden." Gegründet hatte ihn 1882 der Chemiker Dr. Emil Jacobsen, gebürtiger Danziger und alter Mitarbeiter von Ernst Schering; ab 1871 auch Mitglied des Aufsichtsrats der damals ins Leben gerufenen Schering AG, er blieb es bis zu seinem Tode im Jahre 1911.

Durch lukrative Erfindungen auf dem Gebiet der Farbstoffchemie gelangte Jacobsen zu Vermögen und wirtschaftlicher Unabhängigkeit. Er wohnte nahe der Porzellan-Manufaktur in der Englischen Straße, die zu jener Zeit noch eine stille vornehme Villenstraße war. Das Wochenende verbrachte er an den Gestaden des Tegeler Sees. Dort hatte er ein Ufergrundstück erworben und eigenhändig mit einer Laube bebaut, die er im Lied „Fertig ist die Laube!" launig besang:

„Protzen schmoren in Palästen,
Freude wohnt in Bretterkästen,
Denn die Kunst am besten schmeckt,
Ist man selber Architekt,
Fertigt selbst die Laube."

Nachdem die Laube einmal von Einbrechern heimgesucht worden war, deponierte Jacobsen eine Flasche Schnaps im Schrank, und Heinrich Seidel, der seinen Freund in „Leberecht Hühnchen" als Dr. Havelmüller verewigte, schrieb dazu auf einem deutlich sichtbaren Zettel:

„Am Einbrechen und Plündern
Kann ich niemand verhindern,
Gott verzeih' ihnen die Sünde,
Der Schnaps steht im Spinde."

Er hatte allerdings verschwiegen, daß der Beute-Alkohol mit einem starken Abführmittel versetzt war.

Hier in der „Reimschmiede" genannten Laube inmitten des „Reimgartens" war die Tagungsstätte des A.D.R. Später, als die Berliner Wasserwerke das Laubengrundstück zur Erweiterung ihrer Förderanlagen benötigten, ließ sich Jacobsen von Bruno Schmitz, dem Schöpfer des Leipziger Völkerschlachtdenkmals, in der Gabrielenstraße 70 in Tegel eine stattliche, noch erhaltene Villa bauen, wo der A.D.R. weiterhin sein Wesen trieb. Die eigentliche Seele der Vereinigung war der langjährige Kladderadatsch-Redakteur Johannes Trojan, Landsmann des Mecklenburgers Seidel. Zu den Mitgliedern des poetischen Wochenendvergnügens zählten neben anderen der Schriftsteller Julius Lohmeyer und Geheimrat Stephan Waetzoldt, Vortragender Rat im Kultusministerium und Großvater des zurzeit amtierenden Generaldirektors der Staatlichen Museen, der von ihm den Vornamen empfing.

Auch der seit 1876 in Berlin ansässige Holsteiner Julius Stinde gehörte zum A.D.R., den er wohl durch berufliche Beziehungen zu Jacobsen kennengelernt hatte. Stinde war von Haus aus studierter Fabrikchemiker und hatte sich schon früh nebenher literarisch betätigt, damit aber „keinen Blumentopf gewinnen können". Wirklichen Erfolg, der seinen Namen plötzlich aller Welt bekannt machte, errang Stinde erst mit der „Wilhelmine Buchholz". Ihr Vorbild war Jacobsens Frau, obwohl sie auf ganz anderem Bildungsniveau stand als die Spießbürgerin aus der Landsberger Straße. Betti und Emmy hießen die Töchter von Doktor Jacobsen. Dessen Frau war es auch, die Stinde zu den Buchholz-Büchern angeregt hatte. Die Töchter hatten eines Tages aus der Schule ein Heft mitgebracht, das ein Stück für das Kindertheater sein sollte, sich aber als das Textbuch der Posse „Eine leichte Person" erwies. Die Bearbeitung „fürs Kindertheater" bestand lediglich in dem Untertitel. Stinde, der von der um das Seelenheil ihrer Mädchen besorgten Frau Jacobsen aufgefordert wurde, diese Art Jugendlektüre öffentlich zu brandmarken, schrieb darüber unter dem Decknamen Wilhelmine Buchholz für die von Glaßbrenner begründete „Berliner Montagszeitung" die erste Plauderei, die dann zum Grundstein der Buchholz-Produktion wurde. Sie erlebte beispiellos hohe Auflagen, die selbst für die lesefreudige Generation unserer Urgroßeltern ungewöhnlich waren.

Hatte Stinde in den „Buchholzen" das Philistertum des Berlin der ersten Weltstadtjahre noch gut beobachtet und mit herzhafter Laune, wenn auch nur mit geringer geistiger Überlegenheit geschildert, so blieb er in dem, was er für den Reimverein schrieb, weit dahinter zurück. Er, wie seine Dichterkameraden vom A.D.R., suchten kleine Vergnügungen des Gefühls und des Witzes als Ersatz für große Reaktionen der Seele. Wenn sie auch nach eigenem Bekenntnis die „Pflege der Gemeinschaft echter Dichter und Bekämpfung des Dilettantentums" aufs Panier geschrieben hatten, so kann die Nachwelt ihren Taten nur ein müdes Lächeln widmen, und die Mitwelt hat das wahrscheinlich auch schon getan.

Das literarische Unternehmen war zwar witzig angelegt, entbehrte aber des wirklichen Humors, der bekanntlich mit dem Witz nicht identisch ist. Die erste (und letzte) Nummer der A.D.R. – Zeitschrift „Aeolsharfe" kam gleich als Heft 8 des 3. Jahrgangs heraus. In drei 1886,

1888 und 1896 erschienenen Bändchen des „Aeolsharfen-Kalenders", die Jacobsen unter seinem Dichterpseudonym „Hunold Müller von der Havel" herausgab, wurden die Erzeugnisse der „Butzenscheibenlyrik" ebenso glossiert wie die Dichtungen der unglückseligen Friederike Kempner, der „schlesischen Nachtigall", die auch heute noch vielbelachte Programmnummern in Stefan Wiggers

Umschlagtitel des Aeolsharfen-Kalenders für 1886

Kitschvorträgen abgeben. Aber die Angriffe gegen die Vertreter des aufkommenden Naturalismus, die „Werke Gründeutschlands und der aus ihm hervorgegangenen modernen und modernsten Dichterherosse und Titanen der Neolyrik", waren deplaziert, sie haben sich auch als Fehlurteile erwiesen.

Was Bestand hatte und noch heute zuweilen zitiert wird, sind die Schüttelreime, mit denen vor allem der im A.D.R. Johannes Köhnke genannte Heinrich Seidel brillierte. Wenn Julius Stinde, der als Theophil Ballheim eine nur auf dem Papier existierende „Dicht-Lehr-Anstalt" leitete, seinen fingierten Schülern davon abgeraten hatte, etwa zu reimen:

> „Er blickte träumend in die Höh'
> Vor Liebe seufzend usw."

Oder:

> „Ein Blümlein auf Ackers Mergel,
> Es stand unter Unkraut und dergl.",

so exzellierte Köhnke, alias Seidel, in Schüttelreimen, die vor nichts zurückschreckten, zum Beispiel:

> „Man muß nicht gleich die Diebe henken,
> Zunächst vielmehr an Hiebe denken."

Oder:

> „Mitten auf dem Tegler See
> Kocht ein braver Segler Tee."

Seidels besonderer Zorn galt den Naturalisten:

> „Kann nicht den Unratpökel achten,
> Ich möchte nicht den Ekel pachten.
> Vor solcher Dichter Schweinereigen –
> Kann eines nur der Reine: schweigen."

Das Künstlerhaus in der Fasanenstraße

Das regelmäßig vom Statistischen Landesamt veröffentlichte „Statistische Jahrbuch" wird sich wohl niemals einen Platz in der Bestsellerliste der Sachliteratur erobern. Dennoch bietet es dem, der ein wenig Interesse für die scheinbar so trockenen Zahlenaufstellungen hat, eine Fülle von Erkenntnissen. So erfährt man aus dem Buch, daß West-Berlin über eine Million Wohnungen in etwa 152 000 Wohngebäuden hat. Und von diesen sind sechzehn Prozent – also jedes sechste Haus – vor 1900 erbaut worden.

Diesen „alten" Häusern gelten die Sanierungsmaßnahmen des Bausenators, aber auch die Bemühungen des ihm unterstellten Amtes für Stadtbildpflege – der Berliner Volksmund spricht natürlich liebevoll-spöttisch von „Stuckbildpflege". Diesem Amt liegt daran, die für das Image Berlins unentbehrlichen Stuckfassaden des Spätklassizismus, der Gründerzeit und des Eklektizismus der Nachwelt zu erhalten. Keine leichte Aufgabe, wenn die 550 000 Mark des Jahresetats gerade ausreichen, um rund fünfundzwanzig Hausfronten ihr ursprüngliches Gepräge wiederzugeben.

Ein Haus gibt es neben den Tausenden, die renovierungsbedürftig sind, bei dem man es nicht nötig hat, öffentliche Mittel – seien es die der Stadtsanierung oder die der Stadtbildpflege – auszugeben: das „Künstlerhaus zum St. Lukas" in der Fasanenstraße 13. Das aus roten Rathenower Backsteinen aufgetürmte Gebäude hat sich schon während des Bombenkrieges als sehr solide erwiesen und wird auch von der unermüdlich vorbeiratternden S-Bahn kaum erschüttert. Dabei steht es bereits seit dem Jahre 1889, was man ihm aber wirklich nicht ansieht.

Bernhard Sehring hat es erbaut. Jener von glühender Phantasie besessene Baumeister aus dem anhaltinischen Edderitz, der sieben Jahre nach dem Künstlerhaus auch das benachbarte Theater des Westens schuf und späterhin die Schauspielhäuser in Bielefeld, Cottbus,

Düsseldorf und Halberstadt, – um nur die wichtigsten zu nennen.

Dem Schutzpatron des Hauses, dem literarisch und künstlerisch gebildeten Evangelisten Lukas, ist ein Relief unmittelbar über dem Eingang zur Galerie Springer gewidmet. Der renommierte Kunsthändler Rudolf Springer hat sich der Moderne verschrieben, was aber nicht ausschließt, daß er im Hause wohnt und dessen romantisches Flair begeistert genießt.

Sehring hatte sein Haus seinerzeit als preisgünstige Wohn- und Arbeitsstätte für Künstler konzipiert, denen es nicht so gut ging wie den in der Gunst des Kaisers stehenden Meißelhelden, die sich am Rande des Tiergartens, im Kielganviertel am Nollendorfplatz oder in Westend Villen bauen konnten. Rund zwanzig Wohnungen hatte das Haus, alle mit geräumigen Ateliers; die im Erdgeschoß waren für Bildhauer, die der oberen Geschosse für Maler und Graphiker bestimmt. Heute sind mehrere Tanzstudios und Gymnastikschulen in die Räume eingezogen, wo früher Maler den Pinsel, aber auch den Becher schwangen.

In den ersten Jahren des Künstlerhauses veranstaltete Sehring seine legendären Freitagabende, bei denen sich alles traf, was in Berlin zur „haute Volaute" zählte oder sich dazu rechnete. Man mußte den in ein mittelalterliches Gewand gekleideten und mit einer Hellebarde bewehrten Portier Zehne passieren, ehe man das mächtige Renaissanceportal durchschreiten durfte, um in Sehrings Wohnung vom Hausherrn, der alle künstlerischen Hausgenossen um sich versammelt hatte, mit einem Glas Sekt begrüßt zu werden. Später ging es dann in die „Künstlerklause zum St. Lukas" auf dem Hof, wo die Portierfrau – gleichfalls im Gretchenkostüm – warme Würstchen und Sauerkraut servierte. Den Schluß der Freitagabende bildete ein Rundgang durch sämtliche Ateliers des Künstlerhauses, wo immer wieder ein anderes Fest im Gange war oder die vielen Bilder und Skulpturen bewundert werden konnten, die der nimmermüde Sehring in Italien und Tirol zur Dekoration der Räume aufgekauft hatte.

Brunnen im Hof des Künstlerhauses, 1971

Einiges davon ist bis heute geblieben, so die in die Zimmerdecken eingelassenen Ölbilder des 17. und 18. Jahrhunderts, von denen wir auch noch welche im aufwendigen Treppenhaus des Vordergebäudes finden. Ganz oben auf dem Podest der Turmstube, von der man einst (nachdem man den Obolus von zehn Pfennigen errichtet hatte) bis zum Grunewald blicken konnte, steht ein seines Schwertes beraubter steinerner Ritter, der sich dem Kundigen als Kopie des Rolands von Stendal erweist. Sehring selbst hat sich an der rechten Seite des malerischen Brunnenhofes auf einem nach dem Vorbild gotischer Epitaphe geformten Relief ebenfalls im Rittergewand darstellen lassen, das Modell des Künstlerhauses in der Linken und ein überdimensionales Schwert in der Rechten.

Brunnenhof – so heißt der Mittelpunkt der aus frei verwendeten Elementen verschiedener Stile komponierten und mit vielem dekorativen Schmuck versehenen Bauanlage nach dem vom Bildhauer Nikolaus Friedrich gestalteten Brunnen mit lieblicher Nymphe und strengblickenden Löwen.

Friedrich hat auch einmal hier gewohnt. Aber er ist längst vergessen gleich seinem Kollegen Max Kruse, der in jungen Jahren durch den „Siegesboten von Marathon" zu rasch verblaßtem Ruhm kam. Doch seine Frau kennt man noch, die im Künstlerhaus mit ihren Puppen eine Wende in der Spielzeugherstellung herbeigeführt hat. Die von Puppenmüttern mehrerer Generationen heiß geliebten zarten Geschöpfe sind im Laufe der Jahre zum Maßstab einer neuen Geschmacksrichtung geworden. Angefangen hatte es damit, daß der bildhauernde Urberliner Kruse seiner fast dreißig Jahre jüngeren Frau, der er Puppen für die Kinder besorgen sollte, kurzerhand erklärte: „Nee, ick koof euch keene Puppen. Ick find' se scheußlich ... Macht euch selber welche!" Durch die Ausstellung „Spielzeug aus eigener Hand" des Warenhauses Tietz im Vertrauen auf ihre Arbeit bestärkt, hat dann Käthe Kruse von 1910 an in einer Wohnung im dritten Stock des Künstlerhauses gewerbsmäßig jene Puppen angefertigt, die sie buchstäblich über Nacht zur berühmten Frau machten.

Ein Abbild des alten Rußland

Vor einigen Jahren erhielt die Wittestraße in Tegel eine neue Einmündung zur Berliner Straße, und seitdem haben die Autofahrer die auf den Namensgeber des einstigen „Dalldorf" getaufte Straße trotz ihres teilweise recht schlechten Pflasters für sich entdeckt. Die meisten jedoch, die hier entlangsausen, achteten nicht darauf, daß sich ihnen nahe der Kreuzung mit der Holzhauser Straße ein verwunschenes Abbild des alten Rußland bot. Es war einmalig in Berlin und selbst guten Kennern unserer Stadt verborgen geblieben.

„Kaiser-Alexander-Heim 1896" lautete es (bis zum unnötigen Abbruch 1974) in Goldbuchstaben auf schwarzer Marmortafel am Portalpfeiler des Hauses Wittestraße 24, und nicht nur die Tatsache, daß es 75 Jahre alt war, verlockte, dem viergeschossigen Gebäude in dem verwilderten Park einen Besuch abzustatten. So fremdartig wie die Architektur in gelben Klinkern mit Zierstreifen aus blau, rot und weiß glasierten Backsteinen muteten auch die Namen der Bewohner an. Durchweg waren es alte Damen russischer Herkunft.

Der einzige Mann im Hause — neben dem zumeist abwesenden Popen — wirkte als Hauswart, Kirchendiener und Totengräber. Trotz der vielen Jahre, die er in Berlin lebte, sprach Nikolai Kolossowsky nur russisch und empfing mich mit den Worten: „Mno wetnada, nitschewo na witdje!" (Viel Armut, nichts zu sehen!). Wenn meine russischen Sprachkenntnisse mich auch vor der Gefangenschaft bewahrten, so merkte ich bald, daß seitdem über ein Vierteljahrhundert ins Land gegangen war. Eine freundliche Hausbewohnerin aus Reval machte deshalb den Dolmetscher. Verblüfft stellte man fest, daß die nicht mehr ganz junge Dame äußerst gepflegt und von bemerkenswerter Schönheit war. Nach anfänglichem Sträuben gab sie schließlich zu, früher als Dolly Stratton in Buffo-Rollen auf den Bühnen Europas und der USA gespielt zu haben, und alte Fotos belegten auch, daß sie zusammen mit Johannes Riemann, Heinz Rühmann und anderen bei der Ufa filmte.

Daß sie ihre behagliche Wohnung in Kurfürstendamm-Nähe mit dem bescheidenen Altersheim in Tegel vertauschen mußte, verdankte sie den Tauben. Nicht etwa den verwilderten, die in manchen Teilen unserer Stadt zur Plage wurden, vielmehr fünf dressierten Tauben. Mit diesen trat unsere Dolly zuletzt auf, und von ihnen konnte sie sich verständlicherweise nicht trennen. Hier draußen war man duldsamer. Das beweist auch ein Gang über den Russischen Friedhof auf der anderen Straßenseite, zu dem ein reichverzierter Portalbau aus Holz führt, in dem neun Glocken sehr unterschiedlicher Größe hängen. Nach altrussischer Sitte werden sie nicht geschwungen, sondern durch Anziehen der Klöppel zum Klingen gebracht.

Mittel- und Blickpunkt des Friedhofes ist die getreu nach russischen Vorbildern errichtete Kapelle mit einem der Basiliuskathedrale in Moskau nachgebildeten Hauptturm, um den sich nach der strengen kanonischen Regel des orthodoxen Glaubens vier kleinere Türme mit Zwiebelkuppeln reihen. Sie sollen Christus und die um ihn gescharten vier Evangelisten verkörpern. So mancher mag die hellblau getünchten Türme mit den goldblitzenden Andreaskreuzen über dem Halbmond – dem Zeichen des Triumphes über die Türken – schon vom hochgelegenen U-Bahnhof Holzhauser Straße aus gesehen haben. Vielleicht hat er auch die Ketten erkannt, mit denen Kreuze und Turmkuppeln verbunden sind: Symbole des untrennbar mit dem Erdball verhafteten Christentums.

Den Heiligen Konstantin und Helena ist die 1894 erbaute Kapelle geweiht, und im Innern sind beiden unzählige Ikonen gewidmet, aber auch die Hauptbilder des Ikonostas; jener Bilderwand, die den Andachtsraum der Gläubigen vom nur dem Popen zugänglichen „Allerheiligsten" trennt.

Rund um die Kapelle sind die namhaften der vielen hier beigesetzten russischen Emigranten zu treffen, die vornehmlich nach der Revolution von 1917 in Berlin eine neue Heimat fanden. Daß sie ihre letzten Jahre zumeist in bitterer Armut verbrachten, besagen die sehr schlichten Holzkreuze, auf denen in kyrillischer Schrift klangvolle

Namen und Berufe stehen. So der des einstigen Agrarministers Kriwoschein oder des früheren russischen Botschafters in Berlin, Swerbejew. Unmittelbar nebeneinander ruhen der Publizist Wladimir Nabokow und Alexander Rimsky-Korsakow, ein Neffe des berühmten Komponisten. Ein anderer russischer Komponist von Weltrang, Michael Glinka, ist 1857 in Berlin verstorben und auf dem alten Dreifaltigkeitskirchhof vor dem Potsdamer Bahnhof beigesetzt worden. Doch nach wenigen Monaten wurden seine Gebeine in die russische Heimat übergeführt. In Tegel erinnerte seit 1894 der alte Grabstein und eine

St. Konstantinos- und Helena-Kapelle, 1971

Bronzebüste an den nur 53 Jahre alt gewordenen Tonschöpfer. Wenn sein Hauptwerk auch die Nationaloper „Das Leben für den Zaren" ist, so hat das den sowjetischen Militärkommandanten von Ost-Berlin 1947 nicht davon abgehalten, die Gedenkstätte sehr repräsentativ neugestalten zu lassen. In der Sowjetunion hat man den nicht mehr zeitgemäßen Operntitel in „Das Leben für das Vaterland" geändert.

Etwas abseits und unter einfachem Holzkreuz fand einer der ärgsten Feinde Deutschlands seine letzte Ruhestätte: Generalleutnant Wladimir Suchomlinow. Bei Ausbruch des Ersten Weltkrieges war er Kriegsminister und unterzeichnete die Kriegserklärung an Deutschland. Nachdem Zar Nikolaus II. in Ostpreußen zwei Armeen verloren hatte, wurde Suchomlinow dafür verantwortlich gemacht und 1915 auf Betreiben des Großfürsten Nikolai Nikolajewitsch ins Gefängnis geworfen. Zwei Jahre später machte man ihm den Prozeß, der mit der Verurteilung zu lebenslänglicher Zwangsarbeit endete. Im Mai 1918, als schon die Bolschewisten am Ruder waren, gab ihm eine Amnestie die Freiheit. Über Finnland flüchtete Suchomlinow nach Deutschland, schrieb in Wandlitzsee seine Erinnerungen und starb 1926. Er ruht auf Berliner Boden, aber in russischer Erde, die der Initiator der gesamten Anlage – des Alexander-Heims, der Kapelle und des Friedhofs –, Propst Maltzew von der Russischen Botschaft in Berlin, 1893 waggonweise aus allen Gouvernements des riesigen Zarenreiches in die deutsche Hauptstadt hatte schaffen lassen.

Das Verlegergenie und die Schützenkönigin

In den mehr als 80 Jahren ihres Bestehens konnte sich die Villenkolonie Grunewald über wechselnde Regierungsformen hinweg zu allen Zeiten ihre Beliebtheit bewahren. Nur findet man jetzt an den Türen der Vorgärtenzäune nicht mehr ein einzelnes Namensschild, sondern bis zu einem Dutzend verschiedene. Die großen Häuser werden schon lange nicht ausschließlich vom Besitzer, seiner Familie und dem „herrschaftlichen Dienstpersonal" bewohnt. Auch die oft mehrere tausend Quadratmeter umfassenden Grundstücke sind zumeist aufgeteilt und mit neuen Mehrfamilienhäusern oder den heutzutage so beliebten Appartements besetzt worden. Hin und wieder sieht man noch dem schmiede- oder gußeisernen Prachtstück des Vorgartengitters an, welchen Umfang das ursprüngliche Grundstück einmal hatte. Doch von dem größten zusammenhängenden Grundbesitz in der Kolonie Grunewald, der mit beinahe 100 000 Quadratmetern fast den gesamten Baublock zwischen der Bismarckallee und der Menzelstraße, der Koenigsallee und Wernerstraße einnahm, ist so gut wie nichts geblieben, das an den früheren Eigentümer erinnert. Am 18. April 1971 war sein fünfzigster Todestag; Anlaß genug, ihm Worte des Gedenkens zu widmen.

August Scherl ist gemeint, der 1849 in Düsseldorf geboren wurde, eigentlich aber ein Berliner Kind war. Sein in die Revolution von 1848 verstrickter Vater, ein kleiner Drukker aus der Naunynstraße, mußte in das liberale Rheinland ausweichen, als seine Frau bereits hochschwanger war. Düsseldorf, Köln und Berlin zählten zu den Stationen im beruflichen Wirken und persönlichen Erleben des jungen Scherl, der später das Genie der Berliner Zeitungsverleger wurde. „Eine Persönlichkeit, die immer am Rande des Wahnsinns entlang wandelte; wobei allerdings der gesunde Menschenverstand des ‚Verrückten' alle anderen Intelligenzen seines Metiers übertraf", wie der begeisterte und begeisternde Journalist Walther Kiaulehn konstatierte.

Am Rhein fand August Scherl auch seine erste Frau. Eine Wiener Schauspielerin, der zuliebe er ein eigenes Theater schuf, mit dem er dann prompt die erste der vielen Pleiten seiner bewegten Anfangsjahre erlebte. Doch Flora Scherl, geborene Rosner, hat sich noch zwei Jahre lang bis zu ihrem frühen Tod – sie erlag erst dreißigjährig einer tückischen Nierenkrankheit – des sensationellen Erfolgs ihres Mannes erfreuen können, den dieser mit der Gründung des „Berliner Lokal-Anzeigers" errang.

Scherl hat die Zeitung gleich am ersten Tag, dem 4. November 1883, in der für jene Zeit unglaubhaft hohen Auflage von 200 000 Exemplaren herausgebracht und sie gratis – nur gegen einen monatlichen Botenlohn von zehn Pfennigen – in die Berliner Häuser tragen lassen. Das zunächst einmal wöchentlich erscheinende „Gratisblättchen" – es wurde durch die Anzeigen finanziert, trug aber Scherl auch 20 000 Mark Botenlohn im Monat ein – fand schnelle Verbreitung. Ein Jahr später wurde es dreimal in der Woche ausgegeben, seit 1885 erschien es täglich.

Wenn Scherl mit seinem ersten deutschen Massenblatt moderner Prägung auch manche Krise durchstehen mußte, so gab ihm der Lokal-Anzeiger nebst anderen Publikationen seines Verlages, zu denen „Die Woche" und das Berliner Adreßbuch gehörten, im Laufe der Jahre gewaltige Mittel in die Hände. Daß er sie auch für sich persönlich verwendete, war sein gutes Recht. Doch wie es im einzelnen geschah, läßt an die Kolportageromane denken, die Scherl ebenfalls gern und mit Erfolg verlegte. Nach dem Tod seiner geliebten Flora fiel ihm ein Bild von Franz Defregger in die Hand, das mit der Unterschrift „Die Schützenkönigin" ein blutjunges Mädchen in Tiroler Tracht zeigte. Diese oder keine, war Scherls spontaner Entschluß. Sein Privatsekretär mußte Hals über Kopf im Sonderzug zuerst nach München zum Meister Defregger und dann nach Kufstein reisen, wo er schließlich das Vorbild der Schützenkönigin in der „Resl vom Zöttl" als Tochter eines Tischlermeisters fand. Daß sie verlobt war, bedeutete für Scherl kein Hindernis. Er speiste den jungen Mann mit Geld ab, schickte Therese für einige Monate nach Lausanne in ein vornehmes Pensionat und schloß im

Mai 1886 in Kufstein die so ungewöhnlich eingeleitete Ehe. Sie ging glücklich aus.

Für die vergötterte Therese hat Scherl 1899 auf dem eingangs erwähnten Grunewaldgelände im geheimen eine Villa errichten lassen, über die bis heute erzählt wird, es sei ein türmereiches Schloß mit fast fünfzig Räumen gewesen. Die Baupolizeiakten wissen aber nur von einem zweigeschossigen Haus, das außer der damals als notwen-

Erste Scherl-Villa nach dem Bauentwurf, 1899

dig angesehenen, durch beide Stockwerke gehenden Halle nicht mehr als je vier Zimmer in beiden Etagen umfaßte. Die Architektur war grauslig, aber auch nicht schlimmer als das, was man zu jener Zeit baute, das noch jetzt in Grunewald zu finden ist und merkwürdigerweise der rauschebärtigen Jugend von heute gefällt.

Therese, der Scherl das neue Haus auf einer Spazierfahrt zeigte, tat ihren Gefühlen keinen Zwang an und äußerte ihr Mißfallen an der baukünstlerischen Leistung des „Ateliers für Architectur und Bauausführung Schmid und Weimar" aus Charlottenburg. Trotz der Einwendungen seiner Frau ließ Scherl das Haus sofort abreißen und 1903 über den Fundamenten ein neues errichten, für das er nun Gabriel von Seidl, bemühte, den „Altmeister der neueren Münchener Architektur". Das Fachschrifttum lobte das Haus; denn es „beweist nicht nur von neuem die bewährte Meisterschaft des Architekten, sondern legt auch von dem guten Geschmack des Bauherrn rühmliches Zeugnis ab". Doch dürfte es mehr der gute Geschmack der Frau Therese gewesen sein.

Nach dem Ableben August Scherls (1921) wurde das riesige Grundstück, das inzwischen durch die Taubertstraße erschlossen war, parzelliert und mit vielen Einzelwohnhäusern bebaut, von denen die Villa des Violinvirtuosen Fritz Kreisler der Kriegsfurie zum Opfer fiel. Das Scherlsche Haus hatte man bereits 1940 abgerissen. Übrig blieb nur das Portal der Zufahrt, Bismarckallee 42, auf deren Pfeiler statt der von Seidl gezeichneten Steinkugeln jetzt Laternen stehen, auch sind die in altbayerischer Manier bemalten Holzpforten durch nüchterne Gitter ersetzt worden. Das turmgeschmückte Häuschen dahinter ließ einer von Scherls Nachfolger im Grundbesitz, der Generaldirektor der Salamander-Schuhfabrik, 1925 für Portier und Chauffeur erbauen.

Bei der Wahl der Eltern gut beraten

Eine der schönstgelegenen Gaststätten Berlins war bis zum Abriß im Herbst 1972 das „Schloß Brüningslinden" auf dem fast zwanzig Meter hohen aussichtsreichen Havelufer in Kladow, das außerdem mit einem nach dem Muster von Walt Disneys Wunderland eingerichteten „Märchenwald" lockte. Rund ein Dutzend lebensgroßer Märchengruppen erfreuten die Kinder, die in einer Miniatureisenbahn zu „Schneewittchen", „Hänsel und Gretel", „Aschenputtel", „Dornröschen" und anderen aus den „Kinder- und Hausmärchen" der Brüder Grimm wohlbekannten Motivgestalten zwischen Ernst und Spiel, Traum und Wirklichkeit lustfahren konnten.

Die Erwachsenen saßen indessen auf der Terrasse von Schloß Brüningslinden, genossen beim Kaffee oder einem leckeren Mahl die wundervolle Aussicht über die breite Havel bis zur Pfaueninsel und gedachten dabei vielleicht der vielen Märchen und Fabeln, die sich um Brüningslinden und seinen Schöpfer gerankt haben.

Das seinerzeit bescheiden „Landsitz" genannte, aber mit Absicht schloßähnlich gestaltete Haus hatte sich 1911/12 ein Mann erbauen lassen, der bei der Wahl der Eltern gut beraten war. Sein Vater, Dr. phil. Adolf Brüning, gehörte zu den Gründern der weltbekannt gewordenen, noch heute florierenden Farbwerke Hoechst AG (vormals Meister, Lucius & Brüning), und die Mutter – Klara Spindler aus Berlin – kam ebenfalls aus begütertem Hause. Der Chemiker und Großindustrielle Dr. Brüning erhielt im Jahre 1883 zu seinen Millionen den erblichen Adel, der auch dem Sohn nützlich wurde. Der 1875 in Höchst noch bürgerlich auf die Welt gekommene Ernst Rütger Brüning widmete sich 1894 bis 1897 in Heidelberg und Marburg juristischen Studien, machte auch seinen Referendar, beschloß aber dann, aktiver Offizier zu werden. Dazu wählte er das brandenburgische Husarenregiment Nr. 3 von Zieten in Rathenow. Obgleich die Stadt als trauriges Provinznest galt und die Zietenhusaren nicht einmal zur Garde rechneten, war es ein sehr feudales Regiment, dessen Offiziere ausschließlich dem Adel angehörten und eine Zeitlang auch den Schwiegersohn des Kaisers, Herzog Ernst August von Braunschweig-Lüneburg bei sich sahen. Bekannt waren die „roten Husaren" durch den mit Leidenschaft betriebenen Renn- und Hindernissport, der sie jahrelang das Championat der Herrenreiter aller 103 deutschen Kavallerieregimenter innehaben ließ.

Nachdem der Oberleutnant von Brüning von auswärtigen Kommandos zurückgekehrt war, die ihn 1908/09 an die Botschaft in Tokio und 1909/10 nach Washington geführt hatten, ließ er sich von den Architekten Georg Siewert und Fritz Greppert sein „Brüningslinden" erbauen. Er stattete es mit allen möglichen Souvenirs seiner Reisen aus, insbesondere mit Ostasiatika, für die im Obergeschoß ein besonderes Zimmer eingerichtet wurde, das Brüning gern „Museum" nannte. Es ist durch die schwere hölzerne Kassettendecke bis zuletzt kenntlich geblieben. Doch die Kunstschätze sind schon früh in alle Winde verstreut worden. Ein paar bronzene Tempellaternen standen noch auf den Portalpfeilern, aber die davor ruhenden Löwen waren nach sachverständigem Urteil von einheimischen Steinmetzen gefertigte Kopien. Die Wandvertäfelungen und Deckengemälde in den Galerien hielten sich an den Stil Louis' XIV. und XV.; dem unverheirateten Schloßherrn dienten die Zimmer als Boudoir und Musiksalon.

Hier draußen hat Brüning vorwiegend den Sommer verbracht, im Winter wohnte er in der Hindersinstraße. Ein Tagebuch von seiner Hand gibt Auskunft, daß er auch in der kalten Jahreszeit beinahe täglich nach Kladow hinausfuhr und hier großzügige Gastfreundschaft übte, die den alten Kameraden von den Zietenhusaren oder den Nachbarn – so den Königs und Brandis auf Neu-Kladow oder den Wollanks auf Groß-Glienicke – gewidmet war. Doch nur so lange, wie das vom Vater ererbte Millionenvermögen reichte. Bereits Ende der zwanziger Jahre verließ er Brüningslinden und zog sich auf sein Landgut Brüningsau bei Rosenheim im schönen Bayernland zurück, wo er – der unvermählte, aber keineswegs unbeweibte Major a.D. — noch kurz vor seinem Tode (1935) heiratete. Im gleichen Jahr erwarb Max Gruban, Seniorchef der Berliner Weingroßhandlung Gruban und Souchay, für ein Heidengeld die Brüningsche Besitzung, um mit dem seinerzeit sehr beliebten und vielbesuchten Schloß Marquardt des Weinhauses Kempinski konkurrieren zu können.

Vieles, was von Brüningslinden erzählt wird, ist Fabel. Doch gibt es auch Tatsachen zu berichten wie etwa den Besuch des französischen Ministerpräsidenten Laval und des Außenministers Briand, mit denen der deutsche Reichskanzler Brüning – nomen est omen – und Außenminister Curtius am 28. September 1931 zum Tee in Brüningslinden waren. Nicht etwa, um dort politische Besprechungen zu führen – die fanden in der Wilhelmstraße statt. Die hohen Gäste sollten vielmehr einen Begriff von der schönen Umgebung der Reichshauptstadt bekommen.

Für den einige Tage zuvor nach Berlin versetzten Botschafter Frankreichs, André Francois-Poncet, war dieser Staatsbesuch die erste diplomatische Mission am neuen Platz. Der populäre Mann hat in seinem Buch „Botschafter in Berlin 1931–1938" ausführlich daran erinnert und berichtet, daß Laval sich darüber wunderte, bei keiner Mahlzeit Sauerkraut zu bekommen. Laval war nämlich der Meinung, Sauerkraut sei ein so typisch deutsches Nationalgericht, daß er es unbedingt kosten müsse. Da er es nun weder in Brüningslinden noch bei den offiziellen Diners in der Reichskanzlei bekam, bestellte er es zu später Abendstunde im Hotel Adlon, zur größten Verlegenheit des Küchenchefs und des Hotelpersonals. Doch es bekam ihm schlecht: „In der Nacht war er, von Verdauungsbeschwerden geplagt, aufgewacht, aufgestanden und Unter den Linden auf- und abgegangen – zum Erstaunen der Wachen, die ihm hierbei stets erneut die Ehrenbezeigungen erwiesen."

Schloß Brüningslinden vom Garten aus, 1971

VON HÄUSERN UND MENSCHEN

Schloß Friedrichsfelde – Episoden und Histörchen

Erfreuliches tut sich „drüben", im östlichen Teil unserer zerrissenen Stadt, den wir seit der Unterzeichnung des Schlußprotokolls zum Vier-Mächte-Abkommen am 3. Juni 1972 nach über zehn Jahren wieder regelmäßig besuchen können: Der Wiederaufbau des Friedrichsfelder Schlosses ist im Gange. Viele, die sich während der Passierscheinaktionen – zuletzt Pfingsten 1966 – mit Verwandten und Freunden im Friedrichsfelder Tierpark trafen, haben sorgenvoll feststellen müssen, daß dessen erster Blickpunkt, das Schloß, geräumt und in der Fassade von tiefen Rissen durchzogen war.

Ein paar Jahre nach der 1955 erfolgten Eröffnung des Tierparks konnte man das Haus noch betreten, denn hier war die Verwaltung untergebracht, und der Direktor des hinsichtlich der räumlichen Ausdehnung „größten Tierparks der Welt", Professor Dathe, beabsichtigte sogar, im Schloß die Zoo- und Zirkussammlung von Dr. Alfred Lehmann auszustellen und sie zu einem internationalen Zoo-Archiv auszubauen.

Dem Schloß ist nicht nur die ob der vielen neugeschaffenen Tierparkanlagen vernachlässigte bauliche Unterhaltung zum Verhängnis geworden, sondern auch das ständige Sinken des Grundwasserspiegels, der, ursächlich vom Wasserwerk Wuhlheide veranlaßt, die alten Eichen rund um das Schloß wipfeldürr werden ließ.

Das Friedrichsfelder Schloß geht bereits auf die Tage des „General-Directeurs der Marine", Benjamin Raule, zurück, der 1682 seinen Wohnsitz nach Berlin verlegt hatte, in den als „Raules Hof" bekannten Baukomplex auf dem Friedrichswerder, der 1934 dem Neubau der Reichsbank Platz machen mußte. Raule hatte sich in Rosenfelde – wie Friedrichsfelde bis 1699 hieß – ein Lusthaus erbauen lassen, nach der Manier seiner holländischen Heimat auf einem Pfahlrost – und der vertrug eben das Absinken des Grundwassers nicht.

Der heutige Schloßbau ist zwar erst 1719 vom Hofbaumeister Martin Böhme für den Markgrafen Albrecht von Brandenburg-Schwedt errichtet worden, steht aber auf den Fundamenten des Rauleschen Hauses.

Raule hat übrigens in seiner Glanzzeit, der nach dem Tode des Großen Kurfürsten wenig schöne Tage in den Verliesen der Spandauer Zitadelle folgten, verschiedentlich seinen fürstlichen Gönner samt dem Hofstaat in Rosenfelde bewirtet, was wir nicht nur von den holprigen Versen des Hofpoeten Freiherr von Canitz wissen:

„Der Churfürst und was fürstlich heißt,
Haben jüngst beim Raule gespeist,
Mittags zu Rosenfelde.
Allwo man hat, versteht mich recht,
Kostbar gegessen und gezecht,
Gespielet mit dem Gelde."

Auf den 1731 verstorbenen Markgrafen Albrecht – Sohn des Großen Kurfürsten – folgten im Besitz der Sohn Markgraf Karl (bis 1762) und dann der jüngste Bruder des Alten Fritzen, Prinz Ferdinand von Preußen, der hier eine Art Klein-Rheinsberg aufzog. Mit einer allerdings nur aus Invaliden bestehenden Wachkompanie, für die das säulengeschmückte Torhaus entstand, in dem jetzt – nach völliger Neugestaltung unter Wahrung der alten Außenformen – die Eintrittskarten zum Tierpark verkauft werden.

Dem Prinzen Ferdinand gefiel es aber auf die Dauer nicht in Friedrichsfelde. Es war ihm von Berlin zu weitab gelegen, und so baute er sich dafür das Schloß Bellevue im Tiergarten. Friedrichsfelde übernahm der Herzog von Kurland und diesem ist der „im edelsten schönsten Geschmack, von ungemeiner Symmetrie und Proportion" gehaltene große Tanzsaal im ersten Stock zu verdanken, der bis heute unverändert blieb und auch in alter Weise renoviert werden soll.

Schloß Friedrichsfelde, um 1910

Die lobenden Worte schrieb der Buchhändler und Aufklärer aus der Brüderstraße in Alt-Kölln, Friedrich Nicolai, in seiner Berlin-Topographie von 1786, die auch den auf die alten Gestaltungselemente zurückgeführten Park rühmt, „welcher sehr große Schönheiten hat", vor allem „in der linker Hand dem Pallaste gelegenen englischen Partie, wo heitere und melancholische, lustige und traurige Gegenden abwechseln."

Unmöglich alle Episoden aufzuzählen, die mit dem Schloß Friedrichsfelde verbunden sind, zumal sich Theodor Fontane darüber im Spreeland-Band seiner „Wanderungen durch die Mark Brandenburg" mit behaglicher Breite ausließ. Doch muß der von 1800 bis zu ihrem Tode 1811 hier residierenden Herzogin Katharina von Holstein-Beck gedacht werden, die nach gescheiterter Ehe mit einem russischen Fürsten im märkischen Bauerndorf Friedrichsfelde auf ganz großem Fuß lebte und angeblich Tag für Tag die unglaubliche Summe von 1500 Talern ausgab. Natürlich fuhr sie „sechselang", doch nach einer galanten Affäre mit einem französischen Abenteurer wurde sie vom preußischen Hof dazu verdonnert, statt mit sechs Pferden nur noch mit vieren zu fahren, was dann auch geschah und letzten Endes wohl genügte.

Nachdem der in der Völkerschlacht von Leipzig gefangengenommene Sachsenkönig Friedrich August während der Jahre 1814–16 im Exil das Friedrichsfelder Schloß bewohnt hatte und in Kauf nehmen mußte, daß die Berliner sonntags in hellen Scharen anrückten, um „das große Tier" respektlos zu besichtigen, wurden die Treskows Eigentümer von Friedrichsfelde, das sie 1945 im Zuge der sowjetzonalen Bodenreform verließen.

Die erst 1797 zum erblichen Adel gelangten Treskows (ohne c) durfte man nicht mit dem märkischen Uradelsgeschlecht derer von Tresckow (mit c) verwechseln, obwohl beider Wappen zum Leidwesen der Tresckow (mit c) sich sehr ähnlich waren. Die Friedrichsfelder führten nämlich drei Straußenköpfe, die anderen, auf ihr c so Stolzen drei Entenköpfe im Wappenschild.

Vor guten 75 Jahren hatte Friedrichsfelde in den Zeitungen Schlagzeilen gemacht, als der mit Elisabeth von Treskow verheiratete Kammerherr und Zeremonienmeister Leberecht von Kotze sich wegen der nach ihm benannten „Affäre" hierher zurückzog. Kotze war beschuldigt worden, die anonymen Briefe obszönen Inhalts geschrieben zu haben, mit denen die Hofgesellschaft in Berlin während der Jahre 1892 bis 1894 fast täglich bedacht wurde. Nach kurzer militärischer Haft, aus der er seiner Frau telegrafierte: „Bin verhaftet – esse – trinke – Kotze", ergaben langwierige Verhandlungen zwar keine Klärung der ominösen Briefaffäre, doch die Rehabilitierung von „Lebchen" Kotze, der 1920 als 70jähriger starb. Sein Schwager Sigismund von Treskow, der auch einmal Landrat des Kreises Niederbarnim war, endete 1945 im Alter von über 80 Jahren als vertriebener „Junker" im Haus eines menschenfreundlichen Trainers in Hoppegarten.

Das Späthsche Arboretum wurde zum Botanischen Garten Ost-Berlins

Knapp fünf Jahrzehnte nach der „Erfindung" des europäischen Porzellans durch Johann Friedrich Böttger – ehemals Apothekerlehrling in Berlin – in seinem Laboratorium auf der Dresdner Venusbastei hatte die erste Porzellanmaufaktur Preußens des Wollzeugfabrikanten Wegely in Berlin den Betrieb wegen finanzieller Schwierigkeiten aufgeben müssen. Sechs Jahre später stand auch ihre Nachfolgerin, die von Friedrich dem Großen priviligierte „aechte porcelaine fabrique" des Kaufmanns Gotzkowsky, vor dem Ruin. Da griff der König ein und erwarb sie gegen die hohe Summe von 225 000 Talern mit allen 146 Beschäftigten für den preußischen Staat. Seitdem wird die Königliche (ab 1918 Staatliche) Porzellan-Manufaktur Berlin als Betrieb der öffentlichen Hand geführt. Der größte Stolz dieses ältesten Industrieunternehmens unserer Stadt war zu allen Zeiten die noch heute geübte Blumenmalerei.

Blumen waren es auch, mit denen Berlins ältester Gewerbebetrieb begann, die 1720 gegründete Gärtnerei Späth. Sie hätte 1970 das 250jährige Bestehen feiern können, tat es aber nicht, weil der Betrieb vor wesentlichen Umwandlungen stand. Die bekannte Baumschule, die einmal die größte der Welt war, hatte man aufgegeben, und der letzte Späth schied aus dem Unternehmen, das während eines Vierteljahrtausends in sieben Generationen stets der gleichen Familie gehört hatte.

Mit einem Kapital von 300 Talern hatte sich der „Kunstgärtner" Christoph Späth auf dem Johannistisch vor dem Halleschen Tor selbständig gemacht. Den Straßennamen „Am Johannistisch" gibt es zwar noch immer, aber ihn befriedigend zu erklären, hat bisher keiner vermocht. Die Johanniter sind als Besitzer des einst zu ihrer Komturei Tempelhof gehörenden Geländes eine gegebene Tatsache. Aber der Tisch? Der Pastor Bachmann hat 1838 in seinem Buch „Die Luisenstadt. Versuch einer Geschichte derselben und ihrer Kirche" erzählt, daß hier in den Tagen des Alten Fritzen eine Tabagie gewesen sei, vor der ein riesenhafter Walnußbaum stand, der mit einem großen Tische umgeben war. „Vielleicht rührt daher der Name" meint Bachmann, der nicht wußte, daß der Johannistisch schon auf Karten des 17. Jahrhunderts vorkommt.

Des ersten Späths Sohn und Nachfolger, der im Charlottenburger Schloßpark ausgebildete „Gartengeselle" Carl hat 1760 die Blumen- und Gemüsegärtnerei auf ein seiner Frau als Erbteil zugefallenes größeres Grundstück in der Köpenicker Straße 154 verlegt; „einen Teil Berlins, in dem ich Stein und Straße kenne." Das schrieb der 1878 dort als Sohn eines Flaschenbierverlegers zur Welt gekommene spätere Reichskanzler und Außenminister der Weimarer Republik, Gustav Stresemann, im Glückwunsch zur 200-Jahr-Feier der zum „Großbetrieb für Gartenkultur" aufgestiegenen Firma Späth.

Doch bis es so weit war, mußte in der nahen Spree noch viel Wasser gen Spandau fließen. Als Carl Späth 1782 starb, war sein Sohn Friedrich erst 14 Jahre alt, so daß die Gärtnerei vorerst von seiner Mutter geführt werden mußte. Im Jahre 1831 übernahm der 1793 geborene Ludwig Späth, Friedrichs Sohn, das Geschäft. Es führt noch heute seinen Namen, nicht etwa den des Gründers Christoph. Und zwar mit Berechtigung, denn Ludwig Späth hat die Gärtnerei an der Köpenicker Straße nicht nur erheblich ausgedehnt – 1861 wurden bereits 500 verschiedene Hyazinthen- und Tulpensorten kultiviert –, sondern auch vorausschauend jenes Gelände in Baumschulenweg („Pflaumkuchensteg" nannten wir es als Schuljungen) gekauft, das untrennbar mit dem Namen und Begriff Späth verbunden bleibt.

Hierher hat der namhafteste aller Späths, der von 1863 bis kurz vor seinem Tode (1913) als Geschäftsinhaber wirkende Landesökonomierat Franz Späth schon in den sechziger Jahren seine Baumschule verlegt; auf die von nicht weniger als 60 verschiedenen bäuerlichen Besitzern zusammengekauften Britzer und Rudower Wiesen, die einst wegen ihrer seltenen Pflanzen das Dorado der Berliner Botaniker waren.

Das 1847 von seinem Vater Ludwig errichtete Wohnhaus wurde Anfang der neunziger Jahre, als man sich von der Köpenicker Straße trennte, abgebrochen und in Baumschulenweg als Verwaltungsgebäude wieder aufgebaut. Bereits 1874 hatte Franz Späth ein noch vorhandenes, ansehnliches Wohnhaus bauen lassen und es mit einem Rosarium und den Anfängen des Arboretums umgeben lassen, das Gustav Meyer – Berlins erster Gartendirektor und Schöpfer des Friedrichs- und Humboldthains, des Kleinen Tiergartens und des Treptower Parks – 1879 auf zwanzig Morgen erweiterte und mit über 4000 Arten und Spielarten von Bäumen und Sträuchern aus allen Gegenden des Erdballs besetzte.

Während die wegen des sinkenden Grundwasserstandes bereits vor 40 Jahren von ehemals 900 Morgen auf 250 Morgen verkleinerte Baumschule – seit 1964 nennt sie sich „Betriebsteil Berlin der Saatzucht-Baumschulen Dresden VEG" – keine überregionale Bedeutung mehr hat, ist das zu einer herrlichen Parklandschaft herangewachsene Späthsche Arboretum als eine der reichhaltigsten Sammlungen lebender Bäume und Sträucher aus den gemäßig-

Arboretum und Wohnhaus Späth in Baumschulenweg, 1895

ten Klimaten der Erde in Deutschland vor zehn Jahren zum botanischen Forschungsinstitut der Humboldt-Universität geworden. Es ist sozusagen der Botanische Garten Ost-Berlins, in dem man Magnolie und Tulpenbaum, die im Winter blühende Japanische Zaubernuß, den von Goethe besungenen Ginkgo, Trompeten-, Kuchen-, Mammut- und Lebensbaum, die Hickorynuß, Sumpfzypresse, Gelbkiefer und viele andere mehr antreffen kann. Seit kurzem macht es ein „Dendrologischer Führer" möglich. Für einen Laien ist es nämlich nicht ganz einfach, sich unter den unzähligen verschiedenen Pflanzenformen des Arboretums zurechtzufinden.

Denen, die wissen, daß der seit 1912 der Firma vorstehende Dr. Hellmuth Späth seine weltberühmte Baumschule bereits im Ersten Weltkrieg nach Ketzin an der Havel verlegte, sei gesagt: Sie ist dort noch vorhanden. Als volkseigene „Baumschule Ernst Thälmann" züchtet sie Obst-, Allee- sowie Waldbäume und versucht, neue Wege im Aufziehen von Zier- und Nutzsträuchern, auch auf dem Gebiet rationeller Schädlingsbekämpfung zu beschreiten.

**Jeder kann nach seiner Facon selig werden —
aus der Geschichte von St. Hedwig**

Wer in der Schule aufgepaßt hat, erinnert sich vielleicht jener Anekdote, die man uns im Heimatkundeunterricht erzählte: die vom Alten Fritz und seiner Kaffeetasse. Einst kamen die Katholiken zum König und baten ihn, er möchte für sie in Berlin eine Kirche bauen. Friedrich II. saß gerade beim Frühstück, war guter Laune und versprach, die Bitte zu erfüllen. Als man nun darüber debattierte, wie die Kirche aussehen sollte, nahm der Alte Fritz seine Kaffeetasse, stülpte sie um und erklärte: ‚So!" Darum also hat der Baumeister der Hedwigskirche eine runde Form gegeben und die einer umgekehrten Tasse ähnelnde Kuppel daraufgesetzt.

St. Hedwigskirche, um 1850

So hat sich das Volk von Berlin die ungewöhnliche Form der Kirche erklärt, für die in Wirklichkeit das Pantheon in Rom Vorbild war. Ein Rundtempel, der im Jahre 27 vor Christus allen Göttern geweiht und von Papst Bonifaz IV. Anno 608 zur christlichen Kirche umgestaltet wurde. Von Friedrich dem Großen ist ja bekannt, daß er es liebte, selbst einfache Privatwohnhäuser mit prunkvollen Fassaden italienischer Provenienz zu versehen und mit diesen Ideen nicht nur die beauftragten Baumeister, sondern auch die mit den Palästen beglückten Hausbesitzer in die größte Verlegenheit brachte.

Den König bewegte aber noch ein anderer Gedanke. Gleich dem Pantheon wollte er in Berlin eine Kirche für alle Religionen errichten lassen, die in den Nischen des geplanten Rundbaues ihren Gottesdienst feiern sollten. Friedrich II. gedachte auf diese Weise, seinem zum geflügelten Wort gewordenen Grundsatz der Toleranz –

"In meinem Staat kann jeder nach seiner Facon selig werden" – einen für alle Welt sichtbaren Ausdruck zu verleihen.

Das Pantheon in Berlin wurde dem König zwar als undurchführbar ausgeredet, doch die eindrucksvolle Architektur der römischen "Rotonda" ließ ihn nicht mehr los, als es darum ging, der auf fast 10 000 Seelen angewachsenen katholischen Gemeinde in der preußischen Hauptstadt endlich eine Andachtsstätte zu schaffen. Die bisher benutzte in einem Hinterhaus der Leipziger Straße glich nach Ansicht des Breslauer Fürstbischofs nämlich "mehr einem Heuboden als einem Tempel."

In einem am 22. November 1746 signierten Patent wurde erlaubt, daß die "Römisch-Catholischen zu ihrem freyen und ungehinderten Gottes-Dienst eine Kirche so groß als sie solche immer haben wollen oder können ohne einigen Vorbehalt oder Widerreden bauen dürfen." Der König gedachte, den bislang nach Wien orientierten katholischen schlesischen Adel für den Offiziersdienst in Berlin und Potsdam zu gewinnen, suchte daher selbst den Bauplatz aus, auf dem sich heute die Hedwigskirche erhebt, und gab freies Bauholz für den Pfahlrost auf dem sumpfigen Gelände, einer früheren Bastion, und für die Rüstungen.

Vor 225 Jahren, am 13. Juli 1747, erfolgte die feierliche Grundsteinlegung, die auf Wunsch des Königs mit beträchtlichem Pomp begangen wurde. Friedrich II. wollte mit dem großaufgezogenen Festakt die katholischen Fürsten Europas von seiner freiheitlichen und toleranten Gesinnung überzeugen, nahm an der Feier aber nicht selbst teil, ließ sich vielmehr durch den Stadtkommandanten Graf von Haacke vertreten.

Die städtebaulich sehr überzeugende Schrägstellung der Kirche am Rande des heutigen Bebelplatzes war durch die Gründung auf den vorhandenen Fundamenten der ehemaligen Bastion bedingt, geschah aber auch in bewußter Anbindung an das von Friedrich dem Großen schon in seiner Rheinsberger Kronprinzenzeit projektierte "Forum Fridericianum", mit dem der König seiner Residenzstadt eine repräsentative Platzanlage von künstlerischer Würde geben wollte. Im Verein mit der Universität, der Staatsoper und der Alten Bibliothek bildet die Hedwigskirche heute das „Linden-Forum", eine großartige Konzentration des alten, historischen Berlins.

Doch bis zur Fertigstellung des von dem Franzosen Jean Legeay entworfenen, von dem Holländer Johann Boumann ausgeführten Kirchenbaues verging fast ein Menschenalter. Trotz reichlich eingegangener Spenden waren die Mittel bald erschöpft, und 1755 verließen die Handwerker den unfertigen Bau. Weil einer der Gläubiger die Geduld verlor, drohte sogar die Gefahr, das halbfertige Gotteshaus in der Zwangsversteigerung zu verlieren. Die Jüdische Gemeinde war lebhaft daran interessiert, den Bau als Synagoge zu vollenden. Schließlich half Rom, und am Allerheiligentag des Jahres 1773 konnten die Portale von St. Hedwig den Gläubigen zum ersten Gottesdienst geöffnet werden.

Die Konsekration hatte der Bischof des Ermlandes, Graf Krasicki, vorgenommen, der beim König in besonderer Gunst stand. Der Alte Fritz hatte ihm bei der Hoftafel gesagt, daß er hoffe, unter seinem Bischofsmantel mit in den Himmel zu kommen. Doch Krasicki antwortete unter Anspielung auf die kurz vorher vom König verordnete Aufhebung seines Fürstbistums: „Eure Majestät haben mir den Mantel derart beschneiden lassen, daß ich keine Kontrebande darunter zu verbergen vermag."

Nach Abschluß des preußischen Konkordatvertrages 1930 wurde Berlin zum Bistum und seine Bischofskirche zur Kathedrale erhoben. St. Hedwig war fortan Mittelpunkt kirchlicher Veranstaltungen überpfarrlichen Charakters – bis zu der Schreckensnacht vom 1. März 1943, die nur rußgeschwärzte Umringsmauern übrigließ. In elf mühevollen Aufbaujahren konnte das friderizianische Gotteshaus bis 1963 äußerlich wieder seine alte Form erhalten, nachdem sich Ost und West zu gemeinsamer Arbeit bereitgefunden hatten.

Das „Hotel Donner" am „stinkerigen Graben"

Vor ein paar Jahren mußten die altersschwachen, durch Bomben- und Granatsplitter verstümmelten Bäume des Kastanienwäldchens Unter den Linden größtenteils beseitigt werden. Man hat sofort neue junge Bäume angepflanzt, die nunmehr den Blick auf ein Gebäude freigeben, das zwischen der Neuen Wache und dem Zeughaus im Hintergrund des Kastanienwäldchens neben der Singakademie steht, aber niemals an deren Popularität herankam. Welcher Berliner hat sich denn früher für das preußische Finanzministerium interessiert, das 1947 zum „Haus der Kultur der Sowjetunion" wurde und sich jetzt „Zentrales Haus der Deutsch-Sowjetischen Freundschaft" nennt?

Seine Anschrift lautet Am Festungsgraben 1, und mit dieser Straßenbenennung ist ein Stück der Geschichte und Geschichten verknüpft, die uns hier beschäftigen sollen.

Der Festungs- oder Grüne Graben (nach der ihn bedeckenden „Entengrütze") bildete einmal die westliche Grenze der vom Großen Kurfürsten errichteten Stadtbefestigung. Nachdem die Mauern und Wälle verschwunden waren, blieb er im Interesse der Anlieger erhalten, die alle Abwässer ihrer Grundstücke in das stagnierende, mehr und mehr verschlammende trübe Gewässer leiteten. Der witzige Kronprinz Friedrich Wilhelm adressierte deshalb einen Brief an seine im Prinzessinnenpalais wohnende Schwester: „An die Prinzessin Luise, wohnhaft am stinkerigen Graben" und zog sich damit den Tadel seines humorlosen Vaters Friedrich Wilhelm III. zu.

Friedrich der Große hatte die Reste der „Kanonen-Festung" seines Urgroßvaters beseitigen lassen, und die an der Stelle des früheren „Leibgardebollwerks" freigewordenen Bauplätze verschenkt mit der Maßgabe, auf ihnen Häuser nach vorgeschriebenen Plänen zu errichten.

Einen von diesen, und zwar den, auf dem sich das frühere Finanzministerium erhebt, bekam der Kammerdiener

Johann Gottfried Donner geschenkt. Er ließ sich vom Baurat Feldmann ein stattliches Haus mit 15 Fenstern Front erbauen, das 1753 fertig wurde – und noch vorhanden ist. Das heutige „Zentrale Haus" ist im Kern nämlich noch immer das „Hotel Donner", wie es seinerzeit nach dem französisch orientierten Sprachgebrauch der Zeit genannt wurde. Nur hat man 1863 die Fassade in „hellenischer Renaissance" neugestaltet, den Säulenportikus hinzugefügt und das barocke Steildach durch ein flachgeneigtes ersetzt, das eine mit Balustern belebte Attika verbirgt.

Unter Donners Hypothekengläubigern befand sich der Kaufmann Gotzkowsky, der 1760 sein Vermögen opferte, um Berlin von den Russen zu befreien, und die Porzellan-Manufaktur begründete. Von dem Bildhauer Reichardt aus Gera hatte er das Geheimnis der Porzellanherstellung gekauft, und von diesem Reichardt war das Donnersche Haus auch mit vier Atlanten als Balkonträger geschmückt worden, die sich Prinz Carl von Preußen gelegentlich des Umbaus von 1863 nach Kleinglienicke holte und dort am Jagdschloß anbrachte. Sein Enkel hat sie 1889 entfernen lassen. In den zwanziger Jahren wurden sie in Potsdam wiederaufgefunden und nach Kleinglienicke zurückgeholt. Dort ruhen sie im tiefen Gras vor dem Marstall und geben dem unkundigen Besucher die gleichen Rätsel auf wie der am Jagdschloß verbliebene schmiedeeiserne Rokokobalkon vom Haus des Herrn Donner.

Ihn könnte man „Doppelverdiener" nennen, betrieb er doch neben seiner Tätigkeit als Kammerdiener der Königin Elisabeth Christine gemeinsam mit seinem Schwiegersohn einen einträglichen Holzhandel, für den das am Festungsgraben liegende Wallgelände günstige Wasserverbindungen und Lagermöglichkeiten bot.

Einer der ersten Mieter im dreigeschossigen Haus des Herrn Donner war der Geheime Finanzrat Graumann, der quasi die spätere finanzministerielle Bedeutung einleitete. Im Jahre 1766 für die „Generalaccise und Zolladministration" erworben, wurde es zwanzig Jahre später

Sitz des preußischen Finanzministeriums und ist es bis 1945 geblieben.

Wenn sich auch nur sehr wenige für Finanzminister interessieren — was durchaus verständlich ist —, so müssen doch einige Namen erwähnt werden, die mit dem Haus am Festungsgraben verbunden sind. So der des Freiherrn vom und zum Stein, der 1804 für zwei Jahre einzog, jedoch die ihm zu dankenden Reformen — die Bauernbefreiung von 1807 und die Städteordnung des folgenden Jahres — nicht hier, sondern in Memel und Königsberg zustande brachte. Andere berühmte Namen vertreten Hardenberg, Motz, Maaßen, Bodelschwingh, Hansemann, Scholz und Miquel. Wilhelm von Scholz, der in Berlin geborene, 1969 im Alter von 95 Jahren verstorbene Dichter vom Bodensee, hat im Haus am Festungsgraben als Sohn des 1882 bis 1890 amtierenden Finanzministers seine Jugendzeit verbracht.

Die Liste der preußischen Finanzminister hebt mit dem unter dem Soldatenkönig 1723 wirkenden Johann Andreas von Krautt an und endet 1944 mit dem an 48. Stelle stehenden Johannes Popitz, der als Angehöriger des Widerstandskreises um Generaloberst Beck und Botschafter von Hassell nach dem gescheiterten Umsturzversuch vom 20. Juli 1944 verhaftet und am 2. Februar 1945 in Plötzensee hingerichtet wurde.

Das schönste Denkmal, das sich der letzte aller preußischen Finanzminister setzen konnte, ist der „Weydingersaal" im Haus am Festungsgraben. Als Finanzminister hatte Popitz auch das preußische Hochbauwesen und den umfangreichen staatlichen Grundbesitz zu betreuen. Der gebürtige Leipziger war nicht nur Finanzfachmann, sondern überdies Kunstkenner und ein leidenschaftlicher Freund des alten Berlin. Als das um 1700 errichtete, 1830 im Innern zeitgemäß neudekorierte Weydingerhaus in der Unterwasserstraße 1934 dem Neubau der Reichsbank weichen mußte, hat Popitz dafür gesorgt, daß der schöne Saal jenes Hauses in seinem Dienstgebäude in allen Einzelheiten wieder erstand.

So ist er noch heute zu finden, gleich links vom Eingang, doch ist der Name Weydinger den Betreuern des „Zentralen Hauses" nicht geläufig. Die von dem begüterten Kaufmann und menschenfreundlichen Junggesellen Johann Heinrich Weydinger 1837 mit einem Kapital von 100 000 Talern in der Großen Frankfurter Straße begründete Weydinger-Stiftung „für ehrwürdige Bürger im hilflosen Alter" gibt es gleichfalls nicht mehr.

„Hotel Donner", um 1760

Krebssuppe – zelebriert für Spreegötter

Mehr als vierzig Jahre ist es schon her. Wir – ein paar Freunde aus dem Wandervogel – hatten in der Vorweihnachtszeit zu abendlicher Stunde die Christmette in der Nikolaikirche besucht und waren anschließend durch das (damals noch völlig intakte) älteste Berlin rund um den Molkenmarkt gegangen, wo man kaum Passanten, wohl aber einen Laternenanstecker traf, der altersschwache Gaslaternen mit einem langen Stecken an ihre Pflichten erinnerte. Die Kirche war zwar geheizt gewesen, aber was nutzte das schon in dem riesenhohen gotischen Raum, dessen Gewölbe sich im schwachen Licht der Kerzen in der Dunkelheit auflösten.

Dunkel war es auch im Krögel und in den anderen Gassen, die am Tage so ärmlich ausschauten und jetzt im Scheine des Mondlichtes unerhört malerisch wirkten. Doch ließ sich nicht übersehen, daß die in der Kirche schon unterkühlten Gebeine in der Frostnacht immer klammer wurden. Wir haben uns dann bei Lutter und Wegner am Gendarmenmarkt mit zu Glühwein umfunktioniertem Burgunder köstlich erholt und im Gespräch der einst hier verkehrenden großen und kleinen Geister gedacht.

Warum wir nicht am Molkenmarkt geblieben sind und bei Hermann Schütze einkehrten? Ich weiß es nicht mehr. Das große Eckhaus Molkenmarkt 4 / Stralauer Straße stand noch so, wie es Anfang des 18. Jahrhunderts erbaut und um 1850 neu fassadiert worden war. Noch wußte man nicht, daß es mit dem gesamten Baublock westlich des Stadthauses bis hin zur schmalbrüstigen Parochialstraße dem Abbruch geweiht war und einem (infolge des Zweiten Weltkrieges nie errichteten) städtischen Verwaltungsgebäude Platz machen sollte. Vielleicht störten wir uns daran, daß man von Schütze nur als „Boulettenkeller" sprach; möglicherweise auch daran, daß neben seinem Firmenschild das der verwandtschaftlich und geschäftlich verbundenen „A. Donners Blutegelhandlung" hing.

Dabei konnte der Weinkeller von Schütze Geschichtsfreunden einiges bieten. Seine Gewölbe hatten einst der berühmten Zornschen Apotheke gedient, die aus der bereits 1488 priviligierten Apotheke des Johann Zehender hervorgegangen war. In der Eingangshalle der Nikolaikirche waren wir dem 1515 verstorbenen Apotheker begegnet, in Gestalt seines wohlgelungenen Grabsteinporträts.

Hier im Schützeschen Keller hatte am 9. Juni 1701 in Gegenwart seines Lehrherrn, „itzgedachten Zorns und einiger anderer", der Apothekeraspirant Johann Friedrich Böttger „die Möglichkeit, Gold zu machen, erwiesen." Da im preußischen Berlin die Alchimisten als Adepten angesehen und eingesperrt wurden, flüchtete Böttger nach Dresden – und erfand dort statt des gewünschten Goldes das Porzellan.

Im Zuge der Umgestaltung des Molkenmarkts mußte Schütze 1931 das geschichtsträchtige Domizil verlassen. Er blieb aber in der Gegend, wo man ihn kannte, zog in die Molkenstraße 10 und zelebrierte hier seine Berliner Krebssuppe, zu der man sich wochenlang vorher anmelden mußte. Das behauptete jedenfalls Walther Kiaulehn, der es schließlich wissen mußte: „Es war ein Meisterwerk aus Hühnern und Krebsen, ein Mittelding aus Suppe und Hühnerfrikassee, ganz durchduftet von Krebsaroma, die Krebsköpfe mit einer Farce aus Gries und pulverisierten Krebsschalen gefüllt, ein Essen für Spreegötter."

In der Molkenstraße ausgebombt, eröffnete Schütze vier Jahre nach Kriegsende seine „Historischen Weinstuben" gleich um die Ecke, Poststraße 23, im stadtbekannten „Knoblauch-Haus", einem der letzten architektur- und kulturgeschichtlichen bedeutsamen Bürgerhäuser des alten Berlin, dessen Silhouette in den letzten Jahren durch gigantische Wohntürme bizarren Charakter bekam.

Doch das völlig ohne Hof erbaute Haus an der Ecke zum Nikolaikirchplatz ist noch so geblieben, wie es Nadlermeister Johann Christian Knoblauch 1759–61 für

Ruine der Nikolaikirche und Knoblauchhaus, 1972

10 044 Taler 23 Groschen und 8 Pfennige aufführen und sein Enkel Karl 1835 durch Stukkaturen im Stile der Zeit schmücken ließ.

Ein Angehöriger der Familie, Direktor des 1868 von seinem Vater, einem ehemaligen Gerichtsassessor, begründeten Böhmischen Brauhauses in der Landsberger Allee, hat in der Zeitschrift des Vereins für die Geschichte Berlins ausführlich und bis ins einzelne sowohl die Geschichte seiner Familie wie die des Stammhauses in der Poststraße dargelegt.

Unter den vielen Persönlichkeiten von Rang, die den Namen Knoblauch führen, nimmt der Enkel des ersten Poststraßen-Knoblauchs einen bevorzugten Platz ein. Im Jahre 1793 geboren, hat Karl Knoblauch bis zu seinem Tode (1859) die 1792 vom Vater ins Leben gerufene Seidenfabrik weitergeführt, sich aber als Stadtverordneter, als Stadtrat und Vertreter Berlins auf dem Kurmärkischen Landtag, später auch in der Ersten Kammer, politisch hervorragend betätigt und schon als 39jähriger die Würde eines Stadtältesten errungen. Er kam mit dem Freiherrn vom Stein in nahe Berührung, hat ihn auf Schloß Cappenberg besucht, und trat gelegentlich seiner Tätigkeit im Vorstand des Vereins der Kunstfreunde im Preußischen Staat zu dem geistig-geselligen Kreis der Männer um Wilhelm von Humboldt, Schadow, Schinkel, Beuth, Rauch, Krüger, Wach, Tieck und anderen in freundschaftliche Beziehungen, von denen bis zu dem großen Aufräumen mehr als 100 Tagebücher und ganze Aktenstöße mit dem Briefwechsel im Archivzimmer des Knoblauch-Hauses beredte Kunde gaben.

Hermann Schütze aber hat sich 1958 von dem über 100 Jahre alten Familienunternehmen der „Historischen Weinstuben" getrennt, das jetzt als HO-Betrieb mehr oder minder in seinem Sinne weitergeführt wird. Jedoch ohne die legendäre Krebssuppe, auf die man schließlich auch verzichten kann – wenn man muß.

Mit einem Teerofen fing es an — das 200jährige Schulzendorf

Wissen Sie, wo in Berlin die Kartoffelpuffer nur auf einer Seite gebacken werden? Nun, in Schulzendorf. Warum? Weil auf der anderen Seite keine Häuser stehen. Es handelt sich aber nicht etwa um die Calauer Straße, sondern um die Ruppiner Chaussee, die bis 1828 auch viel befahrene Poststraße nach Hamburg war. Dann reiste man über Spandau an die Elbe.

Schulzendorf hat sogar einen S-Bahnhof, der aber seit eh und je auf Heiligenseer Grund und Boden liegt. Das „Erbzinsvorwerk und die Kolonie Schulzendorf" (wie alte Chroniken sie nennen) gehören jetzt auch zu Heiligensee, bildeten einst aber eine selbständige Gemarkung. Kaum mehr als einen Kilometer lang und maximal nur 300 Meter breit, reichte sie von der Beyschlagstraße bis zum Forstamt im „Tegelgrund". Der gelegentlich als alter Flurname erklärte „Beyschlag" geht aber auf Franz Beyschlag zurück; von 1906 bis 1923 war er Direktor der Geologischen Landesanstalt und erfuhr diese Ehrung schon zu Lebzeiten.

Doch was ist das schon gegen die Ehre, die Schulzendorf durch den Alten Fritz zuteil wurde. Vor 200 Jahren, am 6. Juli 1772, unterschrieb er eigenhändig die Gründungsurkunde, in der es heißt, daß alle Besitzungen „bey dem Theer-Ofen in der Heiligenseeschen Heyde in ein einziges Etablissement unter der Benennung Schultzendorff zusammengezogen werden sollen."

Ein Teerofen stand also am Anfang. Jene nützliche Einrichtung, die in früheren Jahrhunderten überall in größeren Waldungen anzutreffen war, wo „Schwarzarbeiter" den „Lagerkiehn" verwerteten und den gewonnenen Teer zum Schmieren der hölzernen Wagenachsen bereithielten. Dieser Teerofen lag nahe dem Apolloberg, (der damals noch Eichelberg hieß) und war im Interesse der Fuhrleute

– ihre Kehlen wollten schließlich auch geschmiert sein – schon mit einem Ausschank verbunden.

Im Jahre 1752 hatte der Forstsekretär Schultze in Tegel, dem das zum „Tegeler Beritt" gehörige Heiligenseer Forstrevier unterstellt war, um die Genehmigung zum Bau von zwei Tagelöhnerhäusern zu je vier Wohnungen gebeten. Der tüchtige Schultze, der es wenig später bis zum Forstrat brachte, hatte nämlich die Brennholzlieferung für das Berliner Holzmagazin übernommen und fürchtete, keine Holzfäller zu bekommen, falls er ihnen nicht Wohnungen in der Heide bot. Die Häuser – Vorläufer des sozialen Wohnungsbaus von heute – wurden auch mit königlicher Genehmigung gebaut und nach dem Tode Schultzes (1755) durch seine Witwe um weitere Baulichkeiten auf den nach und nach erworbenen Ländereien vermehrt, die man der Frau „Forst-Räthin" Schultze, geborene Breitenfeldt, gegen „einen proportionierlichen Grundzins in Erbpacht" übergab.

In zweiter Ehe verband sich die unternehmungslustige Frau mit dem Holzschreiber und späteren Salzschiffahrtsdirektor Andreas Wiesel, dem es gelang, von „Seiner Königlichen Majestät in Preußen" die erwähnte Erbverschreibung zu erhalten. In dem jährlich an das Amt Mühlenbeck zu zahlenden „Canonem" von 60 Talern war auch die „Freiheit des Ruppiner und fremden Bierausschanks" mit inbegriffen. Dieses Ruppiner Bier muß den Berlinern doch besser als ihr selbstgebrautes „Stadtbier" geschmeckt haben, denn in den Nachweisungen der „Bier-Consumtion" stand es mit 25 000 Tonnen weitaus an der Spitze der über fünfzig in Berlin zu habenden fremden Biersorten, von denen das Crossener und das Bernauer mit durchschnittlich 3000 bis 6000 Tonnen an zweiter und dritter Stelle rangierten.

Das Gut Schulzendorf war bis nach 1800 im Besitz der Familie Wiesel, ging aber dann von einer Hand in die andere, bis es schließlich der Forstfiskus erwarb und parzellierte. Von den umfangreichen Baulichkeiten des Guthofes kam nur das „Familienhaus II" auf unsere Tage.

Restaurant „Sommerlust", um 1900

Es trägt die Hausnummern 139/141 der Ruppiner Chaussee und ist ein zehnachsiger Massivbau von zwei Geschossen unter Krüppelwalmdach. Die aufgeputzte Quaderung der Hausecken und der beiden Eingänge – im Verein mit den quadratischen Fenstern – läßt an die von dem Landbaumeister David Gilly entworfenen Häuser denken, doch dürfte es kaum vor 1830 entstanden sein.

Kurz zuvor, 1822, ließ sich hier ein Kolonist Wilhelm Neue nieder, dessen Nachkommen noch heute unter dem Namen Neye ansässig sind und zugleich mit der 200-Jahr-Feier Schulzendorfs ihr 150jähriges Jubiläum begehen konnten. Die beliebte Gaststätte heißt zwar „Sommerlust", ist aber zu allen Jahreszeiten geöffnet, und ihr besonderer Reiz (der auch der benachbarten „Waldklause" zu eigen ist) besteht darin, daß man seinen Kaffee auf der anderen, unbebauten Seite der Ruppiner Chaussee im Wald unter alten Bäumen einnehmen kann.

Das haben die Berliner früher sehr gern getan, viel öfter als heute, wo der West-Berliner nicht nur politisch, vielmehr auch geographisch westlich orientiert ist und den Wannsee bevorzugt. Die „hübschen Talschluchten, Hügel und Waldpartien" von Schulzendorf wurden vor mehr als hundert Jahren in allen Berliner Reisehandbüchern gerühmt; auch fehlte nicht der Hinweis, daß der „Koch Jechowsky auf gute Speisen und Getränke hält und selbst dem feinen Publikum zu empfehlen ist." Dreißig Jahre später bedauerte Straube in seinem bekannten „Wanderbuch für die Mark Brandenburg", daß der an prächtigen Laub- und Nadelwaldungen so reiche nördliche Teil der Umgebung Berlins unbegreiflicherweise von den Ausflüglern wenig besucht wird.

Ursprünglich war Schulzendorf auch ein beliebtes Ziel der Kremserfahrten, und der Verein Berliner Künstler hat sein Stiftungsfest über Jahrzehnte hinweg alljährlich dort veranstaltet, meistens ohne die schnöde zu Hause gelassenen und darüber zu Recht empörten Künstlerfrauen.

Der zur Regel gewordene Verlauf des Festes begann damit, daß man am Oranienburger Tor die Kremser bestieg und mit allen Materialien zur Bereitung der traditionellen Riesenbowle hinausfuhr, um im Schatten der alten Bäume gegenüber von „Sommerlust" sich zunächst an Holztischen von enormer Länge zum Kaffee niederzulassen. Nach Erledigung dieses ersten, wichtigen Programmpunktes begannen die beliebten Spiele im Freien: Ballschlagen, Bocciawerfen, den sogenannten Nuseltopf drehen oder mit Knüppeln nach einem hoch am Baum befestigten Adler werfen. Andere zogen es vor, im Tempel der Natur auf dem moosigen Gras einen anderen Tempel aus bunten Kartenblättern zu errichten.

Während dieser Zeit hatte ein wirklicher Könner aus der Künstlerschar mit aller Kunst, Liebe und Sorgfalt in einem riesenhaften Gefäß die Bowle gemischt. Einer nach dem anderen trat heran, um davon zu kosten, und über dem unausgesetzten Kosten steigerte sich die Stimmung immer höher und höher bis zur Stunde der gemeinsamen Abendtafel, die im Scheine der Windlichter an den langen Holztischen im Walde eingenommen wurde. Dann wendete man sich wieder der unerschöpflich scheinenden Bowle zu, so daß es oft genug schwer fiel, die ganze heitere Gesellschaft wieder vollzählig in die Kremser zu verfrachten und die nächtliche Heimfahrt anzutreten. So mancher der Schulzendorfer Stiftungsfestler soll sich auf dem Berliner Pflaster wiedergefunden haben, ohne die geringste Ahnung, wie er dorthin gelangt war.

Gesucht und nicht gefunden: der „Dustere Keller"

Wer offenen Auges durch Berlin wandert, wird bald merken, daß Gastwirte und Apotheker mit besonderer Zähigkeit an alten Bezeichnungen festhalten. So gibt es am Südwestkorso in Friedenau noch immer eine Eckkneipe „Zum Sintflutbrunnen", obwohl das Brunnengebilde selbst bereits vor vierzig Jahren in das „Birkenwäldchen" des Perelsplatzes umgesetzt wurde. In der Leberstraße auf der Schöneberger „Insel" begegnen wir der „Sedan-Apotheke" (mit ansehenswerter alter Einrichtung), obgleich die 1871 angelegte und nach dem Schlachtort des Deutsch-Französischen Krieges benannte Straße ihren alten Namen schon 1937 aufgeben mußte und seit 1947 des zwei Jahre zuvor als Widerstandskämpfer hingerichteten Sozialpolitikers Julius Leber gedenkt.

Diese Beispiele lassen sich unschwer vermehren. Doch einen, älteren „Stadtstreichern" recht vertrauten Traditionsort habe ich vergeblich gesucht. Wenn mich die Erinnerung nicht täuscht, war er sogar nach 1945 noch vorhanden, in Gestalt einer Bierkneipe. Der „Dustere Keller" am Westende der Bergmannstraße, etwa gegenüber der früheren Habelschen Brauerei mit ihrem aus Kindertagen unvergessenen Gartenvergnügen.

Ein an Ort und Stelle angesprochener junger Handwerker, der nach eigener Aussage „alle Kneipen in der Gegend" kannte, versagte ebenso wie der Straßenkehrer am Chamissoplatz. Was lag näher, als den hier im Eckladen an der Arndtstraße malenden, dichtenden und druckenden Kreuzberger Autochthonen Kurt Mühlenhaupt zu befragen? Leider war er nicht zu Hause, jedoch ein zahnloser, dennoch (oder deswegen) recht fröhlicher alter Knabe an der nächsten Straßenecke wußte Bescheid und sagte mir, daß der „Dustere Keller" von einst mit der heutigen „Offenen Tür" in der Bergmannstraße 107 identisch sei. Mit überlegener Sicherheit erklärte er mir, es sei eine Weinstube gewesen mit einem langen, dunklen Keller, in dem die Geschäftsleute unter sich waren und – unbeobachtet – dem edlen Naß huldigen konnten.

Tatsächlich war dieser „Dustere Keller" weiter nichts als Namensträger einer Lokalität, die sich an ganz anderer Stelle befand und ursprünglich auch ihrer eigenartigen Bezeichnung entsprach. Sie lag ungefähr dort, wo sich seit neunzig Jahren der Chamissoplatz erstreckt und war nach Nicolai, dem Topographen des friderizianischen Berlin, „ein Erdfall zwischen den Bergen, der angenehm mit Blumen bepflanzt ist".

Diese „Berge" waren die vom Kreuzberg bis zum Südstern reichenden „Köllnischen Weinberge", auf denen man wirklich einmal Wein in erheblichem Umfang angebaut hat; Wein, der sogar getrunken und bis nach Schweden, Polen und Rußland exportiert wurde. Doch das ist lange her, und Glaßbrenner, der mit die letzten Proben des Berliner Weinbaus zu kosten bekam, meinte in seiner zwölf Sorten umfassenden „Berliner Wein-Karte" beispielsweise zum „Wende-Wein": „Schmeckt äußerst pikant, muß jedoch sehr vorsichtig, und besonders nich vor dem Schlafenjehn jenommen werden, da er sich, wendet man sich nich alle zehn Minuten im Bette um, d u r c h f r i ß t, was sehr störend ist."

Ein zur Aufbewahrung des Weins dienender Erdkeller ist der „Dustere Keller" ursprünglich gewesen; er dürfte vielleicht so ausgesehen haben wie die an heißen Tagen wegen ihres kühlen Biers so geschätzten „Sommerkeller" im schönen Bayernland. In den Tagen Friedrich Wilhelms I. soll hier ein Klausner gehaust haben, den der Soldatenkönig einmal in der selbstgewählten Einsiedelei besuchte. Als er dem wunderlichen Mann nach kurzem Gespräch einen Gulden gab, wurde das Geldstück abgelehnt, weil der fromme Alte grundsätzlich nur kleine Kupfermünzen annahm.

So bescheiden waren die späteren Eigentümer nicht, die im „Dusteren Keller" eine vielbesuchte „Tabagie" einrichteten. Eine Gaststätte, in der man ungehindert rauchen konnte, was bis zur Revolution von 1848 auf den Berliner Straßen und selbst im Tiergarten verboten war.

Der 1837 von „Weinbergsweg" auf Bergmannstraße umgetaufte Straßenzug erinnert daran, daß hier rund um den „Dusteren Keller" einmal die Bergmanns ansässig waren. Der erste von ihnen, Johann Caspar, war 1782 als Maurergeselle von Halle nach Berlin „zugereist". Den nützlichen Grundsatz „Wer nicht erheiratet oder erbt, bleibt ein armer Deibel, bis er sterbt" befolgend, hatte er 1792 die einzige Tochter Marie Louise des wohlhabenden Weinmeisters Ludwig Neumann geehelicht und nach dem Tode seines Schwiegervaters dessen erheblichen Grundbesitz übernommen, der von der Bergmann- bis zur Fidicinstraße und von der früher als „Matratzendeponie" zweckentfremdeten Straße „Am Tempelhofer Berg" bis zur Friesenstraße reichte und den „Dusteren Keller" mit einschloß.

Ludwig Tieck, in Berlin geborener Dichter der Romantik, erinnerte sich, in Jugendtagen im „Dusteren Keller" den berühmt-berüchtigten Politiker und Publizisten Graf Mirabeau während seiner geheimen Mission in Berlin, 1786 gesehen zu haben, der im Kreise französischer Emigranten das Material zu dem zwei Jahre später in London, acht Bände stark, veröffentlichten Werk „De la monarchie prussienne sous Frédéric le Grand" und für die 1789 herausgegebene pamphletische Briefsammlung „Histoire secrète de la Cour de Berlin" sammelte. Die

Gegend des heutigen Chamissoplatzes, 1862

Vorkämpfer der deutschen Befreiungskriege, Jahn, Friesen und Harnisch, sollen 1810 im „Dusteren Keller" den gegen die Franzosen gerichteten „Deutschen Bund" gegründet haben.

Die noch in den sechziger Jahren des vorigen Jahrhunderts von dem Weißbierwirt Körting betriebene, bei Damen allerdings nicht sonderlich beliebte Gaststätte und das Haus, das sie beherbergte, machten dann ebenso wie der dazugehörige Grundbesitz manchen Besitzwechsel durch. In der „Gründerzeit" nach dem siebziger Kriege ging mit dem „Dusteren Keller" auch das von Julius Jacob in mehreren Skizzen festgehaltene Landschaftsbild verloren, dem die Wirtschaft ihren Namen entlehnt hatte. Die malerische Schlucht verschwand, die einstigen „Weinberge" wurden abgetragen, parzelliert und mit Mietkasernen bebaut, die vereinzelt von der „Stadtbildpflege" des Bausenators neuen Stuck und frische Farbe auf die in mehr als achtzig Jahren grau und rissig gewordene Putzhaut ihrer spätklassizistischen oder neorenaissancistischen Fassaden bekamen.

Ein Analphabet als Günstling des Königs

Berlin war zwar schon seit den Tagen des Alten Fritzen eine Großstadt, aber 1820, als es die Zahl von 200 000 Einwohnern überschritt, besaß es dennoch nur zwei Theater: die Oper, Unter den Linden, und das Schauspielhaus am Gendarmenmarkt. Beide waren „königlich", also in Händen des Staates, der auch den Spielplan bestimmte.

Es gab wohl gelegentliche Gastspiele reisender Theatergesellschaften in irgendwelchen Gasthaussälen oder Kaffeegärten, doch wurde die Bewerbung des Schauspieldirektors Döbbelin um die Konzession für ein ständiges Volkstheater in Berlin 1816 von König Friedrich Wilhelm III. abgelehnt.

Es mußte deshalb überraschen, daß dem Rentier (und früheren Pferdehändler) Karl Friedrich Cerf vor 150 Jahren, am 13. Mai 1822, die Konzession für ein „Volkstheater jenseits der Spree in der Königstadt" erteilt wurde.

Bis heute haben sich die Theaterhistoriker darüber den Kopf zerbrochen, warum ausgerechnet Cerf die heißbegehrte Konzession erhielt. Besondere Gründe mußten es schon sein, denn man wußte, daß dem frischgebackenen Theaterdirektor jede literarische Bildung abging, daß er weder lesen noch schreiben konnte und kein anderes Interesse am Theater hatte, als mit diesem möglichst viel Geld zu verdienen.

Am glaubwürdigsten erschien den Zeitgenossen das Gerücht, Cerf habe dem König im Kriege wichtige Dienste geleistet, von denen man nicht gern sprach, die aber eine außergewöhnliche Belohnung verlangten. Heute neigt man mehr zu der Meinung, daß Cerfs Sprößling Rudolf ein natürlicher Sohn des Königs war. Dieser zeigte nämlich ein außergewöhnliches Interesse für Cerf und gewährte dem Königstädtischen Theater zeitlebens kräftige Unterstützung.

Friedrich Wilhelm III. kümmerte sich auch nicht um die vielen Anekdoten, die man von Cerf erzählte, der zwar Analphabet, aber ein ausgezeichneter Rechner war. Briefe ließ er sich vorlesen. Bei einer heiklen Stelle hielt er dem lesenden Sekretär die Ohren zu und sagte: „Was jetzt kommt, darf nur ich hören." Als Cerf eines Abends vor seinem Theater stand, geschah, daß Prinz Carl vorfuhr und ein streunender Schusterjunge laut „Schafskopp" rief. Cerf wollte die Situation retten und sagte: „Königliche Hoheit, er hat mir gemeint." – „Das hoffe ich", erwiderte der Prinz. Schließlich noch der Ausspruch eines Schauspielers, der von Cerf nicht gerade im besten Einvernehmen schied: „Sie sind der Inhaber des Roten Adlerordens dritter Klasse, Direktor eines Theaters zweiter Klasse und ein Rindvieh erster Klasse."

Ganz so dumm, wie die Fama will, ist Cerf aber nicht gewesen. Das bewies er schon, als er seine Konzession für jährlich 3000 Taler an eine Aktiengesellschaft abtrat, deren Aufsichtsrat aus sechs namhaften Berliner Bankiers bestand. Einer von diesen, Beer, war der Vater des Komponisten Meyerbeer; ein anderer, Benecke, war Schwiegersohn der als Prototyp der Berlinerin unsterblich gewordenen Madame Dutitre.

Das Gebäude des Königstädtischen Theaters wurde 1823/24 nach dem Entwurf des braunschweigischen Hofbaurats Ottmer am Alexanderplatz gebaut und gehörte damals „unstreitig zu den zierlichsten und bequemsten Schauspielhäusern, die es in Deutschland, ja vielleicht in Europa, gibt". Es hat lange gestanden, erst 1928 ist es bei der Neugestaltung des Alexanderplatzes dem jetzigen HO-Kaufhaus gewichen. Theater war es seit 1851 nicht mehr, sondern Wohn- und Geschäftshaus, zuletzt mit einer Aschinger-Filiale, in der auch eine Szene von Carl Zuckmayers „Hauptmann von Köpenick" spielt.

Der Wirkungskreis des neuen Theaters sollten das Lustspiel, die Posse, das Volksschauspiel und die Operette sein. Dafür war ein Ensemble engagiert, das so vorzügliche Schauspieler vereinigte, wie sie keine andere Bühne Deutschlands aufweisen konnte. Doch die tüchtigen Kräfte verlangten auch entsprechende Gagen, und diese waren schwierig aufzubringen, nachdem der Reiz der Neuheit und dementsprechend der Besuch des 1500 Personen fassenden Hauses nachgelassen hatten.

Helfen konnte in dieser Lage nur die komische Oper mit der damals zum Weltstar aufstrebenden Primadonna Henriette Sontag. Im August 1825 trat sie als Isabelle in Rossinis „Italienerin in Algier" vor das Publikum und entfachte einen so gewaltigen Sturm der Begeisterung, wie ihn Berlin im Theater vorher nie gesehen und auch nachher nie wieder erlebt hat.

Auch die Aktiengesellschaft des Königstädtischen Theaters hat das „Sontagsfieber" nicht lange überlebt. Bereits im

Königstädtisches Theater, um 1830

Mai 1829 stimmte sie für Schließung des Theaters. Da erwies sich, daß Cerf nicht der Dämlack war, den man ihm nachsagte. Er übernahm das Haus samt allen Verbindlichkeiten zu einem Preise, der zwanzig Prozent unter dem Taxwert lag, und hat es bis zu seinem Tode (1845) dank der Förderung des Königs ohne Konkurs gehalten.

Eines zeitweiligen Mitarbeiters von Cerf muß hier gedacht werden, weil er die zu einem Denkmal des Berlinertums gewordene Nante-Figur schuf. Karl von Holtei, Direktionssekretär und Dramaturg an der „Königstadt", hatte in seinem 1832 aufgeführten Stück „Ein Trauerspiel in Berlin" einen Holzhacker Nante als bescheidene Chargenrolle vorgestellt. Der zum Schauspieler avancierte Garderobeninspektor Friedrich Beckmann machte jedoch den Nante durch Maske und Spiel zu einer Hauptfigur und fand soviel Beifall, daß ihm der glorreiche Gedanke kam, in einer rasch zusammengestellten Szenenreihe, für die Adolf Glassbrenner seine spitze Feder hergab, dem vortrefflichen Eckensteher Nante längeres Dasein zu verleihen, als Holteis Stück ihm gewähren konnte. Der Erfolg dieser Idee ist auf der ganzen Welt bekannt und der von Glassbrenner geformte Nante bis heute unvergessen. Er hat die Berliner Komiker von Friedrich Beckmann bis Wolfgang Gruner immer wieder magisch angezogen und sie Nantes schönes Lied singen lassen:

> „Det beste Leben hab' ick doch,
> Ick kann mir nich beklagen;
> Pfeift ooch der Wind durch't Ärmelloch,
> Det will ick schonst verdragen.
> Det Morgens, wenn mir hungern tut,
> Eß' ick 'ne Butterstulle,
> Dazu schmeckt mir der Kümmel jut
> Aus meine volle Pulle."

„Was blüht Dir in Berlin?" – 150 Jahre Deutsche Gartenbau-Gesellschaft

„Was blüht Dir in Berlin?" So lautete der Titel einer Ausstellung, die im Herbst 1972 im Berlin-Pavillon an der Straße des 17. Juni des 150jährigen Bestehens der Deutschen Gartenbau-Gesellschaft gedachte. Ihr äußerer Rahmen waren die Berliner Bauwochen, die auch eine Blumenschau der Berliner Gärtner in der Orangerie des Schlosses Charlottenburg und den bereits um 1900 angeregten Balkonwettbewerb auf ihrem Programm hatten.

Doch zu einer großangelegten Ausstellung, wie sie früher des öfteren stattfanden, hatte man sich nicht entschließen können; auch wurde nicht die Bundesgartenschau nach Berlin geholt. Den Älteren unter uns bleibt jedoch die Jubiläumsausstellung von 1922 unvergessen, für die man trotz der inflationären Verhältnisse die achtzig Morgen des Schloßparks Bellevue durch prächtige Freilandkulturen und zahlreiche Sonderschauen in großen Zelten während der drei Ausstellungswochen im September zu einem Anziehungspunkt ersten Ranges gemacht hatte. Für viele Berliner und die von außerhalb gekommenen Besucher bedeutete der Gang durch die Ausstellung auch ein erstes Kennenlernen der schönen Parklandschaft von Bellevue, die – während der Kriegsjahre zugunsten der Hohenzollernfamilie verschlossen – erst im September 1921 vom Ministerium des vormals Königlichen Hauses in die Verwaltung des preußischen Finanzministeriums übergegangen war.

In Berlin ist die Deutsche Gartenbau-Gesellschaft aus der Taufe gehoben worden und zwar dank der Förderung durch den sachlich sehr engagierten Kultusminister Karl Freiherr von Stein zum Altenstein, der am 4. Juli 1822 eine „Allerhöchste Kabinetts-Ordre Sr. Majestät des Königs Friedrich Wilhelm III." erwirkte, mit der unsere Gesellschaft unter der langatmigen Bezeichnung „Verein zur Beförderung des Gartenbaues im Preußischen Staate" genehmigt wurde. Erst 1910 hat man unter dem Eindruck der ein Jahr zuvor veranstalteten Internationalen Ausstellung den umständlichen Namen in Deutsche Gartenbau-Gesellschaft umgewandelt und zugleich das Tätigkeitsgebiet auf „ganz Deutschland mit seinen Kolonien und Schutzgebieten" ausgedehnt.

„Der Sitz der Gesellschaft ist Berlin" hieß es in der Satzung. Auch in der 1955 neugefaßten, als die traditionsreiche Gesellschaft auf der Bundesgartenschau in Kassel dank der Initiative von Theodor Heuss nach einigen Jahren der Stagnation ein neues Leben begann und unter ihrem Präsidenten Graf Lennart Bernadotte, dem „grünen Grafen" der schönen Bodensee-Insel Mainau, anfänglich von Wiesbaden, jetzt von Bonn–Bad Godesberg aus mit „Gärtnern um des Menschen willen" und „Gärtnern in der Freizeit" neue Leitworte für eine umfassende Aktivität zum Erhalt und zur Wiedergewinnung einer menschenwürdigen Umwelt fand.

An der Gründung waren 1822 ungefähr achtzig Mitglieder beteiligt, ein Jahr später waren es schon 430 und 1834 über 1000 aus allen Teilen der Bevölkerung. Darunter eine Reihe klangvoller Namen, deren Träger aus Beruf oder Neigung mit der schönen Gartenkunst verbunden waren.

Dem Gartenverein war bereits in der Stiftungsurkunde vom Juli 1822 „das demselben zu seinen Versammlungen nothwendige Lokal in dem neuerdings von dem Justizrat Schütz für Rechnung des Staates angekauften Hause zu Neu-Schöneberg" eingeräumt worden.

Das nach dem Sprachgebrauch der Biedermeierzeit „Lokal" genannte Haus hatte sich der Justizrat Schütz aus der Leipziger Straße Anno 1815 auf dem Grundstück Haupt- Ecke Großgörschenstraße erbauen lassen. Sein nobles Aussehen auf vergilbten Fotos ließ bei einem Schinkel-Experten die nicht unbegründete Meinung aufkommen, der Bauentwurf sei von dem größten Architekten Preußens. Doch die in einem verborgenen Winkel aufgespürten Bauakten ergaben, daß es nur die Leistung eines tüchtigen Berliner Maurermeisters war, der dazu noch Nauck hieß.

In diesem Haus hat einmal auch Adelbert von Chamisso gewohnt, den wir gemeinhin als Dichter kennen und schätzen. Die internationale Fachwelt sieht in ihm jedoch einen bedeutenden Naturwissenschaftler, dem fast fünfzig Namen von Pflanzen, Tieren und geographischen Orten gewidmet sind.

Hier hat der Dichter neben vielem anderen sein unsterbliches „Schloß Boncourt" gedichtet, das sozusagen Motto meiner Betrachtungen ist: „Ich träum' als Kind mich zurücke, und schüttle mein greises Haupt; wie sucht ihr mich heim, ihr Bilder, die lang' ich vergessen geglaubt?" Hier hat er aber auch als Kustos des gegenüberliegenden Botanischen Garten und als „Aufseher der Pflanzen" das Herbarium betreut und dafür „sein Heu bestimmt".

Auch der Gartenverein hat lange in dem Haus getagt und in dem weiträumigen Garten mit der 1823 gegründeten Gärtner-Lehranstalt zusammen seine Kulturen betrieben.

Als die Lehranstalt 1854 nach Potsdam verlegt wurde, trennte sich der preußische Staat von dem Besitz und verkaufte ihn 1858 für die damals bedeutend genannte Summe von 129 000 Mark an den Stadtrat August Sommer, der durch von ihm gebaute Häuser an der früher auf ihn getauften Straße am Brandenburger Tor reich geworden war.

Der alte Sommer hatte für den Quadratmeter gegen fünf Mark bezahlt, sein Enkel jedoch erzielte ungefähr das Dreißigfache, als er 1889 das 25 000 Quadratmeter große Grundstück zur Parzellierung verkaufte. Wenn auch die Tagespresse darüber klagte, daß „der prachtvolle Park, eine Zierde der ganzen Stadtgegend" rücksichtslos vernichtet wurde, so nützte das ebensowenig wie das Lamentieren über das Villensterben unserer Tage. Die einstige „wahre Oase in dem Häusermeer" bot bald „ein trauriges Bild barbarischer Verwüstung", und beiderseits des heutigen Willmanndamms entstanden bis zur Crellestraße hin rund fünfzig Mietkasernen, denen auch nicht der geringste Baumwuchs auf den engen Höfen verblieb.

Der Sommer-Enkel zog sich mit fast vier Millionen Mark auf die kurz zuvor erstandenen Güter Schwante und Ger-

Haus des Gartenvereins, Bauentwurf von 1815

mendorf bei Oranienburg zurück und schuf im Schwanter Forst das manchem Mark-Wanderer noch erinnerliche Tuskulum Sommerswalde. Mit viel Geldaufwand und geringer Geschmacksentfaltung entstand ein Gutshaus, das wie eine Kopie des Reichstagsgebäudes aussah; dazu Wirtschaftgebäude im byzantinischen Moscheestil und ein Pferdestall, der nun wieder das „Rote Rathaus" aus der Königstraße kopierte. Ein mitten im Wald errichtetes Grabhaus war ebenfalls nach bekanntem Vorbild, und zwar in der Art des Mausoleums im Charlottenburger Schloßpark geschaffen worden.

Von alledem ist ebensowenig geblieben wie vom einst zu Recht bewunderten Sommerschen Park in Schöneberg. Nach 1945 haben havelländische Neubauern die ramponierten Architekturkuriositäten als willkommenen Steinbruch benutzt.

Vom Finkenherd zum Charlottenhof

Was eine richtige Ausstellung kennzeichnet, ist die Tatsache, daß sie erst geraume Zeit nach der feierlichen Eröffnung fix und fertig dasteht. Ob es sich um die Grüne Woche, um die Boots- und Freizeitschau oder die Industrieausstellung handelt –, sie bieten immer das gleiche Bild: Während des Rundganges der „Offiziellen" ruhen Hammer und Säge, um bald darauf ihre geräuschvolle Arbeit wieder aufzunehmen.

Den Rekord in dieser Hinsicht erreichte die „Interbau", eine im Sommer 1957 auf dem Gelände des Hansaviertels veranstaltete Internationale Bauausstellung, deren letztes Objekt erst nach 15 Jahren fertig wurde. Es darf aber nicht verschwiegen werden, daß die Interbau von vornherein nicht als „fertige" Ausstellung konzipiert war, sondern alle Phasen des Bauvorganges zeigen wollte. Diesem Programm gemäß sollte ein Drittel der Bauten fertig sein, ein Drittel im Ausbau und das letzte Drittel schließlich bei der Fundamentierung oder im Rohbau.

Das Hansaviertel wurde benannt nach der Berlin-Hamburger Immobilien-Gesellschaft, die von 1877 an auf Wiesenland der Schöneberger Millionenbauern ihre Mietpaläste errichtete; in der Bombennacht vom 22. zum 23. November 1943 wurden sie größtenteils vernichtet. Die im amtlichen Prospekt als „Festival der modernen Baukunst und des zeitgemäßen Wohnens" angekündigte Interbau hat an deren Stelle ein neues Hansaviertel gesetzt, das Jahre hindurch im Streit der Meinungen stand, jedoch heute als gegeben hingenommen und nicht mehr diskutiert wird.

Dagegen hat sich die öffentliche Meinung in der einstigen „Stadt von morgen" der beiden Häuser angenommen, die von vorgestern übrigblieben. Wand an Wand stehen sie an der Ecke der nur eine Hausnummer zählenden Joseph-Haydn-Straße und der Klopstockstraße: Zwei stucküberladene Miethäuser der Zeit um 1890. Als letzte der 28 heil über den Krieg gekommenen Gebäude des alten Hansaviertels waren auch sie der Spitzhacke geweiht. Doch der vom Protektor der Interbau, Bundespräsident Theodor Heuss, daraufhin angesprochene Bausenator Schwedler ließ sie stehen und inzwischen durch sein Amt für Stadtbildpflege nach der populär gewordenen Devise „Rettet den Stuck" in alter Form erneuern.

Vor den großflächigen häßlichen Brandgiebel von Klopstockstraße 1 wurde als letzter Bau des Hansaviertels ein Appartementhaus gesetzt. Es trägt die Aufschrift „Charlottenhof", doch ist damit weder ein Hotel oder eine Gaststätte im Hause gemeint (die auch gar nicht vorhanden sind), sondern es wird bewußt die Erinnerung an eine Stätte belebt, die älteren Berlinern unvergessen blieb.

Eine Idylle und das „zierliche, zärtliche Bibelot unter den Berliner Kaffeegärten" hat sie Adolf Heilborn genannt, als er zu Beginn der 20er Jahre in der Berliner Morgenpost seine kleine, empfindsame „Reise nach Berlin" unternahm — und ich ihm mit dem ausgeschnittenen Artikel in der Hand sogleich folgte.

Heute steht dort auf einer Rasenfläche zwischen der Kaiser-Friedrich-Gedächtnis-Kirche und dem Gropiusbau an der Händelallee eine sonderbar geformte Metallstele des Heidelberger Bildhauers Edzard Hobbing, die laut Inschrift „Albrecht von Graefe, dem genialen Arzt und Wegbereiter der Augenheilkunde" zu seinem 100. Todestag im Juli 1970 von den deutschen Augenärzten errichtet wurde.

Hier ist der größte Augenarzt aller Zeiten und Länder am 22. Mai 1828 zur Welt gekommen, in dem damals noch Finkenherd genannten späteren Charlottenhof, den sich sein beim König hoch angeschriebener Vater Karl Ferdinand von Graefe – gleichfalls ein berühmter Arzt – als Sommersitz 1824 im Tiergarten erbauen durfte. Der große Schinkel hatte die Baurisse gezeichnet und der nicht minder große Lenné die gärtnerischen Anlagen des über zwölf Morgen umfassenden Grundstücks gestaltet.

Wanda von Dallwitz, die Schwester Albrechts, hat das „im Innern ebenso behaglich wie vornehm" ausgestattete Haus geschildert und was sich in ihm abspielte. „Ausgezeichnete Persönlichkeiten versammelten sich hier zur angenehmsten Geselligkeit. Charlotte von Hagn, der Berliner Bühnenstern, hat hier deklamiert, und die Malerin Caroline Bardua mit den einfachsten Requisiten wirkungsvolle lebende Bilder gestellt. Zahlreiche Russen und Polen besuchten das gastliche Haus des in Warschau geborenen Vaters, der Leibarzt des polnischen Statthalters, Großfürst Konstantin, war. Der schon halb erblindete junge Prinz Georg, später König von Hannover, bei dessen damals in Berlin lebenden Eltern Graefe ebenfalls als Leibarzt fungierte, spielte gern mit uns Kindern in dem schönen Finkenherd-Garten. Da sangen die Nachtigallen bei sommerlicher Abendstille in den Kronen der Bäume, und über die frischgrünen Wiesen auf der anderen Seite des Hauses sah man in einiger Entfernung an dem damals noch ganz ländlichen, von Berlin völlig getrennten Moabit vorüber die weißen Segel der Spreekähne lautlos dahingleiten."

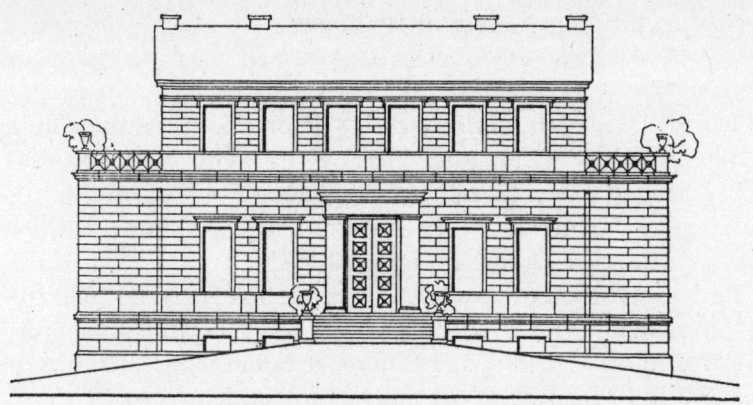

Villa Finkenherd. Bauentwurf von Karl Friedrich Schinkel, 1824

Bis 1854 war der Finkenherd im Besitz der Graefeschen Familie. Dann wechselte er mehrmals den Besitzer. 1862 wollte ein Teppichfabrikant das Grundstück parzellieren und Schinkels ausgewogenen Bau durch ein neues Haus ersetzen, bei dem besonders auf einen „imposanten Baustil Rücksicht genommen werde". Die einsichtsvolle Baupolizei hat den absurden Plan verhindert.

Nicht verhindern konnte man 1880 die Einrichtung der Gaststätte „Charlottenhof", obwohl der Kaufvertrag von 1824 ausdrücklich vorsah, daß der Finkenherd „niemals als Schank- und Tanzwirtschaft dienen" dürfe. Doch der Wille der Kronprinzessin Viktoria war mächtiger und ihr zu Dank erfolgte auch die Namengebung nach der zwei Jahre zuvor mit dem Erbprinzen Bernhard von Sachsen-Meiningen vermählten Tochter Charlotte.

Stolpe, die Keimzelle von Wannsee

Im Berliner Adreßbuch von 1872 erschien erstmalig mit der Anschrift Leipziger Straße 110 ein Konfektionsgeschäft, das bis zu seinem Eingehen (1903) dreißig Jahre lang als „Goldene 110" durch witzige Reklamegedichte in Zeitungsinseraten und auf Plakaten an den Litfaßsäulen stadtbekannt war. Die in mehreren Bändchen zusammengefaßten Gedichte waren echt berlinischen Geistes und oft mit örtlichen Hinweisen oder Tagesereignissen verknüpft. Begnügen wir uns mit folgendem Beispiel:

„In Charlottenburg am Knie
Sah ich meine Staats-Marie;
Um mein Herz ist es gescheh'n,
Seit ich sie am Knie geseh'n.

Jederzeit, ob spät, ob früh,
Stand ich lauernd nun am Knie,
In der Hoffnung, daß ich da
Meine Schöne wiedersah.

Wieder traf ich eines Tag's
Sie am Knie und dacht': Ich wag's!
Sprach sie an der Biegung an –
Flötend rief sie: Schöner Mann!

Seit dem ersten Blick am Knie,
Holder Jüngling, lieb' ich Sie –
Denn Ihr Anzug sitzt zu schön
Aus der Gold'nen Hundertzehn!"

Kürzer und prägnanter ist der nach dem Ersten Weltkrieg aus Amerika zu uns gekommene Slogan, ein Werbeschlagwort, das jeden Tag und in immer wieder neuer Form auf uns eindringt. Dennoch sind alte, gute Slogans unvergessen geblieben wie etwa die Bullrich- oder Minimax-Verse. Manch einer wird sich auch noch der lustigen Serie aus den zwanziger Jahren erinnern, die volkstümliche Schauspieler im Bild zeigte und dazu den ständig wiederholten Vers: „Das Ullsteinbuch blieb im Kupee! Was tu' ich jetzt am Stölpchensee?"

Gemeint war weniger der See selbst, als das damals vom Kurfürstendamm-Publikum gern besuchte exklusive „Haus Alsenbrück" auf dem terrassierten Grundstück Kohlhasenbrücker Straße 8/10 am nördlichen Ufer des Stölpchensees. Vom Haus Alsenbrück hat der Krieg auch nicht einen Stein hinterlassen. Das jetzt dem Land Berlin gehörende, eingezäunte Gelände wird in naher Zukunft als Grünanlage öffentlich zugänglich sein.

Man hat sich angewöhnt, das Viertel rund um den Wilhelmplatz ebenfalls Stölpchensee zu nennen. Daß man damit nicht richtig liegt, besagt ein Blick auf das altertümlich gehaltene und deswegen wohl auch den Bindestrich aufweisende Glasschild der „Stolper-Stuben" am Wilhelmplatz, die mit wenigen anderen Häusern noch ein schwaches Abbild des früheren Stolpe bieten. Das in alten Urkunden „Stolpeken" oder auch Klein-Stolpe genannte Fischerkossätendorf gab 1898 den 700 Jahre alten Namen zugunsten der auf seinem Grund und Boden entstandenen Villenkolonie Wannsee auf.

Das Haus der „Stolper Stuben" ist jedoch bei weitem nicht so alt wie es ausschaut. Erst vor drei Jahren hat man es als äußerlich getreue Stilkopie errichtet, auf und an Stelle eines alten Hauses. Wie dieses und seine Nachbarn beschaffen waren, hat uns Philipp Franck beschrieben, der seit 1910 in Stolpe angesessene, hier auch begrabene Maler und Direktor der Kunstschule.

Bereits 1892 war Franck besuchsweise nach Stolpe gekommen, als es „ein ganz einsames märkisches Fischerdorf war mit etwa zwanzig alten Bauernhäusern, alle mit Strohdächern bedeckt, auf denen das Moos in dicken Klumpen saß wie grüner Plüsch. Ein ganz rot angestrichenes Haus malte ich besonders gern, obwohl die Besitzerin dies nicht gern sah, weil man ihr Haus scherzhaft das sozialdemokratische nannte". Sie hat es dann flugs weiß streichen lassen, doch Franck gelang es, vor den Malerkollegen mit seinem Bilde fertig zu werden.

Im alten Stolpe und zwar in der Alsenstraße 11, knappe 500 Meter vom Wilhelmplatz entfernt, war auch der „Eiserne Gustav" zu Hause. Jener unternehmungslustige Fuhrherr Gustav Hartmann, der als 70jähriger im Frühsommer 1928 mit seinem Droschkenpferd „Grasmus" eine spektakuläre Fahrt nach Paris unternahm. Doch die Souvenirs dieser ungewöhnlichen Reise darf man nicht in den „Stolper Stuben" suchen, da muß man schon eine 25 Kilometer weite Fahrt machen, um sie in der „Herberge zum Eisernen Gustav" im Märkischen Viertel wiederzufinden.

Wer Glück hat, gelangt auch außerhalb der Zeiten des Gottesdienstes in die zumeist verschlossene alte Dorfkirche von Stolpe, die durch ungebräuchliche Stilformen befremdet, „aber in der Landschaft eine gute Wirkung macht". Das war Theodor Fontanes Meinung in dem wenig gelesenen Nachtragsband „Fünf Schlösser" seiner „Wanderungen durch die Mark Brandenburg".

Friedrich Wilhelm IV., der Romantiker auf dem preußischen Thron, hat die Kirche 1859 von dem Hofarchitekten August Stüler errichten lassen. Er hat die Vorliebe seines königlichen Bauherrn für die in Italien bewunderten Bauformen der frühchristlichen Kunst berücksichtigt, aber dem vierschrötigen, romanischen Turm durch an den vier Ecken angebrachte gotische Pyramidentürmchen das Aussehen eines gewaltigen Backenzahns gegeben. Das 1930 aufgehängte, im Kriege eingeschmolzene Glockenspiel wurde 1958 erneuert und läßt tagsüber jeweils zur vollen Stunde einen Choral erklingen.

Den streng und kühl wirkenden Innenraum der Kirche beherrscht das aus dem Vorgängerbau übernommene Grabdenkmal der Hofgärtnerfamilie Heidert aus Kleinglienicke: ein 1779 von dem Berliner Bildhauer Wilhelm Christian Meyer geschaffener mächtiger Aufbau aus Sandstein, den weinende Putten sowie ein lebensgroßer Chronos und die Symbolfigur der Trauer zieren. Die von Girlanden und Rocaillen umrahmten Widmungstafeln bieten in langen, vorzüglich gestalteten Frakturinschriften die Lebensdaten der im Kirchengewölbe beigesetzten Heidert, Vater und Sohn, und ihrer Frauen.

Beim Kirchenneubau von 1859 wurde neben der Heidertschen Gruft noch ein zweites Gewölbe mit einem gut erhaltenen eichenen Sarg aufgedeckt, der nach einem im Volke umgehenden Gerücht, die Gebeine der Frau des Hans Kohlhase barg. Aus den Erzählungen ihrer Väter und Großväter wollten die Stolper wissen, daß sie mit fast fürstlichem Gepränge, auf einem mit schwarzen Tuche ausgeschlagenen Wagen, von Kohlhasenbrück nach Stolpe geschafft und in der Kirche beigesetzt worden sei. Doch mit preußischer Gründlichkeit betriebene Nachforschungen ergaben, daß es ebenfalls eine Heidert war, die man in ihrer Grabesruhe gestört hatte.

Auf dem Altar steht seit 1966 eine früher in der Klosterkirche in Alt-Berlin beheimatete spätgotische Kreuzigungsgruppe. Das durch seinen Turm „redende" Wappen am Kreuzesfuß ist das des Universalgenies Leonhard Thurneysser; 1584 hatte er die Klosterkirche auf eigene Kosten renovieren und der aus dem Ende des 15. Jahrhunderts stammenden Kreuzigung eine neue Fassung geben lassen.

Rotes Haus in Stolpe. Federzeichnung von Philipp Franck

Das Wandern ist auch der Mühlen Lust

Wie viele Windmühlen einst in Berlin innerhalb der 1920 durch das Groß-Berlin-Gesetz gezogenen Grenzen standen, läßt sich kaum noch feststellen. Denn dieses neue, große Berlin umfaßt wesentliche Teile der früheren Kreise Niederbarnim, Teltow und Osthavelland, über die nach den Aktenverlusten des Zweiten Weltkriegs authentisches Material nicht mehr greifbar ist. Ich schätze aber, daß es fast 200 waren.

Darauf lassen nicht nur die vielen noch vorhandenen Mühlenstraßen und Mühlenwege schließen, sondern auch die Tatsache, daß der 1971 seiner Arbeit und seinen Freunden viel zu früh entrissene Heimatforscher Wilhelm Schmidt allein in den vier Ortsteilen des heimatlichen Bezirks Neukölln im ganzen 27 Windmühlen nachweisen konnte, von denen nur zwei bis heute erhalten blieben.

Mit zwei weiteren in West-Berlin und einer im Osten unserer Stadt sind es insgesamt fünf, die in Berlin das Mühlensterben überlebten. Wie lange noch, ist schwer zu sagen. Wenn sie auch alle unter Denkmalschutz stehen, so hörte man doch von der Bohnsdorfer Windmühle in der Glienicker Straße, daß sie umziehen müsse, weil „am augenblicklichen Standplatz eine vernünftige Nutzung nicht möglich sei". Sie war schon einmal umgesetzt worden, 1872 von Köpenick nach Bohnsdorf. Wie es scheint, ist das Wandern nicht nur des Müllers, vielmehr auch der Mühlen Lust.

Dafür bietet die Bohnsdorfer Windmühle auch die besten Voraussetzungen, ist sie doch eine sogenannte Bockwindmühle. Um „arbeiten" zu können, muß das ganze, aus Holz bestehende Mühlenhaus um ein aus schweren Balken gebautes Gestell – den namengebenden Bock – in den Wind gedreht werden.

Alle vier Westberliner Windmühlen sind dagegen „Holländer", wie sie nach ihrem Hauptverbreitungsgebiet ge-

*Holländische Mühle in Zehlendorf.
Federzeichnung von Wilhelm Reichner, 1931*

nannt werden. Bei ihnen ist nur die hölzerne Mühlenhaube mit dem Flügelwerk drehbar.

Obwohl ihr Name tagtäglich als Autobus-Haltestelle ausgerufen wird, ist die „Holländische Mühle" an der Berliner Straße 75 in Zehlendorf den meisten nicht bekannt. Man findet sie auch erst, wenn man systematisch nach ihr sucht. Der 1881 von dem Müllermeister Radlow errichtete Turmbau aus gelben Backsteinen steht verborgen im Hinterland des Grundstücks und entbehrt auch seit dem

Kriege der so kennzeichnenden Flügel. Die Bewohner der umliegenden Eigenheimsiedlung „Mühlenau" hatten auf ihre Entfernung gedrungen, weil sie befürchteten, daß sich feindliche Bombenflieger daran orientieren könnten. Nun hat man schon in den Kriegszügen des Alten Fritzen jede Windmühle in Flammen aufgehen lassen, denn der Müller könnte doch durch die Stellung der Flügel dem Feind irgendwelche Kunde geben.

Die Zehlendorfer Mühle dient seit langem nicht mehr ihrer Bestimmung; auch die Adlermühle in Mariendorf, Buchsteinweg 32/34, nahe der Ecke Säntisstraße und Mariendorfer Damm, ist seit Jahrzehnten nur noch Landschaftskulisse. Besonders schön schaut das 1888 von dem Friedenauer Architekten Hillerkuß gestaltete Bauwerk nicht aus, nachdem es sein Flügelwerk verlor und von dem Umgang im dritten Stockwerk nur die wie Stacheln aus den Mauern starrenden Eisenträger übrigblieben. Die siebente Mühle des bis in die zwanziger Jahre hinein ob seiner Landbrotbäckereien in ganz Berlin bekannten Teltowdorfs Mariendorf galt als größte der Mark Brandenburg und konnte bei „Halbsturm" in 24 Stunden fünfzig Doppelzentner Getreide vermahlen, was für reinen Windbetrieb eine sehr beachtliche Leistung war.

Dem namengebenden gußeisernen Preußenadler über dem Mühlenportal lag eine Skizze Schinkels zugrunde, die er dem Sockelschmuck der Denkmäler für die Feldherren der Freiheitskriege Unter den Linden widmete. Im Innern ist die Adlermühle sehr ansprechend eingerichtet. Alles Eigenarbeit des vor einigen Jahren hier eingezogenen Schwimmvereins „Friesen 1895", dem zur Vollendung seines Glücks nur noch ein überdachtes Schwimmbecken fehlt. Doch dem stehen ein festgesetzter Bebauungsplan und der Denkmalschutz im Wege.

Auch die Windmühle holländischer Bauart am Buckower Damm 130/134 in Britz ist nur noch schmückender Gegenstand einer mehr und mehr von der Bauwut aufgefressenen Landschaft. Der Mühlenmeister Dörfer aus Berlin hatte sie 1865 erbaut, aber nach der Familie, der sie von

1874 bis 1940 gehörte, heißt sie Stechansche Mühle. Im Jahre 1936 wurde sie durch den damaligen Pächter mit einem Dieselmotor vom Wind unabhängig gemacht und bis 1953 hat man hier noch Korn gemahlen. Seit 1959 gehört die Mühle dem Land Berlin, das erhebliche Mittel für ihre Restaurierung aufwendete und allein 30 000 Schindeln imprägnierten Fichtenholzes aus Württemberg beschaffte.

Im ausgeräumten Innern wollte ein junger Gewerbeoberlehrer ein Mühlenmuseum einrichten. Doch mußte er bald erkennen, daß Enthusiasmus und persönliches Engagement nicht genügten, um diesen Plan zu verwirklichen.

Von der Stechanschen Mühle in Britz ist es nicht weit bis zur Jungfernmühle in Buckow-Ost, und bis vor wenigen Jahren sah man sie auch in dem flachen Gelände aufragen, vor der blauen Silhouette der Müggelberge im Hintergrund. Jetzt ist sie völlig eingebaut, aber wenigstens noch vorhanden. Auch arbeitet sie noch, wenn auch seit 1926 mit elektrischer Energie; doch die Flügel hat man ihr belassen beziehungsweise wiederhergestellt.

Die Jungfernmühle ist die älteste Berlins und ursprünglich in Potsdam Anno 1753 als „Walslebensche Holländische Mühle" entstanden. Wenn es die Sage auch behauptet, so war sie niemals in Sanssouci beheimatet. 1858 wurde die damals schon so bezeichnete „Jungfernmühle" von dem Mühlenmeister Blankenburg nach Rixdorf, dem heutigen Neukölln, verlegt und 1871 an Otto Wienecke verkauft. Die fortschreitende Bebauung nahm ihr in Rixdorf den Wind, so daß sie 1892 nach Buckow umgesetzt werden mußte, wo sie jetzt von Wieneckes Enkel betrieben wird.

Die 1958 vom Amt für Denkmalpflege durch eine neue ersetzte, geschnitzte Zierbohle über der Mühlenpforte mit dem namengebenden Jungfernkopf inmitten von Rocaillen erinnert an die schöne jungfräuliche Müllerstochter, die einst von den Mühlenflügeln erfaßt und tödlich verletzt wurde, als die Mühle noch in Potsdam stand.

„Bock" und „Zippe", einst Berlins Bierparadies

Wenn der weihnachtliche Verkaufs- und Geschenkrummel bereits im Spätherbst beginnt, so sind konsumwirtschaftliche Gesichtspunkte daran schuld. Doch was Berlins Bierbrauer bewogen hat, ihre Bockbiersaison langsam aber sicher fast ein halbes Jahr vorzuverlegen, ist mir nicht klar geworden. Für unsere Großväter war „der Bock" nämlich der erste Frühlingsbote; er kam im März, kurz vor Ostern, noch ehe Storch oder Schwalbe zurückgekehrt waren. In den ersten Jahrzehnten unseres Jahrhunderts wurde der Bock bald nach Neujahr angestochen, und seit einigen Jahren tut man es bereits im Oktober/November, um den braunen Gerstensaft dann fast bis Ostern fließen zu lassen. Charakter und Namen verdankt er dem bierberühmten Städtchen Einbeck in Niedersachsen; aus „ainpöckisch pier" hat sich das Wort seit dem Mittelalter in „Bock" gewandelt.

Stärker noch und in verhältnismäßig kurzer Zeit veränderten sich die populärsten und dementsprechend besuchten Bockbierschankstätten, zu denen einst die Durstigen von ganz Berlin wallfahrten: die Berliner Bock-Brauerei auf dem Tempelhofer Berg und die Spandauer Bergbrauerei. In der Fidicinstraße befindet sich an Stelle der bereits im Ersten Weltkriege stillgelegten, im Zweiten zerstörten Brauerei der Neubau eines bezirklichen Altersheim, in dem einige betagte Knaben noch von ihren früheren Kämpfen mit König Gambrinus und seiner wichtigsten Hilfstruppe, dem Bock, zu berichten wissen, bei denen der König und seine Truppe meist Sieger blieben. Am Spandauer Berg sind es nur noch ein paar Gewölbe, die an das Leben und Treiben erinnern, das hier zur Bockbierzeit herrschte.

Der 1943 im gesegneten Alter von 84 Jahren verstorbene Schriftsteller Paul Lindenberg hat es bereits 1884 in einem verschollenen Bändchen von Reclams Universal-Bibliothek festgehalten: „Dann sieht man kaum etwas von dem grauen Boden der Chaussee, Menschen neben Menschen, so weit wir blicken können, ein wahres Meer von Köpfen, das sich nicht zu erschöpfen scheint, sondern stets neuen Zuschuß erhält. Aus dem Arbeiter-, Handwerker- und kleinen Beamtenstande rekrutiert sich diese Menge, wahre Familien-Karawanen pilgern den Berg hinan, vom Großvater an bis zum Enkel herab, der noch auf dem Arm getragen oder im Kinderwagen – zuweilen ersetzt ein Schubkarren dessen Stelle – gefahren werden muß. Ob die Sonne scheint oder ob es regnet, ob es stürmt oder ob es bitterlich kalt ist – das bleibt sich gleich, der Spandauer Bock ist eröffnet, da ist es Bürgerpflicht, ihn zu besuchen!"

Diesem kategorischen Imperativ hat sich auch Julius Stindes „Buchholzen" nicht entziehen können. Doch war die Philistermadame aus der Landsberger Straße – durch den Autor bedingt, der aus einem holsteinischen Pastorenhaus kam – nicht ganz so enthusiasmiert wie der Urberliner Lindenberg. Wilhelmine Buchholz schrieb: „Denken Sie sich zwei große Hallen, die wie ein Winkelmaß aufeinanderpassen. Diese Hallen sind blitzblau von Tabaksqualm, oben voll von Gaskronen, unten voll von Menschen; also oben hell, in der Mitte graublau und unten schwarz. Aus jeder Halle dringt nun ein Getöse auf den ahnungslosen Ankömmling ein, daß er nicht weiß, ob er bleiben oder sofort wieder fliehen soll, und zwar so viel Lärm, als zwei Musikchöre und eine tobende Menschheit zusammen vollführen können. Welche singen, welche klopfen mit den Seideln, welche schlagen mit den Spazierstöcken auf den Tisch, welche schreien, aber still ist keiner. Dies muß man sich von Tausenden von Menschen vorstellen. Es ist, als wäre die Hölle losgelassen. O du Grundgütiger, dachte ich, wärst du hier nur erst wieder weg."

Und wem war diese so verschieden aufgenommene Volksvergnügungsstätte anzulasten? Natürlich einem „Zugereisten", dem aus der Bamberger Gegend stammenden Braumeister Konrad Bechmann. Nachdem er in Grünthal bei Biesenthal auf dem Gute des Amtsrats Schütz durch sein „Grünthaler Unterhöhler" bewiesen hatte, daß er verstand, ein gutes Lagerbier nach bayerischer Art herzustellen, machte er sich 1840 selbständig und erwarb für 12 000 Taler die Spandauer Brauerei. Er verlegte sie von der Innenstadt – Mönch- Ecke Potsdamer Straße – zum Spandauer Berg und konnte sich bei dieser Aktion der Unterstützung der Königin Elisabeth erfreuen. Die gebürtige bayerische Prinzessin war der Meinung, das Bier sei ein wirksames Mittel zur Bekämpfung des Branntweingenusses und sorgte für beschleunigte Bau- und Schankerlaubnis.

Bechmanns erstes Etablissement lag auf dem spitzen Dreieck an der Ecke Spandauer Damm und Reichsstraße, auf dem seit einigen Jahren inmitten der alten Bäume des „Bocks" ein dreizehngeschossiges Arbeitnehmerwohnheim steht. Wenige Jahre später verlegte Bechmann sein Restaurant und die später sehr großzügig ausgebaute, im Spandauer Festungsstil gehaltene Brauerei auf die gegenüberliegende Seite, wo vierzig Morgen seines insgesamt 58 Morgen umfassenden Grundbesitzes lagen. Zum „Bock" hatte sich nun die „Zibbe" gesellt.

Während auf dem eigentlichen „Bock" neben dem Bier nur Tanzsäle, Spiel- und Würfelbuden lockten, bot sich vom Garten der „Zibbe" aus eine prächtige Aussicht auf das damals noch nicht von der Industrie verschandelte, anmutige Spreetal zwischen Spandau und der Jungfernheide. Die heute kaum vorstellbare Situation hatte auch 1866 den millionenschweren Verleger einer Modenzeitschrift veranlaßt, dem erfolgreichen Brauer Bechmann 100 000 Quadratmeter abzukaufen und auf ihnen eine feudale Besitzung anzulegen, die jetzt als „Ruhwaldpark" allen offensteht.

Mit „Bock" und „Zibbe" war es in den dreißiger Jahren vorbei, nachdem die 1917 von Schultheiß erworbene Brauerei bereits Ende des Ersten Weltkrieges ihre Produktion eingestellt hatte und eine Zeitlang von der Chemischen Fabrik C. A. F. Kahlbaum benutzt wurde. Das Ende kam mit dem Bombenkrieg, der nur ein paar gewölbte Bierkeller übrigließ, in denen jetzt „Berlins Garten-Center" all das feilbietet, was man im Garten braucht oder auch nicht. Die hier tätigen jungen Leute sind immer wieder erstaunt, wenn ältere Kunden von 60, 70 und mehr Jahren angesichts der Gewölbe glänzende Augen bekommen und spontan von den auf „Bock" und „Zibbe" verlebten schönen Stunden erzählen.

Der Spandauer Bock um 1850

Schildhorn — „Lieblingsziel der Berliner Sonntags-Ausflügler"

Zu Ostern beginnt die kurze, risikoreiche Saison der Berliner Gartenlokale. Erfahrungsgemäß ist es die Woche über schön, aber wenn der Sonntag naht, schlägt das Wetter um, und der leidgeprüfte Wirt schaut vergeblich nach den heißersehnten Gästen aus. Diese Tatsache und andere Umstände haben dazu geführt, daß beispielsweise von dem halben Dutzend Gartenwirtschaften auf Pichelswerder nur eine übriggeblieben ist. Und Erich Brunow, der Wirt des „Ersten (und ältesten) Schildhorn-Restaurants" hat Anno 1970 wegen Personalmangels auch das Aufbrühen mitgebrachten Kaffees einstellen müssen. Wenn ich recht unterrichtet bin, war Schildhorn der letzte Platz in Berlin, wo „Familien Kaffee kochen" konnten.

Genau 200 Jahre ist der in Treptow aufgekommene volkstümliche Brauch alt geworden. Neben dem „Hier kann gerollt werden" soll es das einzige gewesen sein, was man in Preußen ohne obrigkeitliche Genehmigung tun konnte. Im Gegensatz zu England, wo alles erlaubt ist, was man nicht ausdrücklich verboten hat, soll nämlich im alten Preußen grundsätzlich alles verboten gewesen sein bis auf das, was man offfziell erlaubt hatte.

Doch zurück zu Schildhorn, das bereits 1884 als „Lieblingsziel der Berliner Sonntags-Ausflügler" charakterisiert wurde und jedem Spree-Athener seit den Schultagen vertraut ist. Schon früh wurde man mit der Schildhornsage bekannt gemacht; dann sah man sich an Ort und Stelle das Denkmal an, das Friedrich Wilhelm IV. 1845 auf der Halbinsel Schildhorn errichten ließ. Es erinnert an eine heftige Schlacht zwischen Wenden und Deutschen, in der letztere den Sieg errangen. Der Heerführer der Wenden, Jaczo von Köpenick, flüchtete vom Schlachtfeld in der Groß-Glienicker Gegend an die Havel und wagte, von den verfolgenden Deutschen hart bedrängt, den Ritt durch die fast einen Kilometer breite Wasserfläche. Als er merkte, daß seinem Pferd die Kräfte schwanden, gelobte der heidnische Fürst im Fall der Rettung den Übertritt zum Christentum. Tatsächlich erreichte er das Ufer, und der bekehrte Jaczo hängte Schild und Horn an einem Baum auf der rettenden Landzunge auf, die seitdem Schildhorn genannt wird.

Das Kampferlebnis des Herrn Jaczo, der ausweislich von ihm geprägter Münzen bereits Christ war, haben die Historiker in die Mitte des 12. Jahrhunderts verlegt. Die Sage aber taucht erstmals 1730 in Gundlings Buch „Leben und Taten Markgrafs Albrechts des Bären" auf, nennt jedoch Sakrow bei Potsdam als Schauplatz sowie Pribislav (den Onkel Jaczkos) und Albrecht den Bären als Kontrahenten; sie weiß auch nichts vom Gelöbnis des Christwerdens. Die Schildhornsage in der uns geläufigen Fassung wird zuerst 1828 in einem Buch des Gymnasiallehrers Valentin Schmidt erzählt, „einem Manne, dessen gründliches Wissen in einer sehr lebhaften Einbildungskraft und dem heitersten Humor ein Gegengewicht fand", wie der gelehrte Berghaus 1854 im „Landbuch der Mark Brandenburg" anmerkte. Kurzum, die Mär von der Flucht über die Havel dürfte eine Erfindung des Herrn Schmidt sein.

Der früheste urkundliche Beleg des Namens Schildhorn ist im Spandauer Erbregister von 1590 ermittelt, wo ein Garnzug der Havelfischer „der Schildhorn" heißt. Auf den Karten erscheint das Schildhorn spät; die Friedrich Nicolais Stadtbeschreibung von 1786 beigegebene Oesfeldsche Karte der „Gegend um Berlin" ist die erste, die es kennt. Doch dann reißt die Überlieferung nicht mehr ab, und Bratring verzeichnet „Schildhorn, Etablissement einiger Büdner, nahe bei Spandow, an der Teltowischen Heide" im 1805 herausgebrachten zweiten Band seiner „Statistisch-topographischen Beschreibung der gesammten Mark Brandenburg".

Bis zum Ende der 1850er Jahre bestand Schildhorn nur aus einigen wenigen strohgedeckten Fischerhäusern und

Sonntag in Schildhorn.
Federzeichnung von Hans Baluschek, 1910

einer Holzwärterbude der „Königlichen Forst-Ablage", von der das im Grunewald geschlagene Holz über die Havel geflößt wurde. Dann begann recht zögernd der Wirthausbetrieb, anfänglich nur im Sommer und in sehr bescheidener Weise. Der eigentliche Auftrieb, die Entwicklung zu drei großen Restaurants mit ihren 3000 Personen fassenden Gastgärten, kam mit der 1875 erbauten Havelchaussee, vor allem aber mit dem 1879 eröffneten, eigens für den Ausflüglerverkehr geschaffenen Bahnhof Grunewald. Daß hier tagsüber während einiger Stunden mehrere Zehntausende ankamen und am Abend innerhalb einer Stunde wieder nach Hause fahren wollten, haben, nur jene noch erlebt, die unter Kaiser Wilhelm die Schulbank drückten. Man mußte mehrere Züge abwarten und sich dann noch mit zwanzig anderen Ausflüglern zusammen gegenseitig in einem Abteil auf die Füße treten, das nur für zehn Fahrgäste berechnet war.

„Toll brauset der Strom des Lebens in Schildhorn: Unaufhörlich fluten die Scharen hernieder vom Walde, Dampfer zum Sinken gefüllt durchgleiten die friedliche Havel. Alle Tische besetzt, und wieder bringen die Kremser neue Gäste heran; die Kellner schwitzen beträchtlich." Diese Zeilen aus einem Poem des Jahres 1911 beleuchten die Situation in Schildhorn, als dort die Wirte Schröder, Schmidt und Ritzhaupt sich um das Wohl ihrer Gäste bemühten, es jedoch wegen des ungeheuren Andrangs nicht immer schafften, jeden zufriedenzustellen.

Ritzhaupt gibt es nicht mehr. Das seit 1898 in zwei Generationen von der Familie bewirtschaftete, aus einem „halben Büdnergut der verehelichten Arbeitsmann Charlotte Louise Schulz, geb. Rietz", hervorgegangene Lokal wurde 1965 durch ein gewerkschaftliches Erholungsheim für Bauarbeiter abgelöst. Auf dem jetzt vom „Wienerwald" bewirtschafteten ehemals Richterschen Grundstück stehen aber noch die vor achtzig Jahren errichteten Säle und Gartenhallen, auch noch das alte, hundertjährige Wohnhaus. Ein paar Jahre älter ist Schildhorn Nr. 3, ein kleines, kurz vor 1870 vom Wegewärter Schemmel erbautes Haus, das vier Reliefmedaillons mit symbolischen

Darstellungen der Jahreszeiten zieren. Hans Ritzhaupt hat es seinerzeit als Alterssitz erworben. Es wird jetzt von seiner Tochter bewohnt. Sie ist in Schildhorn geboren und hat die siebzig Jahre ihres Lebens immer hier verbracht. Kein Wunder, daß sie zu erzählen weiß – von dem, was sich einst hier tat und noch tut.

Bolle erfüllte sich mit Scharfenberg einen Jugendtraum

An der Turmwand der Dorfkirche in Schöneberg befinden sich vier Grabtafeln aus Gußeisen, deren Umriß den Wappenschilden aus der Zeit der Romantik entspricht. Die Inschriften in graziösen Frakturbuchstaben gedenken des 1850 verstorbenen David August Bolle, seiner Frau Henriette Auguste Caroline, geborene Marggraf, und zwei weiteren Familienangehörigen.

Wer in Berlin auf den Namen Bolle trifft, ist geneigt, diesen mit dem populären „Bimmel-Bolle" in Verbindung zu bringen, der ebenfalls auf Schöneberger Boden, in einem aufwendigen Mausoleum des Alten Matthäuskirchhofs an der Großgörschenstraße, zur letzten Ruhe gebettet ist.

Doch sind der aus Milow an der Havel gebürtige, dank persönlicher Tüchtigkeit vom Maurermeister zum millionenschweren Geheimen Kommerzienrat aufgestiegene Carl Bolle und unser David August Bolle nicht miteinander verwandt.

David August Bolle war Braueigner, Besitzer einer sehr einträglichen und schon im 18. Jahrhundert stadtbekannten Weißbierbrauerei in der Französischen Straße 9–10, wo sie bis 1896 bestand. In Schöneberg hatte er sein Herz an die „filia hospitalis" des Dorfkruges, Henriette Marggraf, verloren und sich dort 1832 ein Büdnergut für den Sommeraufenthalt gekauft, das bis 1888 im Besitz der Familie war und heute der Hausnummer 50 der Hauptstraße entspricht.

Wozu dieser Exkurs, der doch nur mit den Bolles verwandte Familienforscher interessiert? Nun, dem David August und seiner Henriette wurde vor 150 Jahren, am 21. November 1821, in Schöneberg ein Sohn geboren, dessen Name im Zusammenhang mit der Insel Scharfenberg noch jetzt genannt wird und das auch verdient.

Dank der erfreulichen finanziellen Situation, in der sich sein Vater befand, war Carl Bolle nicht gezwungen, Weißbier zu brauen. Er konnte sich seinen Neigungen widmen, und diese waren seit früher Jugend auf die Naturwissenschaften ausgerichtet. Nach dem Besuch des Französischen Gymnasiums folgte das Studium an den Universitäten in Berlin und Bonn. Im Jahre 1845 nach Berlin zurückgekehrt, legte er hier ein Jahr später seine Dissertation „De vegetatione in Germania extra Alpes obvia" (Über die alpine Vegetation in Deutschland außerhalb der Alpen) vor, obwohl er sich um die Ehren eines Doktors „in medicina et chirurgia" bewarb. Das medizinische Staatsexamen aber machte Bolle nicht. Er hatte die Heilkunde an den Nagel gehängt und seine gesicherten Lebensverhältnisse dazu benutzt, um künftig ausschließlich naturgeschichtlichen Liebhabereien nachzugehen.

Viele und weite Reisen führten den Dr. med. und eingefleischten Junggesellen Carl Bolle nach Madeira, zu den Azoren, auf die Kapverdischen und Kanarischen Inseln, die er botanisch gründlich untersuchte. Die Ergebnisse gelangten in stattlichen Herbarien an das Botanische Museum in Dahlem, wo sie im letzten Kriege bis auf geringe Reste vernichtet wurden.

> „Ein lieblich Fleckchen unserer märkischen Erde
> Hab' ich erwählet mir zum heimischen Herde,
> Darauf der Tage Rest, den Gott will geben,
> In Grün und Stille harmlos zu verleben."

So hat der begeisterte Amateurpoet Bolle im Jahre 1868 gedichtet und auf den ein Jahr zuvor getätigten Kauf der Insel Scharfenberg angespielt. Diese größte und schönste

Bolles Gehöft auf Scharfenberg. Holzschnitt nach einer Zeichnung von Gottlob Theuerkauf, um 1880

der insgesamt sieben Inseln des Tegeler Sees war für ihn eine Art Jugendtraum gewesen, der sich dem 46jährigen Mann erfüllte.

Auf der 93 Morgen großen Insel hatte sich in den Jahren 1839 bis 1853, als sie dem Gastwirt Johann Bull gehörte, das „Dorado der Berliner Angler" befunden. Später war sie als Spekulationsobjekt von einer Hand in die andere gewandert, die mit dem Baumbestand wenig sorgfältig umgingen und ihn mehr oder minder dem Holzhacker überantworteten.

Zunächst war Dr. Bolle darauf bedacht, seinem Besitz durch konsequente Pflege des Schilfgürtels einen „äußeren Schutz gegen die zahlreichen Seepiraten" zu geben. Bolle hatte auch erkannt – was die Bodensee-Insel Mainau, aber auch unsere Pfaueninsel auszeichnet –, daß die großen Wasserflächen rund um seine Insel dank ihrer ausgleichenden Temperaturen die Nachtfröste des Frühjahrs abhielten und so die ihm am Herzen liegenden Baumkulturen begünstigen. Wenn die 752 verschiedenen Arten der im Laufe der Jahre von Bolle auf Scharfenberg akklimatisierten Bäume und Sträucher gegenüber den 4000 Spezies des Späthschen Arboretums in Baumschulenweg oder gar den 18 000 Arten des Botanischen Gartens in Dahlem kaum ins Gewicht fallen, so sind sie doch als aus eigenen Mitteln geschaffene Tat eines Privatmannes nicht hoch genug zu schätzen.

Vieles von dem, was Bolle anpflanzte, ist eingegangen; doch noch immer grünt und wächst es auf Scharfenberg zur Freude der Bewohner und der gelegentlich zugelassenen Besucher. Auch steht noch immer die altersschwache rohrgedeckte Fachwerkscheune, die schon Bolle vorfand. Sein erstes Domizil, ein Fachwerkbau im Schweizer Stil an der Stelle des heutigen „Fährhauses", ist früh verschwunden. Bolle ließ sich 1883 in der damals sehr beliebten deutschen Renaissance ein turmgeschmücktes Haus errichten, das lange der Schulfarm Scharfenberg als Hauptgebäude diente. Bis plötzlich festgestellt wurde, daß es baufällig sei und unbedingt durch einen Neubau ersetzt werden müsse. Das ist dann auch 1959 geschehen; bedauerlicherweise, wie ich ausdrücklich feststellen möchte. Ich habe mir nämlich das zum Tode verurteilte, durchaus sanierungswürdige Haus kurz vor dem Abbruch genau angesehen.

Natürlich auch die Schulfarm, die Wilhelm Blume, Studienrat am Humboldtgymnasium, auf einem Pfingstausflug 1918 in den Fläming angesichts des Schlosses Wiesenburg konzipierte und nach tastenden Anfängen zu Pfingsten 1919 in einem Waldarbeiterhaus in Stolpe und dem probeweisen Sommeraufenthalt einer Untersekunda mit drei Lehrern auf Scharfenberg während der Monate Mai–Oktober 1921 ein Jahr später in die Tat umsetzte.

Wieweit die „erlebte und erlebbare Totalverbundenheit mit dem Boden", die Blume einmal mit Sprangers Worten umriß, diese Robinsonade für die Jugend, pädagogisch gelungen ist, sei dem Urteil der (wie üblich nicht auf einen Nenner zu bringenden) Fachleute überlassen. Anmerken möchte ich nur, daß Charlottenburg bereits seit 1910 eine Waldschule unterhielt, Schöneberg und Wilmersdorf schon vor 1920 Gartenarbeitsschulen hatten.

Im Reichtum geschwommen – in Armut verkommen

Unter den vielen, in allen künstlerischen Techniken geschaffenen Bildnissen der Porträtgalerie des Berlin-Museums in dem aus einer Ruine glanzvoll wiedererstandenen Barockbau des Alten Kammergerichts in der Lindenstraße findet das Strousbergsche Familienbild schon wegen seiner beachtlichen Ausmaße das besondere Interesse der Besucher. Es beeindruckt aber auch durch sein fabelhaftes Kolorit und die souveräne Kunst, mit der Ludwig Knaus die neun Menschen verschiedenen Lebensalters gruppierte und in ihrer Individualität schilderte. Das Bild zeugt auch für die Vergänglichkeit menschlichen Lebens; denn der Name Strousberg sagt der heutigen Generation überhaupt nichts, und doch zählte er einmal zu den bekanntesten und genanntesten Berlins. Knaus, der durch seine Porträts und Genrebilder als einer der ersten deutschen Künstler internationalen Ruhm errang und den internationalen Markt eroberte, war nach seinem Tode (1910) ebenfalls rasch vergessen. Vor einigen Jahren wurde auch sein schönes Grabdenkmal auf dem städtischen Friedhof an der Annenkirche in Dahlem „wegen Ablauf der Ruhefrist" beseitigt und zerschlagen.

Als Knaus die Familie Strousberg auf der Gartenterrasse ihres Palais in der Wilhelmstraße malte, schrieb man das Jahr 1870. Es bedeutete den Höhepunkt im Leben und Wirken des kühnsten und wohl auch genialsten Unternehmers, den das 19. Jahrhundert in Deutschland hervorgebracht hat. Ein Leben, das in Armut begann, zu allerhöchstem Reichtum aufstieg und im tiefsten Elend endete.

Der 1823 in Neidenburg geborene Barthel Heinrich Straußberg verwaiste früh und ging als Zwölfjähriger zu seinem Onkel Gottheimer nach London, der dort ein Import- und Exportgeschäft betrieb. Hier wurde aus dem Ostpreußen der Engländer Bethel Henry Strousberg.

Strousberg war in London anfänglich als Handlungsgehilfe tätig, wendete sich aber bald dem Journalismus zu und gab während der Jahre 1852/53 das von Lawson begründete „Merchant's Magazine" in eigener Verantwortung heraus. Nebenbei studierte er englisches Recht, machte auch den Doktor juris, betätigte sich als Agent einer Lebensversicherung und notierte im Lesesaal des Britischen Museums aus nationalökonomischer Literatur, wie man wirtschaftlichen Krisen entgehen und wie man an ihnen verdienen kann. Kurzum, er betrieb das, was geraume Zeit später als „Konjunkturforschung" zu einer neuen Wissenschaft wurde. Im Lesesaal war übrigens Karl Marx der Nachbar von Strousberg. Der Begründer des Sozialismus arbeitete dort an seinem Hauptwerk, dem „Kapital, Kritik der politischen Ökonomie".

Dr. Bethel Henry Strousberg, 1871

Nachdem Strousberg in London die junge Engländerin Mary Ann Swan, eine mittellose Verwandte des Kapitäns Roß, geheiratet hatte, siedelte er 1855 nach Berlin über, wo er sich ein paar Jahre lang als Agent einer Versicherungsgesellschaft durchschlug. Die entscheidende Wende in Strousbergs Leben kam 1861. Eine englische Gesellschaft wollte in Ostpreußen Eisenbahnen bauen und suchte nach einem geeigneten Vermittler zwischen ihr, der Geldgeberin, und der die Konzessionen erteilenden Regierung. Sie fand ihn in Strousberg, und dieser selbst sah auf dem Gebiet des Eisenbahnbaues den Weg, auf dem er am raschesten zu Erfolg und Vermögen gelangen konnte.

In wenigen Jahren baute Strousberg die Tilsit–Insterburger Bahn, die Ostpreußische Südbahn, die Berlin–Görlitzer Bahn, die Märkisch–Posener Bahn, die Rechte Oder–Ufer-Bahn, die Halle–Sorauer und die Hannover–Altenbekener Bahn, um nur die wichtigsten zu nennen. Hinzu kamen Eisenbahnen in Ungarn und Rumänien, so daß Strousberg schließlich ein Netz von fast 400 Meilen beherrschte. Doch das genügte seinem vorwärtsdrängendem Geist und seinem Schaffensdrang noch nicht. Er kaufte auch Lokomotivenfabriken und Schienenwalzwerke, Hochofenanlagen und Kohlenbergwerke. Ohne viel nach dem Ertrag zu fragen, erwarb er große Landgüter. Sein Bestreben war nämlich, der Familie ein glänzendes Dasein zu geben, und so sollte jedes seiner sieben Kinder als Erbteil eine eigene „Herrschaft" bekommen.

Natürlich schuf er sich auch in Berlin, wo er zuerst eine Mietwohnung in der Bellevuestraße bezog, den standesgemäßen Wohnsitz. Es war das später der Britischen Botschaft dienende Palais Wilhelmstraße 70, über das die Fachwelt 1877 urteilte: „Die Anordnung und Ausstattung des ebenso großräumigen wie behaglichen Innern waren zur Zeit ihrer Entstehung in Berlin noch ohne Beispiel." August Orth, dem Berlin einige Kirchen und die Anregung zum Bau der Stadtbahn verdankt, hatte es 1867/68 mit einem Aufwand von 900 000 Mark errichtet. Von Strousberg war es mit einer Gemäldegalerie ausgestattet, die ihm beim Verkauf nach seinen eigenen Angaben 800 000 Taler einbrachte.

Strousberg war nach wenigen Jahren des Glanzes zum Verkauf gezwungen, weil ihn waghalsige Geschäfte in Konflikte mit den Gesetzen gebracht hatten. Dazu kamen der von Wien ausgegangene „Gründerkrach" des Jahres 1873 und die vernichtenden Anklagereden des nationalliberalen Abgeordneten Dr. Eduard Lasker – Landsmann und Glaubensgenosse Strousbergs, auch Jurist und in England gewesen wie dieser – im Abgeordnetenhaus gegen den Gründungsschwindel und das „System Strousberg".

Strousberg versuchte zu retten, was kaum noch zu retten war; er reiste nach Moskau, um mit der Commerz- und Leihbank ins Geschäft zu kommen. Dort wurde er aber verhaftet, fast zwei Jahre lang festgesetzt und schließlich des Landes verwiesen. Nach seiner Rückkehr war es aus mit dem „Eisenbahnkönig" und das Schicksal eines

Mannes besiegelt, der in genialer Voraussicht erkannt hatte, daß Mitteleuropa ein leistungsfähiges Eisenbahnnetz benötigte, der aber in der Wahl seiner Mittel leichtsinnig und in den von ihm angewendeten finanziellen Methoden unzuverlässig war.

Von dem Palais in der Wilhelmstraße mußte er sich trennen, auch von einer in der Keithstraße bezogenen Mietwohnung. Er fand zuletzt Unterschlupf bei seiner früheren Köchin in einer Mansarde der Taubenstraße. Hier ist er am 31. Mai 1884, erst 61 Jahre alt, bettelarm gestorben. Seine letzte Ruhestätte bot ihm die noch zu guter Zeit errichtete Gruftkapelle auf dem Alten Matthäuskirchhof in der Großgörschenstraße.

Ein Grabdenkmal, das er für den an der Schwindsucht verstorbenen Lieblingssohn Arthur bei Reinhold Begas bestellte, hat er nicht mehr bezahlen können. Das Tonmodell stand lange in Begas' Atelier und wurde erst 1900 für die Pariser Weltausstellung in Bronze gegossen. In den zwanziger Jahren hat Berlin den figürlich reich ausgestatteten Sarkophag gekauft und auf dem Friedhof an der Humboldtstraße in Reinickendorf aufgestellt, wo er den nicht orientierten Besucher mit den gleichen Fragen konfrontiert wie das Strousbergsche Familienbild im Berlin-Museum.

Am Königsplatz durfte man nur mit königlicher Genehmigung bauen

Berlins vielbefehdeter Wissenschaftssenator Professor Stein hat sich einmal im Gespräch mit Journalisten als König in einem Reich ohne Land bezeichnet: „Die Kurfürsten haben das ganze Land in der Hand." Sein den Namen König tragender Kollege vom Wirtschaftsressort ist noch schlechter dran. Als er Berlin mit einem Solbad beglücken wollte, versagten ihm Bevölkerung und Abgeordnetenhaus die Gefolgschaft, und bei dem Plan, das Landschaftsidyll der Gatower Rieselfelder für Industrieansiedlungen in Anspruch zu nehmen, legten die privaten und amtlichen Naturschützer ein vielstimmiges Veto ein. Die Baulandreserve für industrielle Neuanlagen ist im beengten West-Berlin knapp geworden, zu wesentlichen Teilen auch von Vorratslagern des Senats eingenommen.

Was halten Sie von der Idee, mit den Vorratslagern auf das riesige Gelände nördlich des Platzes der Republik umzuziehen und dabei an eine alte Tradition anzuknüpfen? Hier lagen nämlich vor hundert und mehr Jahren einmal die Holzplätze der Herren Kampfmeier und Seeger, aber auch das große Brennholzlager der Königlichen Porzellan-Manufaktur, zu dem man das Holz über den Floß- oder Porzellangraben flößte. Im Zeitalter des Biedermeiers war er der Treffpunkt aller Schlittschuhläufer. Calau hat die „Winter-Belustigung auf der Spree hinter den Zelten im Thiergarten bei Berlin" in einem hübschen Kupferstich festgehalten.

In den sechziger Jahren des vorigen Jahrhunderts wurde der Porzellangraben zugeschüttet und das fiskalische Gelände südlich des Spreebogens bis zum Platz der Republik (der von 1865 bis 1926 und in den Jahren zwischen 1935 und 1945 Königsplatz hieß) parzelliert. Durch die neuangelegten Alsen-, Fürst-Bismarck-, Herwarth-, Moltke- und Roonstraße hatte man es der Bebauung erschlossen. Das ruhige und vornehme, durch anmutige Grünanlagen ausgezeichnete Viertel wurde zur Wohngegend der sogenannten besten Gesellschaft. Eine verhältnismäßig große Zahl hoher Militärs, von Hofleuten alten Stils, aber auch Persönlichkeiten aus Kunst und Wissenschaft hatten die sehr geräumigen, repräsentativen Wohnungen inne. Eine Reihe diplomatischer Vertretungen bezog hier ihre Residenzen. Selbst die Dänen setzten sich über die trübe Erinnerung, die mit dem Namen Alsen für ihre Geschichte verbunden war, hinweg und richteten in der Alsenstraße ihre Gesandtschaft ein.

Zwar nur 170 Meter lang, jedoch 68 Meter breit, war die Alsenstraße die breiteste aller Straßen des alten Berlin in den Grenzen bis 1920. Der oft als breitester Straßenzug angesehene Prachtboulevard der „Linden" mißt dagegen nur 60,40 Meter. Wer heute nach der Alsenstraße sucht, findet von ihr nicht die geringste Spur: weder Fahrbahn noch Bürgersteig, Bordkante oder Straßenschild.

Den über 100 000 Quadratmeter großen Raum, der einst gegen achtzig Gebäuden – darunter so ansehnlichen wie dem früheren Generalstab – an breiten Straßen Platz bot, nehmen jetzt weite Rasenflächen ein, auf denen ein paar Krähen oder Tauben nach Nahrung suchen.

Die Öde ist keineswegs allein eine Folge des Krieges. Sie wurde 1938 durch Abbrüche eingeleitet, mit denen ein größenwahnsinniges Regime zur „Neugestaltung Berlins" Platz schuf für eine riesige Versammlungshalle. An diese sollte sich dann bis zum Autobahnring hin „in einer machtvollen Großzügigkeit, die dem hohen Sinn unserer Zeit entspricht", eine überdimensionierte Nord-Süd-Achse anschließen.

Davon wurde gottlob nichts verwirklicht, ausgenommen die Neubauten der aus der Alsenstraße und ihrer Umgebung an den Tiergartenrand verlegten Gesandtschaften. Auch die Schweizerische Gesandtschaft erhielt in der Lichtensteinallee einen Neubau, der aber 1943 – noch vor dem Einzug der Eidgenossen – durch einen Luftangriff zerstört wurde. Man blieb in der alten Unterkunft, Fürst-Bismarck-Straße 4, überstand hier den Bombenkrieg, auch die wegen der Nähe des Reichstagsgebäudes besonders heftig geführte Endphase der „Schlacht um Berlin" – und ist als Schweizerische Delegation noch heute im alten Haus; dem einzigen, das den Plänen des Nazi-Regimes und dem Krieg widerstand. Wie, das hat der Schweizer Diplomat Paul David in dem 1948 in Zürich erschienenen Buch „Am Königsplatz" aus eigenem Erleben packend geschildert.

Das 1920 von der Schweizerischen Eidgenossenschaft erworbene Haus ist weitaus älter, als sein Äußeres vermuten läßt. Die monumentale Werksteinfassade mit der großen Säulenordnung erhielt es erst 1910/11 durch den Architekten Paul Baumgarten, der es für den neuen Eigentümer, Kommerzienrat Dr. Erich Kunheim, ausbaute und aufstockte. Eine 1866 erlassene Kabinettsorder verlangte, daß die Fassadenzeichnungen aller Neubauten am Königsplatz dem preußischen König vorgelegt werden mußten. Das geschah auch mit Baumgartens Entwurf, dem Wilhelm II. am 17. Oktober 1910 im Neuen Palais in Potsdam seine Genehmigung zu erteilen geruhte.

Vierzig Jahre zuvor hatte König Wilhelm I. den Erstbau genehmigt. Eine schmucke Villa von zwei Geschossen, deren Schauseite italienischer Palastarchitektur der Renaissance entsprach. Etwa in der Form, wie sie dem Palazzo Pandolfini in Florenz zu eigen ist.

Friedrich Hitzig hatte sie 1870 entworfen. Jener Baumeister aus einer berühmten Berliner Familie, zu deren Freundeskreis Chamisso, E. T. A. Hoffmann und Eichendorff zählten. Die Literaturfreunde mögen Hitzig nicht, weil er dem alternden Theodor Fontane die Beamtenposition als Akademiesekretär verleidete. Zu seinen Gunsten spricht, daß er durch viele noble Villen und Wohnhäuser im Tiergartenviertel das Gesicht dieses bevorzugten Stadtteils entscheidend bestimmte. Sein Können zeigt an der Schweizer Delegation noch immer die vom Altbau übernommene, reich in Eiche geschnitzte schwere Haustür, ein Meisterwerk Berliner Tischlerkunst.

Bauherr und Bewohner der nach zeitgenössischem Urteil „mit solider Pracht und wirklichem Kunstsinn ausgestatteten Villa" war der Wirkliche Geheime Obermedizinalrat Professor Dr. Friedrich Theodor von Frerichs, der – dem Gesellschaftstrubel abhold – hier ein sehr zurückgezogenes Leben führte. Im Jahre 1819 in Aurich geboren, hat er seit der 1859 erfolgten Berufung als Schönleins Nachfolger in Berlin bis zu seinem Tode 1885 „nicht nur seinem Namen einen Weltruf verliehen, sondern auch vornehmlich dazu beigetragen, der deutschen Medizin und insbesondere der deutschen Klinik das Ansehen in der Welt zu schaffen, dessen sie sich heute erfreut". Dieser Meinung war 1885 sein erster Biograph, der jedoch nicht verschweigt, daß der Friese Frerichs „mit den Vorzügen und Sonderheiten seiner Landsleute" behaftet war. An den Ostfriesenwitzen scheint doch etwas dran zu sein.

Auf Berlin und die Berliner war Frerichs übrigens nie gut zu sprechen, und sein Unmut machte sich oft ungezügelt Luft. Sollte man ihm vielleicht deswegen das 1885 als „beschlossene Sache" angekündigte Denkmal oder eine Frerichsstraße bis heute vorenthalten haben?

Villa Frerichs am Königsplatz, um 1905

„Im Dunkeln is jut munkeln" – Aus der Chronik des 100jährigen Südende

Nachdem Berlin nahezu unvorbereitet und fast über Nacht deutsche Reichshauptstadt geworden war, begann die „Gründerjahre" genannte Zeit eines gewaltigen Aufschwunges, der auf dem scheinbar unerschöpflichen Milliardensegen der französischen Kriegsentschädigung beruhte. Das schon in den vierziger Jahren aufgekommene, damals spöttisch gemeinte Schlagwort „Berlin wird Weltstadt" bekam jetzt wirkliche Bedeutung. Die wirtschaftlichen Möglichkeiten schienen unermeßlich und führten zu einem ungeheuren Zustrom von Menschen.

Während die große Zahl der mittel- und obdachlosen Zuzügler wohl oder übel auf brachliegenden Äckern vor dem Kottbusser, Frankfurter und Landsberger Tor in jammervollen Bretterbuden kampieren mußte, stieß die allzeit wache Bauspekulation weit nach draußen vor und gründete außerhalb des Berliner Weichbildes in allen Himmelsrichtungen ihre für den finanziell gutgestellten Mittelstand berechneten, nach der Windrose benannten Landhauskolonien. Nordend ist mittlerweile in Niederschönhausen aufgegangen, und Ostend wurde zu Oberschöneweide. Doch das bereits 1878 in Charlottenburg eingemeindete Westend ist ein Begriff geblieben. In erster Linie wohl durch den gleichnamigen Bahnhof, der auch Südende vor dem Vergessenwerden bewahrt hat. Dieser Steglitzer Ortsteil konnte 1972 auf sein 100jähriges Bestehen zurückblicken.

Doch ging das Jubiläum ohne öffentliches Gedenken vorüber, weil das Bezirksamt offiziell keinen Ortsteil Südende mehr kennt und die Pflege der Namenstradition der Bahn und der Kirche überlassen hat. Dabei ist die „Orts-Benennung" sogar amtlich verkündet worden, und zwar am 19. Juli 1873 durch die Regierung zu Potsdam, als auf dem „am Kreuzungspunkte der Berlin-Anhaltischen Eisenbahn und des Communicationsweges von Steglitz nach Mariendorf belegenen, zur Anlage einer Landhäuser-Colonie bestimmten Bau-Terrain" schon fünf Häuser errichtet und auch bewohnt waren.

In Kapps „Berlin für Fremde und Einheimische" vom gleichen Jahr heißt es: „Südende ist eine durch seine angenehme Lage an Seen, guten Boden und hübsche Anlagen bevorzugte Colonie, schon gesucht und eine sehr nahe Zukunft voraussagend. Gas- und Wasserwerke werden bereits in Angriff genommen, auch laden ein großes Restaurant, sowie Park, Aussichtsturm etc. zum Besuch ein." Der sonst die Schönheiten der Berliner Landschaft überschwenglich preisende, aus Nassau zugezogene Klavierlehrer Hennes jedoch schrieb 1879 in seinen „Hundert Nachmittags-Ausflügen" vom Villenterrain Südende: „Hier ist der Aussichtsturm das wichtigste, denn alles andere wird wohl noch viele Jahre zu seiner Belebung brauchen."

Ein Jahr zuvor war nämlich die Aktien-Gesellschaft Südende liquidiert worden; die durch den „Gründerkrach" von 1873 ausgelöste Wirtschaftskrise hatte auch sie erreicht. Nicht weniger als 800 000 Taler hatte die Zentralbank für Bauten 1872 in das Unternehmen gesteckt, für den zehnten Teil dieser Summe mußte sie es 1878 einem Dr. Wetzel überlassen.

Das etwa neunzig Hektar große hügelige Gelände am Südhang der „in sanft geschwungenen Linien zu mäßiger Höhe aufsteigenden Rauhen Berge" war durch ein Netz von Straßen erschlossen worden, die man alle gleich gepflastert und mit Alleebäumen geschmückt hatte. Obwohl die Anhalter Bahn sozusagen an der Tür vorüberfuhr, hielt sie nicht in Südende. Das geschah erst vom Jahre 1881 an.

Die AG Südende ließ deshalb einen Omnibus nach Schöneberg verkehren, dafür 1873 auch den Priesterweg pflastern und mit Kastanien säumen. Von diesen haben kaum mehr als zwei Dutzend altersschwach gewordene Bäume überlebt, aber das halsbrecherische 100jährige Bon-

bonpflaster liegt noch heute, auch in den Nebenstraßen Südendes.

Die Straßennamen erinnern nach mehrfacher Umtaufe jetzt zumeist an Steglitzer Lokalgrößen, nur zwei gedenken der Tatsache, daß Südende bis 1920 zu Mariendorf gehörte und seine Bewohner dem Gemeindevorsteher Oehlert und Amtsvorsteher Denk unterstanden. Daß sie es nicht immer ohne Widerspruch taten, geht aus einer Stellungnahme des umsichtigen Landrats von Stubenrauch hervor, der 1904 anläßlich des Streits um den Bau einer Turnhalle dem Gemeindevorsteher klarmachte, „daß derjenige Teil von Mariendorf, der sich Südende nennt, ein gut Teil Intelligenz und Rührigkeit birgt und namentlich durch das stetige Wachsen seiner Steuerkraft sich zu einem Faktor heranbilden wird, mit dem eine weitsichtige Gemeindeverwaltung frühzeitig rechnen sollte".

Unter den ersten fünf Häusern Südendes (von denen keines mehr steht) hatte sich bereits ein Restaurant befunden, das hochgelegene, aussichtsreiche „Bergschlößchen" am Oehlertring, dem rasch ein halbes Dutzend weiterer Gartenlokale folgte. Sie hörten auf so klangvolle Namen wie „Zum Paradiesgarten" oder „Zur schönen Esche".

Doch kamen sie alle nicht gegen das Parkrestaurant Südende an, das der „Touristen-Club für die Mark Brandenburg" schon vor mehr als 75 Jahren empfahl: „Mit seinen kleinen Seen, seinen Wasserläufen, welche allerorts zierliche Brücken überspannen (Badeanstalt), mit dem schönen Park und seinem im altdeutschen Stile eingerichteten Saal macht dieses Restaurant einen vornehmen und sehr einladenden Eindruck."

Seine Glanzzeit hatte das „Paresü" in den Jahren zwischen den beiden Weltkriegen, als es sich mit dem zehn Morgen großen, gepflegten Naturpark wohl zu Recht „das schönste Gartenrestaurant Groß-Berlins" nannte.

Villa in Südende, 1872. Nach einem Ölbild von Albert Schwendy (Sammlung Herbert Klewer, Berlin)

Damals konnte man auf den weitverzweigten Teichen (an deren Stelle sich seit 1971 ein 16geschossiges Appartementhaus für die Pflegekräfte des Steglitzer Klinikums erhebt) noch im Ruderboot fahren und abends auf der Gartenterrasse tanzen, um schließlich in irgend einem stillen Parkwinkel der alten Berliner Devise zu huldigen: „Im Dunkeln is jut munkeln!"

Zwanzig Morgen Kuschelheide für 1000 Taler

Von den zwölf Bezirken West-Berlins ist Reinickendorf nicht nur der an Fläche größte, sondern auch der mannigfaltigste. Wälder und Seeufer, ländliche Ortsteile mit prachtvollen Dorfauen, großstädtische Zentren und Industriebetriebe; alles, was Stadt und Dorf kennzeichnen und auszeichnen, formt das abwechslungsreiche Bild des „grünen Nordens".

Tegel und der Tegeler See sind laut Baedeker der besuchenswerteste Teil des Bezirks Reinickendorf. Mit dieser Feststellung befindet sich das weltweit bekannte Reisehandbuch in bester Gesellschaft. Denn schon 1790 schrieb Wilhelm von Humboldt an seine Braut Caroline von Dachroeden: „Die Gegend hat in der Tat etwas Romantisches, und für eine hiesige ist sie überschön." Auch Gottfried Keller fühlte sich während seines Berliner Aufenthaltes in den 1850er Jahren so zu dem „nordischen Geistersee" hingezogen, daß er ihn in einem seiner schönsten Gedichte verherrlichte:

„Fühlst nach der Heimat du das Weh,
O Fremdling, dich durchschauern,
Fahr' auf dem nord'schen Geistersee,
Hier ist es schön zu trauern."

Über Tegel, das bereits Julius Stindes „Wilhelmine Buchholz" aus der Landsberger Straße als Sommerfrische wählte, ist die weitere Umgebung vernachlässigt worden. So das früher im Zwickel der großen Bahnlinien und damit abseits liegende, sagenumwobene Heiligensee. Besser wurde es in dieser Beziehung, als man 1913 die gemeindeeigene elektrische Straßenbahn eröffnete. Alle 30 Minuten fuhr die „rote Linie" von Tegel nach Heiligensee, und die „Grüne" lief bis nach Tegelort, am Südende der fast sieben Kilometer langen Heiligenseer Gemarkung. Seit 1958 bringt uns der Autobus dorthin.

Die ungewöhnliche Ausdehnung der Feldmark findet in den schlechten Bodenverhältnissen ihre Erklärung. Am Elchdamm gibt es ja noch heute die unübersehbaren Dünenzüge der Baumberge, beinahe ein Stück Sahara auf märkischem Boden.

Dieser karge Sandboden, der trotz intensiver landwirtschaftlicher Betätigung kaum einen bescheidenen Gewinn erbrachte, fand jedoch das Interesse wagemutiger Siedler aus Berlin. Sehr zur Freude der Heiligenseer Bauern und Kossäten verwandelte sich der „märkische Schnee" in erwünschtes Gold.

Der erste Kolonisator des „Hinterfeldes" war ein Kupferschmied Theodor Rohmann, der 1865 von dem Bauern Lemcke zwanzig Morgen Kuschelheide für 1000 Taler erwarb, ein Haus erbaute und seine anfänglich hier noch betriebene Kupferschmiede in eine Gastwirtschaft umwandelte. Sie besteht noch zwischen Havelufer und Steinadlerpfad: das unter dem Namen „Feengrotte" bekannte Ausflugslokal, als Keimzelle von Konradshöhe, wie Rohmann die Siedlung nach seinem ältesten Sohn Konrad taufte. Eine selbstgeschaffene Rohmannstraße wurde bald in Falkenhorststraße umbenannt. Man hatte nicht vergessen können, daß der alte Rohmann von jedem Ausflügler, der den durch seinen Lokalgarten führenden Uferweg passierte, einen Wegezoll in Gestalt eines Glases Bier forderte.

Hatte Rohmann 1865 den Morgen Land noch für 150 Mark bekommen, so mußte der Färber Karl Berger aus der Krausenstraße schon 780 Mark zahlen, als er sieben Jahre später, 1872, von der „verehelichten Kossät Christiane Caroline Grieft, geb. Bergemann, zu Heiligensee" einen Morgen Land im Hinterfeld kaufte, um dort Wohnhaus und Stall zu erbauen.

Als Berger im Frühjahr 1873 um die baupolizeiliche Genehmigung einkam, erkannte der zuständige Domänenrat in Spandau mit dem Scharfblick des leidgeprüften Verwaltungsbeamten, daß sich aus diesem Haus eine „neue

Ansiedlung" entwickeln würde. Doch sein ablehnender Standpunkt und der Hinweis auf die im Ansiedlungsgesetz von 1845 festgelegten Bedingungen kamen zu spät, weil Berger bereits im Sommer 1872 „schwarz" gebaut hatte, und das Haus längst fertig und bezogen war, als er sein Baugesuch einreichte.

Tatsächlich ist dann aus dem Bergerschen Haus – dem ersten und ältesten in Tegelort – eine Villensiedlung von ein paar hundert Häusern mit einem Dutzend Gaststätten geworden. Die größte von diesen, der „Seegarten" in der Scharfenberger Straße 26, hat sich im Laufe von hundert Jahren aus dem bescheidenen Häuschen des einstigen Färbers und späteren Schankwirts Berger zu seiner jetzigen Ausdehnung auf 2500 Garten- und 550 Saalplätze entwickelt.

Doch das alte Haus von 1872 steht noch immer, links vom Eingangsbau, der 1876 errichtet wurde; 1906 hat man es aufgestockt. Verhältnismäßig früh, 1889, baute Berger den noch vorhandenen Saal. Um die Baukosten aufzubringen, zweigte er von seinem auf über 15 000 Quadratmeter angewachsenen Grundstück die Parzelle Scharfenberger Straße 27–28 ab und verkaufte sie an einen Steuererheber Kayser aus Berlin, der neben dem merkwürdigerweise auf rhombischem Grundriß aufgeführten Wohnhaus ein Wirtschaftsgebäude mit sogenannten „Angelstuben" anlegte, in denen Kleinwohnungen mit Stube und Küche den leidenschaftlichen Petrijüngern für's Wochenende zur Verfügung, standen.

Geangelt wird am Tegeler See bereits seit einigen hundert Jahren. Wenn auch die Feststellung des Predigers Schlüter aus Dalldorf (dem heutigen Wittenau) von 1714 – „Der See ist sehr fischreich. Fische und Krebse sind sehr schmackhaft. Es werden gefangen große Hechte, schöne Zander, treffliche Barsche, Schleie, Brassen oder Bleie, auch zuweilen ungemeine Karpfen" – nicht mehr in allen Teilen zutrifft, so ist der See noch immer das Dorado der Berliner „Posenkieker", oder wie sie sich sonst noch in ihren Vereinigungen nennen.

Das Bergersche Lokal – um 1890 ging es in andere Hände über – hieß lange „Restaurant Tegelort"; eben, weil es das erste und älteste des bereits auf Karten aus der Zeit Friedrichs des Großen verzeichneten „Tegelschen Orts" war. In den zwanziger Jahren, als mittlerweile Wand an Wand insgesamt sechs Gartenlokale das schöne Seeufer gegenüber der Insel Scharfenberg erobert hatten, kam dann der Name „Seegarten" auf, und das „Heideschlößchen" wurde zu den „Seeterrassen" aufgewertet.

Einige von ihnen haben inzwischen ihre Pforten geschlossen und dem Trend der Zeit folgend, die 150 bis 200 Meter tiefen Ufergrundstücke durch moderne Wohnungsbauten rentabler nutzen lassen, als die kurze, an Risiken jeder Art und schlechtem Wetter reiche Saison den Lokalbesitzern bisher gestattete. Der „Seegarten" jedoch wird zur Freude seiner im Sommer und Winter regelmäßig wiederkehrenden (und immer den gleichen Tisch und sogar denselben Stuhl verlangenden) Stammgäste ins zweite Jahrhundert gehen und die arg gefährdete Tradition der Berliner Ausflugsrestaurants weiterhin pflegen und bewahren.

„Restaurant Tegelort", um 1910

Erlauchte Geister trafen sich bei Spaghetti und Würstchen

„Wo ein Aas ist, da sammeln sich die Geier" heißt es im volkstümlichen Sprichwort, das der auf diesem Gebiet deutscher Philologie so bewanderte frühere Berliner Sowjet-Botschafter Abrassimow meines Wissens während der Vier-Mächte-Sitzungen nicht in den Mund genommen hat. Ich mußte an das Sprichwort denken, als ich in der Genthiner Straße das größte Möbelzentrum Berlins inspizierte. Gleich dem Antiquitätenhandel in der Keith- oder Eisenacher Straße sind hier die Möbelhändler in engster Nachbarschaft etabliert. Was mich überdies an Carl Zuckmayer erinnert, der im „Hauptmann von Köpenick" den Kleiderhändler Krakauer zum Schuhmacher Voigt sagen läßt: „Dann fragense mal um de Ecke beim Kemnitzer, das is e Geschäftsfreund von mir. Was ich nich hab, hat er, und was er nich hat, hab ich, hammer uns geeinigt und machen zusammen auf zehn Prozent, kriegt keiner e Roches aufn andern."

Die Genthiner Straße – während des „Tausendjährigen Reiches" auf den zungenbrechenden Namen Woyrschstraße getauft – liegt im Bezirk Tiergarten. Vor hundert und mehr Jahren gehörte sie noch zu Charlottenburg und rechnete zu den „Aaskuten-Enden" des Lützower Feldes hart an der Grenze gegen Schöneberg. Hier, wo das an Seuchen krepierte Vieh vergraben wurde, befanden sich vereinzelte Windmühlen und ein paar Gärtnergehöfte. Eins von diesen, das der Gebrüder Nicolas aus einer französischen Emigrantenfamilie (deren Angehörige noch jetzt das Schluß-S bei der Namensnennung nicht betonen), entwickelte sich zu dem uns heute interessierenden Grundstück Genthiner Straße 30. Im „Daheim" von 1900 wurde es als „traulich poetischer Fleck in einer ganz stillen Ecke des lauten Berlin" gepriesen. Einen Abglanz davon hat es sich bis heute bewahrt.

Von den vornehmen Wohnhäusern der siebziger und achtziger Jahre, die früher das Gesicht der Genthiner

Straße bestimmten, ist nicht viel geblieben. Einige stehen zwar noch – so Nr. 44 und 48, in dem einst der streitbare Pazifist Helmut von Gerlach wohnte –, doch wurden sie nach Abhacken des Stuckkleides in öder Gleichmacherei den Betonpalästen der Möbelhändler angepaßt. Um so erfreulicher ist dafür der Eindruck, den man nach Passieren der Hausdurchfahrt Nr. 30 gewinnt.

Hier hat der Hofbaurat des Herzogs von Oldenburg, Ernst Klingenberg, auf dem Hinterland des 1871 für 45 000 Taler (50 Jahre zuvor hatte es nur 225 Taler gekostet) erworbenen Gärtnergrundstücks der Herren Carl und Paul Nicolas noch im gleichen Jahr Wand an Wand zehn zweigeschossige Villen im heute wieder geschätzten Stil des Spätklassizismus errichtet, von denen der Bombenkrieg sechs auf unsere Tage kommen ließ. Aber nicht das hochherrschaftlich gehaltene vierstöckige Vorderhaus an der Genthiner Straße, durch dessen gewölbte Zufahrt nach Passieren eines vom Portier überwachten Gitters man zu den 1872 bezogenen Villen gelangte.

Die nach 1871 in Berlin herrschende Wohnungsnot, die ruhige, verkehrsgünstige Lage unweit der von ein paar Dutzend verschiedener Straßenbahn- und Omnibuslinien befahrenen Potsdamer Straße, gaben der Klingenbergschen Villenanlage die vom Architekten gewünschte Attraktivität. Zumal hübsche Gartenanlagen und ein noch vorhandener, seit langem versiegter Brunnen mit der Skulptur eines nach Wasser spähenden Knaben die Bewohner darüber trösteten, daß sie zwar nahe dem Tiergarten, aber nicht in einer Tiergartenvilla zu Hause waren.

In den mit den Hausnummern 30 a–k bezeichneten Villen wohnten in kaiserlicher Zeit neben anderen der Graf Königsmarck auf Plaue/Havel, der berühmte Metallurg der Bergakademie und Technischen Hochschule Geheimer Bergrat Hermann Wedding, der durch seine AEG-Bauten weltbekannt gewordene Architekt Peter Behrens, die Opernsängerin Emmy Destinn und der Kammerherr Werner Hesse Edler von Hessenthal, der eine Tochter des reichen Hofgoldschmieds Hossauer geehelicht hatte.

Genthiner Privatstraße, 1972

Die interessantesten Bewohner aber hat das Haus 30 i in seinen jüngst gut erneuerten Räumen gesehen. Zuerst bezog es Adalbert Begas, der bereits 1888 verstorbene Maler; Bruder des Bildhauers Reinhold, dessen Tochter Molly den gleichfalls der Baukunst verschriebenen Sohn Arthur des Initiators der Genthiner Privatstraße heiratete.

Adalbert Begas' Witwe, die in Wien geborene Blumenmalerin Luise Begas-Parmentier, hat ihren Mann lange überlebt; erst 1920 ist sie gestorben. Die Dame galt als „eine der beliebtesten und verehrtesten Erscheinungen der Berliner Künstlerinnenwelt, der Mittelpunkt einer fein geistigen, ungezwungenen künstlerischen Geselligkeit". So schrieb das „Daheim" Anno 1900. Doch einer ihrer Untermieter war kritischer und berichtete, daß die „alte Malerin allmonatlich zu Spaghetti und Würstchen einen Kreis erlauchter Geister um sich versammelte, darunter, neben angehenden Klaviervirtuosen, Bühnenstars, überalterten Sangesgrößen und literarischem Fußvolk aller Art, auch Isadora Duncan und Alfred Kerr, damals noch in voller Locken- und Bartpracht".

Rudolf Alexander Schröder, der 1962 verstorbene kluge Übersetzer und geistreiche Dichter, hat das während der

Festwochen 1953 in einer Berlin gewidmeten Rede festgestellt und bei dieser Gelegenheit auch seines Freundes, des Kunsthistorikers Julius Meier-Graefe gedacht, der 1905 bis 1908 gleichfalls im Hause der blumenmalenden Luise wohnte und hier sein Marées-Buch, seinen „Jungen Menzel", seinen „Corot" und anderes geschrieben hat. Der von Schröder mit dem Ehepaar Meier-Graefe im Erdgeschoß der Villa 30 i gemeinsam geführte Haushalt sah des öfteren Gäste in einer Art geschlossener Gesellschaft, die Meier-Graefe „Kriegerverein" genannt hatte. Zu diesem gehörten der Verleger Samuel Fischer, der Maler Leo von König und die damals mit dem Maler Eugen Spiro verheiratete Schauspielerin Tilla Durieux.

„Durch sie – so erzählt Schröder – kam auch das Ehepaar Rilke hie und da nach Berlin; und wenn ich dann noch der gelegentlichen Besuche Gerhart Hauptmanns und Hugo von Hofmannsthals, Richard Dehmels, Karl Schefflers und anderer Literaten, Maler, Musiker und ihres Anhangs in unserem Genthiner Winkeldasein gedenke, so rundet sich einigermaßen das Bild einer Geselligkeit, wie sie so belebt, so mannigfaltig und dabei so fest in sich geschlossen nur in einer Großstadt möglich ist."

Bismarck schickte nur seine Stiefel

„Na, ick wünsche Ihnen, det Sie in dem neuen Haus so alt wie der olle Tizian werden, der is 99 Jahre alt geworden, und det Ihnen bis dahin det Haus nicht übern Kopp zusammenfällt!" Mit diesem treuherzigen Segensspruch entließ der Portier des „Bimmel-Bolle" gehörenden Wohnhauses Lützowufer 31 im Sommer 1874 einen seiner Mieter, der in das neuerbaute eigene Haus umzog.

Der Portier, ein biederer Schuhmachermeister, schien von der Standfestigkeit der in den Gründerjahren wie Pilze aus dem Berliner Boden schießenden Bauten keine günstige Meinung zu haben. Doch sollte er sich gründlich irren. Das damals bezogene Haus steht noch heute, und der solchermaßen Angesprochene wurde nicht 99 Jahre alt, sondern starb 1915 mit 71 Jahren. Es war der als offizieller Maler des deutschen Kaiserreichs bekannt gewordene Professor Anton von Werner, Wirklicher Geheimer Rat und Direktor der Königlichen Akademie der Künste zu Berlin mit dem Prädikat Exzellenz.

Diese glanzvolle Karriere konnte niemand ahnen, als Anton von Werner 1843 in Frankfurt an der Oder einem Tischlermeister aus einer verarmten Offiziersfamilie geboren wurde. Nach dem Schulbesuch ging er in die Lehre eines Dekorationsmalers und schwang hier tüchtig Pinsel und Bürste. Doch sein wacher Geist ließ ihn, der nach Abschluß der dreijährigen Lehrzeit als Stubenmaler von seinem Chef zum Nachfolger ausersehen war, nicht ruhen. Er ging an die Berliner Akademie und später nach Karlsruhe. Hier wurde er Schüler des aus Schwedt in der Uckermark stammenden Genremalers Adolf Schroedter und des damals hoch gerühmten (heute wieder geschätzten und auf den Auktionen erstaunliche Preise erzielenden) Karl Friedrich Lessing, die beide zu den Mitbegründern der Düsseldorfer Malerschule rechneten.

In Karlsruhe hatte Anton von Werner Freundschaft mit Viktor von Scheffel geschlossen und für diesen die Illustrationen zum „Ritter vom Rodenstein", dem „Gaudeamus", dem „Trompeter von Säckingen" und anderen kaum noch genießbaren Dichtungen geschaffen. In der badischen Hauptstadt fand er in der Tochter Malvina seines Lehrers Schroedter die Frau fürs Leben und durch Scheffel Zugang zum Hofe, der für sein künstlerisches Schaffen so verhängnisvoll werden sollte. Die badische Großherzogin Luise, eine Tochter Kaiser Wilhelms I., ebnete Werner 1870 den Weg nach Versailles ins deutsche Hauptquartier. Dort hat er sein bekanntestes Bild gemalt, die Kaiserproklamation. Ein monumentales Geschichtsdokument, in dem alles bis auf den Uniformknopf genau stimmt, jedoch der künstlerische Impetus fehlt. Die Älteren unter uns werden sich des Bildes aus der Ruhmeshalle des Zeughauses (wo es als Fresko wiederholt war) erinnern, vielleicht auch der unangenehmen Tatsache, daß man es im Schulaufsatz beschreiben mußte, was einem das Bild noch unsympathischer machte.

Auch in seinen Bildnissen von „höchsten und allerhöchsten Herrschaften", mit denen es Anton von Werner überhaupt ein Leben lang hielt, begnügte er sich mit der naturgetreuen Wiedergabe des Äußeren, ohne in das individuelle Wesen der Personen einzudringen. Doch den Dargestellten gefielen sie, sie brachten Geld, die Berufung des erst 32 Jahre alten Malers zum Direktor der Akade-

Villa Anton von Werners, um 1910

mie der Künste und die großen Staatsaufträge taten ein übriges dazu, daß Anton von Werner sich früh sein eigenes Heim errichten konnte.

Es lag in der Potsdamer Straße an einem vom Aktien-Bau-Verein Königstadt erschlossenen „square" – dem für England oder Irland typischen grünbewachsenen Viereckplatz, den man in Paris als „Cité" kannte und schätzte – und war von der Straße aus durch eine offene Durchfahrt zugänglich. Hinter dem modernen Geschäftshaus Potsdamer Straße 81/83 des „Tagesspiegels" noch heute zu finden, ist es als Nr. 81 a eine der drei über den Krieg gekommenen von ursprünglich sechs Villen.

Es sind eigentlich mehr Reihenhäuser, die der oldenburgische Hofbaurat Ernst Klingenberg während der Jahre 1873/74 hier durch den Maurermeister Gregorovius aufführen ließ. Ähnlich denen, die er kurz zuvor in der Genthiner Privatstraße gebaut hatte. Nur wurde im Gegensatz zu den Putzbauten der Genthiner Straße der Blankziegelbau bevorzugt und die gelbgetönten Flächen durch Architekturglieder aus Sandstein belebt.

Am Wernerschen Haus ist davon nicht viel geblieben, die Ziegel sind unter Putz verschwunden. Das Nebenhaus Nr. 81 b hat sich dagegen sein ursprüngliches Gesicht bewahrt. Der Puttenfries unter dem Hauptgesims und die mit Löwenköpfen geschmückte Dachrinne stammen allerdings erst von einem Umbau im Jahre 1887.

Bis 1958 hatte die Wernersche Villa noch ihre alte Haustür mit den Monogrammen AW und MW in den Ziergittern. Die Inschrift „Labor gaudet 1874 A. v. W." war schon früher verschwunden, 1938/39, als die Wernerschen Erben das Haus veräußert hatten, und der neue Eigentümer, eine Düngerhandel-Gesellschaft, vor allem im Innern einen gründlichen Umbau vornahm.

Im Hausflur hatte der als Maler nur zu fleißige Anton von Werner das Latein in den Goethespruch verdeutscht „Tages Arbeit, abends Gäste" und Könige und Fürsten in dem damals als Sehenswürdigkeit Berlins geltenden Hause empfangen und ihnen stolz die nach seinen Entwürfen oder auch eigenhändig ausgemalten verhältnismäßig kleinen Räume des schmalbrüstigen Hauses gezeigt. Das neun mal neun Meter messende Atelier im obersten Geschoß haben die letzten drei Kaiser oft erstiegen, fast alle deutschen Bundesfürsten und viele ausländische Würdenträger. Nur Bismarck ist nicht persönlich gekommen, um wie gewünscht in Uniform mit allen Orden Modell zu stehen. Er schickte versehentlich seine großen Kürassierstiefel.

Ein Höhepunkt in Werners Leben und der bedeutsamste Moment in der Geschichte seines Hauses war die hier 1879 vom Hofprediger Frommel im Beisein des Kronprinzenpaares und Moltkes vollzogene Taufe seines Sohnes Fritz. Werner hat den Festakt in einem Bilde festgehalten und mit der Freiheit des Künstlers viel mehr Personen in den „roten Salon" plaziert als dieser jetzt mit 24 Studienplätzen einer privaten Handelsschule ausgefüllte Raum jemals hätte aufnehmen können.

Mit sechs Hinterhöfen hielt „Meyers Hof" einen traurigen Rekord

Vor vierzig Jahren erschien als Hauptwerk des kenntnisreichen Theoretikers des Städtebaus Werner Hegemann im Format und Umfang des Telefonbuchs sein ebenso glänzend wie einseitig geschriebenes „Steinernes Berlin", das sich im Untertitel „Geschichte der größten Mietkasernenstadt der Welt" nennt. Daß die Mietkaserne eine keineswegs auf Berlin beschränkte Zeiterscheinung ist, daß es sie auch in anderen Groß- und Weltstädten gibt – so in Paris und Wien, hier sogar zahlreicher als an der Spree –, darüber ging der Autor unbekümmert hinweg.

Hegemann kam es in seiner vielfach bewußt verzeichneten Darstellung der baulichen Entwicklung Berlins, der versäumten Gelegenheiten und der nicht erkannten Notwendigkeiten, vornehmlich darauf an, die Sünden der preußischen Bürokratie und des wirtschaftlichen Liberalismus bloßzulegen, die nach der Reichsgründung von 1871 unsere Stadt zu einem steinernen Meer von überhohen Mietkasernen an breiten baumlosen Straßen werden ließen. Die prunkvollen, wenn auch nicht immer geschmackvollen Stuckfassaden der Vorderhäuser dieser mächtigen Wohngebäude verrieten wenig oder nichts von dem im Dunkel der Hinterhäuser herrschenden Wohnungselend; von den licht- und luftarmen, übervölkerten Wohnungen, in denen die Bevölkerung hausen mußte.

Prototyp der Berliner Mietkaserne und fast zu einem Symbol für die unglückliche Bau- und Bodenpolitik des ausgehenden 19. Jahrhunderts geworden (als die Terrainspekulanten nur ihren Profit und die Baupolizei ausschließlich den Feuerschutz im Auge hatten) ist der berühmt-berüchtigte „Meyers Hof" in der Ackerstraße 132–133 auf dem Wedding. Mit sechs Hinterhöfen hielt er bis zum letzten Kriege einen traurigen Rekord. Auch mit der Zahl der auf einem Grundstück konzentrierten Bewohner stand er an der Spitze aller Berliner Wohnhäuser.

Sein „Schöpfer" war der Fabrikbesitzer Jacques Meyer aus der Köpenicker Straße, wo er neben dem Königlichen Proviantamt eine Velvetfabrik betrieb. Als Berlin nach dem Krieg mit Frankreich von den Milliarden der französischen Kriegsentschädigung profitierte und einen schnellen Bevölkerungszuwachs von durchschnittlich 40 000 Köpfen im Jahr verbuchen konnte, fanden die Zuzügler zwar Arbeit und Lohn in der gewaltig aufblühenden Schwerindustrie, doch keine Wohnungen. Trotz der in den „Gründerjahren" nach 1870 ungezügelt einsetzenden Terrain- und Bauspekulation konnten nicht genug und nicht schnell genug Wohnungen gebaut werden, so daß ungezählte obdachlose Familien in öffentlichen Gebäuden untergebracht werden mußten oder sogar gezwungen waren, im Freien in rasch zusammengenagelten Bretterbuden zu hausen.

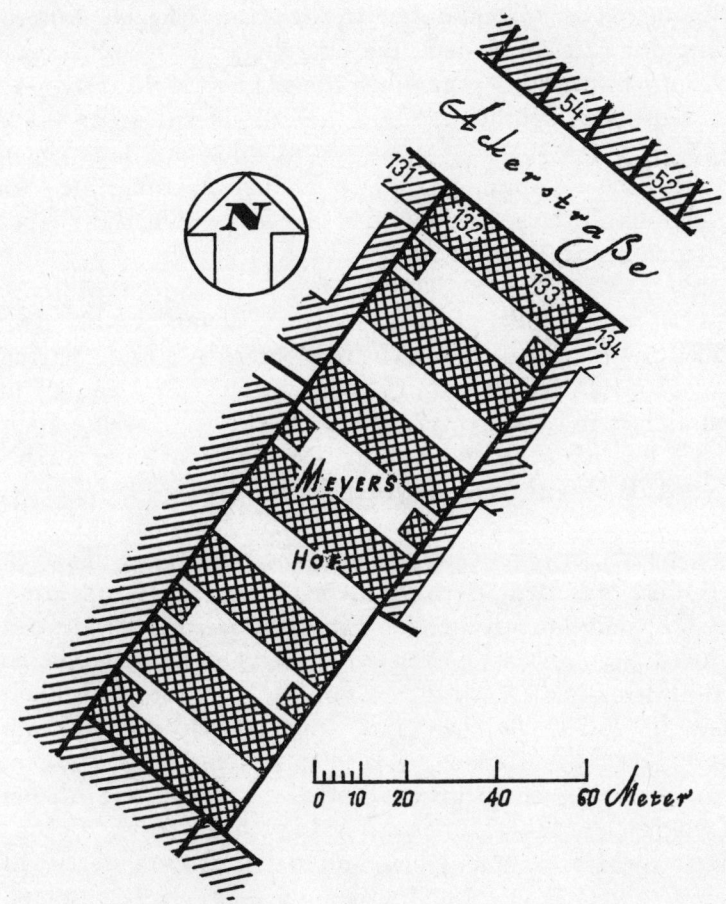

Meyers Hof im Stadtplan von 1908

In dieser Zeit der Hochkonjunktur des Wohnungsbaus nahm Meyer seine Chancen wahr und ließ 1873/74 ohne Rücksicht auf die Bedürfnisse der Gemeinschaft und des einzelnen auf dem 5600 Quadratmeter großen Grundstück in der Ackerstraße, das nur vierzig Meter breit sich fast 150 Meter lang in die Tiefe erstreckte, nicht weniger als sechs fünfgeschossige Häuser von zwölf Meter Tiefe errichten, die durch zehn Meter schmale Höfe voneinander getrennt waren. Den Abschluß an der hinteren Grundstücksgrenze bildete ein zweistöckiges Remisen- und

Verwaltergebäude mit der hauseigenen Wasserversorgung und zwölf Badezellen zur freien Benutzung der Mieter. „Die Wohnhäuser werden durch einen Mittelkorridor geteilt, an dem, die überwiegend zweifenstrigen Wohnzimmer und gegenüber die zugehörigen, durchweg einfenstrigen Küchen und Kammern liegen. Jedes Haus enthält etwa 50, das ganze Grundstück demnach gegen 300 solcher Wohnungen, die mit einer Bevölkerung von mehr als 2000 Köpfen – also der Einwohnerzahl einer kleinen Stadt – besetzt sind."

So heißt es völlig kritiklos von „Meyers Hof", dem „Beispiel für spezifische Arbeiter-Kasernen", in der ersten Ausgabe (1877) des vom Architekten-Verein zu Berlin publizierten Dokumentarwerks „Berlin und seine Bauten". Baulich gesehen war für „Meyers Hof" der Architekt A. E. Witting verantwortlich.

Der heute vergessene Julius Rodenberg hat 1884 in seinen „Bildern aus dem Berliner Leben" auch „Meyers Hof" besucht und dabei folgenden Eindruck gewonnen: „In den Höfen herrscht das Leben einer Straße; Kinder spielen fröhlich umher, Werkstätten von jeglicher Beschaffenheit sind in vollem Betrieb, und Frauen, welche Grünkram und Obst feil halten, sitzen an den Ecken. Ich muß sagen, daß dies alles einen guten Eindruck machte, wie ich bei Zwielicht die Höfe durchschritt, in welchen so viele Hunderte dicht zusammenleben und dennoch einander nicht im Wege sind. Die Luft in den angemessen geräumigen Höfen war nicht schlecht, und als ich sie verließ, fingen eben die Gaslaternen an, ihr reichliches Licht in denselben zu verbreiten."

Auch bei Rodenberg kein kritisches Wort. Das folgte erst 1896 in der zweiten Auflage von „Berlin und seine Bauten", als Fontanes Schwiegersohn Professor Fritsch unter anderem schrieb: „Was man noch vor 22 Jahren der Arbeiterbevölkerung in bezug auf ihre Wohnungen glaubte zumuten zu können, zeigt in drastischer Weise der der ersten Ausgabe dieses Buches entnommene Grundriß der sogenannten Meyerschen Häuser, Ackerstraße... Über die Mängel eines solchen Wohnsystems, das durchaus nicht etwa für den fraglichen Bau erfunden, sondern damals das bei Arbeiter-Miethäusern vorherrschende und hier nur im großen Maßstabe durchgeführt war, kann ein Zweifel wohl nicht bestehen."

Dennoch ist in „Meyers Hof", der sich bis 1922 im Besitz der Familie befand, kaum etwas geändert worden. Nur die auf dem ersten, dritten und fünften Hof befindlichen Klosettgebäude – kurioserweise konnten sie nur gemeinsam gespült werden, was der Verwalter zwei- bis dreimal am Tag veranlaßte – wurden von 1897 an sehr zögernd durch Innentoiletten ersetzt. Erst der Bombenkrieg schuf 1944 entscheidenden Wandel. Er ließ nur das in einer Art Renaissance-Palazzo-Stil fassadierte Vorderhaus und das erste Quergebäude mit den Klosetthäusern auf dem Hof übrig. Wie lange noch?

Im Sanierungsgebiet Wedding unmittelbar neben der 1954 bezogenen „Ernst-Reuter-Siedlung" hat es nur bis 1973 gedauert, und die verwahrlosten Reste von „Meyers Hof" gehörten der Vergangenheit an. Das 1965 von Berlins ältestem gemeinnützigen Wohnungsunternehmen, der Alexandra-Stiftung von 1847, übernommene Grundstück kam den Nachbarn zur Bernauer Straße hin zugute: Dem „Verein für die Armen" in der Ackerstraße 140 und dem 1865 gegründeten Lazarus-Kranken- und Diakonissenhaus, das bereits die südliche Hälfte von „Meyers Hof" erworben und mit einem Schwesternwohnheim bebaut hat. Das alte Torgitter von „Meyers Hof" wurde auf den Hof eines Neubaus der Alexandra-Stiftung in der Bergstraße 39-40 übertragen.

Potsdamer Hofmaurermeister baute die Sowjet-Villa am Wannsee

Das Vier-Mächte-Abkommen hat der Berliner Bevölkerung die Aussicht auf eine krisenfreie Entwicklung gebracht, dazu eine Reihe von längst fälligen Erleichterungen im Reise- und Besucherverkehr. Der Sowjetunion wurde zugestanden, in West-Berlin ein Generalkonsulat zu etablieren. Aber nicht in dem ihr seit 1927 gehörenden, 1973 abgerissenen Haus Lietzenburger Straße 86, dessen Verschwinden wohl nur die dort hausenden verwilderten Tauben bedauerten.

Das sowjetische Generalkonsulat wurde vielmehr am Reichensteiner Weg in Dahlem untergebracht, und der Generalkonsul residiert in einer Villa in der Amselstraße. Die Sowjetunion gab dafür ihr Haus in der Lietzenburger Straße und ihren Grundbesitz an den Gestaden des Großen Wannsees auf, von dem die meisten unter uns bislang nichts wußten.

So ungewöhnlich ist es aber nicht, denn die USA hatten vor zwanzig Jahren ebenfalls ein 12 000 Quadratmeter großes Gelände in der Herthastraße 23 Ecke Hubertusallee gekauft, es jedoch nicht ausschließlich den hier am Hubertussee hin und wieder kampierenden Pfadfindern überlassen, sondern es 1972 dem Land Berlin für gutes Geld abgetreten. Das projektierte Altenzentrum läßt allerdings auf sich warten.

Das der UdSSR gehörende Grundstück Am Sandwerder 1 in Wannsee liegt zwischen der Dampferanlegestelle der Stern- und Kreisschiffahrt und der Wasserwachtstation des Deutschen Roten Kreuzes (Am Sandwerder 3). Der beiden Grundstücken gemeinsame Zaun mit „unsichtbaren" Maschen zwischen Eisenpfosten, die antiken Bacchantenstäben nachgebildet sind, läßt den aufmerksamen Betrachter an die genauso gestaltete Umwehrung des Schlosses Kleinglienicke denken. Und wenn man dann in den verwilderten Garten schaut und dort ein bewohntes Bauwerk des Spätklassizismus sieht

— mit einem Loggienturm, der dem Glienicker sehr ähnelt —, so weiß man Bescheid.

Der Potsdamer Hofmaurermeister Petzholtz, von dem auch die Loggia Alexandra auf dem Böttcherberg stammt, hat beide Grundstücke (Am Sandwerder 1 und 3) 1875 für zwei Leute bebaut, die sich zwar jeden Tag im Geschäft sahen, privat aber auch beieinander sein wollten. Es waren die Herren Ernst Wild und Wilhelm Wessel, deren Lampenfabrik in der Prinzenstraße das führende Unternehmen des Berliner Petroleum-Zeitalters war.

Das Wildsche Haus ist im großen und ganzen noch so, wie es vor über 100 Jahren aufgeführt wurde, doch das von Wessel bewohnte hat der neue Eigentümer 1911 grundlegend umgebaut; zuletzt geschah das noch durch das Rote Kreuz, das es 1961 von dem Schauspieler Paul Verhoeven erwarb.

Villa Am Sandwerder 1, 1972

Die Straße „Am Sandwerder" hieß bis 1933 Friedrich-Karl-Straße, was seine Berechtigung hatte; denn der Neffe Kaiser Wilhelms I. war Besitzer des Gutes Düppel, dessen Gemarkung nicht nur die Gebiete der Zehlendorfer Ortsteile Schlachtensees und Nikolasee umfaßte, vielmehr bis an die Ostufer des Kleinen und Großen Wannsees reichte. Erst 1898 wurde das Gelände von Wannsee eingemeindet. Auf Betreiben des preußischen Prinzen hatte man 1869 bis 1874 die Wannseebahn mit ihrem von Zehlendorf zum Schlachtensee führenden Schlenker angelegt. Durch noch völlig unbesiedeltes Wald- und Ackerland. Doch „man wollte nicht nur einige der schönsten Gegenden in der näheren Umgebung Berlins dem großen Publikum zugänglich machen, sondern hoffte auch, die Gründung von Sommerfrischen und ländlichen Aufenthaltsorten für den wohlhabenderen Teil der Berliner Bevölkerung zu unterstützen".

Das gelang dann auch, und die nach der Reichsgründung ob des starken Zuzugs in Berlin herrschende Wohnungsnot tat dazu ihr übriges. Die damals noch in Privathand befindliche „Berlin–Potsdam–Magdeburger Eisenbahn-Gesellschaft" veräußerte die entbehrlichen Parzellen an die Herren Wild und Wessel. Kurioserweise interessierte sich die Deutsche Reichsbahn 1940 für das Wildsche Haus, das damals bereits 25 Jahre lang im Besitz des Kommerzienrats Dr. h. c. Julius Gebauer war, dem die Maschinenbauanstalt und Textilveredlungsfabrik Fr. Gebauer in der Franklinstraße gehörte.

Von Gebauer hat das „Volkskommissariat für den Außenhandel der Union der Sozialistischen Sowjetrepubliken (UdSSR)" das 8300 Quadratmeter große, 65 Meter breite und 130 Meter tiefe Grundstück 1945 für zwei Millionen Reichsmark erworben, aber nie davon Gebrauch gemacht. Mietweise waren von 1950 an die Wohn- und Studienheime des Sozialen Jugendwerks Berlin und – 1956 bis 1963 – des Hauses der Zukunft untergebracht, denen aber die Räume der als Einfamilienhaus konzipierten Villa auf die Dauer nicht genügten.

Seitdem bewohnen es einige Privatleute, die zwar in den selbst im Hochsommer wegen des ständigen Seewindes kühlen, im Winter eiskalten Zimmern weidlich bibbern, jedoch die Pracht des an schönen alten Bäumen reichen Gartens und die herrliche Wasserfront zu schätzen wissen. Da die Sowjetunion den Besitz dem Land Berlin übergab, brauchen sie ihr Tuskulum vorerst nicht zu räumen.

Auch der 1959 festgesetzte Bebauungsplan, in dem das Gelände als öffentliche Grünfläche ausgewiesen ist, konnte lange nicht realisiert werden, weil die US-Mission ihre Genehmigung zur Inanspruchnahme des Grundstücks versagte. Jetzt soll bis 1978 der längst fällige Zugang zur Anlegestelle der Haveldampfer verwirklicht werden, und die Teltowkanal AG will hier ein Gaststätten- und Verwaltungsgebäude errichten.

Auf dem Grundstück steht — von der Straße aus deutlich sichtbar — eine aufwendige Terrassenanlage aus Sandstein mit überlebensgroßer marmorner Borussia, die ich als ein Überbleibsel der Berliner Gewerbeausstellung von 1879 identifizieren konnte. Damals war sie in Moabit ein Schaustück im Ausstellungspavillon der „Königlichen Hof-Steinmetz-Meister Paul Wimmel & Co." Ein Wangenstein von der Terrassenbrüstung liegt gleich einer barocken Grabplatte im Gras, doch sind die eingemeißelte Hausmarke und die Jahreszahl 1776 nur Signum und Gründungsjahr der damals von Johann Heinrich Wimmel in Berlin ins Leben gerufenen, noch existierenden Steinbruch- und Steinmetzbetriebe Zeidler & Wimmel, die ihre 200-Jahr-Feier gebührend mit einer opulenten Festschrift für die Nachwelt festhielt.

Für die orthodoxe Kathedrale zahlte auch die „Arbeitsfront"

Er war nicht nur der dickste, sondern auch der dickfelligste aller Männer, die jemals auf dem Sessel des Berliner Polizeipräsidenten thronten: Guido von Madai. Vierzehn Jahre lang, von 1872 bis 1885, amtierte er in Berlin, nachdem er vorher das gleiche Amt in Frankfurt am Main bekleidet hatte. Eine so lange Amtszeit hat nur der noch unter uns weilende Dr. Johannes Stumm erreicht, jedoch nicht die fast drei Zentner Lebendgewicht des „dicken Guido", wie die Berliner den stadtbekannten Gourmand nannten, der trotz seiner Fettleibigkeit 82 Jahre alt wurde.

Als der 1810 in Halle geborene, einer alten ungarischen Familie entstammende Herr von Madai im Jahre 1884 das 50jährige Dienstjubiläum des preußischen Staatsbeamten beging, stiftete er aus eigenen Mitteln und der von seinen Schutzleuten gesammelten Jubiläumsspende das auf den Namen seiner verstorbenen Frau getaufte Mariannenhaus in Wilmersdorf. Nach der Stiftungsurkunde war sein Zweck, „gefährdeten und gefallenen Mädchen, welche eine gesittete und ordentliche Lebensbahn einschlagen wollen, eine schnelle und vorübergehende Zufluchtsstätte zu geben und ihnen in ihrem weiteren Fortkommen förderlich zu sein".

Das 1885 als eins der ersten Häuser an der damaligen Kaiserstraße (und heutigen Bundesallee) errichtete Gebäude der Mariannenstiftung trug die Bezeichnung Nachodstraße 10. Der dreigeschossige Rohziegelbau entsprach im Äußeren dem, was die wilhelminische Zeit ziemlich gleichartig als Bahnhöfe, Postämter, Amtsgerichte oder Schulen in den preußischen Kleinstädten erstehen ließ. Im Herbst 1974 mußte er einer überflüssigen Straßenverbreiterung weichen.

Hier waren die „gefallenen Mädchen" ursprünglich in Schlafsälen untergebracht, die sich aber auf die Dauer als „unzuträglich" erwiesen und 1891 durch Einziehen von

Rabitzwänden in „Schlafzellen" aufgeteilt wurden. Bereits 1904 hat sich die Mariannenstiftung von dem Haus getrennt und es an den Spediteur Franzkowiak verkauft, der Wohnungen und Lagerräume einrichtete.

Nach dem Ersten Weltkrieg baute es der Deutsch-Russische Schulverein zu einem Asyl und Flüchtlingsheim für die große Schar der in Folge der Revolution von 1917 nach Deutschland gekommenen russischen Emigranten aus, eröffnete hier die St. Georgs-Schule, ein Deutsch-Russisches Realgymnasium, und erwarb es schließlich 1925 als Eigentum.

Obwohl es 1944 wieder in Privatbesitz überging und zuletzt dem Land Berlin gehörte, sind die Russen im Mariannenhaus heimisch geblieben. Sie hatten hier ihren Andachtsraum, in dem Propst Sergius Poloshensky, ein liebenswürdiger alter Herr aus St. Petersburg, in vierzig Jahren die 500 Mitglieder seiner griechisch-orthodoxen Kirche betreute; auch zweimal im Monat in deutscher Sprache für die in den letzten Jahren „rechtgläubig" gewordenen jungen Berliner predigte.

Seinem Amtsvorgänger, dem in den zwanziger Jahren im Mariannenhaus als „Vorsitzender des Kirchenrats der russisch-griechisch-orthodoxen Pfarrei zu Berlin" wohnenden und wirkenden Bischof Tychon, war die deutsche Sprache weder in Wort noch in Schrift geläufig. Dennoch brachte er es fertig, Behörden und Geldleute für den Neubau einer Kathedrale zu interessieren, die in Verbindung mit einem Wohnhaus bereits 1923 auf dem Grundstück Hohenzollerndamm 33 Ecke Ruhrstraße erstehen sollte.

Wegen der Inflation konnte man erst vier Jahre später an den Bau herangehen, der 1928 vollendet wurde und den Älteren unter uns noch in Erinnerung ist. Das dreißig Wohnungen umfassende Eckgebäude hatten die Architekten Gellrich und Niklau mit einem durch Zwiebeltürme reich geschmückten malerischen Aufbau versehen, unter dem sich der Kirchensaal für die russische Gemeinde befand. Im Erdgeschoß wurde gleichzeitig ein „Domklause" genanntes Restaurant eröffnet.

*Ehemalige russisch-orthodoxe Kathedrale,
Hohenzollerndamm Ecke Ruhrstraße, 1930*

Diese „Domklause" gibt es noch immer, dazu seit 1958 ein „Domhotel". Doch von der namengebenden Kirche sieht man nichts mehr. Im November 1937 mußten die bezeichnenden Zwiebeltürme verschwinden, weil die NSDAP hier Verwaltungsräume ausbauen wollte; auch wurde die stark gegliederte Fassade vereinfacht.

Etwas Merkwürdiges war in der Zwischenzeit geschehen. Der preußische Staat in Gestalt des Reichs- und Preußischen Ministers für die kirchlichen Angelegenheiten hatte der orthodoxen Kirche ganz in der Nähe, Hohenzollerndamm Ecke Berliner Straße, vom Jahre 1936 an die zwei Jahre später durch Bischof Tychon eingeweihte

Christi-Auferstehungs-Kathedrale erbaut, zu deren Kosten auch die Arbeitsfront der NSDAP als nunmehriger Nutznießer der Räume im Domhaus beitrug.

Die mit ihren grüngestrichenen Zwiebelkuppeln im Stadtbild sehr wirksame „Wosskressenje sobor" hat in den letzten Jahren mehrfach publizistische Schlagzeilen gemacht, als Diebe durch die ungesicherten Fenster einstiegen und wertvolle Ikonen raubten. Der Ikonastas, eine Bilderwand, die in jeder orthodoxen Kirche den Andachtsraum der Gläubigen von dem nur dem Popen zugänglichen „Allerheiligsten" trennt, ist aus der Kapelle im Domhaus übernommen worden. Ursprünglich zierte er als Stiftung der Zarenfamilie die von den Polen zerstörte Garnisonkirche des 13. Ulanenregiments Wladimir in Minsk Mazowiecki bei Warschau und kam von dort auf abenteuerliche Weise nach Berlin.

„Rindfleisch im eigenen Saft" aus Haselhorst

Wenn man nach ein paar Urlaubswochen an den Strand der Spree zurückgekehrt ist, kann es einem passieren, daß man ein seit Jahrzehnten vertrautes, historisch bedeutsames oder auch nur persönlich interessantes Gebäude nicht mehr vorfindet. Für die Schubraupe ist es ja eine Kleinigkeit, ein Haus, an dem man seinerzeit jahrelang baute, innerhalb weniger Tage restlos zu beseitigen.

Mit dem umfangreichen Baukomplex der früheren „Königlichen Conserven-Fabrik" an der Gartenfelder Straße in Haselhorst jedoch hatte man länger zu tun. Die Siemens-Wohnungsgesellschaft brauchte zwei Jahre, um das Gelände für neue Wohnbauten freizumachen. Das große Fabrikationsgebäude war bald beseitigt, doch die Wache und die Kasernen standen noch bis 1971. Hier waren seit dem Jahre 1892 bis zum Ende des Ersten Weltkrieges während der Herbst- und Wintermonate zum Militär eingezogene Schlächtergesellen damit beschäftigt, alljährlich mehr als 3000 Ochsen zu schlachten und in „Rindfleisch im eigenen Saft" für die preußische Armee zu verarbeiten.

Der heimatverbundene Berliner hängt bekanntermaßen an seiner Stadt und bedauert immer wieder, wenn ein Zeuge des geschichtlichen Werdens aus dem Stadtbild verschwindet. Doch glaube ich kaum, daß jemand der Armeekonservenfabrik nachtrauern wird; denn ihre 1889 bis 1893 nach dem Entwurf des Intendantur- und Baurats Max Polack entstandenen Zweckbauten aus Rohziegeln waren wirklich keine Augenweide und von ausgesprochener Nüchternheit, denen jeder ästhetische Reiz fehlte.

Da sah es mit dem alten Haselhorster Gutshaus schon anders aus. Es lag versteckt und nur wenigen bekannt hinter der Konservenfabrik, wo es allmählich verkam und im Sommer 1965 der Spitzhacke verfiel. Obgleich erst um 1815 erbaut, erinnerte es in seinen schlichten, wohlabgewogenen Architekturformen, vor allem durch das hohe Mansardendach, an die märkischen Gutshäuser aus der Zeit des Alten Fritzen. Bei seinem Anblick mußte man unwillkürlich an das von Theodor Fontane besungene „Doppeldachhaus" des Herrn von Ribbeck auf Ribbeck im nahen Havelland denken.

Gebaut war das Haselhorster Haus vom Oberamtmann Grützmacher, nachdem er 1812 das domänenfiskalische Vorwerk Plan erworben hatte, das erst 1848 nach einer alten Flurbezeichnung den klangvollen Namen Haselhorst bekam. Der parallel zur Daumstraße verlaufende Grützmachergraben auf dem früheren Plan erinnert noch an den unternehmungslustigen Mann, von dem eine Sage erzählt, er hätte 1760, als die Russen kurzfristig Berlin besetzten, sein Vaterland verraten wollen. Er wurde jedoch abgefaßt und zum Tod durch den Strang verurteilt. Weil es aber bei dem Versuch des Landesverrats geblieben war, begnadigte ihn der Alte Fritz. Doch mußte Grützmacher zur Erinnerung daran, daß er eigentlich dem Galgen verfallen war, bis zu seinem Tode eine seidene Schnur um den Hals tragen.

Als Dank für die Begnadigung schenkte Grützmacher, der auch Generalpächter der Ländereien des Berliner Invalidenhauses war, dem König ein großes Stück Land, auf dem dann eine Kaserne erbaut wurde. Es war die der populären „Maikäfer", der Gardefüseliere in der Chausseestraße, deren jetzt vom Stadion der Weltjugend eingenommener Exerzierplatz nicht nur im Volke, sondern auch auf amtlichen Karten „der Grützmacher" hieß.

Auf dem Plan gemahnen noch einige Erdhügel – auch der Zickzackverlauf des Grützmachergrabens – an die frühere Befestigungslinie, die hier die 1831 bis 1837 angelegte, natürlich längst verschwundene Pulverfabrik sichern sollte. Und der seltsame Straßenname „Lünette" gedenkt nicht etwa eines schönen Mädchens, vielmehr eines früher an der Stelle der Weihnachtskirche vorhandenen Festungswerks: der 1855 angelegten „Kanallünette".

Der ingeniöse Graf Rochus zu Lynar, Baumeister der Spandauer Zitadelle, hatte bereits 1578 auf dem Plan eine Pulvermühle errichtet, die mehrmals in die Luft flog, aber immer wieder neu aufgebaut wurde. Als sich die Festungsstadt Spandau nach dem Kriege von 1870/71 zu einem Rüstungszentrum sondergleichen entwickelte, kam mit der Erweiterung der Pulverfabrik auf dem Plan für

Gutshaus Haselhorst, 1965

Haselhorst der Abschied von einer Idylle. Das ganz alten Leuten noch bekannte „Waldschlößchen" jenseits des früheren „Arbeiterparks" und der Gartenfelder Brücke – dort, wo einige uralte Eichen stehen – hat Carl Riesel schon vor über 100 Jahren im „Romantischen Havelland", dem „zuverlässigen Führer durch alle Partien der Jungfernheide" gerühmt und ihm wegen seiner Lage am Kanal („namentlich im Winter als Rendezvous der Schlittschuhläufer") und „ferner durch die Nähe Spandaus ($1/2$ Stunde) und Berlins ($1 1/2$ Stunde)" eine zu guten Erwartungen berechtigende Zukunft bescheinigt.

Die Zukunft von heute bedeutet für Haselhorst, daß die wenigen, noch an der Riensbergstraße, der Stöckel- und Feldzeugmeisterstraße vorhandenen schnucklingen Häuschen der fiskalischen Arbeiterkolonie langsam aber sicher mehrstöckigen Wohnhäusern Platz machen müssen.

Im Jahre 1892 hatte man die Siedlung begonnen, 1907 war sie mit 51 Häusern fertiggestellt, in deren 362 Wohnungen gegen 1600 Personen hausten. Auf der Weltausstellung 1900 in Paris hatte der Spandauer Zimmermeister Bastian im Auftrage der Militärverwaltung ein Musterexemplar dieser Arbeiterhäuser aufgebaut, das auch prompt ausgezeichnet wurde.

Ob man sich nicht dazu entschließen sollte, eins oder zwei dieser Häuser vor dem Abriß zu bewahren, um der Nachwelt davon Kunde zu geben, daß der so oft geschmähte preußische Staat in der Fürsorgepflicht für seine Arbeiter doch besser war, als tendenziöse Geschichtsschreiber zugeben wollen?

Einst im Baedeker gepriesen — jetzt Objekt der Stadterneuerung

Eine entscheidende Aufgabe für die Zukunft unserer Stadt ist die Schaffung genügenden Wohnraums. Obwohl wir in West-Berlin bereits über 100 000 Wohnungen mehr haben als vor dem Kriege, gibt es noch immer Zehntausende von Familien, die eine Wohnung suchen — und das bei stetiger Abnahme der Einwohnerzahl. Die Gründe dafür liegen in der Tatsache, daß man heute ganz andere Ansprüche an eine Wohnung stellt als etwa vor zwanzig Jahren. Mit den gesteigerten Einnahmen haben sich auch die Vorstellungen potenziert, die man von einer modernen Wohnung hat. Dazu kommen die noch immer nicht gänzlich behobenen Kriegs- und Alterungsschäden vieler Wohnhäuser, deren sich seit einigen Jahren die Aktion „Stadterneuerung" des Bausenators annimmt.

Die Sanierung hat das Ziel, heruntergekommene und verwahrloste Gebiete sozial und wirtschaftlich wieder zu vollwertigen Teilen unseres Gemeinwesens zu machen. Inzwischen ist es gelungen, rund 20 000 sanierungsbedürftige Wohnungen zu räumen und die Bewohner aus ihrem „Kietz" (den sie oft nur ungern verließen) in neue Wohnstätten im umstrittenen Märkischen Viertel, in der Gropiusstadt oder im Falkenhagener Feld umzusetzen.

Von den sechs ins erste Stadterneuerungsprogramm aufgenommenen Sanierungsgebieten in den Bezirken Tiergarten, Wedding, Kreuzberg, Neukölln, Charlottenburg und Schöneberg ist das Weddinger mit 186 Hektar das bei weitem größte. Es reicht vom Bahnhof Gesundbrunnen bis zur Bernauer Straße und wird im Westen von der Stettiner Bahn, im Osten vom Güterbahnhof der Nordbahn begrenzt.

Ein Blick auf die amtliche Karte dieses Sanierungsgebiets läßt erkennen, daß die 186 Hektar zu hoch gegriffen sind. Sie schließen nämlich die 26 Hektar des Humboldthains mit ein sowie das Industriegelände der AEG (15 Hektar) und der Schwartzkopff-Werke (4 Hektar), auch zwanzig Hektar Eisenbahnflächen, wo es keinen Wohnungsbau zu sanieren gibt. Halten wir uns darum an die erneuerungsbedürftigen Wohnungen, deren Zahl 16 000 beträgt. Davon sind bis jetzt mehr als 3000 frei gemacht oder abgebrochen worden, während über 1000 neu entstanden.

Auch der „Versöhnungs-Privatstraße" geht es an den Kragen, jener einst als „Sehenswürdigkeit Berlins" gepriesenen und als solche in den Baedeker aufgenommenen Wohnstraße des Vaterländischen Bauvereins. Von der Hussitenstraße 4–5 erstreckt sie sich 200 Meter lang über ein maximal achtzig Meter breites Gelände von ewas mehr als 7000 Quadratmetern bis zur Strelitzer Straße 43.

Der vor über siebzig Jahren, im Juli 1902, auf Anregung des Jungmännervereins der Versöhnungsgemeinde, des Evangelischen Arbeitervereins und der christlichen Gewerkschaften gegründete, in seinen Anfängen bewußt fürsorgerischen und politisch konservativen Charakter zeigende Vaterländische Bauverein trat mit nur 69 Mitgliedern ins Leben. Ein Jahr später zählte er bereits 370 Baugenossen. Doch wichtiger als diese – zumeist waren es kleine und mittlere Beamte der Post und Eisenbahn – erwiesen sich die „hochgestellten Gönner und Freunde", allen voran der wegen seiner sozialen Gesinnung im Kaiserreich als „roter Graf" geschmähte preußische Staatsminister Arthur Graf von Posadowsky-Wehner.

Sie ermöglichten es, daß die junge Baugenossenschaft bereits 1903–04 ihre erste Wohnanlage, die Versöhnungs-Privatstraße, mit 208 Ein- bis Dreizimmerwohnungen, 43 Einzelzimmern „für alleinstehende weibliche Personen" und fünf Läden mit einem Kostenaufwand von 1,3 Millionen Mark errichten konnte.

Der beauftragte Architekt, Baurat und Dombaumeister Georg Schwartzkopff, wollte vom berüchtigten Berliner Hinterhof wegkommen und gestaltete sechs „Gartenhöfe", wie er sie nannte. Da es letzten Endes doch Hinterhöfe waren und blieben, versuchte er sie dadurch zu ka-

Nürnberger Hof der Versöhnungs-Privatstraße, 1927

schieren, daß er die Fronten der Gebäude in den verschiedenen Stilen der deutschen Architekturgeschichte dekorierte. Sein Programm war, die Entwicklung Berlins vom Fischerdorf (an das damals selbst die Historiker noch glaubten) bis zur Kaiserstadt zu zeigen. Der Stilbruch begann gleich mit dem Eingangshaus an der Hussitenstraße und dem ersten (Romanischen) Hof, in dem fünfgeschossige Häuser „in das 12. Jahrhundert zurückführten, wo Berlin noch ein armseliges Fischerdorf war". So zu lesen in der 1927 zum 25jährigen Bestehen des Vaterländischen Bauvereins erschienenen Festschrift.

Die weiteren Höfe waren dem gotischen Backsteinbau, der barocken Putzarchitektur und anderen, mehr oder minder gelungenen Stilkopien gewidmet; ursprünglich auch reich mit stuckierten Plastiken und bunten Wandmalereien geschmückt.

Von alledem ist nach einem schweren Bombenangriff im Mai 1944, der fünf Häuser zerstörte und die restlichen fünfzehn stark beschädigte, wenig übriggeblieben, da man bei der Erneuerung nach dem Kriege auf die Wiederherstellung der architektonischen Maskerade verzichtete. Allein der Nürnberger Hof läßt noch die alte Konzeption erkennen, obwohl auch er schmückende Erker und Giebel eingebüßt hat. Jetzt verlor er seinen südöstlichen Flügel, weil man den verhältnismäßig engen, dreieckigen Hof öffnete und mit modernen Neubauten an der Bernauer Straße verband.

Dieser Absicht stand auch das in den achtziger Jahren gebaute Wohnhaus Strelitzer Straße 44 im Wege. Mit seinem Abbruch verschwanden die Putzdekorationen des sechsten Hofes, der Berlin aus der Zeit der Kaiserstadt versinnbildlichen sollte. Hier sah man die Gestalt des alten Kaisers über den Büstenreliefs seiner Paladine Bismarck und Moltke. Dazu in verwitterten Frakturbuchstaben die als „Novemberbotschaft" in die Sozialgeschichte eingegangene Adresse Kaiser Wilhelms I. von 1881 an den Reichstag, in der offen davon gesprochen wurde, daß „die Heilung der sozialen Schäden nicht ausschließlich im Wege der Repression sozialdemokratischer Ausschreitungen, sondern gleichzeitig auf dem der positiven Förderung des Wohles der Arbeiter zu suchen sein werde".

Daraufhin wurden in rascher Folge 1883 die Krankenversicherung, ein Jahr später die Unfallversicherung und 1889 die Alters- und Invalidenversicherung vom Parlament verwirklicht.

Aus dem Mendelssohn-Palais wurde ein St. Michaels-Heim

Daß es bereits vor über 700 Jahren jüdische Mitbürger an Spree und Havel gab, haben die 1955–57 bei Instandsetzungsarbeiten im alten Gemäuer der Spandauer Zitadelle gefundenen, hebräisch beschrifteten Grabsteine erwiesen. Die Jüdische Gemeinde zu Berlin führt ihren offiziellen Gründungstag jedoch nur bis zum 10. September 1671 zurück, als der Große Kurfürst fünfzig aus Wien vertriebenen jüdischen Familien das Privileg erteilte, sich in Berlin niederzulassen.

Anläßlich der 300-Jahr-Feier veranstaltete das Berlin-Museum unter dem Titel „Leistung und Schicksal" eine Gedenkausstellung, die dank ihres instruktiven und reich bebilderten Kataloges über den Tag hinaus fortleben wird. Er dokumentiert durch eine Fülle von Namen berühmter Juden, daß diese geistig und wirtschaftlich wesentlich dazu beitrugen, Berlin zum kulturellen Zentrum Deutschlands zu entwickeln. Einer der klangvollsten Namen ist mit der Familie Mendelssohn verbunden, die seit den Tagen Friedrichs des Großen in Berlin ansässig ist und deren Nachfahren noch heute unter uns leben.

Einer dieser Mendelssohn beklagte sich darüber, daß er wohl der Sohn eines berühmten Vaters und der Vater eines berühmten Sohnes sei, doch von ihm spreche niemand. Es war der Bankier Abraham Mendelssohn, gemeinsam mit seinem Bruder Joseph führte er das sehr angesehene Bankhaus Mendelssohn & Co. in der Jägerstraße. Sein Vater war nämlich der Philosoph Moses Mendelssohn, dem Lessing mit seinem „Nathan der Weise" ein unvergängliches Denkmal gesetzt hat, und der Sohn, Felix Mendelssohn-Bartholdy, eroberte sich mit seinen Kompositionen die Welt. Selbst jene, die kein Wort Deutsch verstehen, kennen die Melodien seiner Lieder, des „Leise zieht durch mein Gemüt liebliches Geläute", des „Wer hat dich, du schöner Wald..." oder des „O Täler weit, o Höhen..."

Die Mendelssohns haben nicht nur dem kulturellen Berlin entscheidendes Gepräge verliehen, sie haben auch das äußerliche Bild der Stadt mitgestaltet; wenn es auch heute nur noch in Resten spürbar ist und sich eigentlich nur dem Kundigen offenbart.

So umschloß bis 1974 in der Koenigsallee beiderseits der Gedenkstätte für den 1922 hier auf offener Straße ermordeten Reichsaußenminister Walther Rathenau — auch ein bedeutender Kopf der Jüdischen Gemeinde, dessen Vater Emil die AEG gründete — die Herthastraße entlang bis zur Bismarckallee ein rund 550 Meter langer schmiedeeiserner Zaun den früheren Besitz der Brüder Franz und Robert von Mendelssohn, die als Urenkel von Joseph Mendelssohn (und Großneffen des Komponisten) vor und nach dem Ersten Weltkrieg dem Bankhaus vorstanden. Von der Villa Roberts ist nach dem Bombenkrieg nur das vielbestaunte Prachtportal an der Ecke Hertha- und Lynarstraße übriggeblieben, doch der feudale Landsitz seines Bruders, der auch Präsident der Industrie- und Handelskammer war, ist aus einer kläglichen Ruine glanzvoll wiedererstanden.

„St. Michaels-Heim. Evangel.-Johannische Kirche. Stiftung Johannisches Aufbauwerk" heißt es am Portal, Bismarckallee 23, und dahinter liegt breit und imponierend mit sandsteinerner Front der Palast, den sich Franz von Mendelssohn kurz vor der Jahrhundertwende von dem Hofarchitekten Kaiser Wilhelms II., Ernst von Ihne, hatte bauen lassen. Während dieser Baumeister bei seinen öffentlichen Gebäuden – der Staatsbibliothek, dem Marstall und dem Kaiser-Friedrich-Museum – dem italienischen Barock huldigte, gab er dem Mendelssohnschen Haus auf Wunsch des Bauherrn den Charakter eines englischen Landschlosses und unterstrich diesen durch viele der für Großbritannien typischen Schornsteine. Davon ist heute nichts mehr zu sehen, nachdem Oberbaurat Hans Georg Heinrich die im Kriege zerstörte Dachzone 1964 bis 1967 mit einer geistvoll komponierten Giebelkette besetzte, die zwei gleichhohe, aber von einander unabhängige Etagen umfaßt.

Äußerlich unverändert sind jedoch noch das dem Horseshoe-Cloister in Windsor ähnelnde Portierhaus, Herthastraße 5, mit pittoresken Fachwerkgiebeln über Untergeschossen aus roten Backsteinen, und das gleichermaßen gestaltete einstige Stall- und Remisengebäude auf der anderen Straßenseite (Herthastraße 8). Hier hatte einmal der Tierpräparator Kriegerowski mit unzähligen ausgestopften Tieren aus aller Welt eine Art zoologisches Museum aufgebaut. Das stimmungsvolle Gebäude wurde nun unter Wahrung seines Äußeren mit Appartements versehen.

Modern ist auch das Innere des St. Michaels-Heims gestaltet, in dem kaum mehr als die aufwandvolle Halle an die Ihnesche Konzeption erinnert. Ein großes Ölbild gedenkt des Stifters der „Evangelisch-Johannischen Kirche nach der Offenbarung St. Johannis", Joseph Weißenberg.

Das Grunewald-Grundstück war den Mendelssohn 1938 enteignet worden; 1957 verkauften die jetzt in Bayern und Amerika wohnenden Nachkommen Franz von Mendelssohns den 23 000 Quadratmeter großen Besitz am Herthasee zu dem günstigen Preis von 332 500 Mark an das Johannische Aufbauwerk, das hier – vom Zahlenlotto durch Geldspenden, von den Gemeindemitgliedern durch unentgeltliche Arbeit gefördert – ein Wohnheim mit 200 Plätzen für westdeutsche Arbeitnehmer und das kirchliche Zentrum der Johannischen Kirche einrichtete.

Palais Franz von Mendelssohn, 1925

Schönebergs Rathaus – keine Stiftung der „Millionenbauern"

„Te saxa loquuntur" (Von dir werden die Steine reden) pflegten die selbstbewußten Bauherren des Barockzeitalters in langatmigen Inschriften an von ihnen geschaffenen Gebäuden zu betonen. In unserem Jahrhundert ist man in dieser Hinsicht wesentlich bescheidener und auch der Meinung, das Wissen über den eigentlichen Schöpfer eines repräsentativen Bauwerks würde sowieso nicht vergessen werden.

Wie irrig diese Auffassung ist, beweist ein Blick in die Geschichte des Schöneberger Rathauses, das alle Welt als Sitz des Senats und des Abgeordnetenhauses von Berlin kennt. Doch wird zumeist übersehen, daß es in erster Linie bezirklicher Verwaltungsmittelpunkt ist und der Senat sozusagen nur den Untermieter darstellt. Dieser hat aber inzwischen so viele Räume des Hauses am John-F.-Kennedy-Platz eingenommen, daß für den Bezirk kaum mehr Platz blieb, als Bezirksbürgermeister und Bezirksverordnetenversammlung im Rathaus zu belassen.

Die meisten der bezirklichen Volksvertreter sind heute der Meinung, ihr stolzes Domizil den Schöneberger „Millionenbauern" verdanken zu können. Deren sagenhafter Reichtum soll überhaupt erst den aufwandvollen Bau ermöglicht haben.

Doch es war ganz anders. Den weitsichtigen Plan des Rathauses und seine Lage an der damaligen Westgrenze der bis 1920 selbständigen Stadt Schöneberg verdanken wir einem „Gastarbeiter". Dem in Deutsch-Krone geborenen Berliner Stadtrat Rudolph Wilde, den sich die schon 80 000 Einwohner zählende „Landgemeinde" Schöneberg zum Oberbürgermeister wählte, als sie 1898 endlich Stadtrechte erhielt.

Schöneberg hatte sich erst 1892 am Kaiser-Wilhelm-Platz ein Rathaus erbaut, das auf Jahrzehnte hinaus den Bedürfnissen der Verwaltung genügen sollte. Doch die 30 000 Einwohner des Jahres 1892 schnellten bis 1898 auf 80 000 an, und diese Zahl wuchs ständig weiter. Wilde betrieb deshalb mit der ihm eigenen Energie den Bau eines neuen leistungsfähigen Rathauses und setzte 1902 eine entsprechende Kommission ein. Diese mußte erleben, daß ihr Plan – vor allem aber die Absicht, den Bau im bislang völlig unbesiedelten „Westgelände" zu errichten – auf den heftigen Widerstand der „altansässigen Bürger", der sogenannten „Millionenbauern" stieß. Sie wollten ihr neues Rathaus, wenn überhaupt, an der Ecke Haupt- und Eisenacher Straße haben. Dort gehörte ihnen das Land, und dort war am Grundstücksverkauf an die Stadt erneut gut zu verdienen.

In den jahrelangen Auseinandersetzungen um den Bauplatz sah sich der Stadtverordnetenvorsteher Justizrat Reinbacher zu bitteren Worten über die Opposition der Millionenbauern genötigt. Er warf ihnen im Jahre 1906 vor, ihr Lokalpatriotismus sei bisher mit ihrem eigenem Interesse identisch gewesen. Die meisten dieser „Altansässigen" hätten absolut nichts für Schöneberg getan, sondern das enorme Geld, das ihnen ohne eigenes Zutun in den Schoß gefallen sei, vertrudelt oder für Hofkammerchargen, Edellandsitze und Offizieruniformen verausgabt und schließlich ihrer Vaterstadt Schöneberg den Rücken gekehrt.

Nachdem man sich 1907 über den Bauplatz geeinigt hatte, gab es noch jahrelange Verzögerungen durch den Bauentwurf. Der altgewordene Stadtbaurat wollte ihn selbst zeichnen und legte ihn in immer wieder neuen, aber durchaus nicht besseren Fassungen vor.

Schließlich konnte ein mit 12 000 Mark für den ersten Preisträger sehr gut dotierter Wettbewerb durchgesetzt werden. Doch sein Gewinner (dem auch die zweite Stufe des Wettbewerbs zufiel) kam um die Ausführung, weil man ihn für ein derartig großes Bauvorhaben als zu jung und unerfahren ansah, obwohl der 1971 mit 96 Jahren aus dieser Welt geschiedene Architekt Fritz Beyer damals

*Rosenkesselsches Mühlengehöft (um 1885),
auf dem jetzt das Schöneberger Rathaus steht*

gerade das schmucke Rathaus in Wittenau und einige repräsentative Geschäftshäuser Unter den Linden errichtete. Die zweiten Preisträger, Peter Jürgensen und Jürgen Bachmann, haben dann 1911–14 für sechs Millionen Goldmark das Rathaus erbaut, und die Bildhauer Hinrichsen und Isenbeck schmückten es mit zahlreichen Skulpturen und Reliefs im Geschmack ihrer Zeit. Da sich unter der bildnerischen Zier, sowohl außen wie innen, viele Bildnisköpfe befinden, wird immer wieder behauptet, es seien Porträts der „Millionenbauern" und der Stadtväter. Doch haben sie nur allegorische Bedeutung – gleich den vier Randfiguren hoch oben am Rathausturm, die ein Witzbold einmal die fünf Sinne nannte. Wieso die fünf Sinne, es sind doch nur vier Standbilder? Nun eben, der Geschmack fehlt, erwiderte der bestimmt nicht aus Schöneberg stammende „Architekturkritiker".

Am 26. Mai 1911 hatte man auf dem der Stadt gehörenden früheren Schulzendienstacker und dem ehemaligen, von der Stadtgärtnerei genutzten Rosenkesselschen Mühlengehöft den Grundstein gelegt. Doch Wilde war nicht dabei, ein Herzschlag hatte den unermüdlichen, sich im Dienste verzehrenden Mann kurz zuvor mit 54 Jahren hinweggerafft. Man hatte aber seinen 55. Geburtstag für die Feier der Grundsteinlegung gewählt und gleichzeitig den Rathausplatz nach ihm benannt.

Heute heißt dieser Platz, auf dem das freiheitsliebende West-Berlin oft zu großen Kundgebungen zusammenkam, nach dem ermordeten Präsidenten der USA, John F. Kennedy, der hier am 6. Juni 1963 in berühmt gewordener Rede zu den Berlinern sprach.

Wildes Andenken lebt im benachbarten, ebenfalls von ihm angeregten Rudolph-Wilde-Park weiter. Doch dürfte diese Bezeichnung kaum jemals populär werden. Die Schöneberger sprechen nach wie vor vom „Stadtpark", wie man auch nur den „Kreuzberg" kennt und sich in achtzig Jahren nicht an den „Viktoriapark" gewöhnt hat.

BERLINER ALLERLEI

Was wird aus St. Nikolai?

Wenn die beiden nadelspitzen Turmhelme der Nikolaikirche am Molkenmarkt auch erst von der Renovation der Jahre 1877/78 stammten, so waren sie doch rasch zu einem Wahrzeichen unserer Stadt geworden. Jedes Kind wußte: Hier war ihre Keimzelle, hier stand das älteste und vornehmste, zu allen Zeiten vom Rat und den Geschlechtern bevorzugte Gotteshaus des alten Berlin, dem in der Schwesterstadt Kölln an der Spree der Bau von St. Petri entsprach.

Die Nikolaikirche steht zwar noch immer, die schlanken Turmhelme jedoch brannten während des Bombenangriffes vom 16. Juni 1944 ab, und der mächtige Dachstuhl wurde in den Apriltagen 1945 während der »Schlacht um Berlin« in Schutt und Asche verwandelt. Bald darauf stürzten die ungeschützten Gewölbe und die nördliche Reihe der Langhauspfeiler ein. Den einst so stimmungsvollen Nikolaikirchplatz mit dem Grün der Büsche und alten Bäume gibt es nur noch auf dem Stadtplan, aber nicht in der Örtlichkeit. Ihm fehlt seit langem der Rahmen der altertümlichen Häuser des 17. bis 19. Jahrhunderts, die auch das Gesicht der einst zur Kirche führenden, an mittelalterliche Marktgepflogenheiten erinnernden Molkenstraße (bis 1862 Bollengasse) und Eiergasse bestimmten. Jetzt präsentiert sich St. Nikolai — turm- und dachlos — als riesige Ruine auf weiter Rasenfläche, deren Südgrenze seit einigen Jahren die verlängerte Grunerstraße, die neue breite Verbindungsstraße zwischen Alexanderplatz, Molkenmarkt und Spittelmarkt, bildet.

Diese exponierte Lage an der »Magistrale des sozialistischen Stadtzentrums« läßt um das Schicksal der Ruine von St. Nikolai bangen. Den Stadtplanern ist sie ein Ärgernis, zumal am Beginn der Grunerstraße eine weitere Kirchenruine steht: die im Gegensatz zur Nikolaikirche baulich gesicherte Klosterkirche. Nun soll St. Nikolai abgerissen werden. Die zahlenmäßig kleine Schar der Natur- und Heimatfreunde im Kulturbund hat sich in einer Eingabe an den Magistrat für die Erhaltung der Kirche eingesetzt, auch hat der Denkmalpfleger Ost-Berlins Vorschläge zu ihrer Sicherung ausgearbeitet. Doch wird ihr Schicksal aufzuhalten sein?

Als um 1960 die ersten Gerüchte über einen bevorstehenden Abbruch bekannt wurden, ist amtlich bestätigt worden, daß auch kirchliche Kreise die Meinung vertreten, an einen Wiederaufbau der Nikolaikirche sei nicht zu denken. Wer soll die vielen Millionen dafür aufbringen und wer wird in der kaum bewohnten City das riesige Gotteshaus füllen?

Seit den 1956 bis 1958 im Innern der Nikolaikirche veranstalteten Ausgrabungen ist ihre Baugeschichte durch bislang nicht bekannte Tatsachen erhellt worden. Daß die massigen Untergeschosse der Türme noch vom Erstbau der Zeit um 1220 bis 1230 herrühren, hat Friedrich Adler bereits vor mehr als hundert Jahren festgestellt. Auch, daß der von süddeutschen Vorbildern übernommene Umgangschor mit Kapellenkranz — einem bestimmenden Element des spätgotischen Pfarrkirchenbaues — während der Jahre 1379 bis 1460 entstand und anschließend das Langhaus erneuert wurde. Adler wußte jedoch nicht, daß sich unter den Fundamenten mehr als siebzig Gräber aus der Frühzeit Berlins befanden, die möglicherweise noch in die Jahre vor 1200 zurückführen.

Im Innern der Nikolaikirche, dem »Pantheon Berliner Geschlechter und vornehmster Erinnerungsstätte für die geschichtliche Vergangenheit Berlins« — wie Borrmann 1893 in seinen »Bau- und Kunstdenkmälern von Berlin« rühmte — waren an die 150 Erbbegräbnisse, Grabmäler, Denktafeln und Gemälde aus fünf Jahrhunderten aufgerichtet. Die beweglichen hat man bereits vor Ausbruch des Zweiten Weltkrieges in Sicherheit gebracht und nach 1945 in der glimpflich über die Bombenangriffe gekommenen Marienkirche am Neuen Markt ausgestellt.

Doch die wandfesten Grabmäler verfielen mehr und mehr. Als erstes wanderte das berühmte Denkmal für den Hofgoldschmied David Männlich, das Andreas Schlüter 1700 geschaffen hatte, 1965 in das Bode-Museum, das frühere Kaiser-Friedrich-Museum am Kupfergraben. Anschließend hat man die wertvollsten und einigermaßen intakt gebliebenen Erinnerungsmäler ausgebaut. Unter diesen befanden sich so interessante wie die Grabplatte für den 1576 verstorbenen Propst Thomas Brendicke, den der alte Brendicke bei seinen (unentgeltlichen) Alt-Berlin-Führungen der zwanziger Jahre so gern für seine Familie in Anspruch nahm, ohne die Verwandtschaft zu seinem Bedauern beweisen zu können.

An dem Grabmal Samuel Pufendorfs († 1694), Geschichtsschreiber des Großen Kurfürsten, mußten wir gelegentlich der als Schulausflüge unternommenen Besichtigungen unsere Latein-Kenntnisse unter Beweis stellen, was regelmäßig gelang, da wir — von älteren Mitschülern gewarnt — uns mit einem Spickzettel versehen hatten und die hochtrabende Inschrift »Ossa heic recubant, fama per totum orbem volutat« einigermaßen geläufig übersetzen konnten.

Selbst in den Jahren nach 1945 hat die Nikolaikirche Erinnerungstafeln bekommen. So an der Westfront für Paul Gerhardt, der 1657 bis 1666 als Archidiakon an St. Nikolai wirkte und hier viele seiner noch heute

Nikolaikirche um 1890

gesungenen Kirchenlieder dichtete, die der gleichfalls durch eine Gedenktafel geehrte Kantor Johannes Crüger († 1662) wirkungsvoll vertonte. Wer kennt nicht sein »Nun danket alle Gott«, »Jesus meine Zuversicht«, »Wie soll ich dich empfangen«?

Man hat einmal angeregt, die Ruine der Nikolaikirche zu einem Museum kirchlicher Kunst auszubauen. Doch dürfte es dafür zu spät sein. Das wenige, was uns an altem kirchlichen Kunstgut blieb, hat im Märkischen Museum und in der Marienkirche seinen würdigen Platz gefunden. Der Verfall der jahrzehntelang ungeschützt gebliebenen Bausubstanz der Nikolaikirche machte derartige Fortschritte, daß auch die Fachwelt Zweifel hegt, ob selbst mit großer Mühe und vielen Kosten ein Wiederaufbau möglich ist. Und doch bleibt angesichts der vielen Neubauten im Stadtzentrum bedauerlich, daß es soweit kommen mußte.

Nekrolog einer Straße

Nachdem der Ostberliner Weihnachtsmarkt 1972 aus der Verbannung im Treptower Plänterwald auf seinen traditionellen Schauplatz im einstigen Lustgarten und jetzigen Marx-Engels-Platz zurückgekehrt war, mußte er in den letzten Jahren von dort in die Straße Unter den Linden und auf den Bebelplatz zwischen Opernhaus und »Kommode« ausweichen.

Dort, wo nach dem Abbruch des Stadtschlosses nur die gähnende Langeweile des zentralen Demonstrationsplatzes Ost-Berlins vorhanden war, hat sich nämlich eine riesige Baustelle aufgetan, in der Tag und Nacht gearbeitet wird. Hier soll bis 1976 entsprechend einem Beschluß des ZK der SED und des DDR-Ministerrats der »Palast der Republik« (im Volk »Palazzo Protzki« genannt) entstehen und »zum markantesten und bedeutendsten Bauwerk der Hauptstadt der DDR« werden.

Der Weihnachtsmarkt ist im Laufe seiner 250jährigen Geschichte mehr als einmal umgezogen. So war er bereits während der Jahre 1874 bis 1893 im Lustgarten aufgebaut, weil ihn ein paar um ihren Profit bangende Großkaufleute aus der angestammten Breiten Straße verdrängt hatten. Hier war er seit 1750 heimisch und so angelegt, daß »die Verkäufer und Käufer mit aller Gemächlichkeit und in einer Folge den Markt bebauen und besuchen« konnten.

Totenschilde für die Brüder Halkan aus der Heiliggeistkapelle

Das sind Worte aus einer »königlichen allerhöchsten Verordnung« vom Dezember 1750, in der es außerdem heißt, daß »der vorhin in der Heiligen Geiststraße und auf dem Mulcken Markte gehaltene sogenannte Weynachts-Markt wegen der bekannten sehr engen Passage und mangelnden genugsamen Raum über den Mühlendamm in die Breite Straße verleget« werden mußte.

Das Stichwort Heiligegeiststraße veranlaßte mich, die paar Schritte vom Lustgarten zum anderen Spreeufer zu machen, um dort nach der Straße zu fahnden. Sie war eine der ältesten des alten Berlins — und heute ist sie restlos aus dem Stadtbild gelöscht. Kein Haus steht mehr, keine Fahrbahn und kein Bürgersteig; weder Bordstein noch Straßenschild geben einen Anhalt über ihren früheren Verlauf, der im Zuge der Poststraße auf 350 Meter Länge nach Norden bis zur kurzen Heiligegeistgasse führte.

In dieser gibt es an der Ecke der Spandauer Straße noch die namengebende Heiliggeistkapelle. Ein schlichter gotischer Backsteinbau mit reichgestaltetem Ostgiebel, der 1313 urkundlich zum ersten Mal erwähnt wurde und kurz zuvor entstanden sein dürfte. Das zugehörige, in den achtziger Jahren auf den Wedding verlegte Hospital zum Heiligen Geist wird bereits 1288 in einer Urkunde genannt, die das wohlhabende Schneidergewerk verpflichtete, das im Mittelalter nun einmal unentbehrliche Kerzenwachs zu spenden.

Die Kapelle ist 1906 ihrer kirchlichen Verwendung enthoben und der benachbarten Handelshochschule — heute Wirtschaftswissenschaftliche Fakultät der Humboldt-Universität — als Hörsaal zugeordnet worden. Der Schmuck der Wände kam nach der Bergung im Kriege, soweit vorhanden, in die Dorfkirchen von Mariendorf, Tempelhof und Zehlendorf: auf Holz gemalte Ölbilder mit Darstellungen aus der Heilsgeschichte und von barmherzigen Werken, die einst die Emporen geziert hatten und Stiftungen frommer Gemeindemitglieder waren. Wenn auch von bescheidenem Kunstwert, sind die zumeist 1646 gemalten Bilder beredte Zeugen dafür, daß während des Dreißigjährigen Krieges die Musen in Berlin nicht gänzlich schwiegen.

Unter den Bilderstiftern war auch der Landschaftssekretär Christian von der Linde, dessen Familie an der bekannten Volkssage von den drei Linden ihren Anteil hatte. Sie wurden verkehrt herum eingepflanzt, um in einem Mordfall, wegen dessen die drei Brüder Linde verdächtigt wurden, ein Gottesurteil zu erwirken. Wessen Baum verdorrte, der sollte als schuldig gelten.

Im nächsten Frühjahr grünten alle drei Bäume; die Brüder wurden freigesprochen und erhielten den Adel derer »von der Linde«. Soweit die Sage, aber die drei uralten Lindenbäume auf dem Heiliggeist-Kirchhof hat es tatsächlich gegeben. Sie galten als besondere Berliner Merkwürdigkeit und wurden in vielen Reiseberichten des 17. Jahrhunderts erwähnt. Zu jener Zeit war die Heiligegeiststraße eine exklusive Gegend, in der mehrere Geheime Räte wohnten und deshalb einfache Leute wie ein gewöhnlicher Schuster, einer ausdrücklichen Anordnung des Kurfürsten zufolge, nicht geduldet werden konnten. Noch 1717, als die Hofjuden Moses und Elias Gumpertz ein Haus in der Heiliggeiststraße kauften, wendete sich der Magistrat an den König und bat diesen, »eine Verordnung zu machen, wodurch den Juden inhibirt werde, in den vornehmsten Gassen und noch weniger so nahe am Schlosse Häuser zu haben«.

Die Nähe des Schlosses führte auch zu der Sage vom Neidkopf; Berlins bekanntestem Wahrzeichen, das sich am Haus Heiligegeiststraße 38 befand und nach dem Kriege leicht beschädigt in das Märkische Museum kam.

Der »Soldatenkönig« Friedrich Wilhelm I. soll eines Abends gleich Harun al-Raschid durch die Straßen seiner Residenz gewandert sein und spontan einen großen Auftrag an einen armen Goldschmied vergeben haben, der noch zu später Stunde in seiner Werkstatt in der Heiligegeiststraße fleißig über der Arbeit saß. Als der König wieder einmal bei dem dank seiner Förderung wohlhabend gewordenen Goldschmied vorsprach, mußte er feststellen, daß die Frau eines gegenüber wohnenden, von jeher reichen Goldschmiedes dem Konkurrenten die Zunge zeigte und greuliche Grimassen schnitt. Zur Strafe ließ der König am Haus seines Günstlings den Neidkopf anbringen: die häßliche Fratze eines alten verlebten Weibes mit Schlangen an Stelle der Haare. Jedesmal, wenn die mißgünstige Kollegenfrau aus dem Fenster blickte, sah sie fortan ihr eigenes Spiegelbild, das scheußlich verzerrte Gesicht des »Neidkopfes«.

Der schiefe Turm von Stralau

Wenn es auch zwanzig Jahre lang auf einer schön polierten Holztafel neben dem Portal der Stralauer Dorfkirche stand und von den meisten Besuchern gläubig aufgenommen wurde, so traf es nicht zu: den Turm hatte nicht Karl Friedrich Schinkel entworfen, sondern der Berliner Stadtbaurat Langerhans, dessen Name jetzt an die Stelle Schinkels auf der Tafel trat. Vor 150 Jahren, am 20. Oktober 1823, fand »begünstigt durch die schönste Witterung die Aufsetzung des Knopfes auf den neuerbauten Thurm der Kirche zu Stralow« statt.

Die malerisch unter mächtigen alten Bäumen auf einer Halbinsel zwischen der Spree und dem Rummelsburger See gelegene Kirche ist ein Bauwerk der Spätgotik, von dem der Konrektor Posthius in seinem Ende des 17. Jahrhunderts verfaßten »Chronicon Berolinense« berichtet: »Anno 1464. Ist die Kirche zu Strahlo gebaut und der Turm gefertigt worden.«

Dieser Turm, den Schinkel bereits 1815 auf zwei kleinen Ölgemälden festhielt, war zwar im Laufe der Zeit mehrfach erneuert worden, doch gebot sein Zustand zu Beginn der zwanziger Jahre des vergangenen Jahrhunderts einen völligen Neubau. Die Gemeinde Stralau richtete deshalb im Mai 1822 ein Gesuch an ihren Landesherrn, König Friedrich Wilhelm III., das deutlich zeigt, wie sehr man sich schon damals der Bedeutung des Kirchturms für das landschaftliche Bild bewußt war:

»Unser kleines Fischerdörfchen, fern vom Geräusch der Landstraße, gewährt den Berlinern oftmals einen angenehmen Aufenthalt. Unsere Kirche hat eine romantische Lage, und ihr Turm ist eine Zierde dieser stillen ruhigen Gegend, welche die Berliner mit Vergnügen besuchen. Dieser

Turm ist jetzt so baufällig, daß der ganze obere Teil dem Einsturze droht. Nach dem Anschlag des Stadtbaurats Langerhans betragen die Kosten des Baues 3670 Taler, deren Aufbringung uns durch die Kirchenkasse ganz unmöglich ist, so daß der Turm abgetragen und mit einem Ziegeldach versehen werden müßte, wenn Eure Königliche Majestät nicht geruhten, diesen Bau bewirken zulassen.«

Der fromme Friedrich Wilhelm war nicht abgeneigt, Geld zu geben, verlangte aber, das vorgelegte Projekt durch die Oberbaudeputation prüfen zu lassen. Das tat sie auch, doch ihr Vorsitzender Karl Friedrich Schinkel antwortete mit einem Gegenvorschlag, der einen mächtigen Kathedralturm florentinischen Gepräges vorsah und die hohe Summe von 14 000 Talern erforderte. Langerhans' Entwurf dagegen kostete nur 3670 Taler, die vom König bewilligt wurden. Daß die Baukosten bei der Schlußabrechnung auf 5212 Taler angewachsen waren, dergleichen soll noch heute vorkommen. Der König gab schließlich auch den Rest aus seiner Schatulle, aber die für die Wiederherstellung des Kircheninneren und zu einer Orgel benötigten Gelder mußte die Gemeinde selbst aufbringen.

So, wie ihn Langerhans entwarf, steht der Stralauer Turm noch heute. Wenn auch nicht ganz im Lot, doch ist die deutlich sichtbare Neigung nicht so bedrohlich wie die seines berühmteren Bruders zu Pisa. Man erklärt sie mit einem Bombenvolltreffer im letzten Krieg auf das Kirchenschiff. Doch heißt es bereits im Gutachten von Langerhans: das Grundmauerwerk stehe aber nicht auf gutem Grunde, sei auch aus dem Lote gewichen und es frage sich, ob es überhaupt einen massiven Turmbau tragen könne.

Langerhans hat dementsprechend nur einen Fachwerkturm mit Ziegelmantel gebaut, der 1938 oberhalb des Gurtgesimses massiv erneuert und verputzt wurde. Heute ist an der gesamten Kirche auch nicht das mindeste Fleckchen Putz zu entdecken, was den an historischer Architektur Interessierten zwar erfreut, weil er das Baugefüge klar erkennen kann; dem auf ein Putzkleid abgestellten Turm steht es jedoch nicht gut zu Gesicht.

Als der Kirchturmknopf — »geziert durch Blumen-Kränze, welche einige junge Mädchen aus Stralow überreichten« — aufgesetzt wurde, lag in ihm neben den üblichen Dokumenten und Münzen auch ein Sparkassenbuch über 25 Taler. Dieses, im Laufe der Jahrzehnte längst vergessene Kapital kam der nicht mit Glücksgütern gesegneten Kirchengemeinde zugute, als 1906 der Turm wiederholt von Blitzschlägen getroffen war und neu eingedeckt werden mußte. Das Sparkassenbuch hatte seine Gültigkeit behalten, die Einlage war mit Zins und Zinseszins in 83 Jahren auf über 1100 Mark gewachsen, mit denen die Reparaturkosten fast völlig bestritten werden konnten.

Wie bei evangelischen Kirchen leider zumeist üblich, ist auch die Stralauer Dorfkirche außerhalb der Zeiten des Gottesdienstes verschlossen. Wer doch hineinkommt, wird vom gepflegten Inneren beeindruckt sein und von dem auf Konsolsteinen mit Menschenköpfen ruhenden Gewölbe, das im fünfseitigen Chor reicher ausgebildet ist. Hier steht ein ursprünglich in Massen bei Finsterwalde beheimateter Flügelaltar aus dem Anfang des 16. Jahrhunderts mit den vorzüglich geschnitzten Figuren der Maria, der Barbara und der Ursula. Die gemalten Altarflügel sind ein paar Jahrzehnte älter; sie stammen aus dem Brandenburger Dom und zeigen auf vier Tafeln Szenen der Legenden um Petrus und Paulus.

In den Chorfenstern sind als einzige ihrer Art in Berlin zwei spätgotische Buntscheiben, die dank rechtzeitiger Bergung den Bombenkrieg unbeschädigt überstanden haben. Die Geißelung Christi ist noch aus dem 15. Jahrhundert, das nur fragmentarisch erhaltene Bild des Drachentöters St. Georg aus der Zeit um 1550.

Fischzugtrubel rund um die Stralauer Dorfkirche, 1850

Stralaus Kirchlein markierte früher den Mittelpunkt eines bunten Treibens, wenn die Berliner ihr ältestes (und einziges) Volksfest feierten: den Stralauer Fischzug. Seit Anfang der sechziger Jahre hat man ihn nicht mehr begangen. Man kam auch 1974 nicht auf ihn zurück, als seine 400-Jahr-Feier anstand. Platz genug für Rummelbuden aller Art gibt es seit dem Kriege auf der Stralauer Halbinsel. Vor allem auf dem Schwanenberg im Süden, den prächtige Laubbäume zieren. Doch mit der Gastronomie ist es schlecht bestellt, nachdem die letzte von einstmals vielen Kneipen, das Restaurant zum Spreetunnel, seine Pforten geschlossen hat.

Bismarck war »stets wohlgesittet ...«

Während der Zeit, da wir die Schulbank drückten, haben die meisten von uns über die »Penne« geschimpft und die Lehrer verflucht, weil sie einem das Leben unnütz schwermachten. Doch zwei, drei Jahrzehnte nach dem Schulabgang sieht es anders aus. Man trifft sich mehr oder minder regelmäßig im Verein der Ehemaligen und huldigt dem einen oder anderen seiner früheren Lehrer, die hochbetagt an den Zusammenkünften teilnehmen und denen längst vergeben und vergessen ist, wie sie uns einst mit Mathematik oder Cicero, Tacitus und Horaz plagten.

Eine Schule in Berlin, die berühmt war durch eine die Schüler begeisternde Lehrerschaft und eine durch sie begeisterte Schülerschaft, hatte allen Anlaß, festlich zusammenzukommen und der Vergangenheit zu gedenken: das Gymnasium zum Grauen Kloster. Es wurde nämlich 400 Jahre alt, und die Landespostdirektion gedachte dieses seltenen Jubiläums im Sommer 1974 durch eine Sondermarke.

Am 13. Juli 1574 wurde die durch Vereinigung der Parochialschulen an St. Nikolai und St. Marien nach dem Vorbild der sächsischen Fürstenschulen entstandene »Newe Schul im Grauen Kloster« feierlich eröffnet. Ihr Stiftungstag ist der 24. Februar 1574, an dem die kurfürstliche Verordnung erlassen wurde, die dem Magistrat von Berlin für seine Landesschule »einen theill des Grawen Closters zue Berlin mitt der gantzen Kirchen, Kreuzgange, sambtt dareinn gelegenen Gewelben, Gartten, Beichthause, Kirchhoffe und andernn zugehorungen« überwies.

Gymnasium zum Grauen Kloster und Klosterkirche, 1880

Das seit der Mitte des 13. Jahrhunderts existierende Franziskanerkloster hatte man zwar im Zuge der Reformation durch die Kirchenordnung vom August 1540 aufgelöst, aber den Mönchen ein Wohnrecht auf Lebenszeit gewährt. Der letzte von ihnen, ein Bruder Peter, starb erst im Januar 1571. Im Sommer des gleichen Jahres war Leonhard Thurneysser in einen Teil der verwaisten Klosterräume gezogen, jenes von der älteren Geschichtsschreibung kurzweg als Betrüger abgewertete Allerweltsgenie, das als Hofarzt des Kurfürsten Johann Georg an die Spree berufen wurde und während der zwölf Jahre seiner Wirksamkeit in Berlin eine rege Tätigkeit entfachte, die von der Goldmacherei bis zur 200 Mitarbeiter umfassenden Buchdruckwerkstatt reichte. Thurneysser hat im Grauen Kloster auch ein Naturalienkabinett sowie Berlins ersten botanischen und zoologischen Garten eingerichtet.

Das hoffnungsfreudig eröffnete Gymnasium wäre beinahe wenige Jahre später wieder geschlossen worden, weil die Pest sowohl Lehrer wie Schüler aus Berlin vertrieb. Doch ließen sich die hauptsächlichen Förderer, der kurfürstliche Kanzler Lampert Distelmeyer und der Lehnssekretär Joachim Steinbrecher — 1576 hatte er die erste Schulordnung verfaßt — nicht so schnell entmutigen und gewannen in der Bürgerschaft spendenfreudige Männer, die sich zu den im Grauen Kloster verwirklichten Schulidealen der Reformation bekannten.

Unvergessen bis heute blieb von den vielen Mäzenen der Handelsherr Sigismund Streit. Nach kurzem Schulbesuch ohne Abschluß, war er in Venedig zu Reichtum gelangt und hat von diesem namhafte Beträge für seine alte Schule abgezweigt. Neben den teilweise noch erhaltenen Werken seiner Bücherspenden sind es die Bilder der Sammlung Streit, die — einst vom Gymnasium wegen ihrer Vielzahl und Größe als Danaergeschenk empfunden — heute im Dahlemer Museum alle Freunde Canalettos begeistern.

Von den Klosterbaulichkeiten, die das Gymnasium bis zum Bombenkrieg innehatte, waren das vor 500 Jahren — 1471-74 — vom Meister Bernhard errichtete Kapitelhaus und der Nordflügel von 1518 mit seinen schönen Sterngewölben nahezu unverändert geblieben, die neugotisch gestalteten Fassaden einmal abgerechnet.

Auch nach Kriegsschluß, als die Schule in die Niederwallstraße ausgewichen war, blieb noch so viel an beachtlicher Bausubstanz, daß sie — unter einem Notdach geborgen — von der Denkmalpflege betreut und zum Teil wiederhergestellt wurde. Auch eine neue Gedenktafel für den Turnvater Jahn hatte man angebracht, der hier 1794/95 Schüler und 1810/1811 Lehrer war. Eine andere Gedenktafel, die 1895 zehn noch lebende Mitschüler anläßlich des 80. Geburtstages Bismarcks gestiftet hatten, ist sang- und klanglos entfernt worden.

Der Reichskanzler war 1830—32 auf dem »Kloster« und hat hier mit 17 Jahren das Abiturientenexamen bestanden. Im Zeugnis hieß es hinsichtlich seiner »Aufführung«: Stets anständig und wohlgesittet.« Nur Bismarcks Fleiß war »zuweilen unterbrochen, auch fehlte seinem Schulbesuch unausgesetzte Regelmäßigkeit«.

Gelegentlich der 300-Jahr-Feier vor hundert Jahren hat Bismarck seine Schule als »eine hervorragende Pflanzstätte wissenschaftlicher Bildung und patriotischer Gesinnung« gepriesen. In unseren Tagen kritisierte der frühere SED-Chef Ulbricht die »Sozialistische Oberschule zum Grauen Kloster«, weil jeder dritte Abiturient zum Studium nach West-Berlin ging. Aus dem Grauen Kloster wurde die Oberschule 2, und die Baureste mußten 1968 der neuen Grunerstraße weichen. Den traditionsreichen Namen übernahm das 1949 gegründete Evangelische Gymnasium in Grunewald; seit 1963 heißt es offiziell Evangelisches Gymnasium zum Grauen Kloster. Es hat die ehemaligen und jetzigen Klosteraner bei der 400-Jahr-Feier in seinen Räumen vereint.

Der König ließ das Ribbeck-Haus nicht verkommen

Die Breite Straße in Ost-Berlin hieß einst »Große Straße« und war die vornehmste des Stadtteils Kölln an der Spree. Hier, in unmittelbarer Nähe des Schlosses, wohnten nur Leute von »Distinktion«; so der höchste Beamte Kurbrandenburgs, der Kanzler Pruckmann, und Tilman Essenbrücher, der erste Kaufherr der Doppelstadt Berlin-Kölln.

Da die einigermaßen heil über den Krieg gekommenen Häuser der Westseite der Breiten Straße den Neubauten des Staatsrates und des Ministeriums für Bauwesen weichen mußten, beansprucht allein die östliche Straßenfront das Interesse des Freundes der Berliner Bau- und Kulturgeschichte.

Hier stehen nachbarlich vereint zwei Gebäude, deren Portale jedem auffallen, der nicht gerade »Tomaten auf den Augen« hat. Räumlich sind sie nur vierzig Meter voneinander entfernt, zeitlich jedoch fast 350 Jahre.

Eins von diesen hat der viel zu früh verstorbene Kunstschmied Fritz Kühn für den 1966 eröffneten Neubau der Stadtbibliothek geschaffen. Auf geschmiedeten und geätzten Metallplatten sind 117 Varianten des Buchstabens A dargestellt. Wenn man genau sein will, müßte man von Alphabet-Anfängen sprechen: denn — wie der Augenschein lehrt — gibt es auf der weiten Welt viele Völker, deren Buchstabenschatz mit allen möglichen Zeichen, nur nicht mit dem A beginnt.

Das andere Portal schmückt ein Haus, dessen »Fassade noch itzt das Gepräge einer hohen Alterthümlichkeit trägt und von jeher die Aufmerksamkeit der Freunde altdeutscher Baukunst in Berlin auf sich gezogen hat«. Das schrieb 1833 Samuel Heinrich Spiker, als er die »Breite Straße, von der Cöllnischen Wache aus gesehen«, in einem sauberen Stahlstich seines berühmten Ansichtenwerks »Berlin und seine Umgebungen im 19. Jahrhundert« präsentierte.

Als einziges Wohnhaus der Spätrenaissance in Berlin, das historische Bauten von jeher bedenkenlos dem »Fortschritt« opferte, wird es hoffentlich noch lange die an alter Architektur Interessierten erfreuen. Das sandsteinerne Rundbogenportal am Haus Breite Straße 35 ist seitlich von Grotesken und den für die ausklingende Renaissance typischen knorpelartigen Ornamenten eingefaßt. Zwei Cherubköpfe stützen das verkröpfte Gesims, das die Namen Hans Georg v. Ribbeck und Catharina v. Brösicke sowie die Jahreszahl 1624 zeigt. Haus und Portal können also auf das beachtliche Alter von 350 Jahren zurückblicken.

Die Älteren wird der Name Ribbeck an Fontanes bekanntestes märkisches Gedicht erinnern, das er als 70jähriger schrieb und einem Herrn von Ribbeck auf Ribbeck im Havelland widmete. Dieser hatte zeitlebens ein offenes Herz und eine freigiebige Hand für die Kinder seines Dorfes und versorgte sie zur Herbsteszeit, »wenn die Birnen leuchteten weit und breit«, mit den schmackhaften Früchten.

Sein Nachfolger im Gutsbesitz jedoch, »der knausert und spart, hält Park und Birnbaum strenge verwahrt«. Ein paar Jahre später kam die Dorfjugend wieder zu ihrem gewohnten Recht, denn der alte Ribbeck hatte sich vorsorglich eine Birne ins Grab legen lassen, aus der ein stattlicher Birnbaum ersproß. Bis 1911 stand er neben der Dorfkirche in Ribbeck bei Nauen.

Der Bauherr des Ribbeckschen Stadtpalais in der Breiten Straße kam nicht aus dem westhavelländischen Dorf, das 1375 erstmals als »Rybbecke« erwähnt wird und bis 1945 — 570 Jahre lang — im Besitz der Familie war. Hans Georg von Ribbeck gehörte dem osthavelländischen Zweig an, er war kurfürstlicher Kammerrat und Gouverneur von Spandau. Dort hat er mit seiner Frau in der Marienkapelle der Nikolaikirche die letzte Ruhestätte gefunden.

Sein beträchtliches Vermögen war noch vermehrt worden, als er 1600 die reiche Katharina von Brösicke aus dem Hause Ketzür bei Brandenburg (Havel) ehelichte. Wie gut betucht der Schwiegervater Heinrich von Brösicke war, ist noch heute an seinem herrlichen figurenreichen Grabmal aus Alabaster und Marmor ersichtlich, das der Magdeburger Bildhauer Christoph Dehne in den Jahren 1611 bis 1613 in der Dorfkirche von Ketzür wirkungsvoll aufbaute.

Das Ribbeck-Haus in der Breiten Straße ist 1628 in andere Hände gelangt und 1659 mit dem Marstall verbunden worden, in dem vor dem Ersten Weltkrieg 272 Personen — vom Oberstallmeister bis zum Pferdepfleger — 338 Rösser, aber auch »14 Personen- und zwei Gepäck-Automobile« betreuten.

Im Ribbeck-Haus waren einmal das Oberappellationsgericht und später die Oberrechnungskammer untergebracht. Als diese Behörde sich ausdehnte und das Haus aufstocken ließ, was 1803 geschah, verlangte der sonst so sparsame König Friedrich Wilhelm III., die vier schmucken Giebelerker in der »alten gothischen Bauart« wieder aufzusetzen. Sie sind noch heute vorhanden und geben dem Ribbeck-Haus seinen für unsere Stadt einmaligen Charakter.

Ribbeck-Haus, 1914

»Ein sehr reizender Garten« umgibt das Schloß Niederschönhausen

Schon Friedrich Nicolai, Schriftsteller, Buchhändler und Verleger, Freund Lessings und Moses Mendelssohns, pries den Niederschönhausener Schloßpark in seinem »Berlin-Baedeker« von 1786 als »sehr reizenden Garten«, und der biedermeierliche »Spiker« von 1833 steigerte das Beiwort auf »großartig«. Der Park hatte nämlich kurz zuvor dadurch bedeutend gewonnen, daß »der bekannte Königliche Garten-Director Lenné« ihn nach englischen Gesichtspunkten gänzlich umgestaltete.

»Herr Lenné hat sich dieses Auftrages auf eine Art entledigt, die gleich sehr von seinem Geschmacke, wie von seiner Geschicklichkeit, Vorhandenes wohl zu benutzen, Zeugnis ablegt, und namentlich das Wasser der Panke zur Belebung mehrerer der schönsten und malerischsten Partien des Schönhauser Parks benutzt«. So lautet das Urteil des Herrn Spiker in seinem erst vor wenigen Jahren erneut als Nachdruck vorgelegten Bildband »Berlin und seine Umgebungen im neunzehnten Jahrhundert«.

Wenn seit 1833 auch viel Wasser die Panke herabgeflossen ist und die Zeitverhältnisse nach 1945 sowie der Orkan vom November 1972 den alten Bäumen des Parks nicht gerade günstig gesonnen waren, bietet er doch noch viel von dem, das einst die Berliner Kunstschüler nach Niederschönhausen lockte, um dort »die Bäume zu ärjern«. Hanns Fechner, — gefeierter Porträtist der Berliner Gesellschaft der Kaiserzeit — war mit dabei und hat uns erzählt, wie es dort zuging.

Professor Bellermann, wohlbestallter Akademielehrer für Landschaftsmalerei und Baumschlag, gab köstliche Rezepte zum Eindringen in die Technik des Bäumezeichnens. »Ja, meine Herren, das müssen Se sich ein für allemal merken«, sagte er mit seiner krähenden Stimme, »wenn Se 'ne Buche zeichnen wollen, denn müssen Se immer nutt-nutt, nutt-nutt, nutt-nutt machen. Dann bringen Se den Baumschlag am besten raus. Natürlich is 'ne Tanne schwerer. Wie Se die machen, wollen Se wissen? Da machen Se einfach immer ritze-ratze, ritze-ratze, ritze-ratze. Dann sieht's janz richtig aus nachher.«

In das Schloß kommt man nicht hinein. Es fungiert als Gästehaus der DDR-Regierung und ist schon seit der Zeit, da Wilhelm Pieck hier residierte, durch eine hohe Mauer abgeschirmt. Doch war ich 1949 gelegentlich der Umbauarbeiten einmal drin und habe befriedigt festgestellt, daß man die 1936 von Schloßbaurat Schonert so behutsam und verständnisvoll restaurierten Rokokoräume unangetastet gelassen hat. Neben der Zederngalerie im Erdgeschoß, die damals ein schmuckes »Schloßcafé« barg, gibt es noch immer die »marmorierte Galerie« im Obergeschoß mit ihren reichen Stuckverzierungen und — ein Glanzstück besonderer Art — die prächtige zweiarmige Treppe, deren kühn geschwungene Wangen auf elliptischem Grundriß mit kunstvoll geschnitzten Geländern bis in das oberste Geschoß führen.

Alles äußerliche Erinnerungen an die mit einem unglückseligen Temperament behaftete Königin Elisabeth Christine, Gemahlin Friedrichs II., die hier in einer Art Verbannung 55 Sommer ihres Lebens zubrachte und während dieser langen Zeit nur einmal vom König besucht wurde. Daß dieser bei einer anderen Begegnung nur gesagt haben soll: »Madame sind korpulenter geworden«, hat sich als Klatsch erwiesen. Auch die Behauptung, die Königin hätte das eigentliche Reich des »Philosophen von Sanssouci« nie zu sehen bekommen, stimmt nicht. Sie war zweimal in Potsdam, allerdings in Abwesenheit des königlichen Gemahls. Auch achtete der Alte Fritz streng darauf, daß ihr von Einheimischen wie von Fremden die gebührenden Ehren erwiesen wurden. Fremde Fürstlichkeiten, die

Schloß Niederschönhausen um 1880

den König aufsuchten, wurden bei der ersten Audienz befragt, ob sie auch schon in Niederschönhausen Besuch gemacht hätten.

Unweit des Schloßparks gibt es noch eine weitere alte Grünanlage, die jedoch aus bürgerlicher Initiative entstand. Es ist der seit 1920 Berlin gehörende Brosepark an der Dietzgenstraße. Während mehrerer Generationen war er im Besitz der Geschäftsinhaber des noch bestehenden Bankhauses H. F. Fetschow. u. Sohn aus der Klosterstraße, die damals nichts von der Kapitalanlage im Tessin oder anderen schönen Gegenden im fernen Süden wußten.

Erster der Fetschow-Bankiers war ein gewisser Engel, der 1804 hier zuzog. Von ihm übernahm es Fetschows Schwiegersohn Wilhelm Brose. Bis zu seinem Tode 1870 nicht nur Freund der Kunst als stadtbekannter Bildersammler, sondern auch Freund der Künstler, denen er in seinem erst 1962 abgerissenen schlichten Haus eine vielgerühmte Gastlichkeit bot.

Broses Gegenüber war der Schlossermeister Hauschild aus der Stralauer Straße, der — stolz auf das Erreichte — sich 1843 von Eduard Gaertner in der Werkstatt mit den Gesellen und in der guten Stube der Wohnung mit der Familie malen ließ. Sein 1852 gebautes Sommerhaus steht noch in der Dietzgenstraße 53 Ecke Platanenstraße in seltsamer Nachbarschaft zum Renaissancepalast wilhelminischer Stilprägung des einstigen Elisabeth-Christinen-Lyzeums, der jetzt die Oberschule Friedrich List beherbergt. Im Hauschildschen Haus, das vor einigen Jahren leider die schnörkelreiche Holzarchitektur der Balkone und Portale verlor, haben das Märkische Museum (in dem die Hauschildschen Bilder hängen) und der Stadtkonservator Zeugnisse des alten Berlin in Gestalt von Möbeln, Baufragmenten und dergleichen mehr deponiert.

»Benimm« war der Madame Dutitre nicht beizubringen

Auf dem alten Kirchhof der Französischen Gemeinde in der Chausseestraße, gleich vor dem Oranienburger Tor steht inmitten schlichter Efeuhügel ein mit Dreipaßenden und Sternen geziertes Eisenkreuz, das sich dem Kundigen als ein Erzeugnis der vor hundert Jahren eingegangenen Königlichen Eisengießerei aus der benachbarten Invalidenstraße ausweist.

Die verwitterte Inschrift gedenkt »Marie Anne Dutitre née George, fille de Benjamin George et de Sara Robert, née le 27 de Janvier 1748, morte le 22 de Juillet 1827«. Die 225. Wiederkehr ihres Geburtstages verlief unbemerkt von der Öffentlichkeit ohne Kranzniederlegung und Gedenkrede. Eigentlich bedauerlich bei diesem nicht »dotzukriejenden« Original, von dem man immer wieder liest und hört, das Repräsentantin und Geschöpf Berlins war und bis heute als Prototyp der Berliner Madame unsterblich blieb.

Anläßlich ihres Todes notierte Varnhagen von Ense (den die Ehe mit der geistreichen Rahel Levin bekannter machte als seine längst vergessene schriftstellerische Produktion): »Madame Du Titre ist in hohem Alter verstorben; sie war ein Berliner Originalstück von Einfalt und Mutterwitz; hundert lustige Geschichten, Anekdoten, Bemerkungen usw. gehen von ihr im Schwange, die man billig sammeln sollte.«

Das hat man damals leider nicht getan, sondern erst sehr viel später, als die Geschichten der Dutitre von Mund zu Mund gewandert waren und dabei manche Abänderungen und Hinzudichtungen erfahren hatten, auch viel aufs Konto der Madame gesetzt worden war, was ursprünglich nicht darauf stand. Aber bei Persönlichkeiten wie der ihren ist das, was sie waren, nicht minder wahr als das, was ihre Volkstümlichkeit aus ihnen machte. Nach Fontane sind ja von allen guten Anekdoten die erfundenen immer die besten.

Merkwürdigerweise hat sich Fontane niemals der Madame Dutitre angenommen, obwohl er für Typen dieser Art ein besonderes Faible hatte und sie in seinen Romanen unter gesucht skurrilen Namen verewigte. Maßgeblich dafür war wohl die zu seiner Zeit geübte Mißachtung der berlinischen Volkssprache, von der kein Geringerer als Willibald Alexis (den Fontane als »märkischen Walter Scott« zu seinem Idol erhob) meinte, es sei ein »Jargon, aus verdorbenem Plattdeutsch und allem Kehricht und Abwurf der höheren Gesellschaftssprache auf eine so widerwärtige Weise komponiert, daß er nur im ersten Moment Lächeln erregt, auf die Dauer aber das Ohr beleidigt«.

Eben dieser Alexis hat dann in seinem Roman »Ruhe ist die erste Bürgerpflicht« den Berliner Dialekt meisterlich geübt und der Dutitre in Gestalt der »Madame Braunbiegler« ein literarisches Denkmal gesetzt. Später wurde sie sogar mit der »furchtbar netten« Anna Schramm in der Hauptrolle zur Bühnenfigur in Ludwig Makowskis Lustspiel »Madame Dutitre«, das kurz vor der Jahrhundertwende im Königlichen Schauspielhaus mit Erfolg gegeben wurde.

Die Dutitre war von beiden Elternteilen her Französin — Hugenottenabkömmling — und auch ihr Mann, mit dem sie 1781 die Ehe schloß, der wohlhabende Seidenfabrikant Etienne Dutitre — er schrieb sich auch du Titre oder du Tistre —, gehörte der französischen Kolonie an. Ihre Muttersprache war also das damals in Berlin auch in anderen Kreisen weitverbreitete Französisch. Dennoch hat sie nach Ansicht von E. T. A. Hoffmann »das Berlinische mit Grazie gesprochen«.

Ihr Leben entsprach etwa der Erdenzeit Goethes, dem sie einmal in Weimar unerwartet in den Weg trat und mit den Worten »Angebeteter Mann!« begrüßte. Der Olympier stand verwundert still, sah sie groß an und fragte: »Kennen Sie mich?« Die Dutitre erwiderte: »Großer Mann, wer sollte Ihnen nich kennen« und deklamierte: »Fest gemauert in der Erden steht die Form aus Jips jebrannt!« Darauf hingewiesen, daß nicht Goethe, sondern Schiller das »Lied von der Glocke« schrieb, soll sie gesagt haben: »Ach, det macht doch nischt. Schiller und Joethe, det ist ja bei uns allens eene Schmiere.«

Den von ihr hoch verehrten, herben und wortkargen König Friedrich Wilhelm III. sprach sie grundsätzlich als »Majestäteken« an und versuchte, ihn nach dem Tode seiner Gemahlin, der Königin Luise, auf ihre Art zu trösten: »Ach ja, for Ihnen is et ooch nich leicht. Wer nimmt heutzutage schon 'nen ollen Witwer mit sieben kleenen Kinderkens.«

Als reiche Frau hatte sie natürlich eine Gesellschafterin, die sich allerdings vergeblich bemühte, ihrer Madame »Benimm« beizubringen. Für diese Gardedame gab es nun nichts Schlimmeres als das von Madame Dutitre gern und passioniert gesprochene, unverfälschte Spree-Berlinisch. Eines Tages hielt ihr die altjüngferliche Gesellschafterin den Ausdruck »jelofen« vor und meinte tadelnd, sie müsse dafür »gegangen« sagen. Doch die Dutitre erwiderte schlagfertig: »Ick bin mein janzes Leben lang gelofen und habe den reichen Dutitre jekricht, aber Sie sind jejangen und haben keenen nich abjekricht.«

Madame Dutitre

    Als ihr Mann im Sterben lag und noch ein letztes Wort mit ihr sprechen wollte, soll sie gesagt haben: »Jott, Dutiter, wat soll denn det. Du weeßt doch, dat ick keene Doten nich sehen kann.« Ähnlich makaber klingt das, was man ihr nachsagte, als sie nach dem Tode ihres Mannes bei einer Freundin zu Tische saß und Schellfisch vorgesetzt bekam: »Schade, den kann ick nich essen, der sieht jrade so aus wie mein Mann, als er im Sarge lag.«

    Ihren Mann hat sie um ein volles Jahrzehnt überlebt und sich der beiden Töchter erfreut, die durch glänzende Heiraten in die höchsten Kreise aufstiegen. Doch die realistische Berliner Madame Dutitre blieb sich bis zuletzt treu und schloß ihre letzte Erdenstunde mit dem Stoßseufzer: »Wenn ick daran denke, wer von meine ville Verwandten all det scheene Jeld erbt, denn möcht ick am liebsten janich sterben.«

Schon zu Lebzeiten verkannt und bald vergessen

Ein merkwürdiges Denkmal steht auf dem Senefelderplatz im Bezirk Prenzlauer Berg, weitab der sonst für öffentliche Standbilder bevorzugten Innenstadt. Es ist auch keinem gekrönten Haupt oder schnauzbärtigen General gewidmet, vielmehr einem in schlichter Arbeitstracht sitzend dargestellten Mann, der sinnend auf eine flache Steinplatte in seiner Linken blickt. Die Aufschrift des Denkmals lautet: »redlefeneS siolA.« Ein kleiner Kerl vor dem Sockel scheint sie soeben vollendet zu haben, während ein Mädchen die Schrift im Spiegel zu lesen versucht.

Dieses 1892 von Rudolf Pohle geschaffene Denkmal ist keineswegs dem Erfinder der Spiegelschrift gesetzt worden, sondern Alois Senefelder, der 1796 die Lithographie erfand. Am 6. November 1771 wurde er in Prag geboren. In München, wo er 1877 gleichfalls ein Denkmal erhielt, gelang ihm seine Erfindung, die zu Beginn des vorigen Jahrhunderts die alte Kupferstecherkunst ablöste und fast ganz verdrängte.

Wie bei so mancher anderen technischen Großtat ist Senefelder nicht allein auf seine Idee gekommen. So soll der Münchener Hofkaplan Simon Schmidt bereits 1787 den Steindruck in seinen Grundzügen entwickelt haben, und von einem anderen Erfinder wissen wir aus einem Brief des preußischen Ministers und Kurators der Akademie der bildenden Künste, Freiherrn von Hardenberg, vom Oktober 1804, in dem es heißt: »Er behauptet, schon von 15 Jahren — also bereits 1789 — in seiner Vaterstadt Hildesheim die Erfindung von seinem Lehrer, einem geschickten Arzt namens Schrecker, erlernt zu haben «

»Er« war der 1768 in Hildesheim geborene Maler Wilhelm Reuter, der seine Ausbildung an der Akademie in Kopenhagen empfangen hatte, 1798 Kammerdiener der Königin Luise und später königlicher Hofmaler wurde. Im Jahre 1803 ging er nach Paris, um dort im Auftrag seiner Königin Kopien nach alten Meistern zu malen und sein Lithographie-Studium wieder aufzunehmen.

Zu einer Zeit, als in München bereits eine ganze Reihe von künstlerischen und praktischen Versuchen gemacht worden war, als in London namhafte Künstler Beiträge zu den »Specimens of Polyautography« geliefert hatten, wußte man in Berlin von der neuen Erfindung, die sich die »Feindschaft zwischen Fett und Wasser« zunutze gemacht hatte, noch so gut wie nichts. Die früheste Nachricht über den Steindruck in Berlin finden wir in einem Bericht vom 21. November 1803, den Johann Friedrich Unger, Professor der Holzschneidekunst an der Akademie, seinem Mini-

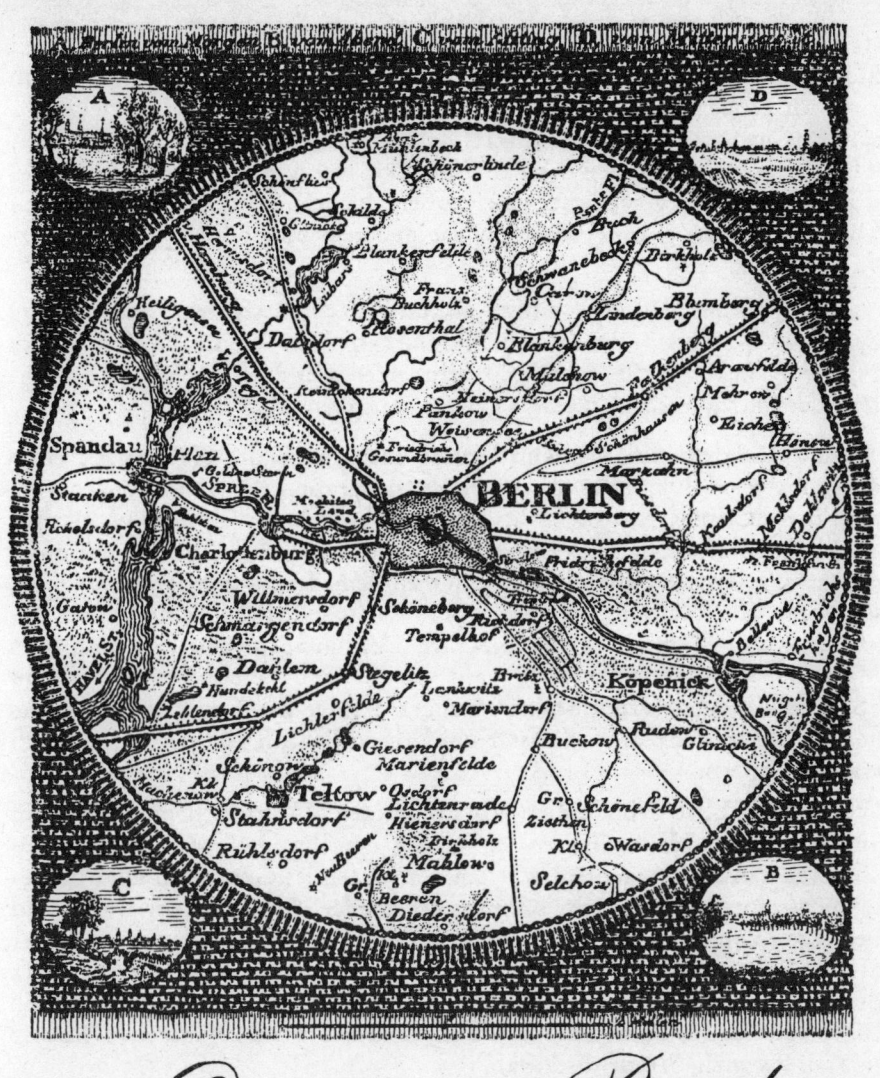

die Gegenden um Berlin

Erster Versuch auf Marmor zu zeichnen, von FR. JULIUS Architekt zu Berlin, im Monat February 1806. vervielfältigt von Wilhelm Reuter in Berlin.

ster vorlegte: »Bei dem Cattunformen- und Landchartenschneiden ist seit kurzem eine neue Erfindung, Polyautographie genannt, zu einer schon ziemlich großen Vollkommenheit entstanden, die diese beiden viel mühsamere Gattungen des Holzschnitts ganz entbehrlich macht... Nach meiner Überzeugung können diese Steindrucke, wenn alles das geleistet wird, was der Erfinder verspricht, von großem Nutzen sein, und Landcharten könnten auf die geschwindeste Weise geliefert und höchst wohlfeil verkauft werden...«

Der Minister jedoch winkte ab und ließ antworten, daß »soviel Se. Exzellenz verstünde, diese Erfindung nicht neu sei und schon längst in Nürnberg bekannt. Se. Exzellenz erinnerten sich auch, in Kunst-Journalen oder sonstwo hierüber etwas gelesen zu haben«.

Auch nachdem sich Wilhelm Reuter 1804 durch die Herausgabe eines ansehnlichen Foliobandes mit 15 »Polyautographischen Zeichnungen vorzüglicher Berliner Künstler« als der erste und beste Lithograph Berlins qualifiziert hatte, blieb das Ministerium zurückhaltend. Obwohl sich unter den zehn Künstlern, die außer Reuter an dem Zeichnungsband teilhaben, so klangvolle Namen wie Schadow, Weitsch, Frisch, Genelli und der »Perspektiv«-Hummel befinden. Ihre Zeichnungen wurden noch von Marmorplatten gedruckt. Die bald darauf von einem Steinmetzen in »Solnhoffen« gelieferten Steine zwangen Reuter zur Verpfändung seines ganzen Vermögens. Das Ministerium half schließlich mit einem Vorschuß von 400 Talern.

So wenig blieb von einem Vorschlag des Ministers, dem Reuter ein »mittelmäßiges Haus« bauen zu lassen, um ihn dadurch in Berlin zu »fixieren«. Ausschlaggebend war ein vernichtendes Gutachten der Akademieprofessoren, die zumeist Kupferstecher oder Holzschneider waren und deswegen von der neuen Erfindung nicht viel hielten. Während der später als Publizist bekannt gewordene Holzschneider Friedrich Wilhelm Gubitz durch ein Geschenk des Königs in Höhe von dreißig Friedrichsdor und die Professur der Holzschneidekunst ausgezeichnet wurde, fand man Reuter mit nur zwanzig Friedrichsdor ab.

Reuter hat in Berlin keine Seide spinnen können und damit das Schicksal Senefelders geteilt. Die Kosten der Versuche in der neuen Kunst überstiegen bei weitem die Einnahmen aus ihren Produkten. So bat Reuter im März 1808 um Überlassung eines Raumes in dem »Marggräflich Ansbachschen Pallais in der Wilhelmstraße«, da er die eigene große Wohnung nicht mehr halten könne. Sie lag — ausweislich der eigenhändig lithographierten Besuchskarte — im Haus Wilhelmstraße 21, von dem nur das lange nach Reuter errichtete Quergebäude im Hof den Bombenkrieg überstand. Hier hat sich Reuter mit gebrauchsgraphischen Arbeiten aller Art über Wasser gehalten; 1834 ist er in Berlin gestorben, wo man nicht ihm, sondern Senefelder das Denkmal setzte.

Mit der Zeit, als die technischen Schwierigkeiten des Druckverfahrens überwunden waren und sich auch die »rechten Talente« gefunden hatten, deren Fehlen der große Schinkel einmal beklagte, nahm die Lithographie in Berlin ihren Aufschwung, der insbesondere Künstlern wie Franz Krüger, Karl Blechen, Burchard Dörbeck, Theodor Hosemann, vor allem aber Adolph Menzel zu verdanken ist. Als Menzel 1832 für den Kunstverleger Louis Sachse zu arbeiten begann, trat die Berliner Lithographie in ihre Blütezeit. Sehr lange hat sie allerdings nicht gedauert. Bereits in den fünfziger Jahren war die Senefeldersche Erfindung in den »Schatten« der Photographie geraten. Auch andere Techniken, der aus England gekommene Stahlstich und der sehr vervollkommnete Holzstich, hatten sie abgelöst, bis schließlich Georg Meisenbach mit seiner Erfindung der Autotypie einen glänzenden Sieg über alle reproduzierenden Künste errang.

Prominenz in Zuckerguß

Wenn Berliner irgendwo in der Fremde zusammenkommen, werden sie nostalgisch — um das zurzeit grassierende Modewort für »heimwehkrank« zu gebrauchen. Und jene Berliner, die noch die zwanziger und dreißiger Jahre bewußt erlebten, beschäftigt zuweilen die Erinnerung an ein Ereignis, das in ihrer Kindheit unbestrittener Höhepunkt der Vorweihnachtszeit war: die Weihnachtsausstellung bei Wertheim am Leipziger Platz.

Gewiß, es gibt auch heute noch — alle Jahre wieder — Weihnachtsausstellungen sowohl bei Wertheim in der Schloßstraße wie auch in anderen Kaufhäusern. Doch, was man dort bietet, ist bei aller Anerkennung für die aufgewendete Liebe zur Sache und die damit verbundenen erheblichen Kosten keineswegs mit dem zu vergleichen, was im alten Stammhaus gezeigt wurde.

Geduld mußte man schon aufbringen, um an die farbenprächtig mit vielen beweglichen Figuren aufgebaute Herrlichkeit heranzukommen; denn in jener Zeit, die das Fernsehen noch nicht kannte, drängten sich auch viele Erwachsene zu den Dioramen. In erster Linie standen diese, wie heute noch, unter dem Thema eines bekannten Märchens. Jedoch sah man auch Rückblicke in die Geschichte, zuweilen sogar Aktuelles, wie die in den Inflationsjahren vom Illustrierten-Zeichner Fritz Koch-Gotha auf die Beine gestellte, bis heute volkstümlich gebliebene Kriegsgewinnlerfamilie Raffke mit ihren eigenartigen Lebensgewohnheiten.

Weihnachtsausstellungen in Berlin sind nun keineswegs eine Erfindung der erst um die Jahrhundertwende entstandenen großen Warenhäuser. Sie gehen bis in die Regierungszeit des Alten Fritz zurück, wie man entsprechenden Anzeigen in der »Königl. privilegierten Berlinischen Zeitung von Staats- und gelehrten Sachen« entnehmen kann.

Warenhäuser im heutigen Sinn gab es nicht, und die Sache lag vornehmlich in den Händen von Kaufleuten und Konditoren. Einige von diesen hatten sogar die Zeichen- und Modellierkurse der Kunstakademie besucht, was sie berechtigte, sich »akademischer Künstler« zu nennen. Ihre aus Tragant (einer Mischung von Zucker, Stärkemehl und Gummiarabikum) gefertigten Kunststücke wurden auch auf den Akademieausstellungen gezeigt. Der berühmteste Meister war der Konditor Weyde aus der Charlottenstraße, der seine Zuckerpüppchen nach Meinung Gottfried Schadows »der Natur so sorgfältig nachbildete wie Chodowiecki«, bei dem der tüchtige Weyde auch ein paar Jahre studiert hatte. Den »Hogarth unter den Berliner Conditoren« nannte ihn E. T. A. Hoffmann, als er Weydes Tragantgebilde in seinem »Abenteuer der Sylvesternacht« (1815) würdigte.

Ein anderer Meister dieses künstlerischen Spezialfaches war der Konditor Fuchs, dessen »leuchtender Spiegelladen«, Unter den Linden — eine Sehenswürdigkeit der preußischen Hauptstadt — ebenfalls Hoffmanns Interesse fand. Auch Heinrich Heine besuchte ihn, als er 1822 für den Rheinisch-Westfälischen Anzeiger die heiter-ironischen »Briefe aus Berlin« schrieb. Bei Fuchs sah man damals den schönen Feramors und die holde Lalla Rookh mit ihrem Gefolge, 150 kleine Zuckerfiguren, Nachbildungen der »tableaus vivants« aus dem Heldengedicht von Thomas Moore, die von der Hofgesellschaft im Schloß zu Ehren des in Berlin weilenden russischen Großfürsten und nachmaligen Kaisers Nikolaus gestellt worden waren.

Ähnlich rege wie später bei Wertheim war der Zustrom der Berliner, die sich für zwei Groschen Eintrittsgeld (das beim Einkauf angerechnet wurde) an diesem Abglanz des Hofes weideten. Unter ihnen befand sich auch Heine, dem es aber unmöglich war, »von dieser Herrlichkeit bei Fuchs etwas zu sehen, da die holden Damenköpfchen eine undurchdringliche Mauer vor dem Zuckergemälde bildeten«.

»Der Hauptwitz ist nun, daß diese Zuckerpüppchen zuweilen wirkliche, allgemein bekannte Personen vorstellen«, berichtete Heine seinen westdeutschen Lesern. Einer dieser Unglücklichen, den der Zuckerguß zur Karikatur gemacht hatte, kaufte sein Bildnisfigürchen, um es den Blicken der spottlustigen Menge zu entziehen. Am nächsten Tage stand es jedoch wieder im Schaufenster, und er mußte es noch einmal kaufen. Als es aber auch am dritten und vierten Tag erschien, gab er es auf. Seine Mittel hätten bei weitem nicht ausgereicht, den ganzen Vorrat des Konditors aufzukaufen. Nur war die Sache inzwischen stadtbekannt geworden, und jedermann wollte solch ein Püppchen haben, so daß der Konditor das beste, sein verlachtes Original aber ein schlechtes Geschäft machte.

Neben dem »beliebten Concert und ländlichen Vergnügen am Dienstage in Tempelhof« sah man »die Stadt Berlin mit allen Plätzen, Straßen und Gebäuden usw. treu und sehr künstlich mit erhabenen Figuren und von sehr beträchtlichem Umfange«. Ein anderer Genosse von der süßen Zunft zeigte den Potsdamer Eisenbahnhof und einen Zug aus lauter Zucker. Man begnügte sich aber auch mit alltäglichen Vorkommnissen und volkstümlichen Gestalten. Diese waren beliebte Weihnachtsgeschenke. Die unter

Auf dem Berliner Weihnachtsmarkt, 1879

einem Glassturz geborgenen Grüppchen trugen häufig an der Fußplatte das Datum des Weihnachtsfestes, zu dem sie angefertigt wurden, dazu den Namen des damals mit dem Geschenk bedachten Familienmitgliedes. Das Märkische Museum in Ost-Berlin hat einige dieser kulturgeschichtlichen Kuriosa über den Bombenkrieg hinweg retten können. Unserem Berlin-Museum fehlen sie bisher noch. Vielleicht findet sich ein freundlicher Spender, der sie aus Urgroßmutters Vitrine holt und dem Museum in der Lindenstraße überläßt.

Auch in »Krolls Etablissement« am Königsplatz gab es in späteren Jahren Weihnachtsausstellungen, so die des beliebten Puppenspielers Julius Linde, der 1846 dort »Zeitzustände. Vierzehn große bewegliche Bilder mit den pikantesten Hinweisen auf Ereignisse. Dreißig sich verwandelnde Bilder, den Staatshypochonder mit seinen vielen Beschäftigungen, seinen Krankheiten und seinen Vergnügungen« darbot. Im Dezember 1872 war man bei »Krolls« zahmer geworden und empfing die Besucher am Eingang mit riesigen Weihnachtsmännern, Schneemännern und Nußknackern. Doch »im Königssaal enthüllt sich im magischen Halbdunkel ein Tannenwald. Liebliche Landschaften bilden mit Berg und Tal und Hügel Schluchten, Felsen und Grotten. Im Innern ruht der Zauber unserer deutschen Märchenwelt mit plastischen und transparenten Bildern«.

Transparentgemälde standen auch im Mittelpunkt einer poetisch-künstlerischen Weihnachtsausstellung, mit der Berlin in den 1850er Jahren erfreut wurde. Der Verein Berliner Künstler veranstaltete sie im Interesse seiner Unterstützungskasse für bedürftige Kunstgenossen in den Räumen der alten Kunstakademie, deren Platz jetzt die Staatsbibliothek Unter den Linden einnimmt. Fast jeder bedeutende Maler beteiligte sich an der guten Sache. Auch Adolph Menzel hat einige Motive beigesteuert: die Anbetung der Hirten, Christus als Knabe im Tempel und dergleichen mehr. Dazu sang der unsichtbar aufgestellte Domchor alte fromme Weisen. Diese Darbietungen, von denen mir ganz alte Berliner vor Jahrzehnten mit Wehmutstränen in den Augen berichteten, sind in den siebziger Jahren aus Mangel an Zuspruch eingeschlafen. Berlin war mittlerweile mit über einer Million Einwohnern zur Weltstadt geworden und verlangte nach stärkeren Effekten, die dann auch überreich geboten wurden.

Wo Theodor Fontane Wache schob

Als Theodor Fontane im März 1848 mit seinem Vater (den die Nachricht von der Revolution aus dem Oderbruchdorf Letschin nach Berlin getrieben hatte) über die Linden promenierte, sagte dieser vor der Neuen Wache am Kastanienwäldchen: »Sonderbar, es sieht hier noch gerade so aus wie vor fünfzig Jahren ...«

Fontane konnte diese Feststellung ein Halbjahrhundert später in seiner Autobiographie »Von Zwanzig bis Dreißig« wiederholen. Der jüngste Chronist der »Via Triumphalis fürstlichen Machtstrebens und imperialer Eroberungskriege«, wie Winfried Löschburg Berlins berühmteste Straße in seinem in Ost-Berlin erschienenen Buch »Unter den Linden« nennt, ist der Meinung, daß Fontane auch jetzt manches unverändert wiederfinden würde.

Und doch hat sich nach Löschburgs Ansicht so vieles gewandelt: »Die Linden sind keine Prunk- und Prachtstraße mehr, die von aufgeblasenen Gardeleutnants, reichen Strudel- und Prudelwitzen, gravitätisch einherschreitenden Exzellenzen mit Monokel und Orden, Bankiers mit Zylinder und dicker Brieftasche, reichen Dandys und den Damen der ›großen Welt‹ und auch der ›Halbwelt‹ bevölkert wird. Sie sind zur Straße des Volkes geworden, der Berliner, die Glanz und Elend der Straße miterlebten, die sie aus den Trümmern des Krieges wiederaufgebaut, mit ihrer Vergangenheit aufgeräumt und ihr einen neuen gesellschaftlichen Inhalt gegeben haben.«

Vor der Neuen Wache spürt man aber noch immer Preußens Gloria, wenn mittwochs der »Große Wachaufzug« erfolgt: Wenn das Wachregiment der Standortkommandantur Berlin in mit Gardelitzen und schwedischen Aufschlägen geschmückten Uniformen aufmarschiert und unter den schmetternden Klängen der Blasmusik die Wachablösung im Stechschritt geschieht. Doch soll dieses, dem westlichen Auge ungewohnte militärische Zeremoniell die Opfer des Faschismus und Militarismus ehren, denen jetzt die zum Mahnmal umgestaltete Neue Wache gewidmet ist.

Einig ist man sich über den architektonischen Wert des Bauwerks, das Löschburg als »Krönung aller Bauarbeiten Schinkels« rühmt. In den Jahren 1816 bis 1818 hatte es der aus Neuruppin stammende Karl Friedrich Schinkel geschaffen und auch den figürlichen Schmuck entworfen, den Schadow und Kiss ausführten. Schadows großer Nachfolger Rauch hat die Neue Wache einen »herrlichen Bau« genannt, doch Schadows Viktorien am Gebälk gefielen ihm nicht: »Die Leute nennen sie Fledermäuse, sehen aber aus wie aufgehangene Kleider.« Ein Urteil, dem wir heute nicht beipflichten können.

Hier in der Neuen Wache hat auch Theodor Fontane unter Gewehr gestanden, als er 1843 sein Dienstjahr beim Kaiser-Franz-Garde-Grenadier-Regiment absolvierte. »Eine dieser Wachen ist mir in Erinnerung geblieben und wird es auch bleiben, und wenn ich hundert Jahre alt werden sollte«, bekannte der märkische Dichter viele Jahrzehnte später. Sein Jugendfreund Hermann Scherz war nämlich unerwartet auf der Wache erschienen und hatte Fontane zu einer Reise nach London eingeladen, nicht etwa nur aufgefordert. Wie Fontane den Urlaub für die vierzehn Tage erhielt und wie er ihn verlebte, mag man in seinen Erinnerungen nachlesen. Köstlich, daß die anfänglichen Bedenken der militärischen Vorgesetzten dem Argument »ganz ohne Kosten, alles umsonst; und so was ist doch selten« nicht widerstanden.

Ein anderer militärischer Vorgesetzter, nur diesmal von eigenen Gnaden, der als »Hauptmann von Köpenick« in die Geschichte eingegangene Schuster Voigt schickte 1906 den von ihm verhafteten Bürgermeister und den Stadtkämmerer nach dem erfolgreichen Raubzug in der Wäscherstadt nebst seinen Soldaten zur Neuen Wache, wo man bereits fernmündlich orientiert worden war, so daß die »Staatsgefangenen« sofort durch den Kommandanten von Berlin freigelassen wurden. Nur die allzu gehorsamen Grenadiere mußten sich auf der Kommandantur einem langen Verhör stellen.

Die Neue Wache hatte man schon vor dem Ersten Weltkrieg über ihren eigentlichen Zweck hinaus zur Hauptzentralstelle des Militärtelegrafen von Berlin und zur Militärpostanstalt für den inneren Dienstverkehr ausgebaut. Von hier gingen die Mobilmachung und die Entmobilisierung aus. Ein immer wieder reproduziertes Bild zeigt den Leutnant Heinrich von Viebahn von den »Alexandern« an der Spitze des Wachkommandos, Unter den Linden unter Trommelwirbel die drohende Kriegsgefahr verkündend. Wenig später ist er eines der ersten Opfer dieses Krieges geworden.

Als Gedächtnisstätte für die Gefallenen des Weltkrieges hat man 1931 die Neue Wache nach dem Entwurf von Heinrich Tessenow ausgebaut, der mit Peter Behrens, Ludwig Mies van der Rohe und Hans Poelzig zum Wettbewerb aufgefordert worden war und mit seiner Idee siegte. An den Außenseiten veränderte Tessenow nichts, aus dem Inneren machte er einen unvergeßlich feierlichen Raum, der durch eine kreisrunde Öffnung in der Decke das Licht des Himmels empfing und es auf den berühmten golde-

Neue Wache und Zeughaus, 1875

nen Eichenkranz strahlen ließ. Dieses Meisterwerk von Ludwig Gies ruhte auf einem Monolithen aus schwarzem Granit, den man — 10 000 Kilogramm schwer — aus Schweden herbeigeschafft hatte.

Seit 1969 brennt im neugestalteten Innenraum des Mahnmals vor symbolischen Gräbern des unbekannten Widerstandskämpfers und des unbekannten Soldaten eine ewige Flamme unter dem jetzt verglasten Oberlicht.

Der schwerbeschädigte Eichenkranz konnte nach dem Krieg sichergestellt werden. Professor Gies hat ihm unter Verwendung erhalten gebliebener Blätter wieder die alte Form gegeben. Seit 1966 ziert er die damals eingeweihte Gedenkstätte auf dem früheren Standortfriedhof in der Lilienthalstraße in Neukölln.

Berliner Eisen vom Pankeufer

Von den vielen jungen und alten Berlinern, die kurzfristig und preisgünstig nach London fliegen, dürfte wohl keiner versäumen, die flimmernde Pracht der Kronjuwelen im Tower zu bewundern. Mit dem Victoria- and Albert-Museum sieht es da anders aus. Schon aus zeitlichen Gründen kann man das größte Kunstgewerbemuseum der Welt nicht besuchen und kommt so um die Überraschung, zwischen den wertvollsten Kostbarkeiten aus Gold und Silber, Brillanten und Perlen eine Vitrine mit Damenschmuck aus schwarzem Eisenfiligran zu finden, der als »fer de Berlin« oder »Berlin-Iron« bezeichnet ist.

Ein richtiger Berliner hat davon natürlich noch nie gehört. Er muß und kann es auch nicht wissen; denn die Hauptproduktionsstätte dieser eisernen Bijouterien hat schon vor hundert Jahren — im Januar 1874 — ihren Betrieb eingestellt. Es war die Königliche Eisengießerei in der Invalidenstraße. Dort, wo seitdem die monumentalen Paläste des Zentralen Geologischen Instituts — der ehemaligen Geologischen Landesanstalt —, des Museums für Naturkunde und der Landwirtschaftlich-Gärtnerischen Fakultät der Humboldt-Universität (der früheren Landwirtschaftlichen Hochschule) Besucher und Passanten mehr oder minder beeindrucken.

Hier trieb einst das reichlich vorhandene Wasser der heute so unansehnlichen Panke die Räder einer Schleif- und Poliermühle für »die Harnische und anderes Gezeugk« der kurfürstlichen Rüstkammer. Im Jahre 1804 wurde auf dem Mühlengrundstück die Königliche Eisengießerei angelegt, deren schlesisches Vorbild in Gleiwitz bereits seit 1796 produzierte.

Das junge Berliner Unternehmen kam im Geburtsjahr nur auf eine Produktion von sieben Zentnern, konnte diese aber 1805 auf 1500 Zentner steigern, um schließlich durchschnittlich 30 000 Zentner Eisenguß jährlich zu erzeugen, von denen 4000 Zentner Kunstgüsse waren — und auf diese kommt es an.

Wenn auch in der »eisernen Zeit« der Freiheitskriege in der Invalidenstraße vor allem Kanonen, Bomben und Granaten gegossen wurden, die sofort ungeputzt und warm die Gießerei verließen, fertigte man hier auch Tausende von Eisernen Kreuzen und Hunderte jener eisernen Ringe, die nach der Devise »Gold gab ich für Eisen« der Kriegsfinanzierung dienten.

Königliche Eisengießerei, 1810

Das Produktionsprogramm der Eisengießerei war von kaum noch erfaßbarer Vielseitigkeit und reichte von der zierlichsten Schmucksache — 80 000 aus einem Zentner Gußeisen — bis zum 2300 Zentner schweren Denkmal auf dem Kreuzberg. Neben Büsten und Statuetten aller Potentaten, auch Napoleons, waren die Bildnisplaketten des vom Akademiedirektor Schadow aus Wien nach Berlin berufenen Plastikers und Medailleurs Leonhard Posch besonders begehrt. Der gebürtige Tiroler verstand es, die für den Eisenguß erforderlichen Wachsmodelle der von ihm Porträtierten in unwahrscheinlich kurzer Zeit auszuführen, so daß sein Lebenswerk fast tausend Bildnisse umfaßt.

Unter diesen war auch die Bildnisplakette der Schauspielerin Amalie Neumann. Kein Geringerer als Heinrich Heine hat 1822 in seinen »Briefen aus Berlin« dieser Tatsache gedacht: »Man hat sogar die schöne Frau in Eisen gegossen und verkauft kleine eiserne Medaillen, worauf ihr Bildnis geprägt ist. Ich sage Ihnen, der Enthusiasmus für die Neumann grassiert hier wie eine Viehseuche.«

Nicht für den Verkauf bestimmt waren die während der Jahre 1805 bis 1848 von der Eisengießerei an ihre Kunden sowie an »Hof- und Standespersonen« verschickten gußeisernen Neujahrskarten. Die vorzüglich modellierten rechteckigen Plaketten des Ausmaßes 6 mal 9 Zentimeter lagen in samtgefütterten Lederetuis, die mit dem goldgepreßten Bergmannssymbol »Schlägel und Eisen« geschmückt waren. Motive der im Berlin-Museum vollständig vorhandenen Neujahrsplaketten waren Erzeugnisse der Gießerei, dort hergestellte Maschinen oder in Berlin neu entstandene Gebäude oder Denkmäler.

Kurz vor der Revolution von 1848 war die Blütezeit des Eisenkunstgusses vorbei, an dem sich in Berlin wegen der Leichtigkeit, bereits vorhandene Modelle nachzugießen, ohne geistige oder Geldkräfte einzusetzen, mehr als zwei Dutzend Privatgießer beteiligt hatten. In den Wirren der Märzrevolution von 1848 brannte die Königliche Eisengießerei nieder. Der materielle Verlust wurde auf 50 000 Taler geschätzt, die Vernichtung der kostbaren Modelle war überhaupt nicht durch Geld auszugleichen.

Fiskalische Interessen haben dann die Auflösung der Eisengießerei veranlaßt, obwohl zahlreiche Fabrikanten in Eingaben baten, das »Musterinstitut zum Nutzen der Berliner Maschinenindustrie« zu erhalten. Infolge des riesigen Wachstums der jungen Reichshauptstadt während der »Gründerjahre« war das ausgedehnte Grundstück der Eisengießerei so im Wert gestiegen, daß man den von den konkurrierenden Nachbarn in der Chausseestraße — Borsig, Egells, Wöhlert und Schwartzkopff — längst überrundeten Betrieb in der alten räumlichen Ausdehnung nicht mehr weiterführen wollte — und konnte, zumal der Staat die Flächen für die oben erwähnten Institute dringend benötigte.

Eine letzte Erinnerung an die siebzig Jahre lang betriebene Eisengießerei ist der Bergakademie geblieben. Den östlichen Nebeneingang bewacht der ausweislich eines alten »Preis-Courants« 1828 gegossene »große Wolfshund nach dem in der Florentiner Galerie befindlichen Originale. Derselbe wiegt 9 Zentner, 30 Pfund und kostet 200 Taler«.

Am Pichelsberg »pichelten« Generationen von Berlinern

Das Große und Kleine Walsertal, das Ötz- und Zillertal — oder wie die schönen Alpentäler sonst noch heißen — sind dem auf Österreich eingeschworenen Berliner naturgemäß vertraut. Doch wer kennt das Triff-Tal? Jenes Freizeit- und Erholungszentrum, das 1973 in einer ehemaligen Kiesgrube zwischen Glockenturmstraße und Havelchaussee eröffnet wurde.

Hier »trifft man sich im Tal« zum Tennisspiel in der Halle oder im Freien; hier kann man jederzeit von Jahreszeit und Wetter unabhängig schwimmen oder in der Sauna schwitzen, kegeln oder einfach nur auf der Sonnenterrasse liegen; von den im Restaurant gebotenen Genüssen ganz zu schweigen.

Neuerdings wurde die Anlage um einen Minigolfplatz erweitert, der auf dem Gelände der früheren »Ausspannung Pichelsberg« an der Havelchaussee entstand. Rund um das einstige Gästehaus der Arca-Filmgesellschaft gab es schon einmal so etwas wie ein Gastronomie-Center, in dem Generationen von Berlinern kräftig »pichelten«.

Da war das jetzt dem Film dienende »Seeschloß« und — gleichfalls am Ufer des Stößensees — der »Kaisergarten«, ferner auf halber Höhe des Pichelsberges der »Reichsgarten«. Diesen Berg hat man gelegentlich auch Prinzenberg genannt, weil König Friedrich Wilhelm III. und die Königin Luise mit ihrer großen Kinderschar des öfteren hier weilten und die berühmte Aussicht über die Havelniederung bis nach Potsdam und Spandau genossen.

Die Spandauer sprachen auch vom Judenberg, denn das hier stehende Bauwerk sollte einmal dem jüdischen Glauben gedient haben. Doch war es weiter nichts als ein Gartenpavillon, den sich 1798 der Graf Kameke auf der aussichtsreichen Höhe errichten ließ. Beim Volk war er zum »Spukhaus« geworden. Während der Franzosenzeit des Jahres 1806 trafen hier preußische und französische Truppen aufeinander, und die in der Minderzahl befindlichen Preußen retirierten in den Pavillon, wo sie sich durch eine kunstvoll verborgene Leitertreppe in den Dachstuhl zurückzogen. Die Franzmänner haben das Haus samt dem Keller vergeblich nach ihren Feinden durchsucht und rückten, an einen Spuk glaubend, enttäuscht ab.

Diese Geheimtreppe hat es wirklich gegeben. Leider ist sie in den Jahren nach 1945, als der Pavillon unbeaufsichtigt leer stand, von vielen Unberufenen bestiegen worden, die Dach nebst Aussichtslaterne verwüsteten und sich auch nicht scheuten, die Holzsäulen auf den Terrassen umzustürzen. Im Sommer 1964 wurden die kläglichen Reste des Pavillons bis auf den massiven Unterbau beseitigt. Obwohl er unter Denkmalschutz stand, war es nicht möglich, ihn endgültig zu halten und immer wieder Geld für die ständig notwendigen Reparaturen aufzubringen.

Wer heute westlich des an der Glockenturmstraße entstandenen »New-Manhattan« auf dem Pichelsberg nach der alten Stätte des Pavillons sucht, hat Mühe, den Platz zu finden. Die Natur nahm alles in ihren Besitz, und das üppig hochgeschossene Unterholz läßt sich nur schwer durchdringen. Unwillkürlich denkt man an das 1798 vom Dichterpastor Schmidt in Werneuchen den »Pichelsbergen bei Spandau« gewidmete Poem, in dem es mit dichterischer Freiheit heißt:

»Geht dort einmal ein müder Wand'rer irr,
So muß er tagelang von Vogelkirschen
Sich sättigen, umflattert vom Geschwirr
Des Federwild's, begafft von Reh'n und Hirschen,
Noch glücklich, wenn aus dickem Dorngewirr
Der Bache Hau'r ihm nicht entgegen knirschen.«

Auch ein Dichter höheren Grades als der von Goethe so unbarmherzig verspottete Schmidt ist einmal hier gewesen: Jean Paul. In einem Brief vom Juni 1800 schrieb er: »Auf der herrlichen Insel Pickelswerder fand ich so viele schöne Freundinnen auf einmal, daß es einen ärgert, weil jeder Anteil den anderen aufhob...«

Zu der Zeit, als der durch seine Schwiegermutter, die Madame Dutitre, bekannt gewordene Bankier Benecke Eigentümer von Berg und Pavillon war, haben sich hier an einem Maitage des Jahres 1819 die Studenten der jungen Berliner Universität im Beisein des Philosophen Hegel und des Theologen Schleiermacher zu einem Frühlingsfest zusammengefunden, das aber weniger rauschende Feier, vielmehr eine Art Protestkundgebung gegen die wenige Wochen zuvor erfolgte Ermordung von Kotzebue sein sollte und dennoch nach alter Pichelsberger Tradition mit einem Weingelage endete.

Pavillon auf dem Pichelsberg, 1820

Auf der Pfaueninsel regierte »Mutter Friedrich«

Obwohl schon über hundert Jahre seit dem Tod von »Mutter Friedrich« vergangen sind, wird immer wieder bei der Schlösserverwaltung nach dem Verbleib ihrer Topf- und Tassensammlung gefragt. Was, Sie haben noch nichts von dieser Dame und ihren Souvenirs gehört? Da kennen Sie aber unseren Fontane schlecht, der im Pfaueninsel-Kapitel des Havelland-Bandes seiner märkischen Wanderungen, das 1872 geschrieben wurde, der »Frau Friedrich« einen besonderen Abschnitt widmete.

Der alte Louis Noël, Oberst a. D. und Ehrenvorsitzender des Vereins für die Geschichte Berlins, hat aus persönlicher Kenntnis der Mutter Friedrich die Meinung vertreten, daß Fontane von ihr ein ganz falsches Bild gegeben habe. »Nur der Vers, den er auf sie gemacht hat, trifft zu.« Er lautet: »Herr Friedrich saß auf Sanssouci, den Krückstock, den vergaß er nie; Frau Friedrich findet's à propos und sagt: ich mach' es ebenso.« In den letzten Jahren ihres langen Lebens mußte sie sich nämlich beim Gehen eines Stockes bedienen.

Auch der letzte deutsche Kaiser hat in seinem Buch »Aus meinem Leben. 1859—1888« der Mutter Friedrich ein Denkmal gesetzt: »Auf der lieblichen, von Erinnerungen an meine Urgroßmutter, die Königin Luise, erfüllten Pfaueninsel weilten wir besonders gern. Mit Vergnügen erinnere ich mich noch des Ehepaars Friedrich dort; der Mann war Maschinenmeister, sie eines der alten Potsdamer Originale und Besitzerin einer umfangreichen Sahnetopfsammlung. Jeder Besucher war moralisch verpflichtet, einen Topf zu stiften, so daß die Sammlung, wie man sich denken kann, schließlich recht beträchtlich geworden war.« Um es gleich vorwegzunehmen, nach dem Tod der Frau Friedrich ist die eigenartige Topfkollektion den Weg alles Irdischen gegangen: verschenkt, verstreut, verloren für immer.

Elise Friedrich, geborene Risleben, eine Schneidermeistertochter aus Lenzen an der Elbe, war 1824 auf die Pfaueninsel gekommen, als man ihren Mann zum Maschinenmeister für die neuangelegten Bewässerungsanlagen bestellte. Neben der Wartung der Dampfmaschine hatte er auch Reparaturen »sowohl an Meubles als in den Schloß- und Dienstgebäuden und Einrichtungen für die verschiedenen fremden Tiere« zu besorgen. Dafür war Friedrich der geeignete Mann; denn der gebürtige Straßburger hatte auf langer Wanderschaft eine »proteusartige Tätigkeit« an den Tag gelegt, war in nicht weniger als sieben Gewerben beschäftigt und soll als Tischler, Drechsler, Schlosser, Steinmetz, Maler, Bildhauer und Mechaniker Tüchtiges geleistet haben.

Sein Domizil war das heute äußerlich noch unverändert erhaltene Maschinenhaus am Südufer der Pfaueninsel. Ein im Sommer von Geißblatt und Glyzinien umranktes gelbes Biedermeierhaus unter Krüppelwalmdach, in dem jetzt Maschinenmeister Graffunder an modernen Elektromotoren seines Amtes waltet.

Elise Friedrich, 1825

Hier war Mutter Friedrich eine Macht in der Küche; denn von ihr hing es ab, ob man Kaffee erhielt und ein Butterbrot, oder mit knurrendem Magen die Gartenpracht der Pfaueninsel mit ihren Tierhäusern (deren Insassen 1842 den Grundstock unseres Zoos bildeten) in Augenschein nehmen mußte. Das »Wirtshaus zur Pfaueninsel« gab es noch nicht. Das war damals — und Jahrzehnte später — Pferdestall und Wagenremise für den aus Potsdam gekommenen Hof, und bei Iwan Bockow im Blockhaus Nikolskoe bekam man nur »beleckte« oder »unbeleckte Brote«, wie der langbärtige Russe in seiner harten Aussprache des Deutschen betonte.

Wenn auch das Hofmarschallamt durch wiederholte Bekanntmachungen in den Berliner Tageszeitungen verboten hatte, auf der Pfaueninsel Speisen und Getränke zu fordern oder solche auch nur mitzubringen und dort zu verzehren, hielt sich die resolute Frau Friedrich nicht daran. Kein Wunder, daß sie mehrmals vom Iwan auf Nikolskoe und dem Gastwirt Seidel, der 1828 »Stimmings Krug« auf der Landzunge zwischen Großem und Kleinem Wannsee übernommen hatte, denunziert wurde. Sie leugnete nicht, ihr bekannten »Herrschaften« auf deren wiederholtes Verlangen Kaffee und anderes gereicht zu haben, und daß diese ihr »eine Vergütung für diese Sachen haben zufließen lassen«. Als Entschuldigung führte sie dem »sehr hochzuverehrenden Herrn Oberhofmarschall« gegenüber außerdem an, daß sie sich »durch die Hitze ermatteter und selbst ohnmächtig dahingesunkener Menschen schon aus Menschlichkeit annehmen und denselben auf ihr inständiges Gesuch habe Erquickung reichen müssen.«

Obwohl der Friedrich aufgegeben wurde, sich künftig »jeder Verabfolgung von Speisen und Getränken für Geld und Geldeswert an das Publikum zu enthalten«, ging der Betrieb weiter, weil man »oben« offenbar nichts sehen wollte. Mutter Friedrich erhielt ein Sahne- oder Milchtöpfchen, eine Kaffeetasse oder eine Vase zum Andenken, das Geld aber drückte man dem dienstbaren Hausgeist Jette in die Hand.

Am 12. Februar 1873 starb Maschinenmeister Joseph Friedrich im Alter von 84 Jahren, und nur drei Tage später folgte ihm seine ein Jahr jüngere Frau, mit der ihn 58 Jahre glücklicher Ehe verbunden hatten. Auf dem verwunschenen, nur von wenigen Berlinern gekannten Waldfriedhof hinter der ehemals »Königlichen Freischule« in Nikolskoe wurden sie beigesetzt unter einem Stein, der außer den Lebensdaten die Inschrift trug: »Vereint im Leben, vereint im Tode.«

Doch wer die letzte Ruhestätte des Ehepaars Friedrich besuchen will, findet sie nicht mehr. Ein Herostratos unserer Zeit ließ das Grab 1955 beseitigen und den Gedenkstein kurzerhand zerschlagen, obwohl der Kirchhof Raum genug bot. Das geschah ohne Wissen der Verwaltung der Schlösser und Gärten, die den Stein gern auf die Pfaueninsel übertragen hätte, um hier am Schauplatz ihres Wirkens die Erinnerung an den tüchtigen Maschinenmeister Friedrich und seine von Dichtern und Fürsten gewürdigte Ehefrau für immer wachzuhalten.

Mit Roß und Wagen im Lietzensee untergegangen

Wie oft bin ich schon gefragt worden, ob es denn stimme, daß einst ein am Rande des Lietzensees ackernder Bauer samt Roß und Wagen in den unergründlichen Fluten des Sees versunken sei. Es stimmt natürlich nicht, und diese Wandersage wird auch von anderen Orten berichtet. So von dem früheren Fenngelände zwischen Wilmersdorf und Schöneberg, das vor dem Ersten Weltkrieg in einen hübschen Park umgewandelt wurde.

Wenn der Lietzensee auch nur kaum zwei Meter tief ist (mit einer drei Meter dicken Schlammschicht, die demnächst ausgebaggert werden soll), so waren unsere Vorväter anderer Meinung. Wilhelm Schwartz hat den See in seinen 1871 erstmals erschienenen »Sagen und alten Geschichten der Mark Brandenburg« als grundlos bezeichnet. »Das hat auch Herr von Witzleben gemerkt, der hat im Lietzensee nämlich eine Insel anlegen wollen. Aber soviel er auch Schutt und Erde hat hineinwerfen lassen, er hat doch keinen Grund bekommen.«

Alte Charlottenburger erzählen noch heute, daß im Lietzensee ein Dorf versunken sei. Auch hätten früher die Fischer mit ihrem Kahn an die Kirchturmspitze gestoßen oder seien mit ihren Netzen daran hängen geblieben. Doch von dem sehr alten Namen des Sees wissen sie nur, daß er den hier neben Schwänen und Enten reichlich vertretenen Wasserhühnern — den »Lietzen« auf berlinisch — zu verdanken sei.

Die erste urkundliche Erwähnung des Lietzensees aus dem Jahre 1393 nennt ihn »Sehe zur Lueze«, eine andere von 1717 kennt ihn als »Krummer oder Lietzersee« und auf der 1825 gezeichneten Separationskarte heißt er »Lützower See«. Namengebend war demnach die heute nur noch im Platznamen Alt-Lietzow weiterlebende Keimzelle Charlottenburgs. In den zeitgenössischen Quellen wird das Dorf mal Lietzow, mal Lützow geschrieben.

Doch was dieser Name eigentlich bedeutet, ist heute zweifelhaft geworden, nachdem man ihn jahrzehntelang vom slawischen lucina = Sumpfwiese ableitete. Jetzt werden von den Sprachsachverständigen unter anderen Erklärungen luk = Bogen (wegen der Lage im Spreebogen) und luca = Licht (Kienfackel zum Fischen) angeboten. Die Entscheidung liegt bei Ihnen, lieber Leserfreund.

In das Licht der Geschichte tritt der Lietzensee erst verhältnismäßig spät, nachdem die dort um 1720 von dem geschäftstüchtigen Hofzahnarzt Schoppe geplanten Reben- und Maulbeerpflanzungen seitens der Behörden schnöde abgelehnt wurden. Der mit einer Dotation von 20 000 Talern beglückte Generaladjutant (und spätere Kriegsminister) Job Wilhelm von Witzleben kaufte sich 1824 dafür zwei Häuser in der Wilmersdorfer Straße und das 105 Morgen große Gelände rund um den Lietzensee, der damals noch 80 000 Quadratmeter umfaßte, also 15 000 Quadratmeter größer als heute war.

Von dem, was Witzleben dort an Baulichkeiten schuf, ist ebenso wenig erhalten wie von der Villa seines Nachbarn, des Prinzen Adalbert, der hier mit seiner zur Freifrau von Barnim erhobenen Gemahlin Therese, geb. Elßler, — einer ehemaligen Balletteuse und Schwester der bekannten Fanny — sehr zurückgezogen lebte.

Ein paar schöne alte Eichen und Platanen erinnern aber noch an den ersten Eigentümer, dem zu Ehren die Besitzung 1840 offiziell den Namen Witzleben erhielt. Im gleichen Jahr hatte sie der Kunstgärtner Ferdinand Deppe von den Erben des 1837 verstorbenen Generals gekauft und mittels einer vielbewunderten Rosen- und Georginenzucht zur Berliner Sehenswürdigkeit gemacht. Der unternehmungslustige Deppe war in den zwanziger Jahren mit dem Segelschiff um die Erde gereist und hatte aus Zentralamerika, vor allem aus Mexiko, viele seltene Pflanzen mitgebracht, die er in Berlin weiterzüchtete oder dem Herbarium des Botanischen Gar-

Lietzensee um 1840

tens überließ. Hier wurden sie von Adelbert von Chamisso, der im Hauptberuf »Aufseher der Pflanzen« war, wissenschaftlich bearbeitet.

Der nächste Besitzwechsel war 1861, als der Holzhändler Schönemann 15 000 Taler für das schöne Besitztum gab. Zehn Jahre später erhielt er dafür von den Kaufleuten Pringsheim und Sobernheim den zehnfachen Betrag. In den achtziger Jahren trat Werner Siemens als ernsthafter Kaufinteressent von Witzleben auf, entschied sich aber aus finanziellen Gründen für das östliche Biesdorf im heutigen Bezirk Lichtenberg.

Auch die Berliner Gewerbe-Ausstellung des Jahres 1896, ursprünglich in dem jetzt zur Ausstellungsstadt gewordenen Witzleben projektiert, zog in den Osten, nach Treptow. Kurz vor der Jahrhundertwende übernahm die Terrain-Gesellschaft Park Witzleben für fünf Millionen Mark das von den Herren Pringsheim und Sobernheim dreißig Jahre lang vernachlässigte und zu einer grünen Wildnis gewordene Gelände rund um den Lietzensee. Von ihrem Wirken künden an der Neuen Kantstraße eine aufwandvolle Brücke mit Säulenpergolen aus rotem Sandstein und einige reichlich groß geratene Miethäuser im wilhelminischen Prunkstil. Der Park selbst ging 1910 in den Besitz der Stadt Charlottenburg über, die ihn durch ihren befähigten Gartenbaudirektor Barth zu dem werden ließ, was Anwohner und Besucher immer von neuem erfreut.

»Zum Besten der Bewohner dieser Gegend« schuf man den Friedrichshain

»Der Tag, an welchem vor hundert Jahren König Friedrich II. den Thron bestieg, ist ein zu wichtiger Moment in der Geschichte des preußischen Staats und dessen Hauptstadt, als daß die hiesigen Communalbehörden denselben ohne die dankbarste Erinnerung vorüber gehen lassen könnten.« Mit diesem Satz im altfränkischen Kanzleistil des Vormärz beginnt eine Bekanntmachung des Magistrats und der Stadtverordneten von Berlin, die am 30. Mai 1840 »dem Volke mitgeteilt« wurde.

In ihr heißt es weiterhin: »Nicht minder wird zum bleibenden Gedächtnis Friedrichs des Großen noch im Laufe dieses Jahres vor dem Prenzlauer und neuen Königstor der Stadt, zum Besten der Bewohner dieser Gegend, unter dem Namen Friedrichshain ein Erholungsplatz angelegt werden, in der Art des Tiergartens, mit dessen Verbesserung der gefeierte König seinen Anfang gemacht hat.« Äußerer Anlaß für den Beschluß der

Stadtväter war die zwei Tage später, am 1. Juni 1840 erfolgte Grundsteinlegung des Denkmals für den Preußenkönig auf der vom Großen Kurfürsten angelegten Repräsentationsstraße Unter den Linden.

Das volkstümlich gewordene, größte und bekannteste Werk von Christian Rauch — der Alte Fritz hoch zu Roß — mußte 1950 das »Forum Fridericianum« verlassen und mit einem versteckten Platz im Park von Sanssouci vorliebnehmen. Aber den Friedrichshain gibt es noch, sogar unter seinem alten feudalistischen Namen.

Der Friedrichshain war die erste städtische Grünanlage Berlins; denn der Tiergarten stand bis 1918 in königlicher, bis 1945 in staatlicher Verwaltung. Die Stadt Berlin hatte keinen Einfluß auf seine Gestaltung, durfte sich aber jährlich mit 50 000 Mark an den Unterhaltungskosten beteiligen.

Das »noch im Laufe dieses Jahres« der Bekanntmachung von 1840 war natürlich nicht zu verwirklichen. Allein der Grunderwerb beanspruchte mehrere Jahre, so daß es bis zum 7. Juni 1846 dauerte, ehe die Feier des ersten Spatenstichs begangen werden konnte.

Zwei Jahre später war der Friedrichshain fertig. Seine Einweihung geschah am 17. August 1848 durch die Enthüllung einer Büste des Alten Fritz, die ein patriotisch gesinnter Bürger, der Hofschneidermeister Freitag, gestiftet hatte. Der schwerreiche Mann bewohnte das später unter dem Namen »Kistenmachers Etablissement« in die Reihe der Zelten-Lokale einbezogene Tuskulum an der Spree; der Volkswitz nannte es »Nähnadels Ruh«.

Im Grundstein der längst verschwundenen Fritzenbüste des Friedrichshains befand sich eine aufschlußreiche Urkunde, die berichtete, daß der Kunstgärtner Adolph Patzig die ganze Parkanlage von etwa 150 Morgen für rund 30 000 Taler ausgeführt hatte, aber auch mitteilte, wie wenig ein Arbeiter damals verdiente: »Das Tagelohn der Arbeiter war nach der Revolution (von 1848) für die Steinmetzen 1 Taler 5 Silbergroschen, für die Maurer 25 Sgr., die Zimmerleute 25 Sgr., die Arbeitsleute 15 Sgr. Die Arbeitszeit war von 6 Uhr morgens bis 6 Uhr abends, 1/2 Stunde Frühstück, 1/2 Stunde Vesper, 1 Stunde Mittag.«

Sechzig Jahre später brauchten die am Werk beteiligten Arbeiter nicht mehr zwölf Stunden lang zu schuften, als die Stadt Berlin beschlossen hatte, »ihren« Friedrichshain durch den Märchenbrunnen zu bereichern. Die dafür aufgewendeten 1,2 Millionen Mark wurden bei seiner Einweihung im Juni 1913 eine ungeheure Summe genannt. Schließlich handelte

Märchenbrunnen im Friedrichshain, 1914

es sich nicht um einen Brunnen schlechthin, vielmehr um eine ausgedehnte Anlage. Man hatte ihr fast zwanzig Jahre der Arbeit und des Beratens gewidmet.

Schon 1893 war von der städtischen Kunstdeputation beschlossen worden, den Platz zwischen Königstor und Bartholomäuskirche künstlerisch zu schmücken. Das nach drei Jahren vorgelegte Projekt sah eine reich dekorierte Architektur vor, bei der das Reichstagsgebäude Pate gestanden hatte. Der Kunstdeputation gefiel der Entwurf, sie wollte ihn ausführen.

Doch dem 1896 in das verantwortungsvolle Amt des Stadtbaurats berufenen Ludwig Hoffmann schmeckte die hochgeschraubte Prunkarchitektur nicht, er schuf dafür die uns lieb gewordene Brunnengruppe. Hoffmann hatte sich überall nach tüchtigen Architekturbildhauern umgesehen und in München den an Seidls Nationalmuseum und am Künstlerhaus beteiligten Josef Rauch gefunden, auch Ignatius Taschner für sich entdeckt, schließlich auf der Dresdener Kunstausstellung Gefallen an den von Georg Wrba gezeigten Brunnenmodellen gefunden. Alle drei Bildhauer waren ungefähr gleichaltrig, sie standen im Anfang der dreißiger Jahre und haben Hoffmann lange Zeit hindurch bei seinen vielen Bauwerken, mit denen er in 28jähriger Amtszeit das Stadtbild zierte, wirksam geholfen.

Seitlich der beiden vorderen Wasserbecken des Märchenbrunnens stehen auf niedrigen Sockeln — auch kleinsten Kindern gut sichtbar — zehn Gruppen der bekanntesten Märchen. Wir sehen Hänsel und Gretel, den gestiefelten Kater, Hans im Glück, das Schwesterlein mit den sieben Raben, Aschenbrödel, Rotkäppchen, Brüderchen und Schwesterchen, Schneewittchen mit den sieben Zwergen und Dornröschen. Eine große Arkadenwand schmücken Tierfiguren. Dahinter ist wieder ein Brunnenbecken mit hoher Fontäne und vier Tiergruppen, die Wasserstrahlen in das Becken strömen lassen. Seitlich sind sechs Kindergruppen und schließlich als Abschluß des ganzen Frau Holle, Rübezahl, die Riesentochter und der bei den Kindern nicht sonderlich beliebte Menschenfresser.

Unweit des Märchenbrunnens begegnen wir einem Überbleibsel des 1951 gesprengten Stadtschlosses, dem St. Georgs-Ritter des Bildhauers August Kiß vom Jahre 1855, der einst den westlichen Schloßhof schmückte. Der Volksmund hat sich schon früh des überlasteten Reiters angenommen und ihn wütend ausrufen lassen: »Donnerwetter, die verdammte Schlepperei hab' ick satt! Een Pferd reiten, det Schwert führen, mit dem Drachen sich rumhauen und außerdem noch die olle Standarte hochhalten, det is'n bisken ville verlangt!«

Moabit wollte »durch Einsamkeit des Gemüts von der Welt befreien«

Ein alter Regierungsbaurat, der es schließlich wissen mußte, hat einmal erzählt, daß es im preußischen Ministerium für Handel, Gewerbe und öffentliche Arbeiten einen großen Schrank gab, in dem die Regelentwürfe für die Staatsbauten lagen. Wenn auch die einzelnen Schubfächer durch ihre Aufschriften die Schulen und Kirchen, die Bahnhöfe, Gerichtsgebäude, Kasernen und dergleichen mehr streng voneinander schieden, so hatten die Entwürfe doch eines gemeinsam: Alle Gebäude waren in sogenannter Imponier- oder Einschüchterungsarchitektur gehalten.

Eine Musterkarte der nicht gerade phantasievollen Einfälle preußischer Baubürokraten fand man einst an der Nordseite der Invalidenstraße zwischen Alt-Moabit und der Sandkrugbrücke. Hier steht noch als eines der letzten Überbleibsel der »Moabiter Veilchen« — des nach den blauen Schulterklappen so genannten 4. Garde-Regiments zu Fuß — ein auf trutzig getrimmtes Kasernengebäude, dessen Tage allerdings gezählt sind. Die Abteilung Sozialwesen des Bezirksamtes Tiergarten, die es als Aufnahmeheim für Obdachlose nutzt, will die 80jährige Backsteinburg durch einen zeitgemäßen Neubau ersetzen.

Die benachbarte Kaserne der Gardeulanen ist schon vor Jahren abgeräumt worden. Als letztes verschwanden unlängst die Reste eines Pferdestalles, der gleich der gesamten Anlage auf Wunsch König Friedrich Wilhelms IV. den Formen englisch-gotischer Kastelle angeglichen war. Von den Zeitgenossen wurde sie merkwürdigerweise als schönste Kaserne Berlins gepriesen.

Ähnliche Lobesworte galten auch der 1847 fertiggestellten »Musterstrafanstalt«, dem Zellengefängnis an der Lehrter Straße, das Oberbaurat Carl Ferdinand Busse — Schinkels Assistent und nachmals Direktor der Bauakademie — ebenfalls nach Ideen des Königs entworfen hatte. Für den bewußt festungsartig gehaltenen, mit Zinnenbekrönung (und schon mit Warmwasserheizung) versehenen Baukomplex hatte das 1840 eröffnete Gefängnis Pentonville bei London als Vorbild gedient. Dieser erste Bau eines ausgesprochenen Zellengefängnisses in Deutschland stand am Beginn einer Gefängnisreform, die nicht mehr — wie bis dahin üblich — die Sträflinge in der Berliner Hausvogtei oder im Spandauer Zuchthaus in unzulänglicher Massenhaft belassen, sondern nach amerikanischem Muster die Einzelhaft einführen wollte. Der Zweck sollte sein, »diejenigen zu Zuchthausstrafe Verurteilten, die noch nicht im Verbrechen verkommen sind, durch den Strafvollzug in Einzelhaft vor weiterem Versinken in das Verbrechen zu bewahren«.

Das neue Gefängnis erhielt nur Häftlinge, die mit Zuchthaus unter vier Jahren bestraft waren. Anfänglich wollte man sie nach den puritanischen Anschauungen der amerikanischen Quäker aus Pennsylvanien »durch Einsamkeit des Gemüts von der Welt befreien und zu Gott zurückführen«. Selbst die Arbeit konnte nach dieser strengen Auffassung als Zerstreuung angesehen werden und wurde tatsächlich in den ersten Jahren den Häftlingen vorenthalten. Auch mußten sie bei Spaziergängen eine Kappe mit Halbmaske tragen Das System der Vereinzelung wurde ebenfalls in der Anstaltskirche angewendet, wo die Sitzplätze so gestaltet waren, daß kein Gefangener den anderen, aber jeder den Geistlichen und dieser alle Gefangenen sehen konnte.

Bei den fünf Zellenflügeln hatte man den von Benthan erdachten Plan eines Panoptikons übernommen und später auch beim Untersuchungsgefängnis des alten Kriminalgerichts in Moabit und sogar noch bei der Tegeler Haftanstalt ausgeführt. Sein Vorzug beruhte auf der Tatsache, daß man von einer zentralen Halle aus alle Teile des Gefängnisses und alle Zellentüren — davon gab es hier über 500 — mit einem Blick kontrollieren konnte.

Das alles ist längst vorbei, die unmodern gewordene, einstige »Königl. Strafanstalt Moabit« wurde in den Jahren nach 1956 abgebrochen. Ein Teil der fünf Meter hohen Umfassungsmauer steht allerdings noch, auch einige der dreigeschossigen Türme, in denen sich die Wohnungen der »Unterbeamten« befanden.

Dort, wo einmal das Portalhaus und die Torgebäude waren, hat die Be-Wo-Ge inzwischen schmucke Wohnhäuser gebaut, die auf der anderen Straßenseite in einem 14stöckigen Hochhaus ihren Akzent fanden. Man gab dem Viertel, das sich zur Seydlitzstraße hin mit mehreren bezirklichen Altenheimen fortsezt, den Namen »Heinrich-Zille-Siedlung«. In einer Abstimmung hatte sich die Mehrheit der Senioren und der dort ansässigen jungen Familien für diese Bezeichnung ausgesprochen, die allerdings für Zilles künstlerische Domänen, den »Fischerkietz« und das Viertel hinter dem »Alex«, ungleich berechtigter wäre — falls man Hochhäuser überhaupt als »Siedlung« ansehen will.

Wenn Steine reden könnten, würde man einiges von dem erfahren, was hinter der schmutzig-braunen Gefängnismauer geschah. Etwa von dem hier im Herbst 1847 durchgeführten Polenprozeß gegen 254 Beteiligte an

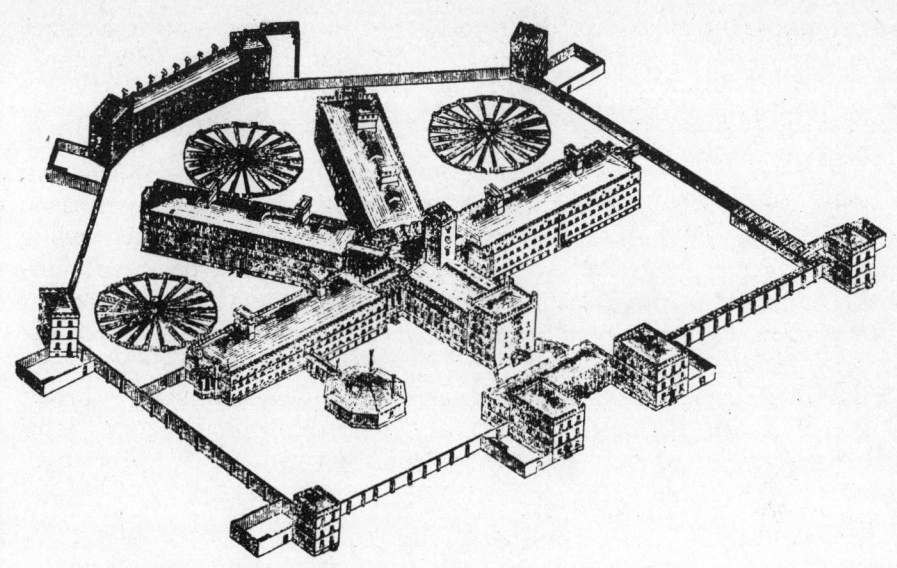

Zellengefängnis Moabit aus der Vogelschau, 1870

dem Versuch, ein neues »Königreich Polen« auszurufen. Er endete mit unglaublich harten Urteilssprüchen. Acht Angeklagte wurden zum Tode verurteilt, zwanzig zu lebenslangem Zuchthaus; die übrigen erhielten lebenslange oder langjährige Festungshaft. Doch wurden sie wenige Monate später infolge der März-Revolution 1848 amnestiert und von der mit den Polen sympathisierenden Bevölkerung im Triumphzug durch die Stadt geleitet.

Anfänglich fanden in Moabit auch Hinrichtungen statt. So im August 1878 die des Klempnergesellen Hödel, der ein mißglücktes Attentat auf den Kaiser unternommen hatte. Nach seinem Grab auf dem einstigen Anstaltskirchhof an der Lehrter Straße wird man jedoch vergeblich suchen. Falls Hödel jemals hier beigesetzt war, ist die Ruhestätte nach den Vorschriften der Strafjustiz ohne Grabhügel und nur mit einer Nummer bezeichnet worden.

In dem inmitten einer Laubenkolonie versteckten und trotz amtlicher Betreuung durch das Gartenbauamt Tiergarten sehr verwahrlosten kleinen Geviert des ungefähr 1200 Quadratmeter umfassenden Friedhofs sind noch etwa zwanzig Gräber kenntlich. Einige haben auch noch aufrecht stehende Grabsteine. Doch die meisten sind von spielenden Kindern umgestürzt worden. Soweit man die verblichenen Inschriften entziffern kann, liest man die Namen des 1863 hier beigesetzten Inspektors Scharnhardt bis zur letzten Bestattung eines Ehepaars Berger vom Jahre 1935. Das aufwendigste Grabmal ist dem 1881 verstorbenen Strafanstaltsdirektor Hoyns gewidmet.

Seit 1958 ist der Friedhof offiziell geschlossen, doch muß die gesetzlich vorgeschriebene Ruhefrist von dreißig Jahren abgewartet werden. Sollte man die hier geplante Auffahrtrampe zur Westtangente der Stadtautobahn vor 1988 in Anrgiff nehmen, wird man Umbettungen nicht vermeiden können. Einige wurden bereits 1958 vorgenommen, als man Kriegsopfern, für die keine Ruhefristen gelten, auf dem Ehrenfriedhof an der Wilsnacker Straße neue Grabstätten bereitete. Unmittelbar neben Albrecht Haushofer, den die Gestapo kurz vor Kriegsschluß im Zellengefängnis ermordete. Seine »Moabiter Sonette« künden von der hier verbrachten schweren Zeit.

Vom Generalsgarten zum Carl von Ossietzky-Park

Die amtliche Bezirkskarte kennt sie noch unter der Bezeichnung »Generalsgarten«: die durch schöne alte Bäume ausgezeichnete Grünanlage zwischen Paul- und Spenerstraße in Moabit. Seit 1965 heißt sie »Carl von Ossietzky-Park« nach dem streitbaren Publizisten, der in seiner Zeitschrift »Weltbühne« unentwegt gegen Militär und Generale kämpfte und sich für den Frieden einsetzte. Als man ihm 1935 den Friedensnobelpreis verlieh, durfte er ihn nicht annehmen; drei Jahre später ist er, 49jährig, an den Folgen der KZ-Haft gestorben. Sein Freund Lion Feuchtwanger sagte von Ossietzky: »Für den Frieden schrieb er, für den Frieden lebte er, für den Frieden ging er ins Gefängnis, für den Frieden wurde er gekrönt, für den Frieden starb er.«

Im Volksmund heißt der Park noch immer Generalsgarten, aber nur den Älteren ist bewußt, weswegen. Hier stand bis zur Zerstörung im Bombenkrieg die Dienstvilla des kommandierenden Generals des Gardekorps, der zugleich »Oberkommandierender in den Marken« und Gouverneur von Berlin war. Doch der eigentliche Schöpfer des Hauses und des Parks ist darüber in Vergessenheit geraten.

Als der ingeniöse August Borsig 1837 vor dem Oranienburger Tor seine Maschinenbauanstalt und Eisengießerei eröffnet hatte, in der vor allem Lokomotiven gebaut wurden, stellte sich zwei Jahre später in unmittelbarer Nachbarschaft die Konkurrenz in Gestalt der Herren Pflug und Zoller ein. Sie waren auf den Bau von Eisenbahnwagen spezialisiert. Mit Verstand und Glück gelang es ihnen, schnell voranzukommen. Jährlich wurden 3000 Waggons produziert, daneben 25 Jahre hindurch der Neubau und die Unterhaltung sämtlicher Postwagen in Berlin bewirkt.

Dem großen Vorbild Borsig folgten sie auch, als dieser 1850 in Moabit seinen »Eisenhammer« aufbaute und von der Königlichen Seehandlungssozietät die staatliche Maschinenfabrik an der Kirchstraße erwarb. Bei dem Kauf der damals noch bis zur Spree reichenden Grundstücke Alt-Moabit 110—118 war der nunmehrige Alleininhaber Friedrich Adolf Pflug von der Überzeugung geleitet, daß ein großer Teil des billig erworbenen Geländes nach wenigen Jahrzehnten zum Bauland werden und größeren Nutzen als die Fabrik einbringen würde. Damit sollte er recht behalten.

Sein erster Bau in Moabit war 1851 ein Holzspeicher, der auch ohne weiteres genehmigt und von dem Zimmermeister Atzpodien als gefälliger Fachwerkbau im Schweizer Landhausstil ausgeführt wurde. Zwei Jahre

Villa Pflug, 1910

später sollte ein großer offener Holzschuppen dazukommen. Aber der für die baupolizeiliche Genehmigung zuständige Regierungsrat Poehlmann vom Rentamt Mühlenhof machte unerwartete Sperenzchen. Er war nämlich der Meinung, daß der Schuppen »den Blick über die herrliche und anmutige Wiesenfläche, welche eine der größten Zierden in den Environs des Schlosses und Gartens von Bellevue wie des angrenzenden Teils des Tiergartens ist, in so störender Weise unterbreche, daß dadurch der großartige Eindruck jener schönen Flächen nicht nur vollständig aufgehoben werde, sondern namentlich der ungestalteten Bauart, in welcher der Schuppen ausgeführt werden soll, eine völlig entgegengesetzte Wirkung auf den Beschauer hervorbringen würde«. So lautete die etwas umständlich vorgebrachte Ansicht des wohl ersten Umweltschützers unserer Stadt.

Die vorgesetzte Regierung in Potsdam jedoch genehmigte diesen und weitere Nutzbauten des Herrn Pflug »mit Rücksicht auf die eigentümlichen Verhältnisse von Alt-Moabit«, wo es neben den Borsigschen Betrieben auch schon mehrere Porzellanfabriken und eine Brauerei gab.

Da Pflug mit seinen beiden Fabriken in der Chausseeestraße und in Moabit jährlich Umsätze von mehr als zehn Millionen Mark erzielte, konnte er sich auch das standesgemäße Haus bauen lassen, für das Eduard Knoblauch die Entwürfe zeichnete. Anfang Januar 1861 wurde die im Inneren fürstlich-prächtig ausgestattete Villa eingeweiht. Im November des gleichen Jahres gab Pflug den 112 Ehrenjungfrauen, die König Wilhelm beim Einzug in Berlin nach der Königsberger Krönung begrüßt hatten, in den Gesamträumen seines Hauses einen großartigen Ball.

Pflug hat die 1857 in eine Aktiengesellschaft umgewandelte Fabrik noch einige Zeit als Direktor geleitet, zog sich aber wegen Erblindung auf seine Rittergüter im Kreise Birnbaum zurück und verkaufte das schöne Moabiter Haus 1872 an den Militärfiskus, der dann zum Begründer des Generalgartens wurde.

Die Pflugsche Fabrik überstand die durch den »Gründerkrach« ausgelöste Krise nicht und wurde 1875 aufgelöst. Ihre Liquidation war erst 1884 beendet. Drei Jahre zuvor hatte die Baugesellschaft Alt-Moabit das Terrain gekauft, auf ihm die Spener-, Calvin- und Melanchthonstraße angelegt und mit den größtenteils noch vorhandenen Mietkasernen besetzt.

Der schöne Park, in dem früher sogar Nachtigallen heimisch waren, genoß die Pflege der in der Pflugschen Villa residierenden Generale; 1954 ging er in den Besitz des Landes Berlin über. Sein vergessener Schöpfer, der 1886 im Alter von 76 Jahren verstorbene Kommerzienrat Pflug, ruht auf dem kleinen Friedhof hinter der St. Johanniskirche, Alt-Moabit 24 bis 25. Die Kirchengemeinde hat die Grabstätte in dankbarem Gedenken an die großzügige Förderung, die sie von Pflug zeit seines Lebens erfuhr, in ihre Pflege genommen.

Auch in der »guten alten Zeit« wurde geschmuggelt

Im September 1742 erließ der Preußenkönig Friedrich II. — damals erst dreißig Jahre alt und noch nicht der legendäre Alte Fritz — eine Kabinettsorder, in der neben anderem bestimmt wurde, »daß das bisherige sogenandte Wendische Thor inskünftig das Schlesische Thor genandt werde«. Das Tor ist lange verschwunden, aber der dort um die Jahrhundertwende errichtete U-Bahnhof (der eigentlich ein Hochbahnhof ist) heißt noch immer so. Leider hat er viel von dem Glanz verloren, den ihm Hans Grisebach unter Verwendung kostspieligen Werksteins im Stil der deutschen Renaissance gab.

Auch die nach Süden abzweigende, als früherer »Cöpenicker Heerweg« imponierend breit angelegte Schlesische Straße hat jeden Reiz eingebüßt und erscheint mit ihren altersgrauen vernachlässigten Häuserfronten mehr als trist, zumal sie schon nach 700 Metern gegen die Mauer stößt. Daß sie parallel zur nur 300 Meter entfernten Spree verläuft, hat man in der Gründerzeit nicht beachtet und ihr einst so erfreulich grünes Ufer durch Mietkasernen und Industriebauten mit weitläufigen Hinterhöfen blockiert.

Hier lagen die von den Zeitgenossen als prächtig gerühmten Gärten des Stadtrats de Cuvry, des auf der westlichen Straßenseite seinen Sprit brennenden Kahlbaum und jene der Gebrüder Heckmann mit ihren großartigen Palmen- und Treibhäusern. Theodor Fontane hat ihnen in »Frau Jenny Treibel« ein literarisches Denkmal gesetzt. Durch Erfahrung gewitzt, ließ er »die wirklichen Personen nicht zu deutlich hervortreten« und verlegte den Schauplatz ein paar hundert Meter nach Norden in die Köpenicker Straße.

»Als nach dem siebziger Kriege die Milliarden ins Land kamen und die Gründeranschauungen selbst die nüchternsten Köpfe zu beherrschen anfingen, fand auch Kommerzienrat Treibel sein bis dahin in der Alten

Jakobstraße gelegenes Wohnhaus, trotzdem es von Gontard, ja nach einigen sogar von Knobelsdorff herrühren sollte, nicht mehr zeit- und standesgemäß und baute sich auf seinem Fabrikgrundstück eine modische Villa mit kleinem Vorder- und parkartigem Hintergarten. Diese Villa war ein Hochparterrebau mit aufgesetztem ersten Stock, welcher letztere jedoch, um seiner niedrigen Fenster willen, eher den Eindruck eines Mezzanin als einer Beletage machte.«

So heißt es in dem 1893 vorgelegten Roman, der jetzt als Fernsehspiel über die Bildschirme ging. Wenn wir erst seit wenigen Jahren wissen, daß sich hinter der unglücklichen Effi Briest die Großmutter des Atomphysikers Manfred von Ardenne verbirgt, so waren Fontanes Zeitgenossen sogleich darüber im Bilde, daß der Dichter zwar den Kommerzienrat Treibel nannte, aber in Wirklichkeit den Kupferfabrikanten Heckmann meinte.

Der 1786 in Eschwege geborene Kupferschmied Carl Heckmann hatte sich 1819 in Berlin mit einer kleinen Werkstatt niedergelassen, die einen großen Aufschwung nahm, als Heckmann den Bau von Apparaten für Brennerei- und Destillationsanlagen in sein Produktionsprogramm aufnahm. Die Verlegung in die Schlesische Straße (1836) führte bald zur Ausdehnung auf den sogenannten Tabor-Block, die Gegend zwischen Taborstraße und Heckmannufer, wo mehr als ein Dutzend hoher Schornsteine bis zur Jahrhundertwende die dann nach Duisburg verlegten Kupfer- und Messingwerke von Heckmann kennzeichneten.

Heckmann war dank seiner Tüchtigkeit und des herrschenden Industrie-Booms zu großem Reichtum gekommen. Mitte der sechziger Jahre ließ er sich nach Entwürfen Richard Lucaes die von Fontane gewürdigte Villa bauen und sie 1873 durch eine aufwendige Gartenhalle erweitern, für die der spätere Leipziger Stadtbaurat Hugo Licht verantwortlich zeichnete. Die Professoren Laufberger und Geselschap haben sie mit Sgraffiti dekoriert.

Von dieser Villa blieb in der Schlesischen Straße 26 a nach dem Neubau der Schallplatten- und Sprechmaschinen-Fabrik Carl Lindström — einer Schöpfung des tüchtigen Baumeisters Grenander — nur die Gartenhalle stehen. Doch was der Bombenkrieg verschont hatte, wurde restlos beseitigt, als man das Gebäude zum Kino machte. Auch diese Episode ist bereits vorbei, und an die Ära Heckmann erinnert nur noch die einst an der Halle befindliche Sandsteinfigur eines Savoyardenknaben auf der Rasenfläche neben der Einfahrt zum Lindströmschen Fabrikkomplex, unmittelbar an der Schlesischen Brücke über den Landwehrkanal.

Steuerhaus vor dem Schlesischen Tor, 1975

Jenseits des Kanals — an der Ecke des Schleusenufers und der nur drei Hausnummern zählenden Straße Vor dem Schlesischen Tor — steht West-Berlins letztes Steuerhaus. Als das Weichbild 1861 durch umfassende Eingemeindungen erweitert wurde, hatte man an den neuen Grenzen elf Steuerhäuser für die bis 1875 erhobene Mahl- und Schlachtsteuer errichtet. Es waren zwar nur einfache Backsteinbauten nach Zeichnungen des Stüler-Schülers Gustav Möller (später Direktor der Kgl. Porzellan-Manufaktur), die jedoch trefflich für die spätklassizistische Auffassung der von Schinkel beeinflußten »Berliner Schule« zeugten.

Zuletzt diente das Haus mit dem kleinen Anbau an der Nordseite als Hebestelle für die Kanalgebühren. Heute gehört es dem Wasserstraßenhauptamt Berlin und bietet mit modernisierten Räumen vier Pensionären einen ruhigen und billigen Wohnsitz. Doch von den Zeiten, da hier die »Visitatersch« genannten Zollbeamten mit langen spitzen Eisenstäben in Heu- und Strohfuhren nach Konterbande fahndeten und alles an Korn, Mehl und Fleisch, das mehr als eine Metze — 3,4 Kilogramm — wog, versteuert werden mußte, wissen sie nichts. Das ist doch zu lange her.

Offiziell hieß sie »Kaisergalerie«

Alljährlich, wenn der Frühling mit besserem Wetter wiederkehrt, lebt mit ihm auch die Diskussion über die Fußgängerstraßen auf, von denen die Wilmersdorfer Straße ihr erfolgreiches Debüt längst hinter sich hat. Andere, wie der Kurfürstendamm und die Schloßstraße in Steglitz, stehen zur Debatte. Daß es eine ausgesprochene Fußgängerstraße bereits vor hundert Jahren in Berlin gab, ist vergessen worden.

Gemeint ist die Lindenpassage, die von Unter den Linden 22—23 bis zur Ecke der Friedrich- und Behrenstraße führte. Sie war nur 125 Meter lang, dennoch eine der belebtesten und beliebtesten Einkaufs- und Bummelstraßen Berlins, die zudem den Vorteil bot, durch ein Glasdach gegen das Wetter geschützt zu sein.

Noch vor den eigentlichen »Gründerjahren« hatte man 1869 mit ihrem Bau begonnen und sie nach kriegsbedingter Verzögerung vier Jahre später fertiggestellt. Kaiser Wilhelm I. weihte sie an seinem Geburtstag ein, und seitdem war ihr offizieller Name »Kaisergalerie«. Doch wer machte davon schon Gebrauch? Selbst der Eigentümer nicht, der sich Aktien-Bau-Verein »Passage« nannte und die Gestaltung des nach dem Vorbild der St. Hubert-Passage in Brüssel konzipierten Bauwerks den erst dreißigjährigen (nach damaliger Auffassung sehr jungen) Architekten Walter Kyllmann und Adolf Heyden anvertraut hatte. Sie wählten den schnörkelreichen Stil der Neorenaissance, vermieden es aber, die Baukosten durch die Wahl echten Steinmaterials übermäßig steigen zu lassen und gaben die üppigen Bildhauerarbeiten der Herren Afinger, Encke, Hundrieser, Pohle und Wittig der Tonwarenfabrik March in Charlottenburg als Terrakotten in Auftrag.

Der Passage hatte ein erinnerungsreiches Haus weichen müssen, in dem sich der »Gasthof zur Sonne« befand. Hier war Goethe abgestiegen, als er im Mai 1778 mit dem Herzog Karl August den einzigen Berlin-Besuch seines langen Lebens machte. Auch Schiller hat während seines Berliner Aufenthalts im Mai 1804 im gleichen Hause gewohnt, doch war es mittlerweile mit Rücksicht auf die kapitalkräftige russische Kundschaft in »Hotel de Russie« umgetauft worden.

Später befand sich hier das Restaurant des Hoftraiteurs Jagor, das feinste des biedermeierlichen Berlins. Heine hat es in seinen »Briefen aus Berlin« geschildert, und ein anderer Zeitgenosse rühmte: »Hier vermag

In der Passage, 1885

der eigensinnigste Wohlschmecker seiner Zunge feinstem Kitzel zu genügen. Ihr findet bei dem Manne die Delikatessen aller Weltteile: Indianische Vogelnester, Schildkrötensuppen usw., allein ein Goldstück ist im Nu verschmaust.«

Geld konnte man auch in der Passage lassen, wo sich in verschiedenen Cafés und Restaurants sowie in fünfzig Läden alles zusammendrängte: »Man strebte vom Baumkuchen und Speiseeis zu Gold, Silber und Juwelen, von Theaterkarten und Rennbahntips zu Herrenartikeln, von Neuheiten für die Küche zum Schnellfoto, von Ansichtskarten zu Gemälden, vom Schmuck zu Tabakpfeifen, von Bernstein und (Liegnitzer) Bomben zu (böhmischen) Granaten.«

Bereits in den dreißiger Jahren, als der verstaubte Dekorationsprunk der Passage von neuen marmorverkleideten Schaufenstern und einem neonbeleuchteten Glasdach abgelöst wurde, gab es hier eine Buchhandlung, die als Spezialität sexualwissenschaftliche Werke anpries. Was man unter dem Ladentisch verborgen hielt, weiß ich nicht, im Schaufenster waren nur die damals weitverbreitete Sittengeschichte von Fuchs und ähnliche Werke des emsigen Autors zu sehen.

Eine wahre Augenweide boten die in kräftigen Farben gehaltenen Meisterwerke des Hofmalers Arthur Fischer, die in zwei großen Schaufenstern zur Schau gestellt waren. Das Atelier des fleißigen Mannes befand sich im obersten Geschoß des benachbarten Gerold-Hauses, wo Fischer eine richtige Porträtfabrik unterhielt, in der zeitweilig über zwanzig Künstler für ihn tätig waren.

Am 28. Januar 1872 wurde Fischer in Berlin geboren und hier ist er auch am 8. September 1948 gestorben, als die Lindenpassage in Schutt und Asche lag. Gleich seinem Münchener Kollegen, dem Malerfürsten Lenbach, nahm Fischer die Fotografie zur Grundlage seiner vielen Porträts, die er für Kaiser Wilhelm II., die deutschen Fürsten und die Geldaristokratie zu malen hatte; die ihm nicht nur Geld und Titel, sondern mehrere silberne und goldene Kunstmedaillen, 1903 auch den großen Berliner Kunstpreis einbrachten. »Künstler, die nach der Natur in Gemeinschaft mit der Fotografie Bildnisse schaffen, werden ihre Auftraggeber stets zufrieden stellen.« Das war Fischers Ansicht, die er 1929 auch in Westheims ultramodernem »Kunstblatt« vertrat und dort den Reichspräsidenten Hindenburg zum Kronzeugen machte, der — von vielen hundert Malern porträtiert — zu Fischers Werk gesagt hatte: »Endlich ein ähnliches Bild.«

Noch realistischer als die geschmeichelten Bildnisse Fischers war das, was eine andere Sehenswürdigkeit der Passage feilbot: Castans Panoptikum. Am 15. Februar 1922 fand das für jeden ästhetisch empfindenden Menschen »schmerzenreichste Kind der Passage« ein unseliges Ende.

Seine beiden Schöpfer, die Bildhauer Louis und Gustav Castan, hatten an der Berliner Akademie bei Rauch und Tieck studiert und waren früh nach London gegangen, wo sie in Madame Tussauds berühmtem Wachsfigurenkabinett die Idee zu ihrem Panoptikum fanden, das sie nach der Rückkehr an die Spree zuerst in der Königstraße und ab 1873 in der Passage zeigten; 1888 zogen sie in größere Räume des neueröffneten Pschorr-Hauses in der Friedrichstraße 165 Ecke Behrenstraße um. In der Lindenpassage fanden sie sofort Nachfolge und Konkurrenz durch das »Passage-Panoptikum«. Doch es war noch grauslicher als das Castansche Unternehmen und wurde ein Jahr später, 1923, für immer geschlossen.

Etwas langlebiger war das erst 1938 aufgelöste »besuchteste Kunstinstitut der Welt«, wie sich das »Kaiser-Panorama« in der Passage reichlich hochtrabend nannte. Man saß im dunklen Raum vor zwei Gucklöchern in einer Holzwand und sah primitiv kolorierte Stereoskopbilder vorüberziehen, die das »wissenschaftliche Institut für ideale naturwahre Länder- und Völkerkunde, Kunst, Zeitereignisse usw.« des »Herzogl. Sächs. Hoflieferanten« Kommissionsrat August Fuhrmann seit 1882 in gleichbleibender Weise vor einem immer kleiner werdenden Publikum feilbot. Unbekümmert um die Tatsache, daß der Film seit Jahr und Tag seinen Siegeszug angetreten hatte.

In »Bad« Johannisthal entstand Deutschlands erster Flugplatz

Eine freundliche Leserin war es, die anregte, doch einmal den Treptower Ortsteil Johannisthal zu würdigen, in dessen Zentrum »sich dem Betrachter ein reizvolles Konglomerat alter und neuer Baugruppen offenbart, die trotz ihres mitunter hervortretenden Eklektizismus eine anheimelnde Atmosphäre ausstrahlen«. Tatsächlich erinnert Johannisthal teilweise noch an eine märkische Kleinstadt. Es lohnt wirklich, genüßlich durch seine Straßen zu bummeln, um Altbekanntes, aber lange nicht mehr Gesehenes neu zu entdecken.

Den Königsplatz vor dem von der Volkspolizeiinspektion Treptow genutzten ehemaligen Johannisthaler Rathaus am Sterndamm gibt es nicht mehr. Auch nicht das 1903 zur 150-Jahr-Feier errichtete Denkmal mit dem Bronzerelief Friedrichs des Großen, der gleichzeitig mit Johannisthal auch Adlershof, Grünau und Friedrichshagen anlegen ließ.

Anno 1753 hat der »Markgräflich Carlsche Kammerrat« Johann Werner an einem »nur mit schlechtem Strauchwerk bestandenen Ort«, der zu den königlichen Marstallwiesen des Amtes Köpenick gehörte, zehn aus dem »Ausland« — Sachsen und Böhmen — stammende Wollspinner und Strohhutflechter angesetzt. Jeder dieser als »kleine Leute« bezeichneten Kolonisten erhielt drei Morgen Garten- und Wiesenland. Doch der Hauptteil des Geländes verblieb dem unternehmungslustigen Herrn Werner, dem im Besitz bald sein Schwiegersohn, Hofrat Hövel, folgte.

An beide erinnern die Ortsbenennung und Straßennamen, auch noch ihr Haus in der einstigen Friedrich- und jetzigen Winckelmannstraße mit der im Putz eingekratzten Jahreszahl 1753. Ob es wirklich so alt ist, sei dahingestellt, der baufällige Zustand spricht jedoch dafür. Im Volksmund wird es »Jagdschloß« genannt und mit dem Alten Fritz in Verbindung gebracht, obwohl wir in der Schule lernten, daß dieser Preußenkönig ein Gegner der Jagd war. Den Älteren wird erinnerlich sein, daß hier der Gastwirt Lenze seinen »Lindenhof« betrieb, den ein großer schattiger Garten auszeichnete. In diesem herrschte eine strenge Zweiteilung. Im vorderen Teil des Gartens brachte der Kellner den vom Wirt zubereiteten Kaffee an weißgedeckte Tafeln, während hinten an langen grünen Tischen und Bänken aus Holz das Dorado aller den Kaffee selbst brühenden Familien war. Ihnen war hier unbeschränkte Herrschaft zugesichert. Freilich mit der Bedingung, den Kaffee auch dort zu trinken, wo man ihn aufgebrüht hatte.

Das im Laufe der Zeit von einer Hand in die andere gegangene Gut wurde 1873 an die neugegründete »Baugesellschaft Johannisthal« verkauft, und zwar zu dem ungeheuren Preis von 310 000 Talern, der nur verständlich ist, wenn man weiß, daß Johannisthal zur Villenkolonie werden sollte. Doch der »Gründerkrach« vereitelte den Plan, der erst verwirklicht wurde, als Karl Trützschler von Falkenstein, letzter Direktor der Baugesellschaft, 1880 das Terrain erwarb, in der Parkstraße (heute Königsheideweg) ein Badehaus mit Inhalationsräumen für Kiefernadelbäder und auf dem jetzigen Kirchengrundstück am Sterndamm ein Kurhaus mit Lesesaal und siebzehn Logierzimmern errichtete.

In den achtziger Jahren wurde Johannisthal zu einer vielbesuchten Sommerfrische, in der Hunderte von wohlhabenden Berlinern aus dem Osten der Reichshauptstadt für zwei bis drei Monate ihr Quartier aufschlugen. Billig war es, denn das Zimmer kostete nur fünfzehn Mark im

Flugplatz Johannisthal, 1914

Monat, dazu kamen je fünf Mark für Bedienung und Küchenbenutzung. Damals waren auch die mittlerweile arg zusammengeschrumpften Waldgebiete der Königs- und der Köllnischen Heide noch sehr viel größer und miteinander verbunden. Der Bahnhof Schöneweide — Johannisthal-Neuer Krug genannt — lag mitten im Walde, was man sich heute nur schwer vorstellen kann.

Doch das von den Zeitgenossen als »schön« gepriesene Johannisthal mußte schon in den neunziger Jahren langsam aber sicher auf den Traum, »Bad« zu werden, verzichten. Infolge des Ausbaues der Bahnanlagen und der unaufhaltsamen Industrialisierung der Nachbargemeinden Adlershof und Niederschöneweide verlor Johannisthal mehr und mehr den Charakter eines idyllischen Erholungsortes. Die ausschließlich an der Steigerung der Einkommen- und Gewerbesteuer interessierten Gemeindevorsteher hatten sich auch für die geschlossene Bauweise entschieden, so daß sich schnell großstädtische Mietkasernen zu den Häuschen der Kolonisten und Parzellanten gesellten

Mit der Anlegung des Flugplatzes, des ersten Deutschlands, kam eine zweite, wenn auch knapp bemessene Blütezeit für Johannisthal. In der kurzen Frist vom 6. bis zum 25. September 1909 hatte ein 150 Mann starkes Kommando der Schöneberger Eisenbahnpioniere 500 Morgen Waldland des Forstgutsbezirks Grünau-Dahme ratzekahl geschlagen, und schon am 26. September konnte auf dem reichlich holprigen Boden des übereilt angelegten Flugplatzes ein »Konkurrenz-Fliegen der ersten Aviatiker der Welt« gestartet werden. Als einziger Deutscher trat Hermann Dorner gegen die bereits Weltruhm genießenden Franzosen Blériot, Latham und Rogier an, erzielte aber nur einige »Lufthopser«. Latham führte bei dieser Gelegenheit den ersten Überlandflug in Deutschland aus. Er war mit seinem Antoinette-Eindecker, den er auf dem Tempelhofer Feld den Schaulustigen vorgeführt hatte, von dort direkt nach Johannisthal geflogen. Diese sportliche Großtat wurde jedoch von der Polizei als grober Unfug angesehen und mit einer Geldstrafe geahndet.

Die technische Entwicklung der »Aeroplane« machte riesenhafte Fortschritte, und der Johannisthaler Flugplatz wurde zur »Geburtsstätte des deutschen Flugwesens«, an der es 1912 schon 28 Flugzeugfabriken und Fliegerschulen gab und neben vierzig Schuppen für 150 Flugzeuge auch zwei große Luftschiffhallen.

Heute sind Maschinen- und Stahlleichtbau, Kühlanlagen und der Film die Kriterien der Johannisthaler volkseigenen Industrie, die das Bild der ehemaligen friderizianischen Kolonie bestimmen.

»Der Rohbau is nu fertich, wat soll'n fürn Stil ran, Meister?«

»Ein bekanntes Beispiel für die vernünftige Erschließung tiefer Bauparzellen.« Das war die Meinung des Professors Edgar Wedepohl, als er 1970 in der Neuausgabe des Dokumentarwerks »Berlin und seine Bauten« bei der Darstellung der »Wohngebiete 1896—1918« die Bissingzeile behandelte. Älteren Lesern dürfte sie unter dem Namen Potsdamer Privatstraße vertrauter sein; 1936 wurde sie zugunsten eines preußischen Kavalleriegenerals, der im Ersten Weltkrieg Generalgouverneur von Belgien war, umgetauft.

Die von der Potsdamer Straße 51 bis zur Lützowstraße 9 führende, rund 350 Meter lange Wohnstraße ist heutzutage nur schwer zu finden. Neue, bis zu zwanzig Geschossen aufsteigende Hochhäuser an der Potsdamer Straße haben sich den überlieferten Maßstäben der einstigen Magistrale des »Alten Westens« so sensibel angepaßt wie die Faust dem Auge. Von den zwölf Häusern der Bissingzeile sind ganze drei auf unsere Tage gekommen, und von den schönen alten Bäumen, auf die man seinerzeit beim Bau Rücksicht nahm, blieb noch weniger.

Im Jahre 1895 wurde die Idee zur Potsdamer Privatstraße geboren. Von dem Rentier Adolf Gradenwitz aus der Lessingstraße im Hansaviertel, der auch alleiniger Geschäftsführer einer »Potsdamer Straße-Baugesellschaft mbH.« war, die mit Hilfe der Architekten Garnn und Krantz bis 1897 die Häuser erstehen ließ. Für die prunkvollen Fassaden bemühte man jedoch die damals sehr angesehene Architektenfirma Cremer und Wolffenstein, denn man wollte mit einer »Bauanlage herrschaftlichen Charakters« glänzen. Wer denkt dabei nicht an die aus jener Zeit überlieferte Äußerung des Maurerpoliers, der seinen Architekten fragt: »Der Rohbau is nu fertich, wat soll'n fürn Stil ran, Meister?«

Natürlich gab es damals die auch heute noch üblichen Auseinandersetzungen mit der Baupolizei. Sie vertrat die Meinung, hier würde nicht an der Straße, sondern an einem Hof gebaut und beschränkte deshalb die Höhe der Gebäude auf 16 Meter; ließ aber dann im Dispenswege größere Höhen und auch die zuerst verpönten Schmuckgiebel im Stil der deutschen Renaissance zu.

Hinter diesen Giebeln verbargen sich zahlreiche Ateliers, die viele Maler, aber noch mehr Malerinnen anzogen. Die geräumigen, acht Zimmer umfassenden Wohnungen waren beim Großbürgertum sehr beliebt. Einesteils wegen der Ruhe an der durch Gitter verschlossenen, Tag und

Nacht vom Portier bewachten Privatstraße, andererseits wegen ihrer verkehrsgünstigen Lage. Für uns ist es unfaßbar, wenn wir hören, daß die Potsdamer Straße in den Jahren vor dem Ersten Weltkrieg von 44 verschiedenen Straßenbahnlinien und fünf Omnibussen befahren wurde.

Prominente Mieter von damals aufzuzählen, lohnt nicht recht, weil sie zumeist vergessen und ihre Namen nur noch Schall und Rauch sind. Doch soll der nach 1920 hier wohnenden Maria Orska gedacht werden, des Stars von Meinhard und Bernauer im Theater in der Königgrätzer Straße (dem heutigen Hebbel-Theater). Die Orska »hatte die morbide Eleganz und den hintergründigen Charme jener Frauen, die gefährlich leben und lockend zerstören können«, wie Rudolf Fernau sich in seinem lesenswerten »Lebenstagebuch eines Schauspielers« erinnert. Das Rauschgift wurde ihr zum Schicksal.

Wohnstraßen von der Art der Bissingzeile sind vorher und nachher auch an anderen Stellen in Berlin entstanden, so in der Genthiner Straße und ganz in der Nähe auf dem Hinterland von Potsdamer Straße 81. Andere sind Riehmers Hofgarten in Kreuzberg, der Charlottenburger Goethepark, die Miethausgruppen des Beamten-Wohnungsvereins in der Hildegardstraße und am Fritschweg, die Versöhnungs-Privatstraße auf dem Wedding, oder die Idealpassage zwischen Weichsel- und Fuldastraße in Neukölln.

Doch sie alle konnten sich nicht mit dem messen, was den einzigartigen Reiz der Bissingzeile ausmachte: der Blick von der nur einseitig bebauten Straße nach Süden auf den prächtigen, durch »Sonnengemisch« zum Gedeihen gebrachten Park des »Sternkiekers«.

So sprach man von dem einstigen Bauherrn und Besitzer der anfänglich von der Hochschule für Musik und zuletzt, bis 1945, vom Zentralinstitut für Erziehung und Unterricht genutzten Villa, die das letzte Landhaus der früher damit reich besetzten Potsdamer Straße war. Ein Rechnungsrat Schneider hatte es sich 1836 bauen lassen, und zwar mit Hilfe des Großen Loses, das er in der Preußischen Klassenlotterie gewann.

Einige Zeit später traf Schneider das Große Los zum zweitenmal, und er hielt sich nun von Gott erst recht berufen, als »alleiniger rechtmäßiger Inhaber der Astrometeorologie« — wie er sich nannte — seinen verschrobenen Forschungen nachzugehen, die von der zünftigen Wissenschaft nie anerkannt wurden. Im Jahre 1869 starb das verkannte Genie, völlig vereinsamt und verbittert, im Alter von 82 Jahren. Sein Grab auf dem Matthäuskirchhof in der Großgörschenstraße war »auf Friedhofsdauer« angelegt, mußte aber dennoch 1963 verschwinden. Leider zerstörte man auch das mit Sternen und den astrologischen Zeichen für Sonne, Vesta und Uranus geschmückte Marmorkreuz, auf dem es hieß »Was Du erstrebst in dieser Zeit, schaust Du nun in der Ewigkeit.«

Sternkiekerhaus, 1925

In der Kolonie Grunewald spekulierten sogar die Pfarrer

Als ich mich vor einem halben Jahrhundert auf einen bürgerlichen Beruf vorbereitete, volontierte ich bei dem Landmesser, der Anfang der achtziger Jahre den Kurfürstendamm abgesteckt und 1889 die Parzellierung der Villenkolonie Grunewald besorgt hatte. Sie war d a s Ereignis im Leben des hochbetagten, aber geistig und körperlich sehr rüstigen Herrn, der nie müde wurde, immer wieder davon zu erzählen. Doch ich junger Spund, der sich im Geschichtsunterricht zuletzt mit den salischen und staufischen Kaisern beschäftigt hatte, hörte nicht recht zu. Die kaum vierzig Jahre zurückliegenden Ereignisse waren für mich noch nicht Geschichte geworden.

Heute kann ich nur bedauern, um so manche interessante Episode oder Anekdote gekommen zu sein. Denn es sind jetzt 75 Jahre verflossen, daß die unerwartet schnell aufgeblühte Siedlung durch einen »Allerhöchsten

Erlaß« vom 15. August 1898 »unter Abtrennung von dem fiskalischen Gutsbezirk Spandauer Forst zu einer Landgemeinde mit dem Namen ›Grunewald‹ erhoben« wurde. Als Termin, an dem die neue Landgemeinde ins Leben treten sollte, wurde der 1. April 1899 bestimmt.

Der 1. April war der Geburtstag Bismarcks und bewußt gewählt worden, um dem im Juli 1898 verstorbenen Reichsgründer post festum Ehre und Dankbarkeit zu erweisen. Bismarck hatte sich für die Schaffung der Kolonie Grunewald eingesetzt, und zwar auf eine Weise, die sich heute ein Staatsmann nicht mehr erlauben könnte.

Nachdem die Kurfürstendamm-Gesellschaft in den Jahren 1883-86 den Westberliner Prachtboulevard in seiner jetzigen Breite und Ausdehnung angelegt hatte, wünschte sie dafür vom preußischen Staat eine entsprechende Gegenleistung. Sie bekam sie durch den allmächtigen Bismarck in Gestalt von 235 Hektar Forstland des Grunewalds, für die einschließlich der Bezahlung des Holzbestandes die uns heute gering erscheinende Summe von 3 271 608 Mark aufzuwenden war. Gezahlt wurde sie von der Deutschen Bank und der Berliner Handels-Gesellschaft, die hinter der Kurfürstendamm-Gesellschaft standen.

In dem Waldgelände gab es nur eine regulierte Straße, die 1877 angelegte forstfiskalische Chaussee Halensee-Wannsee. Heute heißt sie Koenigsallee nach dem Bankier Felix Koenigs, der hier mit Grundbesitz ansässig war und diesen bei der Verbreiterung und Umlegung der Straße zur Verfügung gestellt hatte.

Neben den schon 1889 angelegten Siedlungsstraßen entstanden aus verwunschenen Fenns, die so prosaische Namen wie Rundes, Langes und Torf-Fenn führten oder gar Diebesloch hießen, die klangvoller lautenden Diana-, Hertha- und Hubertusseen. Bei der von Hand vorgenommenen Ausbaggerung hatten die anfänglich eingesetzten Landarbeiter aus Mecklenburg in dem nassen Gelände versagt. Sie wurden durch »Gastarbeiter« aus Galizien, Kroatien und Slowenien ersetzt, die trotz des geringen Stundenlohns von durchschnittlich 30 Pfennig dank sehr bescheidener Lebensführung — sie wohnten in selbstgebauten Erdhütten — reichlich drei Viertel ihres Verdienstes in die Heimat zurückbrachten.

Die von der Kurfürstendamm-Gesellschaft in ungewohnt großzügiger Aufmachung veröffentlichten Anzeigen brachten den gewünschten Erfolg, weil die Grundstückspreise niedrig und die Verkehrsverbindungen durch Dampfstraßenbahn und Ringbahn günstig waren. Bereits 1889 wurden über 300 000 Quadratmeter in 100 Parzellen zum Durchschnittspreis von

8,30 Mark je Quadratmeter verkauft, was für die Kurfürstendamm-Gesellschaft einen Gewinn von 100 Prozent bedeutete.

»Die Bevölkerung der Kolonie rekrutierte sich ursprünglich hauptsächlich aus der geistigen Aristokratie Berlins, die bestrebt war, sich hier ein allen sanitären und ästhetischen Ansprüchen in gleicher Weise genügendes Heim zu schaffen und in der die dem Großstädter fast ganz abhanden gekommene Freude am eigenen Besitz wie der Drang zur beständigen Berührung mit der Natur wieder auflebte.« Das hat der frühverstorbene Volkswirtschaftler Paul Voigt um die Jahrhundertwende festgestellt, aber auch, daß in der Kolonie Grunewald beinahe jeder spekulierte und es kaum eine populärere Erwerbstätigkeit gab. »Der Terrainbesitz gilt als die solideste und einträglichste Sparkasse, der man seine Kapitalien

Endhaltestelle der Dampfstraßenbahn am Hagenplatz, 1886

zuführen kann. Angehörige aller Berufe haben eine größere oder kleinere Anzahl Baustellen zum Zwecke gewinnreicher Wiederveräußerung erworben. Sogar einige Pfarrer haben es nicht verschmäht, sich durch den Besitz mehrerer Baustellen die Sorge für den anderen Tag in wirkungsvoller Weise zu erleichtern.«

Voigt vertrat die Meinung, daß es die ersten Grunewalder waren, deren künstlerisches Feingefühl verstand, »über die Kolonie jenen Schimmer unwiderstehlicher Anmut auszugießen, der auf der innigen Vermählung einer heiteren Architektur mit dem Ernst der Kiefernlandschaft beruht«. Der amerikanische Schriftsteller Christopher Isherwood mokierte sich 45 Jahre später über das »Elendsquartier für Millionäre« und den Stilwirrwarr der zumeist in historisierenden Formen gebauten Villen. Sie sind dennoch beliebte Wohnquartiere, und es gilt immer noch als schick, im Grunewald zu wohnen, wenn der Wilmersdorfer Ortsteil sich auch seit einigen Jahren mit dem zu Zehlendorf gehörenden Dahlem zum gleichen Postbezirk 33 in guter Nachbarschaft zusammenfinden mußte.

Das älteste Haus der Villenkolonie Grunewald ist jetzt — nach den vielfältigen Kriegsverlusten und den immer mehr werdenden Abbrüchen zugunsten von Appartementneubauten — die 1890 von Hermann Solf für die einstmals weltberühmte Kammersängerin Lilli Lehmann errichtete Villa Herbertstraße 20, schräg gegenüber der neuen Residenz des Landeskonservators. Dieses Faktum und die begrüßenswerte Tatsache, daß die »in manchen Einzelheiten der Einrichtung amerikanischen Vorbildern angeschlossene Villa« dem Land Berlin gehört, lassen erwarten, daß sie sich möglicherweise ebenso gut und lange hält wie ihre Schindelverkleidung aus amerikanischem Zypressenholz, die mehrere Jahrzehnte Berliner Wind und Wetter ohne wesentliche Schäden überstand.

Borsigwalde — das klang besser als Dalldorf

»Seiner Maschinenfabrik gelang der Bau des Dampfwagens in einer Vollendung, welche der jungen deutschen Technik zu siegreichem Wettlauf Vorbild wurde.« Diese Worte fand ich unter dem Bildnisrelief August Borsigs im Ehrensaal des Deutschen Museums in München, als ich mich dort von einem »Wies'n«-Bummel erholte. Auf dem Oktoberfest ging es mir übrigens wie einem Berlin-Besucher des Biedermeiers, der unser vielgerühmtes Weißbier endlich einmal kosten wollte: Im Glas waren ein Drittel Bier, ein Drittel Gischt und der Rest war nischt.

Vor 75 Jahren wurden die neuen Borsigwerke in Tegel eröffnet, und wenn die Familie Borsig auch schon seit langem nichts mehr mit dem Unternehmen zu tun hat, so bedienen sich die jetzigen Inhaber, die Deutsche Babcock & Wilcox AG in Oberhausen, unverändert des in aller Welt gekannten historischen Namens, den Ernst Reuter als »ein Symbol für Berlin« deutete.

Tegel wurde zum dritten Standort des Unternehmens, das der aus Breslau in die preußische Hauptstadt eingewanderte Zimmergeselle August Borsig 1836 in ein paar Bretterhütten an der Chausseestraße vor dem Oranienburger Tor aus der Taufe gehoben hatte. Als offizielles Gründungsdatum feierte Borsig den Tag seines ersten Eisengusses am 22. Juli 1837.

Über die kolossale Entwicklung der Borsigschen Maschinenbauanstalt im Zeitalter der rasch über ganz Europa sich ausdehnenden Eisenbahnen braucht man einem Berliner nicht viel zu erzählen. Zumal an der bereits 1886 aufgegebenen ersten Produktionsstätte bis zum Bombenkrieg das »Gasthaus zur Lokomotive« mit dem hübschen Modell einer frühen Borsig-Lok daran erinnerte, daß Borsig einmal der größte Lokomotivenproduzent Europas, wenn nicht gar der Welt war. In der Chausseestraße 13 steht noch das 1899 von den Architekten Reimer und Körte sehr gediegen in Granit und Sandstein errichtete einstige »Comptoir-Haus« von Borsig, das jetzt Denkmalschutz genießt.

Die Herren Reimer und Körte zeichneten auch für die architektonische Gestaltung der Tegeler Anlagen auf dem riesigen, fast eine halbe Million Quadratmeter umfassenden Gelände verantwortlich, während der Oberingenieur Metzmacher die technische Konzeption besorgte. Sie war darauf abgestellt, die Produktion vom Hafen am Tegeler See in östlicher Richtung zur 1893 eröffneten Kremmener Eisenbahn zu leiten.

Metzmacher hatte auch die Verlegung der Fabrikationsmittel aus Moabit nach Tegel besorgt. Sie erstreckte sich über Jahre; denn in Moabit, dem zweiten Borsig-Standort, war seit 1847 viel investiert worden. Heute spürt man beispielsweise im Rheinisch-westfälischen Viertel an der Bochumer und Essener Straße nichts mehr davon, daß hier mehr als 500 Lokomotiven gebaut wurden und inmitten eines als Berliner Sehenswürdigkeit gepriesenen Parks die fürstlich ausgestattete Villa lag, von der König Friedrich Wilhelm IV. einmal sagte: »So, wie Sie, lieber Borsig, möchte ich auch wohnen.«

Die oft geschilderte Borsigsche Firmengeschichte führt von der ersten, 1841 für die Berlin-Anhalter Eisenbahn gelieferten Lokomotive über mehr als 14 000 Loks bis zu der 1937 — nun schon in Hennigsdorf — konstruierten, als Sensation gewerteten ersten Schnellzug-Kohlenstaub-Lokomotive der Welt.

Was dem Borsighaus in der Ostberliner Chausseestraße recht war, ist naturgemäß auch der Tegeler Architektur billig. Der repräsentative, bewußt wie ein Burgtor gestaltete Haupteingang von 1898 an der Berliner Straße steht ebenso wie das leider zu weit ins Fabrikgelände hineingerückte und deshalb städtebaulich nicht wirksame Turmhaus unter Denkmalschutz. Als der 54 Meter hohe Bau 1924 von dem Messel-Schüler Eugen Schmohl errichtet wurde, war er das zweite Hochhaus Berlins. Das erste hatte man bereits hundert Jahre zuvor gebaut: das von Schinkel gestaltete, gottlob noch existierende Danziger Haus auf der schönen Pfaueninsel.

Ebenso alt wie das 1898 eröffnete Tegeler Borsigwerk ist Borsigwalde, das als Arbeitersiedlung wegen der Entlegenheit Tegels und seiner unzulänglichen Verkehrsverbindungen bei fast 5000 Werkangehörigen einfach unentbehrlich war. Von den Brüdern Ernst und Conrad Borsig sowie einigen Kapitalisten wurde 1898 die mit einer Million Mark ausgestattete Terraingesellschaft Tegel gegründet. Später nannte sie sich Borsigwalder Terrain AG.

Der erworbene Komplex von 200 Morgen hatte allerdings einen Fehler, der uns heute lächerlich erscheint, aber damals ein Problem bedeutete. Das Gelände lag nämlich gar nicht in Tegel, sondern auf der Gemarkung von Dalldorf, dem heutigen Wittenau. Der Name Dalldorf war wegen der dort befindlichen Irrenanstalt von »nicht angenehmem Beigeschmack«, so daß man auf die Neuschöpfung Borsigwalde verfiel und dafür auch die Zustimmung der Borsigs und der Regierung erhielt.

Lokomotivenbau bei Borsig, 1880

Die ersten, von der Berliner Baugenossenschaft errichteten Siedlungshäuser konnten bereits 1899 bezogen werden. Ein Jahr später hatte Borsigwalde schon über 2000 Einwohner. Im Nordteil der Räuschstraße sieht man noch einige Häuser der ersten Stunde mit kuriosen Fassaden im »Reene Angst-Stil«. Wenn Steine reden könnten, würden sie von einem Skandal erzählen, der seinerzeit weithin Aufsehen erregte, jedoch jetzt nur noch wenigen bekannt ist.

Als der Direktor der Borsigwalder Terrain AG 1912 plötzlich starb, hieß es, er sei einem Herzschlag erlegen. Doch stellte sich bald heraus, daß er wegen der Unterschlagung von anderthalb Millionen Mark Selbstmord begangen hatte. Eine Zeitlang ging das Gerücht um, man hätte statt des Toten eine »Kalbfleischkiste« begraben, weil ein stadtbekannter Tiefbauunternehmer von einer Paris-Reise schrieb, dort mit dem besagten Herrn zusammengetroffen zu sein. Schließlich stellte sich die Nachricht als ein Scherz sehr fragwürdiger Art heraus. Doch die nach dem Direktor benannte Straße wurde gelöscht und namentlich mit der Ernststraße verbunden.

Nachbarn und doch feindliche Brüder

Ein jetzt den Ruhestand genießender Bezirksbürgermeister hat mir erzählt, daß er sehr überrascht war, als er in einer Bürgerversammlung seine »lieben Steglitzer« begrüßte und ihm aus dem Saal entgegenschallte: »Wir sind keine Steglitzer, wir sind Lichterfelder, wir sind Lankwitzer!« Dieses Bekenntnis zeugt für Heimatgefühl und Traditionsbewußtsein, aber auch für längst überwunden geglaubten Vorort-Partikularismus, der in der Zeit vor 1920 die damals noch selbständigen Gemeinden Groß-Lichterfelde und Lankwitz zu scharfen Konkurrenzkämpfen veranlaßte.

Lichterfelde nannte sich in seiner Werbung nicht gerade bescheiden »einen der schönsten Villenorte des Deutschen Reiches«, während Lankwitz seinen Charakter als »Gartenstadt« betonte und der Meinung war, »der bevorzugte Wohnsitz für in Berlin tätige Geschäftsleute, Beamte und bessergestellte Angestellte sowie auch einer der schönsten Ruhesitze für Offiziere, Rentner und Beamte« zu sein.

Alte Aue

Berlin-Lankwitz ▫ ▫ ▫
▫ ▫ ▫ ▫ Gartenstadt

ist der bevorzugte Wohnsitz für in Berlin tätige Geschäftsleute, Beamte und bessergestellte Angestellte, sowie auch einer der schönsten Ruhesitze für Offiziere, Rentner und Beamte. Vornehmer, gesunder und ruhiger Vorort mit 14000 Einwohnern im Südwesten. 14 Minuten vom Potsdamer Platz. 10-Minuten-Verbindung bis 2 Uhr nachts. Gemeindefesthalle, Realgymnasium, Lyzeum. Zahlreiche schöne Garten- und Schmuckanlagen, parkähnliches Villengelände mit altem Baumbestand, 40 Morgen großer Gemeindepark mit See, Kuranlagen, Sportplätzen, Eisbahn und der schönsten Rodelbahn rings um Berlin. Schattige Straßen. Reitwege. Kinderspielplätze. ½ Stunde bis zum Grunewald. Standort der 2. Garde-Train-Abteilung und des Kraftfahrbataillons. Niedrige Gemeindesteuern. Mäßiges Schulgeld. Herrschaftliche Wohnungen, meist mit Gartenbenutzung, auch in Landhäusern in jeder Größe und Preislage.

Ortsbeschreibung mit Straßenplan, Wohnungsanzeiger und -Pläne kostenlos im Rathaus Berlin-Lankwitz, Zimmer 47.

Fernsprecher: Lichterfelde 525—528.

Kurz vor Ausbruch des Ersten Weltkrieges war Lankwitz Garnison geworden, so daß den Sonntagsspaziergängern auf dem Bernkastler Platz oder im Beyendorffpark Platzkonzerte geboten werden konnten, bei denen die Musiker des 2. Garde-Train-Bataillons und der Kraftfahrabteilung kräftig ins Horn stießen. In einem schnuckligen Pavillon im Wiener Sezessionsstil gab es gleichzeitig einen Kurbrunnenausschank. Alles vorbei, und die ehemaligen Kasernen an der Gallwitzallee und Malteserstraße dienen jetzt der Bereitschaftpolizei und der Pädagogischen Hochschule.

Merkwürdigerweise heißt der Beyendorffpark jetzt Gemeindepark. Wenn auch Lankwitz' erster hauptamtlicher Bürgermeister, der 1908 berufene Dr. Rudolf Beyendorff, kein Verständnis für die Einheitsgemeinde Berlin zeigte und eine Gegenbewegung ins Leben rief, die sich — natürlich erfolglos — der großzügigen Eingemeindung nach Berlin widersetzte, so hat er doch unbestreitbare Verdienste um die Entwicklung der 1900 erst 4100 Einwohner zählenden Landgemeinde, die es mittlerweile als Ortsteil des Bezirks Steglitz auf rund 45 000 Bürger brachte.

Neben dem Park hat sich Beyendorff im 1911 eingeweihten Rathaus an der Leonorenstraße ein Denkmal gesetzt, das aber nur den vierten oder fünften Teil eines Baukomplexes darstellt, der einmal für eine Gemeinde von 200 000 Einwohnern errichtet werden sollte.

Falls diese, in den damaligen Wettbewerbsbestimmungen genannte gigantische Zahl nicht ein Druckfehler ist, haben die Gemeindeväter in ihrem Höhenflug wohl nicht bedacht, daß so viele Personen auf den 700 Hektar der »Gartenstadt« überhaupt nicht unterzubringen waren. Es sei denn, man hätte das im Bebauungsplan des Hofbaurats Genzmer von 1909 nördlich und südlich des alten Ortskerns ausgewiesene »Hochbau-Gelände« auf die gesamte Gemarkung ausgedehnt. Doch das wollte und konnte man nicht.

Die Anfänge der Lankwitzer Gartenstadt liegen nördlich der Eisenbahn bis zur Siemensstraße hin, wo der »Rosenthalsche Villenbezirk« bereits in den siebziger Jahren im damals üblichen Reißbrettschema parzelliert wurde und nach Lichterfelder Vorbild seinen herrlichen Baumschmuck an den Straßen empfing.

Keimzelle und bis heute einigermaßen intakt geblieben ist der Alt-Lankwitz genannte Dorfanger mit dem nach der Kriegszerstörung äußerlich in den überlieferten Formen wiedererstandenen spätromanischen Feldsteinbau der Dorfkirche. Daß sie zumeist nur während der Gottesdienste geöffnet ist, braucht man nicht zu betonen. Aber hier sind auch die

Tore der Feldsteinmauer des einstigen Kirchhofs verschlossen. Vielleicht in Erinnerung an die aktenkundige Tatsache, daß Anno 1759 die ein paar Jahre zuvor gepflanzten Maulbeerbäume auf dem Kirchhof »durch Ochsen, so durch den Thorweg durchgebrochen, vollends verdorben« wurden.

Das Haus Alt-Lankwitz 43 mit dem feierlichen Säulenportikus hat 1875 der wohlhabende Bauerngutsbesitzer (und spätere Gemeindevorsteher) Theodor Dahlemann erbauen lassen. Hier befindet sich seit Jahr und Tag das »Hospiz Angelicum« des katholischen Ordens der Christkönigsschwestern, die das benachbarte Theodosius-Krankenhaus betreuen und im Haus Alt-Lankwitz 37/39 wohnen; es ist ein breitgelagerter einstöckiger Bau von sage und schreibe zwanzig Achsen.

Bis 1957 stand auf dem Grundstück Alt-Lankwitz 23/27 die Ruine des ehemaligen Kruggutes, das im Volksmund »Schloß« genannt wurde. Es war aus zwei alten Bauernhäusern entstanden, die man 1767 durch einen Zwischentrakt miteinander verbunden hatte. Zur Zeit des Alten Fritz wohnte hier der General Gottlob Ludwig von Kalckreuth, der sich mit seinem Nachbarn im alten Lehnschulzengut (und heutigen Schwesternwohnhaus), dem General Ernst Ludwig von Pfuel, überhaupt nicht vertrug. Aus Wut darüber, daß Kalckreuth ein Haus mit neunzehn Fenstern bewohnte, soll Pfuel sein ursprünglich elf Fenster zählendes Domizil durch einen Anbau um zehn Fenster erweitert haben. Damit sind die ungewöhnliche Ausdehnung und die stattliche Fensterreihe der Unterkunft der Christkönigsschwestern ebenso einfach wie überzeugend erklärt.

Der Ortsname jedoch hat nichts mit langbärtigen Witzen zu tun, geht vielmehr auf das slawische Lakovica zurück und bedeutet eine sumpfige Wiese. Reste der einst das Dorf umfließenden, vielleicht auch sichernden »Lanke« sind im Hospitalgraben und im Grünzug an der Ecke Alt-Lankwitz/Wedellstraße noch vorhanden.

Bunte Häuser — eine Sache von Anarchisten und Hühnerdieben

In Berlin hat man von jeher gern »die Feste gefeiert, wie sie fallen. Und wenn sie fallen, werden sie feste gefeiert«. Wir haben zwar noch ein halbes Dutzend großer Volksfeste, die vom Frühlingsfest am Lützowplatz über das Britzer Blütenfest, die Neuköllner Maientage, das Steglitzer Volksfest, die Deutsch-Französischen und Deutsch-Amerikanischen Volksfeste sowie ein paar andere bis zum Oktoberfest führen und mit dem Weihnachtsmarkt am Funkturm das festliche Jahr beschließen. Sie sind jedoch alle mehr oder minder große Manifestationen des Schaustellergewerbes. Natürlich ist das Volk von Berlin stets dabei, nur die eigentliche Volksseele kommt ein wenig zu kurz.

Sie spürt man hin und wieder noch auf kleinen Lauben- oder Hoffesten, vor allem aber bei Gemeinschaften, die sich auf genossenschaftlicher, gemeinnütziger Grundlage zusammengefunden haben. So beim Sommerfest der Gartenstadt Staaken oder dem Schollenfest der »Freien Scholle«, jener bekannten Tegeler »Siedlung im Grünen«. Doch wer weiß vom »Fest am Falkenberg«, das jeweils im Juni mit einem Zehn-Stunden-Programm über die von der Natur gebotene Bühne geht?

Der klangvolle Name der Teltowhöhe über dem Dahmetal ist keineswegs die Erfindung moderner Terrainspekulanten, vielmehr bereits in einem Köpenicker Erbregister des Jahres 1703 erwähnt: »Ein Kirchen Heydichen, der Falckenbergk, darin auch einige Eichen stehen.« Diesen Fleck Kirchenwaldes gibt es noch heute — allerdings ohne Eichen — unmittelbar oberhalb der Festwiese der »Tuschkastensiedlung«.

So nennen Einheimische und Fremde die von der Gemeinnützigen Baugenossenschaft Gartenvorstadt Groß-Berlin in Falkenberg bei Grünau auf der Gemarkung von Alt-Glienicke angelegte Kleinhauskolonie nach den in leuchtenden Farben gehaltenen Fassaden der ein- und zweigeschossigen Putzbauten. Unter dem Eindruck der kurz zuvor gebauten schönen Dresdener Gartenstadt Hellerau sind sie 1913—15 entstanden, und der in Hellerau wesentlich beteiligte Heinrich Tessenow hat auch eines der Falkenberger Häuser entworfen, alle anderen aber sind von Bruno Taut.

Unter den Namen, die in Deutschland mit dem »Neuen Bauen« verbunden sind, nimmt der Bruno Tauts seinen festen Platz ein. Schon früh hat der gebürtige Königsberger mit Gropius, Mendelsohn, Mies van der Rohe und seinem Bruder Max als Mitglied der avantgardistischen Architektengruppe »Der Ring« werkgerechtes, »geistig-wahres« Bauen gefordert und auch an vielen Stellen unserer Stadt — am Schillerpark und in Eichkamp, in der Wohnstadt Carl Legien, der Friedrich-Ebert-Siedlung, in Onkel-Toms-Hütte und der berühmten Hufeisensiedlung Britz — verwirklicht.

Doch mit seinem Bemühen, der Farbe als belebendes und aktivierendes Gestaltungselement in der modernen Architektur Geltung zu verschaffen, fand er nicht den gewünschten Widerhall. In Falkenberg waren selbst die Baugenossen nicht mit der übersteigerten Farbgebung — es gab sogar schwarze Fronten — einverstanden, während der reaktionäre Alt-Glienicker Gemeinderat dagegen polemisierte, daß »diese Sozialdemokraten, Kommunisten, Anarchisten und Hühnerdiebe« sich erlaubten, ihre Häuser farbig zu akzentuieren und mit dem Veranstaltungsgesetz drohte.

Seit 1963 steht die Falkenberger Gartenstadt unter Obhut der Denkmalpflege, die auch die farbigen Anstriche erneuern ließ, sich aber mit roten, blauen und gelben Tönen beschied. Wegen des Ausbruchs des Ersten Weltkriegs blieb die Siedlung auf die drei Straßen Am Falkenberg,

Hof der Kunstschmiedewerkstatt Kühn, 1975

Gartenstadtweg, Akazienhof und 135 Wohnungen beschränkt. Der Akazienhof ist nicht nur der älteste Teil der Siedlung, vielmehr auch ein Idyll sondergleichen, wie man es in der Weltstadt Berlin kaum ein zweites Mal findet. Ihn säumen Einfamilienreihenhäuser, in denen die drei Zimmer der Wohnung wohl puppenhaft klein sind und über 16,5 Quadratmeter nicht hinausgehen, dafür aber auch monatlich nur etwa 60 Mark kosten. Eingezogen wird die Miete von der Kommunalen Wohnungs-Verwaltung (KWV), doch der eigentliche Eigentümer bekommt sie nicht. Denn der sitzt in West-Berlin und ist mit der Berliner Bau- und Wohnungsgenossenschaft von 1892 identisch, in der die Falkenberger Baugenossenschaft schon 1919 aufging.

Eine andere Sehenswürdigkeit Alt-Falkenbergs, das zu Zeiten unserer Großväter eine beliebte Sommerfrische war, verbirgt sich hinter dem vergammelten, dringend neuen Putz benötigenden Wohnhaus des 1845 angelegten Vorwerks Falkenberg an der Ecke Richter- und Buntzelstraße. Hier liegt das weltweit bekannte Atelier für Stahl- und Metallgestaltung des Kunstschmiedes Fritz Kühn, der auch als Autor hervorragender Fotobücher Ruhm erwarb. Nachdem Profesor Kühn 1967 durch den Tod vorzeitig abberufen wurde, hat sein Sohn Achim die Arbeit übernommen und weiterentwickelt. Zur Zeit ist der agile Mann, der bereits mit 21 Jahren seine Meisterprüfung als Kunstschmied machte und anschließend Architektur studierte, mit zehn Mitarbeitern dabei, für den Friedrichshain einen großen Springbrunnen zu schaffen.

An den weißgekalkten Wänden der Werkstattgebäude und auf dem weiten Hof präsentiert sich ein Freilichtmuseum des handwerklichen Könnens der Kunstschmiede aus fünf Jahrhunderten. Neben prächtigen barocken Grabkreuzen aus Bayern und Tirol begegnet man vielen Schmiedearbeiten aus dem alten Berlin. Die Fenstergitter des 1956 abgebrochenen, noch aus gotischer Zeit stammenden Hauses Hoher Steinweg 15 finden wir hier und die vom Palais Podewils aus der Klosterstraße. Oberlichtgitter von der Friedrichsgracht und aus der Brüderstraße hängen neben Gittern, die einst die Erbbegräbnisse in der Nikolaikirche zierten. Sie sollen bei passender Gelegenheit nach Alt-Berlin zurückkehren, wie es schon mit dem köstlichen Renaissancegitter der Kötteritzsch-Kapelle aus St. Nikolai geschah, das zu Fenstergittern für das Otto-Nagel-Haus, einer Zweigstelle des Märkischen Museums neben dem Neubau des Ermelerhauses am Märkischen Ufer, umgearbeitet wurde.

Vom Dichter zum Teerbrenner

Wenn auch der Reiz des Neuen längst vorbei ist, finden sich an schönen Sonn- und Festtagen noch immer zahlreiche Schaulustige, die zu Fuß oder im Auto die neu angelegte Verbindungsstraße zwischen Kohlhasenbrück und Steinstücken passieren, um zu sehen, was dort los ist.

Kurz gesagt: nichts. Die wegen ihrer Mauerschutzstreifen überbreite Straße ist von äußerster Nüchternheit. Die Landhäuser unterscheiden sich auch nicht von denen in anderen Wohngebieten West-Berlins. Ihre Eigentümer (und Gäste) liegen im Garten oder auf den Balkonen, nehmen die viele Jahre nicht gesehenen Besucher in Augenschein und lassen es sich gefallen, wiederum von diesen beäugt zu werden.

Wer den Weg von Wannsee nach Kohlhasenbrück zu Fuß machte, wird möglicherweise in der Bismarckstraße am Grabe Heinrich von Kleists dem mit 34 Jahren freiwillig aus einem glücklosen Leben geschiedenen Dichter seine Reverenz erwiesen haben. Vielleicht hat der eine oder andere auch daran gedacht, daß Kleist ein Jahr vor seinem Tode in Berlin vergeblich versuchte, sein schönes Versdrama »Prinz Friedrich von Homburg« auf die Bühne zu bringen. Unlängst war es sogar zweimal zu hören und zu sehen: in der Inszenierung von Hans Lietzau im Schiller-Theater und — mit noch größerem Erfolg — durch den jungen Regisseur Peter Stein in der Schaubühne am Halleschen Ufer. »Nun, o Unsterblichkeit bist du ganz mein« sind bezeichnende Worte aus dem letzten Drama Kleists, die seit 1936 auch auf seinem Grabstein stehen.

Von seinen Prosawerken wird die Novelle »Michael Kohlhaas« immer als Meisterwerk gerühmt — und kaum gelesen. Wenn Kleist darin sagt, daß »Kohlhaas in einem Dorfe, das noch von ihm seinen Namen führt, einen Meierhof besaß, auf welchem er sich durch sein Gewerbe ruhig ernährte« so entspricht das ebensowenig den geschichtlich überlieferten Tatsachen wie die Behauptung, der wegen erlittener Ungerechtigkeiten zum Prototyp des individualistischen Empörers gewordene Hans Kohlhase (wie er wirklich hieß) sei Roßkamm, also Pferdehändler in Kölln an der Spree gewesen, wo er als solcher durch eine Gedenktafel am Hause Fischerstraße 27 gefeiert wurde.

Heinrich von Kleist hat dem unerschrockenen Manne, der im bürgerlichen Leben mit Heringen, Speck und Honig im großen handelte und sein eigenes Haus in der Brüderstraße besaß, mit der Freiheit des Dichters ein unvergängliches Denkmal gesetzt. Seine Quelle war die 1599 abgeschlossene handschriftliche Chronik des Rektors der Köllner Stadtschule, Peter Hafft, »Microcronicon Marchicum«, die erst 1862 im Druck veröffentlicht wurde.

In dieser Chronik finden wir auch die erste Erwähnung Kohlhasenbrücks. Denn hier, »unter einer Brücken, die noch heutigen Tages Kohlhasenbrücke heißt«, soll Kohlhase die dem brandenburgischen Kurfürsten geraubten Silberbarren »in das Wasser versenket haben; nicht der Meinung solches zu behalten, sondern den Churfürsten dadurch zu verursachen, sich seiner anzunehmen. Aber dieser Anschlag geriet gar übel.« Der unglückselige Kohlhase wurde 1540 hingerichtet.

Der bis zu seinem Tode (1887) in Kohlhasenbrück ansässige Gutsbesitzer Heinrich Beyer hatte es sich zur Lebensaufgabe gemacht, die in die Bäke versenkten Silberbarren wieder zu Tage zu bringen. Natürlich ergebnislos, so daß sein Neffe und Besitznachfolger Bernhard Beyer sich anderen, lohnenderen Aufgaben zuwandte Er begründete Steinstücken, dessen »Hauptstraße« seinen Namen trägt, und machte aus dem weltabgeschiedenen Kohlhasenbrück eine beliebte Landhauskolonie und Sommerfrische.

Von der einst auf dem Steglitzer Fichtenberg entspringenden und in den Griebnitzsee mündenden Bäke ist seit der Anlegung des Teltowkanals (1901—06) nur noch der jetzt Kohlhasengraben genannte Mündungsrest neben der Böckmannbrücke übriggeblieben. Die alte Kohlhasenbrücke wurde 1838 gelegentlich des Baues der Berlin-Potsdamer Eisenbahn durch einen Massivbau ersetzt, der noch besteht. Allerdings seit 1926 nicht mehr als rundes Ziegelgewölbe, sondern wegen der schwerer gewordenen Lasten von Lokomotiven und Waggons mit Betonbalken versehen. Die alte Schlußsteintafel von 1838 wurde pietätvoll erhalten. Hinter ihr fand man eine Silberplatte mit den säuberlich eingravierten Namen aller am Brückenbau beteiligten Techniker, vom Geheimen Oberbaurat Crelle bis zum Polier Hoppensack. Doch den Polier Bathe hatte man anscheinend vergessen; denn sein Name ist nachträglich unbeholfen eingekratzt worden.

Jenseits der Brücke, die auch nicht mehr das Wasser überspannt, vielmehr die Bäkestraße, geht es an dem einstigen Landgut Eule vorbei durch einen idyllischen Auenwald nach Albrechts Teerofen. Die Eule galt früher als nicht recht geheuer, weil hier in der 1898 angelegten »Zentralstelle für wissenschaftlich-technische Untersuchungen« die zehn größten Schießpulverfabriken Deutschlands mit neuen Mischungen experimentierten, die aber so gering bemessen waren, daß »niemals nichts« passierte. Heute

Kohlhasenbrück um 1860

dient das zum größten Teil jenseits der DDR-Grenze liegende Gelände dem landwirtschaftlichen Fachbereich der Technischen Universität.

Albrechts Teerofen hat die ältere Forschung auf den 1823 bis 1851 amtierenden Landrat des Kreises Teltow, Leopold von Albrecht, zurückführen wollen. Doch haben Aktenfunde bestätigt, daß hier um 1750 ein Teerofen errichtet wurde, der von der Teerbrennerfamilie Albrecht seinen Namen empfing. Bereits 1783 bestand der Teerofen nicht mehr, doch fand man 1924 seinen alten Platz, als bei Ausschachtungsarbeiten auf dem Grundstück der Gastwirtschaft »Zu den vier Eichen« große Pechbrocken freigelegt wurden.

Von den vier Gaststätten Albrechts Teerofens war diese die letzte, dem Publikum noch geöffnete. Bei den wenigen Besuchern, die sich in den Westberliner Zipfel an der Grenze zur DDR verirren, lohnte der gastronomische Betrieb anscheinend nicht mehr. Doch die Teerbrocken der friderizianischen Pechsiederei sind noch vor der Veranda der »Vier Eichen« zu sehen.

Einstein störte der Duft der Rieselfelder nicht

Es ist noch gar nicht so lange her, da konnte man ins Kino gehen oder sich vor den Fernseher setzen und das dort Gebotene genießen, ohne sich darüber Gedanken zu machen oder etwa Komplexe einzuhandeln. Jetzt verlangen die progressiven Schöpfer der Filme oder Fernsehspiele, ihre Werke unter dem Blickpunkt des »Denkanstoßes« zu sehen und entsprechend zu handeln. Wir müssen eben zu einer ganz neuen Weltanschauung kommen.

Das habe ich dann für mich persönlich getan, als ich in der Zeitung die Worte las: »Erfolgreich sein erzeugt den Drang zum Besonderen in einem exklusiven Kreis, erzeugt den Wunsch, jede Minute in angemessener Umgebung zu entspannen, um wieder fit zu sein In Gatow am See finden Sie alles, was Sie brauchen.« Nichts wie hinaus in den Spandauer Ortsteil, der trotz der nahen Weltstadt Berlin noch viel an naturbelassener märkischer Landschaft und bäuerlichem Leben zu bieten hat.

Doch begann mein Besuch mit einer dicken Enttäuschung, weil es mir an dem Geld fehlt, das für die hier entstandenen Luxus-Eigentumswohnungen mit Schwimmhalle, Sauna und Bootsstegen am schönen Havelstrand aufzubringen ist. Ich werde wohl für den Rest meines Lebens in einer städtebaulich und architektonisch minder gelungenen Schöpfung des sozialen Wohnungsbaues bleiben, deren Vorzug darin besteht, daß es bis zum Krankenhaus nur fünf Minuten Fußweg sind, und das Krematorium auch nicht viel weiter entfernt ist.

Die eigenwillig konzipierten und auf die individuellen Ansprüche der künftigen Besitzer zugeschnittenen Terrassenwohnungen entstanden auf dem Grundstück Alt-Gatow 57/59, das bis zum Herbst 1970 fünfzehn Jahre lang als »Haus Carow am See« ein Begriff für Berlin war. Der unvergessene Volkskomiker Erich Carow hat seine Neugründung nur um ein Jahr überlebt, doch erfreute sich die beliebte Unterhaltungsstätte noch lange guten Zuspruchs, bis die veränderten Wünsche und Gepflogenheiten der immer weniger werdenden Besucher ihr Schicksal besiegelten.

Gatow ist ein altes märkisches Angerdorf, in dem sich bis heute ansehnliche Bauernwirtschaften behaupten konnten. Doch spürt man von beidem nicht viel, weil auf der Alt-Gatow genannten einstigen Dorfstraße der Autoverkehr kaum abreißt. Man fährt durch den Ort hindurch nach Kladow und Groß-Glienicke, die von jeher höher im Kurs stehen als Gatow. Die Nähe der Rieselfelder ist hier »unüberriechbar«.

Das hat jedoch einen durch Schuhwichse reich gewordenen Fabrikanten nicht abgehalten, sich am Rothenbücherweg einen sehr feudalen Landsitz zu schaffen, in dem nun schon seit mehr als einem Vierteljahrhundert der jeweilige englische Stadtkommandant residiert. In den zwanziger Jahren gehörte das schöne Besitztum mit seiner 300 Meter langen Wasserfront dem vom Kurfürstendammpublikum bevorzugten Arzt Professor Janos Plesch. Der gebürtige Ungar liebte es, auch privat von prominenten Personen umgeben zu sein.

Eines Tages hatte Plesch den großen Relativitätstheoretiker Albert Einstein und Berlins Oberbürgermeister Böß zum Essen bei sich. Der Wind stand gerade ungünstig, und das Stadtoberhaupt fühlte sich für diese Unannehmlichkeit verantwortlich. Böß fragte Einstein ziemlich verlegen, ob ihm der Geruch nicht lästig sei. »Ach«, antwortete Einstein, »er stört mich nicht weiter, und ich revanchiere mich dafür von Zeit zu Zeit.«

Von den Bauern ist in dieser Hinsicht nichts mehr zu befürchten, weil sie kaum noch Vieh und deshalb auch keine Misthaufen mehr auf ihren Höfen haben. Ein riesiges Volk weißer Leghorns auf der westlichen Straßenseite markiert den gegenüberliegenden Hof (Alt-Gatow 9/11) von Fritz Schleu, dessen Familie Ende des 17. Jahrhunderts aus dem havelländischen Falkenhagen nach Gatow kam. Nur mit einem Gehilfen zusammen baut er auf rund vierzig Hektar ausschließlich Kartoffeln und Getreide an. Doch der größte der Gatower Landwirte ist Oskar Ernst an der Straße 264, der achtzig Hektar Land in den Richt- und Heinungsstücken unter dem Pfluge hat und die umfangreichste Kartoffelanbaufläche West-Berlins bewirtschaftet.

Wenn ihnen die anstrengende Arbeit — der Tag hat für den Bauern zumeist fünfzehn Stunden — Zeit dazu läßt, kommen sie gelegentlich im »Wirtshaus Gatow« zusammen, das an der Stelle des alten Kruges steht und seit Generationen der Familie Krause gehört. Im Gespräch wird dann nicht nur der für einen Landwirt in der Großstadt höchst ungewissen Zukunft gedacht, sondern auch manch lustiger Begebenheit aus der Vergangenheit. Etwa des »Kaiserfeuers« vom Mai 1894.

In früher Morgenstunde war auf dem Gehöft des Bauern August Krause ein Großfeuer entstanden, das auch auf die benachbarten Gebäude übergriff. Kaiser Wilhelm II. kam gerade mit seiner Dampfjacht »Alexandria« vorbei, ließ sofort anlegen und bekämpfte mit der Mannschaft den Brand. Die telefonisch alarmierte Spandauer Feuerwehr wollte sich nicht auf den Arm nehmen lassen und meinte: »Mann, det jloobste doch selber nich, dettste Wilhelm bist.« »Die Zweifel an der Authenzität der kaiser-

Dorfkirche in Gatow, 1926

lichen Befehle wurden von Sr. Majestät sofort und in energischer Weise behoben« hieß es dazu im zeitgenössischen Pressebericht.

In der tagsüber jederzeit zugänglichen Kirche — einem Feldsteinsaal aus dem Anfang des 14. Jahrhunderts, der mehrfach umgebaut und erweitert wurde — begegnet man einem bedeutenden Kunstwerk: der in Öl auf Holz gemalten Beweinung Christi. Die vorzügliche Arbeit eines mittelfränkischen Meisters der Zeit um 1495 gehört in den Umkreis von Michael Wolgemut, bei dem Albrecht Dürer in die Lehre ging. Unter den Begleitfiguren der heiligen Barbara und Dorothea kniet die vielköpfige Familie des 1491 verstorbenen Berliner Patriziers Martin Wins, dem man das Epitaph einst in der Marienkirche am Neuen Markt zum immerwährenden Gedächtnis aufgerichtet hatte.

Im »Haus Vaterland« gab's jede Stunde ein Gewitter

Berlin-Besucher, die auf Stadtrundfahrten mit alten und neuen Sehenswürdigkeiten der Spreemetropole konfrontiert werden, staunen nicht schlecht, wenn sie auf dem Askanischen Platz der bizarren Ruine des einstigen Anhalter Bahnhofs begegnen. Besser gesagt, dem traurigen Rest eines Fernbahnhofs, der einmal das »Tor zur Welt« war, auf dem täglich über hundert Züge ein- und ausliefen und mehr als 40 000 Reisende Tag für Tag die Bahnsteige bevölkerten.

Das erste Bahnhofsgebäude von 1841 war keineswegs ein »primitiver Schuppen« (wie man immer wieder liest), sondern ein ansehnlicher dreigeschossiger Putzbau in spätklassizistischen Formen. Die Berlin-Anhalter Eisenbahn-Gesellschaft hatte ihn bewußt stattlich angelegt und hoffte, durch das von ihr gegebene Beispiel die Baulust außerhalb des Anhalter Tores anzuregen.

Ihr Gedanke fiel in der ständig wachsenden preußischen Hauptstadt auf fruchtbaren Boden, und in der 1844 angelegten Bernburger Straße, in der gleichzeitig entstandenen Dessauer und in der Köthener Straße schossen die Wohnhäuser nur so aus der Erde. In wenigen Jahren war das »Geheimratsviertel« entstanden — eine bei unserer Urgroßvätergeneration sehr beliebte Wohngegend, die später allerdings ihren guten Ruf einbüßte. Der alte und neue Westen hatten ihr den Rang abgelaufen

Wer heute durch die 480 Meter lange Köthener Straße spaziert, erschrickt über die Öde der vor dem Kriege so belebten, von Straßenbahnen und Autobussen befahrenen Straße, der von der Erstbebauung auch nicht ein Haus blieb. Nur zwei von einstmals fast fünfzig Häusern sind einigermaßen glimpflich über den Krieg gekommen, doch sind sie erst um 1910 erbaut worden: das mit einer großen Säulenordnung prunkende Verbandshaus der Baugeschäfte von Groß-Berlin (Nr. 38), dem man nicht ansieht, daß hinter der opulenten Sandsteinfront der ob seiner guten Akustik noch heute für Schallplattenaufnahmen benutzte »Meistersaal« liegt. Das einstige Verwaltungsgebäude der Buderus-Eisenwerke (Nr. 44) besticht durch die noble Fassade aus dem schönen roten Mainsandstein. In den großzügig gestalteten Räumen wohnen jetzt türkische Gastarbeiter.

Doch was sind diese beiden Häuser wilhelminischer Prachtentfaltung gegen die vis-à-vis liegende gigantische Ruine des früheren »Hauses Vaterland«, von der noch immer nicht feststeht, wann sie dem Erdboden gleichgemacht wird. Sicher ist nur eins: Das an der Südwestecke durch das Kempinski-Symbol und die Schriftzeile »F. W. Borchardt/Haus Vaterland« bis heute unübersehbar gekennzeichnete größte Vergnügungszentrum des Vorkriegs-Berlins, dieser »babylonische Kneipenturm«, — wie Walther Kiaulehn treffend sagte — wird hier nie wieder erstehen.

Als »Haus Potsdam« hatte die Bank für Grundbesitz und Handel in den Jahren 1911/12 das noch in seinem ruinösen Zustand imponierende Gebäude an die Stelle gesetzt, die so lange fünf Wohnhäuser der Zeit 1845—65 einnahmen. Franz Schwechten, dem Berlin neben dem neuen Anhalter Bahnhof die alte Kaiser-Wilhelm-Gedächtnis-Kirche und den Wilhelmturm im Grunewald verdankt, hatte die Entwürfe gezeichnet, der Bildhauer August Vogel die bis auf ein paar Reliefs verschwundene skulpturelle Zier geschaffen.

»Ach Willy, ach Willy, um sechs im Picadilly«, begann das 1912 von Ernst Rudolf als »Berliner Coupletneuheit« herausgebrachte Piccadilly-Lied. Es war ähnlich stumpfsinnig wie die »Hits« von heute und feierte das bombastische Großcafé im Haus Potsdam. Mit Ausbruch des Ersten Weltkrieges wurde es zum »Café Vaterland«, in dem man von ein Uhr mittags bis zwei Uhr nachts ständig musikalisch berieselt wurde. Aber nicht vom Tonband, vielmehr von veritablen Kapellen, die sich alle sechs Stunden ablösten.

Doch das, was noch heute den legendären Ruhm des »Hauses Vaterland« ausmacht, die Ansammlung eines Dutzend Restaurants unter einem Dach, kam erst im September 1928. Den Gästen wurde hier nicht nur mit

Speisen und Getränken, sondern vor allem mit täuschend echt gestalteten Dekorationen und bis zu sechs Meter tiefen Rundhorizonten die Illusion fremder Städte und Länder vorgezaubert.

Was gab es da nicht alles. Der gastronomisch-folkloristisch-topographische Bogen schwang von der »Weißbierstube zum Teltower Rübchen« über die »Bremer Kombüse«, die »Pußta-Czarda«, das »Münchner Löwenbräu«, die »Türkische Mokkastube« und das »Bistro français« zur »Wild-West-Bar« und wie die Einkehrstätten sonst noch hießen, in denen zu den landesüblichen Getränken auch die heimische Musik von stilechten Virtuosen (aus Neukölln) im Nationalkostüm geliefert wurde. Höhepunkte waren das »Wiener Grinzing«, in dem man den Klängen eines Orchesters von Wäschermaderln lauschen und gleichzeitig den bezaubernden Blick vom Kahlenberg über das nächtliche Wien genießen konnte, und die oft, aber nur unzureichend kopierte »Rheinterrasse«.

Haus Potsdam mit dem Café Piccadilly, 1912

»Haus Vaterland macht alles gründlich, im Vaterland gewittert's stündlich«, hieß es von diesem meteorologischen Restaurant-Wunder, das vor einer riesigen Kulisse mit dem Rheinpanorama zwischen St. Goar und Loreleyfelsen die liebliche Landschaft im schönsten Sonnenschein zeigte. Doch alle Stunde zog ein heftiges Gewitter über das lachende Rheintal, entlud sich mit Blitz, Donner und rauschendem Regen, um schließlich wieder der Sonne zu weichen. Natürlich sind weder der buntgleißende Regenbogen noch das Tirilieren der Vogelwelt (von der Schallplatte) nach dem Wolkenbruch ausgelassen worden. Daß dieses Schaustück bis heute unvergessen ist, wird jeder bezeugen, der es einmal erlebt hat.

Zwei Jahre nach Kriegsschluß ist das einstige Haus Vaterland — notdürftig hergerichtet und ohne »Rheinterrasse« — noch einmal als Volksgroßgaststätte eröffnet worden, um fünf Jahre später für immer zu schließen. Was noch einigermaßen Wert hatte, wanderte zum Schrotthändler. Die letzten Souvenirs an das in aller Welt gekannte populärste Etablissement unserer Stadt mit seinen illusionistischen Reisen durch die Kontinente holten sich nostalgisch gestimmte Westberliner aus der Ruine, nachdem das zu Ost-Berlin gehörige Gelände des früheren Potsdamer Bahnhofs durch die im Berlin-Abkommen verankerte Gebietsregelung für 31 Millionen DM an das Land Berlin gefallen war.

BERLINISCH' KRAUT UND MÄRKISCHE RÜBEN

Sechs Witwen und ein See

Der alte Matthias Claudius hat außer tiefempfundenen Gedichten — „Der Mond ist aufgegangen" — auch die weise Erkenntnis hinterlassen: „Wenn jemand eine Reise tut, so kann er was erzählen." Besonders ausführlich hat das sein Zeitgenosse Anton Friedrich Büsching getan, seines Zeichens königlich preußischer Oberkonsistorialrat und Direktor des Gymnasiums zum Grauen Kloster in Berlin. Für die „Beschreibung seiner Reise von Berlin über Potsdam nach Rekahn unweit Brandenburg, welche er vom dritten bis achten Junius 1775 gethan hat", benötigte er fast 350 Druckseiten.

Auf dieser Reise kam Büsching auch über „Stolpe, welches im Teltowschen Creise am Fuß eines Berges liegt, der nach märkischer Art ziemlich hoch ist". Von den Teltower Rübchen, die hier „in großer Menge gebauet werden", weiß er zu berichten, daß sie denen aus der Stadt Teltow an Geschmack und Güte nichts nachgäben, aber nicht so dauerhaft seien und deshalb nicht verschickt werden könnten.

Der gleich Büsching an Geographie und Topographie interessierte Heinrich Berghaus hat 80 Jahre später im „Landbuch der Provinz Brandenburg" bestätigt, daß auf den 300 Morgen großen ackerbaren Feldern Stolpes fast ausschließlich die märkische oder Teltower Rübe angebaut wird „und zwar von vorzüglichster Güte".

Wenn er die Lage des Dorfes „am Fuße des hohen Schäferbergs, im tiefen Tale und in der Nähe klarer Seespiegel, als eine der romantischsten in der Gegend von Potsdam" preist, können wir ihm zustimmen. Doch mit der Behauptung, Stolpe sei bereits 1197 urkundlich

zuerst erwähnt und damit das älteste Dorf des Teltow, werden wir uns ebenso wenig zufrieden geben wie mit seiner Deutung des Ortsnamens, von dem wir heute wissen, daß Stolpe zwar verschiedene Erklärungen zuläßt, aber Orte, die an Gewässern liegen, in ihrem Namen an eine Vorrichtung zum Fischfang erinnern.
Dieses Stolpe gibt es schon lange nicht mehr. Bereits 1898 mußte es den in der Mark so häufigen Namen zugunsten des auf seiner Gemarkung entstandenen Villenparadieses Wannsee aufgeben. Der Stolper oder Stolpische See wurde zum Stölpchensee, und so nennen BVG und Stern- und Kreisschiffahrt auch ihre Haltestellen auf oder nahe dem Wilhelmplatz, der Mittelpunkt und Anger des alten Runddorfs war.
Nicht 1197, sondern 1299 wurde Stolpe urkundlich erstmals erwähnt. Da im Urkundentext ausdrücklich von einer „villa slavica" — also einem Wendendorf — gesprochen wird, hat man sich darüber Gedanken gemacht, wo nun eigentlich Deutsch-Stolpe lag. Scherbenfunde des frühen Mittelalters, die 1965 am Westufer des Großen Wannsees zu Tage kamen, lassen vermuten, daß es sich hier befand; etwa an der Stelle, die auf einer Karte vom Jahre 1683 mit „Newedorf" bezeichnet ist.
Daß sich in Stolpe — Verzeihung: Stölpchensee — niemand mehr mit dem Anbau von Teltower Rüben beschäftigt, wird einem sofort klar, wenn man die wie Pilze aus der Erde geschossenen Landhäuser sieht. So gut wie nichts ist erhalten, was die Erinnerung wachhält an das wegen seines geringen Umfangs schon früh Stolpiken oder Stolp genannte Dorf, dessen wenige Einwohner sich vom Fischfang oder der Imkerei ernährten.
Einst hatten die Stolper Fischerkossäten das Recht, vom Stolper Loch — dem heutigen Kleinen Wannsee und Pohlesee — bis zum Griebnitzsee zu fischen. Jetzt ist es auf den Stölpchensee beschränkt, in dessen trüben Fluten aber nicht mehr gefischt, vielmehr nur noch geangelt wird. Mehr als 25 Angelkarten gibt jedoch Frau Häberer nicht aus, die als Obmann der sechs ortsansässigen See-Eigentümer — übrigens alles Witwen — fungiert.

Alt-Stolpe um 1860

Den modischen Zug zum „Stölpchensee" hat auch die bisherige „Alte Kirche" am Wilhelmplatz mitgemacht, sie wird jetzt „Kirche am Stölpchensee" genannt. Über ihr Äußeres kann man streiten, doch war sie nicht als schlichte Dorfkirche, sondern als monumentale Landschaftskulisse gedacht und getreu dem von italienischen Vorbildern beeinflußten Wunschtraum des Königs Friedrich Wilhelm IV. durch seinen Hofarchitekten Stüler als Mini-Kathedrale aufgetürmt worden. Bei ihrem Bau 1858 übernahm man vom Vorgänger, einem baufälligen Fachwerk-Kapellchen, das prächtige Grabmal der Hofgärtnerfamilie Heidert, das 1779 der Berliner Bildhauer und Akademiedirektor Wilhelm Christian Meyer sehr aufwendig mit viel Symbolgehalt geschaffen hat. Ein anderes kirchliches Kunstwerk ist 300 Jahre älter: die holzgeschnitzte Kreuzigung an der Altarwand; früher einmal hat sie die zerstörte Klosterkirche in Alt-Berlin geschmückt. Die alte Inschrift „Thurneisser hat mich neu gemacht, da ich war alt und gar veracht. Anno 1584" ist vergangen, doch blieb das Wappen des Allerweltgenies am Kreuzesfuß erhalten.

Wo Bimmel-Bolle mit Eis viel Geld machte

„Rummel" ist ein Wort, das jeder Berliner kennt und versteht, auch, wenn er niemals im Duden nachschlug, der es umgangssprachlich „lärmendem Betrieb, Durcheinander" gleichsetzt. Lessing hat es ähnlich aufgefaßt und ihm in seiner „Minna von Barnhelm" literarische

Weihe verliehen, indem er den pfiffigen Just sagen läßt: „Mein Herr versteht den Rummel."

Und so mag sich mancher auch die Enstehung des Ortsnamens Rummelsburg erklären, zumal der landschaftlich schön gelegene Platz am gleichnamigen See seit den Tagen des Alten Fritz ein beliebtes Ausflugsziel war, dem naturgemäß auch die Nachbarschaft des fischzugberühmten Stralaus zugute kam. Fontanes kapriziöse Gräfin Melusine aus dem „Stechlin" stieß sich an der Bezeichnung Rummelsburger See und meinte: „Freilich nicht hübsch; aber die Stelle selbst ist schön, und Namen bedeuten nichts".

Hier war einmal ein Besitztum der Berliner Kämmerei, das aber weit außerhalb der Stadtgemarkung lag. Eine um 1670 angelegte Ratsziegelei mußte bald wieder aufgegeben werden, weil es am erforderlichen Lehm mangelte. Die dann entstandene Meierei hieß Charlottenhof, bis sie der Weinhändler Johann Jakob Rummel erwarb und einfach nach sich selbst benannte.

Doch wo lag diese Keimzelle Rummelsburgs, das zwar durch die gleichnamigen S-Bahnhöfe örtlich bestimmt ist, aber im Gelände selbst nur dank der „Hauptstraße" ausgemacht werden kann? Allein die ältere Generation kennt noch das seit den siebziger Jahren florierende „Café Bellevue" an der Hauptstraße. Es entsprach ungefähr dem Ort der alten Meierei; 1892 wurde es als „schönstes und größtes Etablissement des Dorfes" gepriesen: „In dem prachtvollen Park, dessen zahlreiche uralte Bäume — Linden und Akazien — alttestamentarische Namen wie Lot, Sem, Japhet, Habakuk, Zephanja usw. führen, sitzt man am Wasser recht angenehm, zumal Speise und Trank vorzüglich sind."

An der prosaischen Nachbarschaft von Arbeits- und Waisenhaus sowie den vielen Industriebauten am einst so idyllischen Seeufer scheint unsere Groß- und Urgroßvätergeneration keinen Anstoß genommen zu haben, obwohl die Literatur auch kritische Stimmen überliefert. So schrieb Johannes Bloch (ebenfalls 1892): „Der Eintritt in Rummelsburg erinnert infolge der hohen Bahndämme an den in eine Festung. Wie die Zitadelle liegt oben der rot leuchtende Bahnhof." Damals hieß er Stralau-Rummelsburg, jetzt kennen wir ihn als Ostkreuz. Wenn er auch nicht mehr rot leuchtet, zieht's oben noch immer wie Hechtsuppe, ein ausgesprochener Schwindsuchtsbahnsteig.

Dorf — also selbständige Landgemeinde — ist Rummelsburg nicht lange gewesen. Nachdem die „Kolonie" sich 1889 mit dem westlich benachbarten Boxhagen zur „Gemeinde" verbunden hatte, gab es sein Eigenleben bereits 1912 wieder auf und schloß sich der aufstrebenden Industriestadt Lichtenberg an.

Die von der Simon-Dach-Straße im heutigen Stadtbezirk Friedrichshain fast fünf Kilometer weit bis zum Blockdammweg in Karlshorst reichende, aber nur 500 bis 700 Meter breite „Abstellkammer Berlins" war wirtschaftlich auf die Dauer nicht zu halten; denn hier hatten nach Ansicht des Niederbarnimer Landrats „die am ungünstigsten situierten Personen" ihre Wohnungen gesucht und gefunden.

Rummelsburgs erster Chronist, ein Lehrer Pankow, hat um 1890 jede geschichtliche Belanglosigkeit festgehalten. Doch eins hat er nicht überliefert, weil es damals selbstverständlich und nicht erwähnenswert war: die Natureisgewinnung auf dem Rummelsburger See. Das hat erst Arne Hengsbach in unseren Tagen getan und Staunenswertes ermittelt.

Kältemaschinen der verschiedenen Systeme gab es zwar, aber sie waren teuer und mit Mängeln aller Art behaftet. Die auf Eis angewiesenen Brauereien und Schlächtereien waren deshalb den seit 1867 am Rummelsburger See etablierten Norddeutschen Eiswerken mehr oder minder verpflichtet. Der Maurermeister Bolle — später als „Bimmel-Bolle" zum millionenschweren Geheimen Kommerzienrat aufgestiegen — hatte sie gegründet und lagerte das Eis neben dem Café Bellevue in riesigen Holzschuppen, deren doppelte Wände mit Sägespänen und Holzwolle isoliert waren. Die im Winter auf dem See gewonnenen eine Million Zentner Eis hielten sich bis tief in den Sommer hinein.

Aus alten Zeitungsnachrichten wissen wir Näheres über diesen längst eingegangenen Rummelsburger Betrieb, der „zur Abendzeit einen wahrhaft großartigen Anblick bietet, wenn das Beladen der etwa 150 Transportwagen mit den 6000 Zentnern Eis, die täglich nach Berlin gefahren werden, bei elektrischer Beleuchtung erfolgt." Was Bolle machte, wenn die Winter so milde wie die jetzigen waren und kein Eis auf dem See gewonnen werden konnte? Er importierte es von weither, von Norwegen oder aus den Gletscherbergen der Schweiz. Dementsprechend war dann der Preis, der ausweislich vergilbter Prospekte sowieso „wie alljährlich, so auch in diesem Jahre für Natureis vom 1. Juli ab" erhöht wurde.

Der vierhundertjährige Stralauer Fischzug

Wenn wir auch im Westteil unserer gespaltenen Stadt an sogenannten Volksfesten keinen Mangel haben, so können alle diese Ausgeburten phantasiereicher Köpfe in den Bezirksämtern oder aus dem Schaustellergewerbe nicht einmal annähernd mit dem Stralauer Fischzug konkurrieren. Am 24. August 1974 hätte Berlins ältestes — und einziges — Volksfest seine 400-Jahr-Feier begehen können.
Können — denn ein Jahr nach dem Mauerbau ist der Fischzug sanft entschlafen. Der „Kulturpark Plänterwald" auf dem gegenüberliegenden Spree-Ufer mit seinen vielfältigen Attraktionen bietet Ersatz genug für ein Volksfest, dem nach Ansicht der zuständigen Herren im Rat des Stadtbezirks Friedrichshain (zu dem Stralau gehört) sowieso der „sozialistische Charakter" fehlt.
Über den Ursprung des Stralauer Fischzuges ist viel gefabelt worden, unter anderem auch von Achim von Arnim, der in seinem Schauspiel „Der Stralauer Fischzug" von der Einsetzung des Festes durch den Kurfürsten Friedrich II. spricht. Dieser „Eisenzahn" regierte während der Jahre 1440-70. Doch erst über 100 Jahre später hat der Kurfürst Johann Georg in einer Verordnung vom Februar 1574 bestimmt, daß nach der Som-

Stralauer Fischzug um 1830

merschonzeit vom Bartholomäustag (24. August) an wieder mit dem großen Garn gefischt werden durfte.
Zum Volksfest ist der erste Fischzug in Stralau nach der sommerlichen Ruhepause aber erst in der Zeit um 1780 geworden. Damals richtete Prinz Ferdinand, jüngster Bruder Friedrichs des Großen, von seinem Wohnsitz Friedrichsfelde aus an den Berliner Magistrat (dem das Ratsdorf Stralau gehörte) die Bitte, dafür zu sorgen, daß der Fischzug ausnahmsweise erst um 9 Uhr beginnen möge, da er mit Frau und Kindern daran teilzunehmen gedenke.
Der Prinz hat dann mit seiner Familie alle Jahre wieder dem Fischzugtreiben beigewohnt und naturgemäß die auf ihr Hohenzollernhaus eingeschworenen Berliner nach Stralau gelockt, das ein beliebtes Ausflugsziel war und auch bereits „einige Landhäuser und Gärten von Privatpersonen in Berlin" aufwies.
Außer Achim von Arnim haben sich Julius von Voß und vor allem unser Volkspoet Adolf Glaßbrenner des Stralauer Fischzuges angenommen, und Adolph Menzel, Theodor Hosemann, Adolf Schroedter sowie viele Namenlose haben ihn immer wieder gezeichnet und gemalt. Das im Berliner Dialekt geschriebene Volksstück „Der Strahlower Fischzug" von Voß ist 1821 sogar im Opernhaus aufgeführt worden.

„An der Sprea Grüngestaden
lagern sich die Müden dort.
Vor uns dieser bunte Jubel,
dieser wechselvolle Trubel!
Und so weit man auch nur schaut,
stehen Buden aufgebaut;
voll von Hering und Salaten,
Schweinezungen, Hammelbraten,
Pfefferkuchen, Kälbernieren,
hiesigen und fremden Bieren,
Butter, Käse, Pfeffer, Salz,
saure Gurken, Gänseschmalz,
Schinken, rohen und gekochten,
Branntewein in allen Sorten,
Rüben, gelbe so wie rote,

alle Sorten Würste, Brote,
ganz besonders für den Gaumen,
kleine rote Hundepflaumen,
und verkaufend her um Birnen:
sonnverbrannte Hökerdirnen!"

Das sind Glaßbrenners Verse aus einem ellenlangen Gedicht auf den Stralauer Fischzug, der schließlich, als fast 50 000 Berliner auf der schmalen Halbinsel zwischen Spree und Rummelsburger See zusammenkamen, völlig ausartete und 1873 polizeilich verboten wurde. Das Verbot wurde 1892 erneuert. Aber auch das Volksfest selbst, für das sich 1923 ein „Verein zur Erhaltung des historischen Fischzuges von Stralau" mehr oder minder erfolgreich einsetzte. Natürlich ließen sich die braunen Machthaber die Möglichkeit, in der schönen Natur für ihre Sache Propaganda zu machen, nicht entgehen; sie haben den Stralauer Fischzug 1933-39 neu belebt.

Wenn Geibel 1839 schrieb: „Schön ist's im fischberühmten Stralau", so trifft dieses Urteil noch heute zu. Zumal der Krieg mächtig aufgeräumt hat und an die Stelle der Mietkasernen von einst auf Wunsch der Bevölkerung große Grünflächen getreten sind. Neuerdings hat man auf ihnen Sport- und Spielplätze sowie eine kleine Naherholungsstätte angelegt. Die Zeiten, als in fast jedem Stralauer Haus eine Gaststätte war, sind längst vorbei. Und wenn auch vor dem Grundstück des letzten Fischermeisters Julius Lehmann noch immer ein Fischkasten im trüben Wasser der Spree hängt, so wird dort seit langem nicht mehr gefischt. Schon in den dreißiger Jahren holte man sich die Fische für die Jubeltage in Stralau aus der Zentralmarkthalle am Alexanderplatz.

Schönow — ein Dorf ohne Bauern

Im Oktober 1894 hat die Landgemeinde Schönow ihre Selbständigkeit aufgegeben und sich — auf einen „Allerhöchsten Erlaß" gestützt — mit ihrem nördlichen Nachbarn Zehlendorf vereinigt. Für den ungewöhnlichen Entschluß der Schönower waren wirtschaftliche Gründe maßgeblich, und diese hatten eine 250 Jahre weit zurückreichende Tradition. Als der Köpenicker Amtmann nicht zu den Getreidepachten aus Schönow kam, berichtete er der Regierung: „Seind sehr arme Leuthe, also daß sie nicht die Helffte, auch manches Jahr gar nichts geben können."

Eigentlich verwunderlich bei der großen, rund 2500 Morgen umfassenden mergelreichen Feldmark, die bis dicht vor den heutigen Bahnhof Zehlendorf reichte und dort noch durch Grenzpfad und Schönower Straße bis heute markiert ist. Die Einwohnerzahl betrug jedoch wenig mehr als 300, und zu diesen rechneten auch die zahlreichen Patienten der 1853 von Dr. Heinrich Laehr auf Schönower Grund und Boden angelegten Nervenheilanstalt „Schweizerhof". An ihrer Stelle steht jetzt der bizarre Betonkomplex der deutsch-amerikanischen John-F.-Kennedy-Gemeinschaftsschule; von den Schülern wird er respektlos „Affenfelsen" genannt.

Ein anderes Bild bietet die „Alt-Schönow" genannte frühere Dorfaue mit ihrem knappen Dutzend Gehöften, auf denen aber kein Bauer mehr ansässig ist. Der letzte, Klaus Schumachers, Alt-Schönow Nr. 10, hat im Herbst 1972 Schluß gemacht und sich in der Gegend von Celle mit Gemüsekulturen wieder der Landwirtschaft gewidmet. Seine Familie war weit über hundert Jahre in Schönow ansässig, und der erste Schumachers, der in den Hof des Bauern Wernitz einheiratete, soll 1888 die schönen alten Laubbäume auf der damals mit Pflaster versehenen Dorfaue eigenhändig gepflanzt haben. Ihr Land hatten die Schumachers seit 1952 nicht mehr bestellen können; es lag jenseits der Landesgrenze in Teltow. Zuletzt wurden zwölf Hektar Pachtland bewirtschaftet; und dieses ist alter Seeboden: der auffallend tief gelegene Acker westlich und südlich der alten Dorflage bis hin zum Teltowkanal. Als man den Kanal in den Jahren 1901-06 erbaute, mußte der Schönower See verschwinden. Mit einer (allerdings mehr und mehr verlandenden) Fläche von 17 Hektar übertraf er die Krumme Lanke noch um einen Hektar.

Wenn es in Schönow auch keine Bauern mehr gibt und das Kakeln der Tausende von Hühnern auf dem Hof der Schumachers verstummt ist, so findet man hier doch noch eine Art ländliches Idyll, dessen erholsame Stille zu Spaziergängen über das holprige Kopfsteinpflaster der Dorfaue oder auf dem glatten Asphalt des Kontrollweges längs des Teltowkanals lockt.
Drüben, jenseits des Kanals und der DDR-Grenzmauer, liegen zum Greifen nahe die in dichtes Grün eingebetteten Häuser des rübenberühmten Städtleins Teltow, überragt vom Schinkelturm seiner St. Andreaskirche. Den Turm ziert, mit bloßem Auge deutlich erkennbar, noch immer die große Krone, die Teltow der Sage nach von Kaiser Karl IV. verliehen wurde, weil seine Gemahlin, die Kaiserin Elisabeth, Anno 1374 hier mit einem Sohn niederkam. Doch schon der Stadtchronist Thomas Philipp von der Hagen hegte berechtigte Zweifel an der Mär und meinte in seiner 1767 erschienenen „Beschreibung der Stadt Teltow": „Allein diese Erdichtungen verdienen keine Aufmerksamkeit."
Herr von der Hagen war mit der Familie derer von Wilmersdorff verwandt, denen einmal das Schönower Gut gehörte. Es gibt zwar hier eine Straße „Am Gutshof", doch erinnert außer einigen alten Linden nichts mehr an die Gutsherrlichkeit von einst, die man früh an alle möglichen Leute, so an einen Hofzahnarzt und einen Gastwirt, aufgeteilt hat. Den letzten, Wilhelm Besckow, feiert in falscher Orthographie der von der Industrie eroberte Beeskowdamm. Besckow betrieb im Berlin der zweiten Hälfte des vorigen Jahrhunderts zusammen mit seinem Bruder Ernst ein gutgehendes Fuhrgeschäft. Sie waren auch Eigentümer der „Berliner Pferdeeisenbahn-Gesellschaft", die seit 1865 als erste ihrer Art in Deutschland die beiden Residenzstädte Berlin und Charlottenburg miteinander verband.
Besckow hat den häßlichen gelben Backsteinkasten der früheren Schönower Dorfschule am Kleinmachnower Weg gestiftet. Einen anderen Bau aus seiner Herrschaftsperiode finden wir in Alt-Schönow 3 auf dem früheren Schulzengut: das zehn Fenster, jedoch keine

Tür aufweisende Tagelöhnerhaus. Nur keine Angst, die Leute brauchten nicht durch die Fenster zu kriechen; die Eingänge zu den fünf Wohnungen befinden sich auf dem Hof. Das benachbarte Haus Nr. 1a ist jetzt das älteste Schönows und hat sich den Dekor von 1861, als es Bauer Zinnow errichtete, einigermaßen bewahrt.

Natürlich ist auch die Moderne in das seit 1299 urkundlich bekannte Sackgassendorf Schönow eingedrungen. Ausweislich einer alten Flurkarte setzte es sich früher nicht südlich auf dem jetzigen Teltower Damm — die nicht gerade häufige Hausnummer 300 bezeichnet hier den einstigen Dorfkrug — fort, sondern war an dieser Stelle bis zum Chausseebau von 1851 durch das Gehöft des Bauern Gütling gesperrt. Zu den paar „nicht wesentlich störenden Gewerbebetrieben", die von den bezirklichen Stadtplanern geduldet werden, rechnet auch die in aller Welt bekannte Orgelbauwerkstatt des über ein halbes Jahrhundert in seinem Fache tätigen Professors Karl Schuke in Alt-Schönow 7b.

Seit 1966 ist der Honorarprofessor für Orgelkunde der Hochschule für Musik mit 40 Mitarbeitern in Schönow am Werk; 1975 konnte er die 25-Jahr-Feier seiner Orgelbauwerkstatt und gleichzeitig die Fertigstellung des 300. Instruments begehen. Orgeln aus Schönow sind weit in die Ferne gegangen, so nach Jerusalem und die größte Asiens nach Tokio in den Konzertsaal der japanischen Rundfunk- und Fernsehgesellschaft.

Professor Schuke stammt aus Potsdam, wo er in der väterlichen Orgelbauwerkstatt von der Pike auf lernte und sie später gemeinsam mit seinem Bruder betrieb. Der Meister der Kunst des Orgelbaus nimmt es gelassen hin, daß ihm sein Bruder von Potsdam aus mit dem jetzt zum volkseigenen Betrieb gewordenen Unternehmen auch in der Bundesrepublik Konkurrenz macht. Viel mehr Sorge bereiten ihm die wenigen Bauernhäuser von einst in Alt-Schönow, die er gern erhalten möchte. Schuke fürchtet nicht zu Unrecht, daß sie in absehbarer Zeit der Spitzhacke geopfert werden, um modernen Wohnhäusern Platz zu machen. Dann dürfte der Reiz von Schönow für immer dahin sein.

„Laß meine Verjagten bei dir herbergen, Moab"

Wenn es nach den Anliegern gegangen wäre, hätte die Straße Alt-Moabit bereits vor hundert Jahren einen anderen Namen bekommen. Doch der damals für Straßenbenennungen in seinen Residenzstädten Berlin, Charlottenburg und Potsdam zuständige Kaiser lehnte den Antrag ab. Auch die 1896 und 1912 erneut vorgebrachten Änderungswünsche — man plädierte für eine Kirschnerstraße nach dem in Moabit wohnenden Berliner Oberbürgermeister oder für eine Gerickestraße nach dem „König von Moabit" genannten, volkstümlichen Stadtverordneten — fanden an allerhöchster Stelle taube Ohren.

Das bauliche Glanzstück von Alt-Moabit ist die 1835 von Karl Friedrich Schinkel geschaffene St. Johannis-Kirche. Zwanzig Jahre später wurde sie durch Säulenhalle und Turm, Pfarrhaus und Schulgebäude, zu einer gefälligen Baugruppe erweitert. „Daß aber die äußerlich schön geschmückte Johannis-Kirche gar so leer bleibt, ist der zahlreichen Gemeinde gegenüber sehr bedauerlich." Eine Feststellung der fleißigen Autoren W. Riehl und J. Scheu in ihrer Berlin-Brandenburg-Topographie von 1861.

Hinter der Kirche liegt ein winzig kleiner Friedhof, der selbst „janz alten Moabitern" unbekannt geblieben ist, obwohl dort Persönlichkeiten ruhen, die aus der Geschichte Moabits nicht wegzudenken sind. Neben den letzten Ruhestätten der Matthes', Gerickes, Schomburgs, Schumanns, Pflugs und des Moabiter Chronisten Wilhelm Oehlert finden wir hier auch das Beußelsche Erbbegräbnis.

Der 1774 geborene Georg Christian Beußel brachte es auf 90 Lebensjahre — und 90 Hausnummern zählt auch die nach dem späteren Oberamtmann benannte Beußelstraße. An dieser lagen seine Ländereien, und an der Stelle von Alt-Moabit 61–66 betrieben die Beußels in drei Generationen ihren Gutshof, dessen letzte Reste erst 1910 vierstöckigen Miethäusern wichen. Die schon 1892 gelegentlich des Baues der ersten (hölzernen)

Gotzkowskybrücke niedergelegte Scheune trug Berlins letztes Strohdach — wohlgemerkt des Berlin in den Grenzen vor 1920 —, das sich ungebührlich lange gehalten hatte. Denn Stroh- und Schindeldächer waren in Berlin wegen ihrer Feuergefährlichkeit schon seit 1691 nicht mehr zugelassen worden.

Der Beußelhof lag an historischer Stelle, der Keimzelle von Moabit. Der erste Moabiter war ein kurfürstlicher Stakensetzer, der das Gehege des 1656 eingezäunten „hinteren Tiergartens" zu betreuen hatte. Im zweiten Jahrzehnt des 18. Jahrhunderts wurden hier protestantische Glaubensflüchtlinge aus Frankreich angesiedelt, die auf der „terre de Moab" Maulbeerbäume pflanzten und mit deren Blättern die gefräßigen Seidenraupen fütterten. Endziel war natürlich, sich von dem Import der teuren chinesischen Seide freizumachen.

Wenn man früher meinte, der eigentümliche Name Moabit sei aus „terre maudite" (verfluchtes Land) entstanden, wissen wir heute, daß die frommen Exulanten ihre neue Heimat nach der Bibel nannten, in der es heißt (Jesaja 16,4): „Laß meine Verjagten bei dir herbergen, Moab; sei du ihr Schirm vor dem Verstörer."

Einer dieser französischen Kolonisten hieß Martin und machte auf dem früheren Stakensetzer- und späteren Beußelhof die erste Moabiter Kneipe auf. Wegen seines Zwergenwuchses wurde er von den Gästen „petit Martin" oder „Martinicken" gerufen, was schließlich zum Namen Martinickenfelde für den Ortsteil führte.

Als er Anno 1777 in einer Kabinettsorder auftauchte, schrieb Friedrich der Große an den Rand: „Martinechen heißt auf gut deutsch ein Hase, und die Kriegsräte können wohl Hasen sein, aber der närrische Name von dem Vorwerk muß geändert werden. Rubabervorwerk, das ist sein rechter Name." Hier hatte nämlich sein Vater Friedrich Wilhelm I. kranke Militärpferde mittels Rhabarber kurieren lassen. Der Platz hatte aber noch einen dritten Namen. Als er 1731 an die Familie Schenk vergeben wurde, nannte man ihn Schenkenhof. Alle drei Bezeichnungen — Martinickenfelde, Rhabarbervorwerk und Schenkenhof — haben sich im amtlichen Schrifttum noch lange nebeneinander erhalten, auch als auf den älteren Beußel der Sohn Georg Gustav Ferdinand und nach dessen Tod (1867) der Enkel im Besitz gefolgt war. Dieser trennte sich von den zu hochbewertetem Bauland gewordenen Äckern und kaufe 1879 das Rittergut in Zossen. Bis zur Bodenreform von 1947 hat es den Beußels gehört.

Branntwein und Regatten

Trotz einschränkender Maßnahmen der zuständigen Behörden hat der Zustrom ausländischer Gastarbeiter nach Berlin angehalten. Für den insbesondere von Türken bevorzugten Bezirk Kreuzberg — im Volk deswegen auch Klein-Istanbul oder Untertürkheim genannt — bedeutet das ein kaum zu meisterndes Problem. Wie soll man die fremden Arbeitnehmer in die heimische Bevölkerung integrieren und neue Gettos verhindern?
Im Zeitalter des Absolutismus war die Sache einfacher. Als sich zu Anfang des Jahres 1749 einige Glaubensflüchtlinge aus dem Kurfürstentum Pfalz bei der Kriegs- und Domänenkammer in Berlin meldeten und um Ansiedlung im preußischen Staat baten, wurde der Köpenicker Amtmann Puhlmann aufgefordert, einen entsprechenden Platz in seinem Bezirk zu ermitteln. Er fand ihn im Bereich der Försterei Steinbinde an der auch Wendische Spree genannten Dahme; dort, wo sie sich zum Langen See erweitert.
Der auf Forsthaus Steinbinde ansässige Unterförster Büttner war jedoch mit seinen neuen Nachbarn nicht einverstanden, weil sie einen Acker in Anspruch nahmen, den er gepachtet hatte, und er überdies bei der geringen Entfernung der Ansiedlung von seiner Wohnung „mit denen Leuten täglich in Verdruß leben würde".
Amtmann Puhlmann lehnte die Beschwerde „dieses durch den leidigen Branntwein-Trunk so pauvre gewordenen Menschen" kurzerhand ab, und so wurden

im Mai 1749 „auf der Steinbinde", welcher Ort in Zukunft Grüne Aue genannt werden soll", die Kolonisten Libbold, Lamers und Götze sowie die Witwe Fuchs mit ihrem Sohn angesiedelt. Von den damals für 245 Taler und 17 Groschen je Haus errichteten Gehöften ist nichts auf unsere Tage gekommen, doch kennt man ihren Platz noch. Er liegt beiderseits der Regattastraße zwischen der Wassersport- und Libboldallee.

Jeder Kolonist hatte außer den Gebäuden eine beachtliche Ausstattung mit Acker, Land und Vieh erhalten, deren Kosten die Staatskasse trug. Von der hohen Obrigkeit wurde bei der formellen Übergabe der neuen Siedlung ausdrücklich verkündet, daß die aus der Gegend von Mannheim Zugezogenen „als gehorsame Untertanen und fleißige Wirte sich redlich im Lande nähren und auch ihre Weiber und Kinder zum Fleiß und zur Arbeit anhalten, nicht aber die Hände in den Schooß legen oder sich auf die liederliche Seite wenden sollten".

Anscheinend haben sie die Mahnung nicht gerade ernstgenommen; denn aus den Akten geht hervor, daß die vier Kolonistenfamilien in den Jahren 1750 bis 1753 die beträchtliche Menge von 126 Tonnen Bier und 863 Quart Branntwein hinter die Binde gossen. Vielleicht wollten sie damit — natürlich unbewußt — die gastronomische Tradition Grünaus begründen, die in den Jahren zwischen den beiden Weltkriegen mehr als ein Dutzend Gaststätten umfaßte.

Unbestrittene Nummer 1 war das Etablissement „Riviera". Es ist auch heute noch vorhanden, ebenso wie das daneben gelegene, altbekannte „Gesellschaftshaus", beide mit großen ausblickreichen Gärten am Wasser. Jedoch sind die Zeiten ein für alle mal vorbei, als im „Riviera" vom Belugakaviar mit Butter und Toast für 7,50 Mark oder der Straßburger Gänseleberpastete für 3,50 Mark bis zum jungen Fasan mit Weinkraut (3,25 Mark) alle Köstlichkeiten der Saison zu haben waren und der Gast unter 40 verschiedenen Weinen — die Flasche von 3,50 Mark aufwärts — wählen konnte.

Auch die Besucherzahlen von einst dürfte Grünau wohl nie wieder erreichen. Wo sollte man die Gäste jetzt auch bewirten, die gelegentlich der sogenannten Kaiser-Regatten im Juni oft mehr als 50 000 Personen zählten? Dem verhältnismäßig spät nach Berlin gekommenen Rudersport — der erste Ruderverein entstand erst 1876 — verdankte Grünau seine glanzvolle Entwicklung. Weltruf erhielt die Regattastrecke gelegentlich der Olympischen Spiele von 1936, als es den deutschen Ruderern gelang, von sieben möglichen Goldmedaillen fünf zu erobern.

Wer von Grünau aus nach Süden auf der schönen Uferstraße am Langen See nach Schmöckwitz promeniert, muß feststellen, daß an der Tausendmeter-Ecke nicht mehr das bekannte Sportdenkmal steht. Zum 100. Geburtstag Kaiser Wilhelms I. war es von 150 wassersportlichen, 75 landsportlichen, 55 pferdesportlichen und 30 jagdlichen Vereinen in Gestalt einer riesigen Steinpyramide errichtet worden. Im Juni 1898 hatte es sein Enkel feierlich eingeweiht, 75 Jahre später wurde es sang- und klanglos beseitigt.

Nach den Trabern kamen die Radfahrer

Wer nach Weißensee will und auf die Straßenbahn angewiesen ist, benötigt heute von der „Grenzübergangsstelle" Bahnhof Friedrichstraße nur wenige Schritte bis zur Endstation der „70" auf dem freien Platz an der Ecke Georgen- und Planckstraße, wo früher das wegen seiner Vielseitigkeit gern besuchte Museum für Meereskunde stand.

Doch geräuschempfindlich darf man nicht sein, weil unterwegs an jeder Haltestelle durchdringend geklingelt wird und die Türen der zumeist von Frauen gesteuerten schaffnerlosen drei Wagen pneumatisch schließen, was ungefähr dem Lärmpegel eines Luft abblasenden Wals entspricht.

Allzu viel Sehenswertes gibt es auf der langen Fahrt durch den von jeher vernachlässigten Berliner Norden nicht. So ist die von Schinkel mit nobler Tempelfront gestaltete Elisabethkirche an der Invalidenstraße noch immer eine traurige Ruine, an der sich keine Hand zum bereits vor Jahren angekündigten Wiederaufbau regt.

Die hochgelegene Zionskirche kam gut über den Krieg hinweg, nur die vergrauten Ziegel benötigen dringend einen Weiß- beziehungsweise Gelbmacher. In der Kastanienallee gibt es noch den „Prater", in dem unter den ebenfalls noch vorhandenen alten Bäumen des Wirtsgartens ganze Generationen von Berliner Familien ihren Kaffee aufbrühten, sich am „Spezialitätentheater" erfreuten und so manche Verlobung zustande kam.

Ähnliches geschah einst bei „Sternecker" in Weißensee, wo ein nach dem Vorbild des Kopenhageners Tivoli aufgebauter großartiger Vergnügungsgarten den Lunapark unserer Jugendtage vorwegnahm. Besonders an Donnerstagen, wenn das „Elite-Gala-Monstre-Feuerwerk" in die Lüfte ging, war das Volk von Berlin in unübersehbaren Mengen versammelt; bei den Gastwirten und der seit 1877 verkehrenden Pferdebahn klingelten dann die Kassen.

Einen anderen Anziehungspunkt bot Berlins erste Trabrennbahn auf dem jetzt den Radfahrern dienenden weiten Gelände an der Rennbahnstraße. Hier waren die Pferdefreunde zu Hause; über dreißig Jahre lang, bis die neuen Bahnen in Ruhleben und Mariendorf mit echtem Trabersport aufwarteten und die in Weißensee veranstalteten Rennen der Schlächter und Droschkenkutscher deklassierten. Aber den jährlich an 16 Tagen geöffneten Pferdemarkt gab es weiterhin. Noch um 1925 wurden zwischen 800 und 1500 Pferde vorgestellt, in erster Linie von Zigeunern.

Mittelpunkt von „Sterneckers Welt-Restaurant" war das Schloß; 1919 wurde es durch kokelnde Soldaten restlos vernichtet. Aber die Bäume blieben und sind eine rechte Augenweide des schönen Parks rund um den Weißen See. Obwohl sein Wasser dunkel und trübe ist, kann man in ihm baden: im alten „Seebad", dessen schnucklige Holzarchitektur die einstige Trennung in Damen- und Herrenbad erkennen läßt.

Brauerei & Etabliſſement „Zum Bierneker" Schloß Weißenſee, Berlin.

Man kann in zierlichen Nachen über den See rudern oder im Ufergarten eines Milchhäuschen die Sonne genießen. Die mit Tritonengruppen geschmückte Aussichtsterrasse dicht daneben kaschiert einen Regenwasser-Auslaß, der auch das Kondenswasser des gemeindeeigenen Elektrizitätswerks in den See leitete. Ein Andenken jener Zeit, da die Landgemeinde Weißensee nach den Stadtrechten strebte und sich mit einem „Kommunalen Forum" rund um den Kreuzpfuhl an der Woelckpromenade schon vor dem Ersten Weltkrieg auf ihre neuen Aufgaben vorbereitete. Seinem Schöpfer, dem Gemeindebaumeister James Bühring, brachte es die Berufung als Stadtbaurat nach Leipzig. Kein schlechter Sprung vom 40 000 Seelen zählenden „Dorf" zur 600 000 Einwohner umfassenden Pleiße-Metropole.

Vergessen ist der jahrelang währende Streit zwischen dem bis 1905 selbständigen Neu-Weißensee und den Alteingesessenen, die verständlicherweise nicht dazu bereit waren, das durch Landverkauf mühelos gewonnene Geld nun wieder für nach ihrer Ansicht überflüssige öffentliche Anlagen — Straßenbau, Schulen und dergleichen mehr — herzugeben.

Neben der Aktien-Gesellschaft Weißensee, die ab 1874 ihr Neu-Weißensee zwischen Heinersdorfer Straße und Max-Steinke-Straße anlegte, betätigte sich in den Gründerjahren auch noch die Bau-Gesellschaft für Mittelwohnungen. Was man darunter verstand, ist noch heute südlich der Klement-Gottwald-Allee im sogenannten Komponisten-Viertel ersichtlich, das bis 1951 wegen der nach Schlachtorten des siebziger Krieges benannten Straßen Französisches Viertel hieß und sich im Äußeren in den vergangenen hundert Jahren kaum gewandelt hat.

Schmidt hießen die Schmiede von Rixdorf

Als sich Bundespräsident Heinemann nach Ablauf seiner Amtszeit im Sommer 1974 von den Berlinern verabschiedete, geschah das in Gestalt einer „Fete auf

Justavs jrünem Rasen". Im schönen Schloßpark Bellevue hatten die zwölf Bezirke West-Berlins nach Ideen des unermüdlichen Galeristen Konrad Jule Hammer für sie Typisches aufgebaut. Neukölln wartete mit der alten Dorfschmiede vom Richardplatz auf.

Sie ist bereits über 350 Jahre alt; denn im Mittelmärkischen Schoßkataster von 1624, das sich bis zum Kriege im Geheimen Staatsarchiv in Dahlem befand, heißt es: „Reichstorff hatt 24 Hufen, 12 Hüfner, 8 Cossäten, 1 Hirten, 1 Laufschmidt, 2 paar Hausleute und einen Hirtenknecht."

Mit dieser frühesten urkundlichen Erwähnung eines Schmiedes in dem damals — kurz nach Ausbruch des Dreißigjährigen Krieges — ungefähr 150 Einwohner zählenden Teltowdorf vor den Toren Berlins ist nicht gesagt, daß es erst seitdem einen schwarzen Mann an Esse und Amboß hat. Zum bäuerlichen Lebenskreis gehörte von jeher der Schmied. Wenn er auch in frühen Zeiten wenig mit Hufbeschlag zu tun hatte — Rixdorfs Straßen wurden erst vor hundert Jahren gepflastert —, so war er doch unentbehrlich. Da gab es Ketten zu schmieden oder Beschläge für die Wagen, das Vieh tierärztlich zu versorgen, vor allem aber die Pflugschare zu schärfen.

Doch reichten diese Aufgaben nicht aus, um einen Schmied ständig an den Ort zu binden. Er kam deshalb als „Laufschmied" an bestimmten Tagen aus Berlin zum heutigen Richardplatz, der alten Dorfaue von Deutsch-Rixdorf. Der erste namentlich bekannte Meister Hämmerlein war der Berliner Huf- und Waffenschmied Franke. Anno 1796 verkaufte er seinen Betrieb für 825 Taler an die Gemeinde Rixdorf, die aus der Laufschmiede eine Wohn- oder Setzschmiede machen wollte. Wie auch noch heute üblich, gab es gegen diese Absicht Proteste. Sie kamen von der Berliner Schmiedeinnung, die auf ihr Privileg verwies. Es bestimmte, „daß kein Schmiedt, er wohne eine Meile oder weiter von hiesiger Stadt, geduldet werden solle."

Rixdorf konnte sich der Innung gegenüber durchsetzen, zumal es als Kämmereidorf den Magistrat von

Berlin hinter sich hatte. Dieser berichtete dem Landrat des Kreises Teltow, die Beschwerde der Innung sei grundlos und die Schmiede bereits vom Schmiedemeister Anert aus Berlin übernommen worden. Das inzwischen durch die böhmischen Vertriebenen zur Doppelgemeinde gewordene Rixdorf bedürfe dringend einer ständig betriebenen Schmiede.

Anert hat die Schmiede schon 1797 an seinen Stiefsohn Grüneberg weitergegeben. Damals wurden auf dem Grundstück das Wohnhaus und eine Kohlenkammer errichtet, auch der Hof auf Kosten der Dorfaue vergrößert; und das Kurmärkische Generaldirektorium genehmigte, „statt der bisherigen Laufschmiede eine Wohnschmiede zu halten".

Im Jahre 1804 hat dann die Familie Schmidt — nomen est omen — die Rixdorfer Schmiede übernommen und sie in fünf Generationen bis 1959 besessen. Seitdem gehört sie dem Land Berlin, an Ort und Stelle vertreten durch das Bezirksamt Neukölln. Es hatte ursprünglich die Absicht, die verluderten Bauten abreißen zu lassen und ihnen damit das bereits 1911 zugedachte Schicksal zu bereiten. Damals hatte die selbständige Stadtgemeinde Neukölln den Richardplatz neugestaltet und das benachbarte Rohrbecksche Haus kurzerhand beseitigt. Der Ankauf des Schmiedegrundstücks kam wegen der übermäßig hohen Preisforderung des Eigentümers nicht zustande.

Schon zu jener Zeit wurde erwogen, die Schmiede als „Andenken an Alt-Rixdorf" stehenzulassen. Diesen Gedanken hat man 1966 in die Tat umgesetzt und mit über 350 000 Mark die romantische Hausgruppe von Grund auf wiederhergestellt. Der Architekt Norman Barthel nahm sich der Sache mit besonderer Liebe an und gab insbesondere dem völlig neu aufgebauten Wohnhaus wieder das Gepräge der Zeit um 1800. Wenn auch der Hufbeschlag schon längst nicht mehr betrieben wird, so lodert doch noch immer das Schmiedefeuer, an und mit dem jetzt der Universalkünstler Wolf Henri seine freigestalteten Plastiken aus dem spröden Eisen erstehen läßt.

Stadt und Schloß Köpenick um 1880

Das Denkmal für den „Hauptmann von Köpenick" blieb eine Idee

„Wo liegt Schloß Köpenick?" hat Theodor Fontane im Spreeland-Band seiner Wanderungen durch die Mark Brandenburg gefragt und die Antwort gegeben: „An der Spree; Wasser und Wald in Fern und Näh', die Müggelberge, der Müggelsee." Daran hat sich in den seitdem vergangenen mehr als 100 Jahren nichts geändert. Man ist immer wieder erfreut, wenn man nach Köpenick kommt, und dort sieht, wie die „Stadt im Grünen" zwischen Spree und Dahme vom Wasser nicht nur eingefaßt, sondern wahrhaft durchdrungen ist. Daß man diese Situation nicht immer zu nutzen verstand und durch grobschlächtige, viel zu hohe Miethäuser an den Uferzonen beeinträchtigte, steht auf einem anderen Blatt.

Wer seit dem Mauerbau nicht mehr in Köpenick war — und das dürfte wohl bei den meisten von uns der Fall sein —, wird in der kleinen Grünanlage an der Alten Spree, dort wo Bahnhof- und Lindenstraße aufeinander treffen, ein neues Denkmal registrieren. Der Bildhauer Walter Sutkowski hat es 1969 geschaffen; in Gestalt einer reliefgeschmückten sechs Meter hohen Stele, die in einer Faust als dem Symbol der Arbeiterklasse gipfelt. Das Denkmal gilt den unglücklichen Opfern der „Köpenicker Blutwoche" vom Juni 1933.

Dafür hat man 1966 ein anderes Denkmal beseitigt, das nahe der Zufahrt zum Schloß stand und den Gefallenen der Kriege von 1864, 1866 und 1870/71 gewidmet war. Die 1881 aufgerichtete Viktoriensäule mit einer als überholt angesehenen Inschrift — Den Gefallenen zum Gedächtnis, den Lebenden zur Anerkennung, den zukünftigen Geschlechtern zur Nacheiferung — wollte man durch ein Gedenkzeichen für den „Hauptmann von Köpenick" ersetzen, doch ist es bislang bei der Idee geblieben. Die Erinnerung an den in aller Welt belachten, von Carl Zuckmayer so erfolgreich dramatisierten Handstreich des Schuhmachers Wilhelm Voigt gegen die Stadtkasse von Köpenick wird auch ohne Denkmal nicht verlöschen.

Im gepflegten „Kulturpark Schloßinsel Köpenick" sind alte und neue Denkmäler friedlich nebeneinander aufgereiht. Da stehen Kindergruppen und eine Mozartstatue unserer Tage nicht weit von dem 1898 für den Konsistorialrat Hecker, Gründer des ersten preußischen Lehrerseminars, gestifteten Denkmal. Auch der im Ersten Weltkrieg den Gefallenen des einstigen Köpenicker Seminars gesetzte Stein ist pietätvoll erhalten. Ebenso die barocke Bildnisurne der 1771 verstorbenen Gräfin Marie Johanna von Schmettau, Gattin des durch seinen Berlin-Plan von 1748 berühmt gewordenen Feldmarschalls Samuel von Schmettau und Mutter eines Sohnes, der seinen Vater als Kartographen durch die preußische „Kabinettskarte" von 1767-87 übertraf.

Der jüngere Schmettau war kurz nach 1800 ein paar Jahre lang Besitzer des Schlosses Köpenick und hinterließ eine Erinnerung daran in Gestalt eines Plafondgemäldes. Eindrucksvoller sind jedoch die in 18 Räumen vorhandenen Stuckdekorationen mit ihren zumeist der Jagd oder der antiken Sagenwelt entnommenen allegorischen Darstellungen. Jüngst bekamen sie ihre ursprüngliche Farbigkeit zurück, nachdem sie hundert Jahre lang mit dicker grauer Tünche beschmiert waren.

Für den letzten brandenburgischen Kurprinzen (und späteren ersten Preußenkönig) Friedrich hatte der niederländische Maler-Architekt Rutger van Langevelt 1682 das jetzt rostbraun getönte Schloß erbaut und durch die Italiener Giovanni Carove und Giovanni Simonetti mit den einzigartigen Stukkaturen schmücken lassen, die der Schausammlung des Kunstgewerbemuseums zu besonderer Zier gereichen. Architektonisches und künstlerisches Prunkstück ist der Wappensaal im dritten Geschoß. Ein verhältnismäßig niedriger Raum, der mit üppiger, fast überladener Pracht aufwartet. Paarweise gruppierte Hermen tragen die bunten Wappen der zur Kurmark gehörenden 25 Länder. Die Mitte der Längswände akzentuiert in doppelter Ausfertigung das von keulenbewehrten „wilden Männern" begleitete große kurmärkische Staatswappen.

In diesem Saal beriet 1730 das Kriegsgericht über den „desertierten Obristleutnant Fritz". Der Urteilsspruch hat dem von seinem Sohn (dem nachmaligen Friedrich II.) grenzenlos enttäuschten König Friedrich Wilhelm I. nicht genügt, er ging kurzerhand darüber hinweg und verurteilte den am Fluchtversuch des Kronprinzen beteiligten Leutnant von Katte zum Tode. In der zum Geschichtsdokument gewordenen Kabinettsorder heißt es, „daß es Seiner Königl. Majestät leid täte, es wäre aber besser, daß er stürbe, als daß die Justiz aus der Welt käme."

Die Anregung Fontanes, „wenn nicht ein historisches Bild, so doch wenigstens eine Gedächtnistafel aufzurichten, die die Erinnerung an jenen Tag an eben dieser Stelle lebendig erhält", ist nie befolgt worden. Heute erinnern nur die hier und im Nebenraum ausgestellten

Reste des berühmten Silberbufetts und einige Prunkmöbel aus dem Rittersaal des abgebrochenen Berliner Stadtschlosses an vergangene Kapitel der Hohenzollerngeschichte.

So interessant die im Schloß gezeigten kunsthandwerklichen Arbeiten aus allen großen Perioden der europäischen Kunstgeschichte von der romanischen Zeit bis zum Klassizismus des ausklingenden 18. Jahrhunderts auch sind, mich zog es hinaus in den schönen Park, der nach allen Seiten den Blick auf das Wasser freigibt. Westlich und südlich über die von Fontane beharrlich Wendische Spree genannte Dahme, nach Osten über den sagenumwobenen Frauentog zum Kietz, der bis kurz vor der Jahrhundertwende eine selbständige Fischergemeinde war und Reste einstiger dörflicher Romantik bewahren konnte.

Unter bemoosten Steinplatten ruhen die Leibpferde

In meinen Barfußtagen gehörte es zum guten Ton unserer Kumpanei, am ersten Sonntag des Wonnemonats Mai mit dem Baden im Freien zu beginnnen. Aber nicht in einem der vielen städtischen oder privaten Freibäder, wo man Eintritt zahlen mußte, vielmehr an den Wiesenstränden von Nuthe und Nieplitz oder Wuhle und Löcknitz; Namen märkischer Flüßchen in der Umgebung Berlins, die heute kaum noch einer kennt.

Inmitten der großen Wiese im Volkspark Klein-Glienicke zwischen dem Schloßbezirk und dem romantischen „Tal der guten Hirten", auf der es an schönen Wochenenden nur so kribbelt und wibbelt, liegt ein riesiger Findlingsblock mit dem eingemeißelten Datum 1. Mai 1824. Keineswegs zur Erinnerung an unser Anbaden oder den vor 150 Jahren noch nicht gekannten Festtag der Arbeit, sondern zum Gedenken der Tatsache, daß damals Prinz Carl von Preußen — dritter Sohn der kinderreichen Königin Luise — die Besitzung Glienicke vom Grafen Hardenberg-Reventlow erwarb und dafür die heute unglaublich niedrig erscheinende Summe von 50 000 Talern zahlte.

Wenn das neue Besitztum des 23 Jahre jungen Hohenzollernsprossen auch noch nicht seine heutige Ausdehnung hatte, so war es doch eine ansehnliche Anlage mit einer Reihe von Gebäuden, die zum Teil im Kern bis jetzt erhalten blieben. So das 1827 von Schinkel um- und ausgebaute Schloß, das bereits 1750 errichtet worden war; oder das gleichfalls von Schinkel neugestaltete Kasino am ausblickreichen Uferrand der Havel. Einst hatte es einem Vorbesitzer als Billardhaus gedient. „Vierzig Fuß hohe Bäume wurden gepflanzt, wo sie 40 Jahre hätten stehen müssen, um diese Mächtigkeit zu erlangen. Gewaltige Steinblöcke liegen umhergestreut, welche einst den Geologen zu raten aufgeben werden, falls ihnen nicht eine Notiz überkommen sollte, daß sie aus Westfalen über Bremen und Hamburg hierher gewandert sind." Das schrieb Major von Roon — später Kriegsminister und Generalfeldmarschall — im Jahre 1841 aus Glienicke an seine Frau, als er den Sohn des Prinzen Carl militärisch ausbilden mußte.

Unter den 50 000 jungen und alten Bäumen, die Prinz Carl auf den bislang landwirtschaftlich oder überhaupt nicht genutzten Flächen pflanzen ließ, findet man überall die von dem großen Gartenkünstler Lenné und dem Landschaftsmaler Schirmer mit behutsamer Hand geformten Felspartien. Hin und wieder entdeckt man an verborgenen Stellen auch bemooste Steinplatten, auf denen verloschene Inschriften mit klangvollen Namen — „Altamont v. Allahor u. d. Alhalia" zum Beispiel — hier beigesetzter prinzlicher Leibpferde gedenken. Der größte aller Steine feiert den 1909 verschiedenen Hengst „Taurus", der 1892 den 580 Kilometer langen Distanzritt Berlin—Wien in 71 Stunden gewann. Doch die Pedaltreter triumphierten über die Reiter, weil sie für die gleiche Strecke nur 31 Stunden benötigten.

Der Schöpfer von Schloß und Park Glienicke war ein großer Freund der Natur und dazu ein engagierter Kunstsammler. Wie er das auf seiner ersten Italienreise 1822 an römischen Villen gesehen hatte, ließ Prinz Carl die Außenwände des Sommerschlosses und der vielen kleinen Parkbauten mit antiken Fragmenten aller Art schmücken. Über 50 Jahre lang hat er für sein Glienicker Freilichtmuseum in Pompeji und Paestum, in Catania und Carthago, aber auch in den römischen Bädern von Trier kunstvoll bearbeiteten Marmor jedweder Form gesammelt: Statuen, Reliefs, Altäre, Sarkophage, Kapitelle, Inschriften, Mosaiken bis hin zu kaum noch identifizierbaren Fragmenten.

Wenn es auch einen wissenschaftlichen Katalog der Antikensammlung des Prinzen Carl gibt, in dem jedes Stück abgebildet und nach überlieferter oder vermuteter Herkunft sowie seiner Zeitstellung beschrieben ist, wird sich der landläufige Besucher Glienickes mit dem bescheiden, was er vor Ort findet. Da gibt es im Gartenhof des Schlosses einige Schiefertäfelchen mit Hinweisen auf die Fundorte.

Besonders spaßig ist eins, das im Namen Troja das j über einem g zeigt. Der beauftragte Steinmetz hatte Troja gehört, aber gemeint, es sei berlinisch ausgesprochen und müßte mit g geschrieben werden. Unbewußt hatte er wohl an die „jut jebratene Jans" gedacht. Bei der bekannten preußischen Sparsamkeit wurde kein neues Täfelchen bewilligt und die falsche Schreibweise nur — bis heute sichtbar — korrigiert.

Der an Archäologie weniger Interessierte kann sich mit der für West-Berlin einmaligen Naturschönheit des Glienicker Parks begnügen, die schon unsere Vorväter entzückte: „Es gibt gewiß wenige Gegenden, welche den Augen so viel Schönheiten auf einmal darbietet, als diese."

**„Es glänzt
ein stilles weißes Haus aus stillen grünen Kronen..."**

„Das Schlößchen Tegel, eine Besitzung des Königl. Preuß. Staatsministers Baron von Humboldt, liegt 1½ Meilen von Berlin in einer von schönen Waldungen, Hügeln, Wiesen und Seen gebildeten, höchst angeneh-

Schloß Tegel um 1825. Zeichnung von Karl Friedrich Schinkel

men Gegend, welche von den Einwohnern Berlins auf ihren Landpartien häufig besucht wird. Das Schlößchen, ehemals in einer alterthümlichen Bauart, mit einem Thürmchen versehen, trug wesentlich zur Schönheit der Gegend bei; es mußte daher der Wunsch entstehen, daß der durch die Baufälligkeit des Gebäudes herbeigeführte Neubau in einem Styl geführt würde, welcher für das Malerische der Gegend eine gleiche Wirkung hätte."
Mit diesen Worten leitete Karl Friedrich Schinkel den Bericht über den Neubau des Tegeler Schlößchens ein, den er 1824 in seinen „Sammlungen architektonischer Entwürfe" mit berechtigtem Stolz auf das gelungene Werk veröffentlichte.
Am 31. Oktober 1824, einem strahlend schönen Herbstsonntag, hat man das neue Haus feierlich eingeweiht. Der Kronprinz — und spätere König Friedrich Wilhelm IV. — war mit Frau und Schwester (der Großfürstin Alexandra,) dem Großherzog von Mecklenburg-Strelitz und seinem Bruder Carl gekommen, um mit der Familie Humboldt nach dem festlichen Mahl den Bau „bis unters Dach und bis in die Küche aufs genaueste durchzusehen."
Nur sein Schöpfer war nicht dabei. Schinkel hatte auf entschiedenes Anraten der Ärzte zur Wiederherstellung seiner angegriffenen Körperkräfte eine Reise nach Italien angetreten, wo er nach 20 Jahren — 1804 war er zum ersten Mal dort — schon mit Rücksicht auf das im Bau befindliche Museum am Lustgarten „ein geistiges Erfrischungsbad" nehmen wollte.
Schinkel wurde in Tegel durch den Bildhauer Christian Daniel Rauch vertreten, der nicht nur den Abschluß der Arbeiten selbständig durchgeführt, vielmehr auch die erste Anregung zur Neugestaltung des Humboldtschen Gutshauses gegeben hatte.
Der um 1550 für den Geheimsekretär des Kurfürsten Joachim II., Hans Bredtschneider, erbaute Weinbauernhof sollte nach Rauchs Idee zum Gehäuse für die Antikensammlung werden, die Wilhelm von Humboldt in den Jahren der römischen Gesandtenzeit (1802-08) im Verein mit seiner kunstbegeisterten Frau Karoline, zu-

sammengetragen hatte. Rauch regte auch an, dieses erste Museum Preußens — das im Lustgarten wurde erst 1830 eröffnet — gegen Geld zur Besichtigung freizugeben.
Schinkel übernahm wesentliche Teile des alten Renaissancebaus, so die beiden Runderker der Hofseite, und wiederholte einen vorhandenen Turm an allen Ecken. Rauch gab ihm den Schmuck der Reliefs von Windgöttern nach den antiken Vorbildern am Turm der Winde in Athen. Die jeweils in der entsprechenden Himmelsrichtung angebrachten acht Reliefs stellen die vier Haupt- und die vier Nebenwinde dar. Jede Windgottfigur führt die Attribute ihrer besonderen Eigenart mit sich: Muscheln, Ähren, einen Wasserkrug, die Seewind, schönes Wetter oder Niederschläge symbolisieren. Das Tegeler Schloß ist seit dem großen Umbruch von 1945 der letzte märkische Herrensitz, der noch von Nachkommen der Besitzer des 18. Jahrhunderts bewohnt wird; die Humboldt-Nachfahren sind jetzt in der 7. Generation hier ansässig.
Das von Gottfried Keller 1852 in einem neunstrophigen Gedicht als „stilles weißes Haus" besungene Humboldtschlößchen hat zum 150jährigen Bestehen ein neues Putzkleid bekommen, das farblich wohl nicht dem entspricht, was Schinkel mit „heller Steinfarbe" meinte. Vielleicht hat man sich Theodor Fontanes erinnnert, der einmal sagte: „Paris ist nicht gut ohne Versailles, London nicht gut ohne Windsor, Berlin nicht ohne Charlottenburg, ja für den Feinschmecker nicht ohne Tegel zu denken" und nach einem Besuch in Tegel von „hellgelben Wänden" berichtete.

Einbruchsicher für 4477 Taler

Die selbstbewußten Einwohner der „freien selbständigen Stadtrepublik Spandau" — von jeher stolz auf die geschichtliche Vergangenheit ihrer Stadt, die 40 Jahre eher als Berlin urkundlich erwähnt wurde — können sich wieder einmal in die Brust werfen. In der letzten

Ausgabe des „Duden" ist ihr Juliusturm verzeichnet, und es wird von ihm gesagt, daß dort bis 1914 (so!) der Kriegsschatz des Deutschen Reiches lag, und sein Name im übertragenen Sinn für vom Staat gesammelte Gelder gebraucht wird.

Im Bundestag war das Ende der fünfziger Jahre zuletzt der Fall, als man dem Finanzminister Schäffer vorwarf, einen „Juliusturm" zu horten. Auch zu Zeiten Kaiser Wilhelms II. sprach man von „des Reiches Kriegssparbüchse" oder von dem „Turm mit seinem Spreegold". Vor guten hundert Jahren wurde der altersgraue Juliusturm auf der Spandauer Zitadelle, den nach Fontane „Märchen und Sagen bis Römerzeiten rückwärts tragen", zur Schatzkammer des Deutschen Reiches für den Kriegsfall.

Wenn auch das Gesetz über die Bildung eines Reichskriegsschatzes bereits am 11. November 1871 „urkundlich unter Unserer Höchsteigenen Unterschrift und beigedrucktem Kaiserlichen Insiegel" von Wilhelm I. verkündet wurde, dauerte es doch noch fast drei Jahre, bis das Geld nach Spandau kam.

Die Frankreich nach dem Feldzug von 1870/71 auferlegte Kriegsentschädigung von 5 Milliarden Francs — damals eine Summe von geradezu unvorstellbarer Größe — war unerwartet schnell aufgebracht worden, weil die Franzosen ihre Besatzungszeit abkürzen wollten. Sie hatten zu diesem Zweck eine internationale Anleihe aufgelegt, die vierzehnfach überzeichnet wurde. In Berlin war man sich anfänglich nicht darüber einig, wo die aus der französischen Kriegsentschädigung abgezweigten, „zur Bildung eines in gemünztem Golde verwahrlich niederzulegenden Reichskriegsschatzes" bestimmten 120 Millionen Mark deponiert werden sollten. Ursprünglich wollte man sie im Keller des Berliner Stadtschlosses verwahren, wo man schon seit den Zeiten Friedrich Wilhelms I. den preußischen Staatsschatz gehortet hatte.

Schließlich entschied sich der Reichsschatzsekretär Delbrück für Spandau, das bereits 1866 während des kurzfristigen Bruderkrieges gegen Österreich zur Aufnahme von Kassen ausersehen war. Man gab 4477 Taler, sieben Silbergroschen und zehn Pfennige aus, um den Juliusturm einbruchsicher zu machen. In der ersten Juliwoche 1874 wurde dann von einem militärischen Kommando der Nibelungenhort moderner Art hinter den drei Meter dicken Mauern des Bergfrieds aus dem 14. Jahrhundert aufgestapelt.

Es waren 1200 Holzkisten, und in jeder befanden sich hundert Leinwandbeutel mit 1000 Mark in Zehn- und 20-Markstücken, insgesamt also 120 Millionen Goldmark. Sie wurden Tag und Nacht von Militärposten bewacht und alle sechs Monate vom Rendanten des Schatzes und einem Angehörigen der Reichsschuldenkommission durch Stichproben kontrolliert.

Nachdem 1896 ein Geisteskranker den Raub des Geldes geplant hatte, mußte neben dem Posten unter Gewehr ein Offizier täglich die an das leere Kellergewölbe des Turms grenzende Wand des Nachbargebäudes auf Veränderungen untersuchen, um die immer befürchtete Unterminierung auszuschließen. Auch wurde die Erdleitung des Blitzableiters in das Mauerwerk verlegt — ein „Klettermaxe" hätte sich vielleicht daran hochhangeln können.

Das Gesetz vom November 1871 bestimmte, daß über den Reichskriegsschatz „nur für Zwecke der Mobilmachung und nur mittels Kaiserlicher Anordnung unter vorgängig oder nachträglich einzuholender Zustimmung des Bundesrates und des Reichstages verfügt werden kann." Als es im August 1914 zur Mobilmachung kam, beließ man das Gold im Turm, transferierte es nur aus dem Besitz des Reichsschatzamtes in den der Reichsbank, die es sich erst einen Monat vor der Unterzeichnung des Friedensvertrages von Versailles (28. Juni 1919) in ihre Tresore am Hausvogteiplatz in Berlin holte. Aus Frankreich war das Gold gekommen, und dorthin ist es wahrscheinlich auch als deutsche Reparationszahlung zurückgekehrt.

Ein Quadratmeter „Siemensstadt" kostete sieben Pfennige

Ein österreichischer Freund, den ich durch unsere Stadt führte, war von der schönen Havellandschaft zwischen Pichelswerder und Pfaueninsel sehr beeindruckt. Trotz der fehlenden Berge verglich er sie mit dem heimischen Wolfgangsee. Eins vermißte er allerdings bei uns: die Industrie. Als ich ihm daraufhin die Siemensstadt zeigte, fand er angesichts der markanten Hochhauskuben höfliche Worte der Anerkennung. Dennoch war mein Gast nicht ganz zufrieden, weil er keine rauchenden Schlote sah. Schließlich sind sie in einer „Elektropolis" auch entbehrlich.

Am 1. September 1899 nahmen Siemens u. Halske die Arbeit in ihrem ersten Bauwerk auf dem neuerworbenen Gelände auf: Im seit 1945 nur noch als Lager dienenden einstigen Kabel- und späteren Elmowerk am Rohrdamm.

Die Geschichte der Siemensstadt beginnt genau genommen bereits 1897, als Siemens u. Halske die ersten Grundstücke in der verwunschenen Gegend zwischen den sumpfigen Spreewiesen am Nonnendamm und der „Kiefernsandwüste der Jungfernheide" (wie Georg von Siemens meinte) für den Spottpreis von 7 Pfennigen je Quadratmeter kaufte, um das in Charlottenburg an der Franklinstraße aus allen Nähten platzende Kabel- und Dynamowerk hierher zu verlegen.

Verkehrsmäßig war der neue Standort gänzlich entlegen, die nächsten Siedlungen — Paulstern und Haselhorst — lagen eine halbe Stunde entfernt, und es kostete die Firmenleitung große Überlegungen, sich in dieser Wildnis anzukaufen. Durch die chronischen Raumnöte war man jedoch derart mürbe geworden, daß man den dort draußen gegebenen Vorteil der Ausdehnungsmöglichkeit allen Bedenken voransetzte.

Die eigentlichen Schwierigkeiten sollten aber noch kommen. Die von den Siemensleuten erworbenen 80 Morgen Land gehörten zwar zu Spandau, waren jedoch von der Havelstadt durch Teile der Gutsbezirke Sternfeld

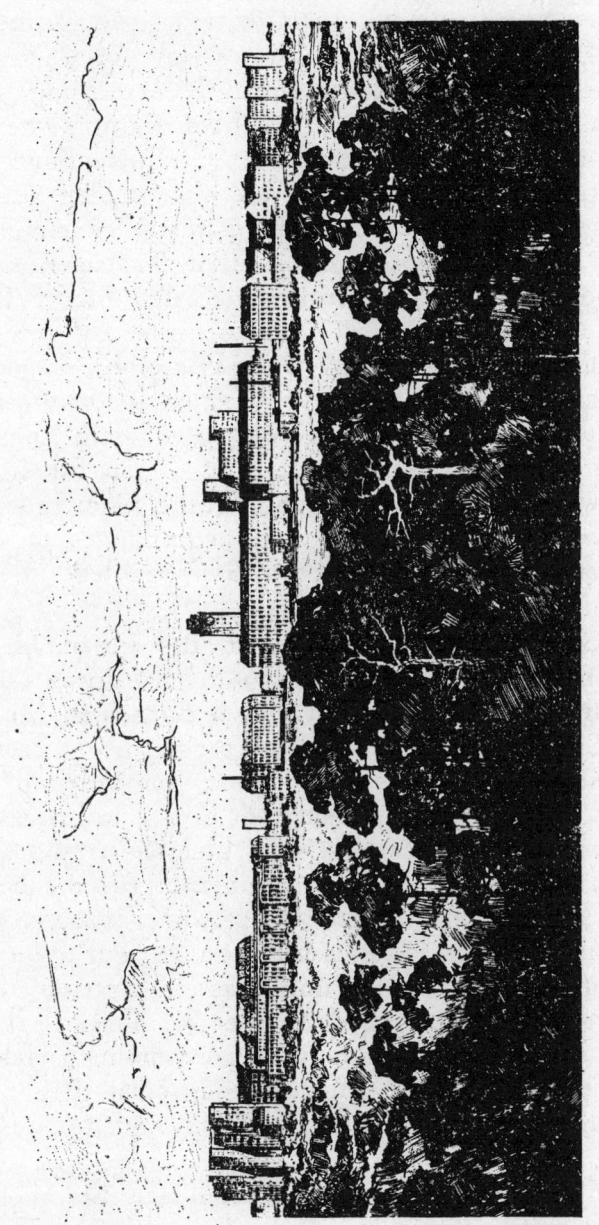
Siemensstadt im Jahre 1936

und Tegel-Forst getrennt, die überdies verschiedenen Landkreisen angehörten. Dazu kam die Exklave der Dahlemer Wiesen, die zu einem dritten Kreis rechnete.

Dieser kommunalpolitische Wirrwar um ein „labyrintisches Gewebe von Besitztümern und Verwaltungsgebieten" fand erst nach langem, zähem Kampf zwischen den konkurrierenden Nachbarn Charlottenburg und Spandau sein Ende, als 1910 die von beiden Städten heißbegehrten Gebietsteile in Spandau eingemeindet wurden. Dem außerordentlich steuerkräftigen Charlottenburg — damals eine der reichsten Städte Preußens — lag nichts an Arbeitern; es wollte auf dem Gelände der Siemensstadt ein Wohnviertel für begüterte Leute anlegen und hatte 1904 einen Bebauungsplan festsetzen lassen, den der Kaiser „großartig" nannte. Das arme Spandau jedoch, das von seinen fiskalischen Militärwerkstätten nicht einen Pfennig Gemeindesteuern bezog, war bestrebt, die Ansiedlung des privaten Industriebetriebes als potenten Steuerzahlers zu fördern.

Wenn Siemensstadt heute gut an das innerstädtische Verkehrsnetz angeschlossen ist und bald durch die im Bau befindliche U-Bahn noch besser mit seinem Mutterbezirk Spandau und Berlin verknüpft wird, so waren die Verbindungen in der Pionierzeit von „Nonnendamm" (das erst seit 1914 amtlich Siemensstadt heißt) ausgesprochen kläglich. Als 1905 an der Ohm- und Reisstraße sowie am Hefnersteig die ersten Wohnhäuser für die bereits 10 000 Mitarbeiter zählende Belegschaft bezogen wurden, kamen noch viele Werktätige zu Fuß von den Bahnhöfen Jungfernheide und Fürstenbrunn oder fuhren mit Dampfern auf der Spree zu ihren Arbeitsplätzen in dem sich immer mehr ausweitenden elektrotechnischen Ballungszentrum auf den einst dem Spandauer Benediktinerinnenkloster gehörenden Nonnenwiesen.

Einen Markstein in der verkehrsmäßigen Erschließung der Siemensstadt bildete neben der noch betriebenen Siemens-Güterbahn und der mittlerweile eingestellten Straßenbahn die 1927-29 nahezu vollständig auf Kosten der Firma erbaute S-Bahn Jungfernheide-Gartenfeld. Damals waren fast 60 000 Personen hier tätig. Jetzt sind es ungefähr die Hälfte; mit dieser Beschäftigtenzahl ist die Siemens AG nach wie vor der größte private Arbeitgeber unserer Stadt.

Das Eierhäuschen — eine ganz besondere Zierde der Oberspree

Im Zeitalter der Fontane-Renaissance konnte es nicht ausbleiben, daß des Dichters Alterswerk „Der Stechlin" vom Fernsehen entdeckt wurde. Wenn auch die 500 Seiten des Romans, in dem es wenig Handlung und sehr viele Dialoge gibt, auf drei Abende zusammengepreßt wurden, hat man das Wesentliche berücksichtigt. Allerdings auch nebensächliche Episoden.
So die von der kapriziösen Gräfin Melusine angeregte Fahrt über die Oberspree zum Eierhäuschen in Treptow, die man nicht am Originalschauplatz, sondern im Holsteinischen drehte. Der dafür verwendete Dampfer wäre bei uns gar nicht unter den niedrigen Spreebrücken hindurchgekommen. Aber das Ziel wurde erreicht, das für die schöne Melusine „mit der Vorstellung von etwas Ovalem" verbunden war.
Woldemar von Stechlin, der damals noch nicht recht wußte, wem er seine Gunst zuwenden sollte — Melusine oder ihrer Schwester Armgard — sorgte für die notwendige Aufklärung: „Sie rechnen auf etwas extrem Idyllisches und erwarten einen Mischling von Kiosk und Hütte. Da harrt Ihrer aber eine grausame Enttäuschung. Das Eierhäuschen ist ein sogenanntes ‚Lokal', und wenn uns die Lust anwandelt, so können wir da tanzen oder eine Volksversamlung abhalten. Raum genug ist da."
Auch das Eierhaus ist noch da, nun schon seit 150 Jahren; denn um 1825 ist es an den Gestaden der Spree bei Treptow entstanden. Ursprünglich eine Holz- und Schiffsablage, war es bereits 1830 zum Ausflugslokal aufgerückt. Helling, der Baedeker des Biedermeiers, re-

gistriert es in seinem „Geschichtlich-statistisch-topographischen Taschenbuch von Berlin und seinen nächsten Umgebungen" vom gleichen Jahr: „Eierhäuschen, eine kleine Viertelmeile hinter Treptow, angenehm an der Spree gelegenes Wirtshaus, das im Sommer stark von Berlinern, besonders zu Wasser besucht wird."

In Treptow ist der alte Berliner Volksbrauch des Familien-Kaffeekochens aufgekommen, der in West-Berlin zuletzt nur noch bei Brunow in Schildhorn geübt und dort 1970 eingestellt wurde.

Die Keimzelle des Eierhäuschens, das „Etablissement des Kowsky an der Spree in einem sehr lieblichen Wiesen- und Waldgrunde", brannte 1869 ab und wurde durch einen Fachwerkbau ersetzt, der 1890 ebenfalls dem Feuer zum Opfer fiel. Ein Jahr später folgte dann der von unserer Freundin Melusine als „Palazzo" empfundene „prächtige Bau aus roten Backsteinen, die durch schwarzglasierte wirksam unterbrochen werden, und der mit seinem hohen Turm (Wasserreservoir) und in seiner bestechenden Anordnung eine ganz besondere Zierde der Oberspree bildet".

So steht's in einem alten Stadtführer, und von insgesamt drei Eierhäusern — dem Alten, dem Neuen und dem Kleinen — ist das gerühmte geblieben. Man kann dort im Anbau auch noch Kaffee trinken, allerdings erst ab drei Uhr nachmittags, und sich in den Räumen eine historische Bildgeschichte von Treptow und Stralau ansehen. Das eigentliche Eierhaus dient jetzt der Verwaltung des „Kulturparks Plänterwald", eines nur im Sommer betriebenen gigantischen Rummelplatzes nach dem Vorbild des Wiener Wurstelpraters.

Am Alten Eierhaus hat man im Sommer 1974 eine Bronzetafel angebracht mit der Chronik des beliebten Ausflugsziels — und mit den üblichen geschichtlichen Irrtümern.

Der Name Eierhäuschen wird verschieden erklärt. So soll der Wärter der Holz- und Schiffsablage eine Hühnerzucht betreiben und gekochte Eier an die Ausflügler verkauft haben. Andere meinen, er sei mit der heute noch geübten Eierfahrt der Ruderer in Verbindung zu bringen, die in den Gartenlokalen am Wasser mit einer Mandel Eier belohnt wurden, wenn sie als erste Mannschaft am ersten Tag des neuen Jahres anlegten.

Da Berlins ältester Ruderverein erst 1876 gegründet wurde, ist wahrscheinlicher, daß der auf dem Eierhaus ansässige Kolonist seine Abgaben an die Obrigkeit in Form von Naturalien entrichten mußte, und zu diesen rechneten seit den Tagen des Kaisers Karl IV. — wie wir aus seinem „Landbuch" wissen — eben Eier und Rauchhühner. Noch in den zwanziger Jahren haben märkische Dorfschulmeister von den Bauern körbeweise Eier als Teil ihrer Besoldung empfangen.

Die Elektrische unter dem Wasser

Anno 1824 begann Isambard Brunel mit den Arbeiten am ersten Themsetunnel in London — und die allzeit pfiffigen Berliner folgten ihm bereits drei Jahre später. Aber nicht etwa mit einem Tunnel unter der Spree (für den in der 250 000 Einwohner zählenden Spreemetropole noch kein Bedürfnis bestand), vielmehr mit einem Tunnel ü b e r der Spree. So nannte sich ein durch Fontane unsterblich gewordener „Berliner Sonntagsverein", in dem dilettierende Dichter aus allen Volkskreisen nach literarischem Ruhm gieperten.
Sir Brunel ist zum Ehrenmitglied des „Tunnels" ernannt worden und hat für diese Auszeichnung auch gedankt. Der steife Ton des Briefes läßt vermuten, daß Brunel meinte, nur einer Art Narrengesellschaft anzugehören. Er und sein Sohn, die bis 1843 an der Fertigstellung des Themsetunnels arbeiteten, haben nicht mehr erlebt, daß es in Berlin tatsächlich zu einem Tunnel u n t e r der Spree kam. Denn das geschah erst Ende der 1890er Jahre.
Nach dem großen Erfolg, den die 1879 in Moabit veranstaltete Gewerbeausstellung auch in finanzieller Beziehung erbracht hatte, wollten die interessierten Kreise Deutschlands aus Industrie und Handel in Berlin eine Weltausstellung folgen lassen. Daraus wurde jedoch

nichts, weil Kaiser Wilhelm II. dagegen war. Man begnügte sich deshalb wieder mit einer Gewerbeausstellung — jedoch weitaus großartiger und auf größerer Fläche als 1879 — und wählte 1896 dafür den Treptower Park.

Zu den vielen Sehenswürdigkeiten sollte auch ein mit Straßenbahnen zu befahrener Tunnel unter der Spree zwischen Treptow und Stralau gehören. Die Gesellschaft für den Bau von Untergrundbahnen GmbH. begann 1895 mit dem für Berlin neuartigen Unternehmen, konnte den Tunnel aber erst vier Jahre später fertigstellen. Die Gewerbeausstellung war längst vorbei. Sie hatte mit einem happigen Defizit geschlossen. Der Sommer 1896 war ausgesprochen schlecht und völlig verregnet, so daß die Besucher ausblieben.

Der Treptower Spreetunnel war vom Berliner Magistrat als Probestrecke für die erste U-Bahn von der Warschauer Brücke nach Charlottenburg verlangt worden. Man hielt nämlich eine Untertunnelung der Spree inmitten der Stadt wegen des aus Schwemmsand bestehenden Flußgrundes für unausführbar. Jedoch gestalteten sich die Verhältnisse draußen in Stralau noch ungünstiger. Der Fluß war mit 200 Metern viel breiter und die Schwemmsandschicht mächtiger als erwartet.

Schließlich konnte der Tunnel nach langer kostspieliger Bauzeit im September 1899 durch die Fahrt einer „Elektrischen" eröffnet und im Dezember dem öffentlichen Verkehr übergeben werden. Der Tunnel war 450 Meter, seine beiden Einfahrten 130 Meter lang. Er bestand aus einer fast vier Meter messenden, nur einen Zentimeter starken Eisenröhre, die außen mit einem zehn Zentimeter dicken Betonmantel gegen Rost und eindringendes Spreewasser gesichert war. Den Bau selbst hatte man im Schildvortrieb durchgeführt; ein technisches Verfahren aus dem Bergbau, das jetzt wieder beim U-Bahnbau in Berlin (aber auch in Nürnberg) angewendet wird.

Der Straßenbahnbetrieb wurde auf höchst einfache Weise gesichert: Man gab dem Fahrer einen Knüppel in die Hand, und ohne diesen, nur in einem Exemplar vorhandenen, durfte kein Wagenlenker den eingleisigen Tunnel befahren. Der Knüppel hat sich in mehr als 30 Jahren bewährt. Dennoch gab es 1916 einen Zusammenstoß, weil ein Wagenführer die Vorschrift nicht beachtet hatte und ohne Stab in den Tunnel hineingefahren war. Die Insassen beider Wagen kamen mit dem Schrecken davon.

Im Februar 1932 wurde der Straßenbahnbetrieb wegen der hohen Reparaturkosten am Tunnel eingestellt, doch konnte man ein paar Jahre später während des Stralauer Fischzuges den Tunnel zu Fuß passieren. Es war ein wenig unheimlich wegen des durch die rissige Tunnelwand sickernden Wassers der Spree, deren Spiegel zwölf Meter höher lag.

Viel belachte man einst die Wette zweier Droschkenkutscher, von denen einer am Standplatz ihrer Vehikel behauptet hatte, er könne auch durch den Tunnel fahren. In Treptow angekommen, mußte der leichtsinnige Gegenhalter der Wette erleben, daß sein Kollege seelenruhig vom Bock kletterte, auf die „Knüppelbahn" umstieg und mit dieser durch den Tunnel fuhr. Die Wette war gewonnen.

Wo Rilke seinen „Cornet" schrieb

Anläßlich seines 75jährigen Bestehens hat der jetzt in Frankfurt beheimatete weltbekannte Insel-Verlag 1974 in einer Jubiläumsausstellung, die ein ganzes Museum in Düsseldorf füllende Goethe-Sammlung des Verlagsgründers Anton Kippenberg gezeigt. Natürlich auch Beispiele der einst in Leipzig produzierten schöngeistigen Literatur, von der die schmalen, sorgfältig gestalteten Bändchen der Insel-Bücherei vielleicht auch jenen bekannt sind, deren häusliche Bibliothek nicht viel mehr als das Fernsprechbuch umfaßt.

Nummer 1 dieser Reihe erschien 1906 und wurde sogleich zum Bestseller. Es war „Die Weise von Liebe und Tod des Cornets Christoph Rilke", die der 24jährige Rainer Maria Rilke im Gründungsjahr des Insel-Verlages in einem Schmargendorfer Landhaus während einer Nacht aufs Papier gebannt hatte.

„Am Morgen war der Cornet fertig. Ich war selig, stolz wie ein Pfau, überzeugt, dieser ‚Cornet' werde meinen Ruhm begründen." Das war Rilkes Meinung, mit der er recht hatte. Der Ruhm war leider vergänglich und reichte nicht aus, um mit der mehrmals angeregten Gedenktafel die Geburtsstätte des „Cornets" und anderer Dichtungen, wie dem „Stunden-Buch" und dem „Buch der Bilder", für immer zu kennzeichnen.

Es war die „Villa Waldfrieden" in der Hundekehlestraße 11, an deren Stelle seit 1910 ein Miethaus steht. Rilke hat während seines kurzen Schmargendorfer Aufenthalts (1898 bis 1901) auch in der Misdroyer Straße 35 gewohnt. Dort klagte er über den Lärm aus den nahen Gartenlokalen, von denen ein Zeitgenosse berichtete, daß „einige sehr umfangreiche Gastwirtschaftsbetriebe namentlich an Sonn- und Festtagen in der schönen Jahreszeit einem ungemein gesteigerten Konsum Genüge zu leisten haben".

Um die Jahrhundertwende hatte Schmargendorf rund 3000 Einwohner und 20 Gastwirtschaften, die alle durch große Gärten ausgezeichnet waren. Besonders reich mit Vergnügungslokalen bestückt war die Warnemünder Straße, wo sich auf der Ostseite — die westliche, durch ein Gatter verschlossene Seite gehörte zum Grunewald — das „Gasthaus zum Wilden Eber", der „Waldkater", das „Forsthaus", das „Wirtshaus Schmargendorf", das „Waldschlößchen" und das „Gesellschaftshaus" aneinanderreihten.

Nur das „Forsthaus" gibt es noch und — Warnemünder Straße 2 — den vor einigen Jahrzehnten zum Wohnhaus umgewandelten, einst „von ‚Jung-Berlin' in vollem Maße gewürdigten Tanzsaal" des ehemaligen Gesellschaftshauses. Ein schmuckes ansehenswertes Gebäude, das an florentinische Stadtvillen erinnert, finden wir gegenüber der einstigen Rilkeschen Dichterklause in der Hundekehlestraße 31. Mitte der „goldenen zwanziger Jahre" haben es die Gebrüder Schellenberg als Wohn- und Bürohaus für ihr auf Grunewaldvillen spezialisiertes Architektur-Atelier gebaut. Ein paar Jahre später hat die schöne, kluge und so tragisch aus dem Leben geschiedene Maria Bard hier mit Werner Krauss gewohnt.

Die Breite Straße — früher einmal Dorfaue des ländlichen Schmargendorfs — entsprach nur im östlichen Verlauf ihrem anspruchsvollen Namen. Der Engpaß zwischen 'Dorfkirche und Warnemünder Straße hat dann auch die Stadtplaner herausgefordert, die vor allem der Straßenbahn mehr Raum schaffen wollten.

Als die neue, auf die Dimensionen des Kurfürstendamms ausgedehnte Breite Straße im Oktober 1964 dem Verkehr übergeben wurde, gab es die Straßenbahn nicht mehr. Doch die Verkehrs- und Stadtplaner waren stolz auf ihr Werk, priesen es als ideale Lösung und merkten gar nicht, daß sie den bislang erhaltenen Charakter Schmargendorfs — „die allethalben zu Tage tretende Mischung von Stadt und Land" — einem New-Klondyke zuliebe geopfert hatten.

Von Schmargendorf spricht man kaum noch, nachdem es 1962 mit den nachbarlichen Nobelortsteilen Grunewald und Dahlem zum Postbezirk 33 vereint wurde. Es wird gemeinhin als „Dorf des Markgrafen" erklärt, kann aber auch von der ehemaligen Mark Grewendorf bei Coswig übertragen worden sein. Das Stift Coswig wird nämlich 1275 als Patron der Schmargendorfer Kirche erwähnt. Mit dieser ersten urkundlichen Nennung wäre auch eine (übrigens nicht veranstaltete) 700-Jahr-Feier historisch gesichert; denn die im Herbst 1955 großartig aufgezogene „Heimatwoche 750 Jahre Schmargendorf" war als volkstümliches Spektakel gedacht und ist auch so aufgenommen worden.

Halensee — Wüstenpanorama mit Spargelbeeten und Eisenbahndämmen

Ob es tatsächlich einen Berliner gibt, der alle 33 (oder 34) Querstraßen des Kurfürstendamms in der richtigen Reihenfolge aus dem Kopf hersagen kann, möchte ich bezweifeln. So mancher unter uns hat kaum etwas von der Markgraf-Albrecht- oder der Johann-Sigismund-Straße gehört und sie noch nie betreten. Deshalb ist der Anfang 1975 erfolgte Abbruch des Hauses Johann-Sigismund-Straße 20 auch nur wenigen aufgefallen.

Es war keine architektonische Besonderheit, nur ein zweistöckiger Backsteinbau villenartigen Charakters, der sich neben den himmelhoch aufragenden Mietkasernen der Nachbarschaft ein wenig verloren und wie von der Zeit vergessen ausnahm. Tatsächlich war das über 80 Jahre alt gewordene Haus der letzte Zeuge für die einstige Villenkolonie Halensee.

Wie Friedenau und Lichterfelde verdankte sie ihr Entstehen dem als erfolgreichsten aller Terrainspekulanten in die Baugeschichte eingegangenen Wilhelm von Carstenn und seinem 1872 gegründeten Berlin-Charlottenburger Bauverein. Zwischen dem Halensee und der Eisenzahnstraße (mit dem nie ausgeführten Kurfürstenplatz im Schnittpunkt von Kurfürstendamm und Joachim-Friedrich-Straße als Mittelpunkt) sollte die neue Landhaussiedlung liegen.

Vorerst gab es dort aber nur weite Spargelfelder — selbst der Kurfürstendamm war auf dem „Heidefeld" der Wilmersdorfer Gemarkung ausschließlich dem Papier des Bebauungsplans bekannt, so daß Fontanes Kommerzienrat Treibel über das „von Spargelbeeten und Eisenbahndämmen durchsetzte Wüstenpanorama" spotten konnte.

Durch den Gründerkrach des Jahres 1873 und den erst zehn Jahre später erfolgten straßenmäßigen Ausbau des Kurfürstendamms bedingt, kam es spät zum Bau einer Handvoll Villen an der Georg-Wilhelm- und Johann-Sigismund-Straße. Die 1887 eingeführte Bauordnung für die Berliner Vororte ließ auch in Halensee vierstöckige Mietkasernen zu, und bereits Mitte der 90er Jahre war das Schicksal der inmitten ausgedehnter Park- und Gartenanlagen errichteten Vorstadtvillen besiegelt.

Halensee ist niemals eine selbständige Gemeinde, sondern immer nur Ortsteil von Wilmersdorf gewesen und

Villa in der Joachim-Friedrich-Straße, 1960

das bis heute geblieben. Den Namen übertrug man vom Halensee, der — seit 1540 in den Urkunden genannt — ob seiner Lage in einer Talsenkung eigentlich der „hohle See" war. Beflügelt von den geistreichen Teilnehmern seiner Landpartie und den in „Richters Wirthaus am Halensee" kredenzten Getränken hat Treibel sein böses Wort vom „Wüstenpanorama" wiedergutgemacht und angesichts des Sees gemeint: „Es ist kein Zweifel, daß dieser Fleck Erde mit zu dem Schönsten zählt, was die norddeutsche Tiefebene besitzt; durchaus angetan, durch Sang und Bild verherrlicht zu werden."

Aus dem Richterschen Terrassenrestaurant entstand 1904 der „Lunapark" unseligen Angedenkens, neben dem zwischen Kronprinzendamm und Bornimer Straße das „Etablissement Kurfürstenpark" und der „Kaiser-Wilhelm-Garten" harmlosem Volks- und Tanzvergnügen dienten. Rudolf Nelson hat im Schlager „Wenn du meine Tante siehst" daran gedacht, und so bedeutende Schauspieler wie Gertrud Eysoldt und Friedrich Kayssler störte es beim Rollenstudium nicht, als sie um die Jahrhundertwende in der Bornimer und Seesener Straße wohnten.

Ausschlaggebend war auch die damals amtlich vertretene Auffassung, daß „Halensee infolge seiner hohen gesunden Lage Anspruch darauf erheben kann, zu den schönsten Punkten an der Peripherie Berlins gezählt zu werden; es wird von pensionierten Militärs, Beamten, Künstlern, Literaten, Rentiers usw. sehr bevorzugt".

Das erste große Mietwohnhaus war zwar schon 1892 auf dem Grundstück Kurfürstendamm 116-118 entstanden, doch blieben noch weite Flächen leer, auf denen — an der Katharinenstraße — der „Verein für Velociped-Wettfahren" mit seiner mustergültigen, 500 Meter langen Bahn bis 1899 den Berliner Radrennsport maßgeblich beherrschte.

Im westlichen Halensee sind die Parzellen am Kurfürstendamm erst nach dem letzten Krieg bebaut worden. Sie wurden in der Kaiserzeit von großen Ausstellungen genutzt, die allen möglichen Themen und vielen exotischen Völkern gewidmet waren. Unbestrittener Höhepunkt waren nach Meinung derjenigen, die sie miterlebten, die im Sommer 1905 veranstalteten „Letzten Tage von Pompeji" mit ihrem grandiosen „Parade-Pracht-Feuerwerk-Schauspiel".

„No, wa weeß!" sagte der Maurer zum König

Wer Potsdam besuchen will und über den Kontrollpunkt Drewitz einreist, kommt auf der fast vier Kilometer langen Ernst-Thälmann-Straße durch ein sehr ungleichartiges Stadtgebilde, das zwar zu Potsdam gehört, aber seinen eigenen Namen führt. Seit 1938 heißt es Babelsberg, doch viele kennen es noch als Nowawes, das erst 1924 mit fast 30 000 Einwohnern die langersehnten Stadtrechte erhielt.

Wenn auch dem Gesetz nach Landgemeinde und von einem Gemeindevorsteher verwaltet, hatte sich Nowawes bereits 1899 „ein im märkischen Backsteinstil erbautes sehenswertes Rathaus" zugelegt, das dem Schmargendorfer sehr ähnelt; beide hat der Potsdamer Architekt Otto Kerwien entworfen. Das in Babelsberg dient jetzt als Kreiskulturhaus.

Die Keimzelle von Babelsberg-Nowawes ist noch heute im „Neuendorfer Anger" faßbar, dem einstigen Dorf- und Kirchenplatz des seit 1375 urkundlich bekannten Runddorfes Neuendorf. Als es 1907 darum ging, den 7000 Einwohnern Neuendorfs und den 12 000 Bürgern von Nowawes zur Kanalisation zu verhelfen, schlossen sich die bis dahin oft verzankten Nachbargemeinden zu Nowawes zusammen. Man war sich darüber einig, diese unpopuläre, von den Berlinern als „Nudelberg" verspottete Ortsbenennung gegen eine klangvollere zu vertauschen und hatte auch schon genügend Vorschläge gesammelt, diese aber ob wichtigerer Dinge nicht verwirklichen können.

Nowawes war nun nichts weiter als die böhmische Fassung von Neuendorf. Doch der Volksmund hielt sich an den Dorfgründer, Friedrich II., der einmal nach dem Namen der neu entstehenden Siedlung fragte. „No, wa weeß!" erwiderte ein Maurer, und der König meinte: „So soll es denn auch Nowawes heißen." Für den Grundplan verwies er auf seinen Dreimaster.

Und mit dreieckigem Straßensystem präsentiert sich noch heutigentags das Zentrum der 1751 vom Potsdamer Stadtkommandanten, Oberst von Retzow, angelegten Siedlung rund um den Weberplatz mit der Friedrichskirche von 1753, die Johannes Boumann — Schöpfer des Holländischen Viertels und des Rathauses in Potsdam — für die bis nach 1800 zweisprachige Gemeinde errichtet hatte.

Zweisprachig, weil es in der Hauptsache böhmische, mährische und ungarische Weber und Spinner waren, die hier im Preußenlande eine neue Heimat fanden, nachdem Maria Theresia sie wegen ihres Glaubens aus der alten vertrieben hatte.

Einige der langgestreckten Kolonistenhäuser für jeweils zwei Familien sind hin und wieder noch im Stadtbild anzutreffen. Früher zählte man ein paar hundert, in denen nach einer Statistik von 1861 über 600 Webermeister, 60 Meisterwitwen und die entsprechenden Gesellen an 1000 Webstühlen tätig waren. Daß sie nicht immer das Brot für ihre mühsame Arbeit fanden, ist ein trübes Kapitel der an Krisen überreichen Ortsgeschichte von Nowawes, dem auch die in der zweiten Hälfte des vergangenen Jahrhunderts hier aufgebaute Textilindustrie nicht zu dauerndem Glück verhelfen konnte.

Von der Deutschen Jutespinnerei und Weberei AG, der Kammgarnspinnerei, der Mechanischen Jute- und Handweberei sowie der durch die schmucken Bauten von Hermann Muthesius weit über die Grenzen Nowawes' bekanntgewordenen Seidenfabrik Michels ist so gut wie nichts geblieben. Doch die Lokomotivenfabrik Orenstein u. Koppel, jetzt dem Namen Karl Marx und der Elektronik verschrieben, hat sich gehalten und gleichfalls die Ufa-Stadt Babelsberg, in der nun die Defa ihre Filme produziert.

Übrigens an historischer Stelle, denn in der Glashalle einer stillgelegten Kunstblumenfabrik wurden bereits 1912 die ersten Filme gedreht. Die Steuerkraft Babelsbergs und sein weithin bekannter Name führten 1938 zur Vereinigung zweier so wesensfremder Gemeinden, wie es die exklusive Villenkolonie Neubabelsberg und die Industriestadt Nowawes nun einmal waren, zur Stadt Babelsberg und ihrer anschließenden Eingemeindung in Potsdam, das damit zur Genugtuung seines ehrgeizigen Oberbürgermeisters eine Großstadt mit über 100 000 Einwohnern wurde. Doch sind die räumlich getrennten, wirtschaftlich und sozial sehr unterschiedlichen Teilstädte Potsdam und Babelsberg noch immer nicht zu einer wirklichen Stadtgemeinde zusammengewachsen.

Goethe war das Haus ganze zwei Worte wert

Bis vor wenigen Jahren hat man es noch von der Autobahn aus sehen können, gleich rechter Hand, wenn man den alten Kontrollpunkt Drewitz in südlicher Richtung verließ: das Jagdschloß Stern. Heute ist es durch kräftig herangewachsene Bäume verdeckt, aber im Gegensatz zu den vergangenen Jahren jederzeit zugänglich — falls man einen Tagespassierschein besitzt.

Jedoch haben die meisten, die hier die Autobahn verlassen, Potsdam im Sinn. Sie wollen in die lange verschlossene Havelstadt, sie wollen Sanssouci wiedersehen und wissen zumeist auch nichts von einem Jagdschloß Stern.

Aber der kurze Abstecher von der Straße nach Potsdam zum Jagdschloß lohnt, wenn man davon absieht, daß der Zugang zwar über die Kohlhasenbrücker S t r a ß e führt, diese aber nur ein unbefestigter Waldweg mit tiefen Löchern ist, die Autofedern nicht sonderlich bekommen. Doch die 300 Meter sind bald überwunden, und wir gelangen auf einen weiten Platz, der trotz der nahen Siedlungshäuser der Kolonie Drewitz einen verträumten Eindruck macht und ein Stück Holland im märkischen Waldrevier darstellt.

Seine Dominante ist das inmitten wildwuchernden Unkrauts stehende Jagdschloß. Ein schlichter zweigeschossiger Bau aus roten Ziegeln, der mit seinem hohen Schweifgiebel an das bekannte Holländische Viertel in Potsdam erinnert. Tatsächlich ist er auch als Probebau für diese Stadterweiterung errichtet worden, und zwar 1732 auf Veranlassung Friedrich Wilhelms I. Es war übrigens das einzige Schloß, das der „Soldatenkönig" in den 28 Jahren seiner Regierungszeit bauen ließ, falls man diese anspruchsvolle Bezeichnung überhaupt für das bescheidene Jagdhaus anwenden will.

Friedrich Wilhelm I. hatte zwei Passionen: die Riesengarde der „langen Kerls", die ihn ungeheure Summen kostete, und die Jagd. Obwohl der König recht beleibt war, liebte er es, das von der Meute aufgespürte Wild mit dem Pferd zu verfolgen und „par force" (mit Gewalt) zu erlegen. Zu diesem Zweck ließ er von 1724 bis 1729 die alte „Bauernheide" im Südosten Potsdams in ein großes Jagdgebiet umwandeln. Der „Parforce-Garten" wurde mit Palisaden umgeben und von Schneisen durchzogen. Diese trafen sich — ursprünglich 16 an der Zahl — auf einem Platz; „welches dem Ort ein sehr schönes Ansehen macht und der Große Stern genannt wird."

So heißt es in einer alten Chronik, und der erste Biograph des Soldatenkönigs berichtete 1735, daß man im Ausland über die Größe der Anlage erstaunt war und dazu meinte: „Der König hätte zu solchem Parforce-Garten so viel Land genommen, als mancher kleine Fürst in Deutschland besäße." Die Jagdbahn sollte vom Stern bis nach Königs Wusterhausen führen. Doch scheiterte dieser Plan an den dazwischen liegenden Sumpfstrecken in der Gegend des Rangsdorfer Sees.

Den Hauptteil des Jagdschlosses Stern nimmt ein großer Saal ein, in dem ein paar künstlerisch belanglose Ölbilder hängen, die den königlichen Hausherrn auf der Jagd zeigen. Besonders auffallend sind fünf, auf geschnitzte Kartuschen gesetzte Geweihe vom „großen Hans"; Abwurfstangen eines vom König gepflegten kapitalen Hirsches, der es bis auf 28 Enden brachte. Der Hirsch hat zuletzt die Freundschaft mit dem Herrscher mißbraucht und harmlose Spaziergänger angefallen, was dann auch Ursache seines wenig ehrenvollen Todes war. Als er sich einmal an einen Fleischergesellen heranmachte, endete der „große Hans" unter dem Schlachtemesser.

Gleichzeitig mit dem Jagdhaus am Stern, von dem heute nur noch sieben (oder acht) Wege und Straßen in alle Himmelsrichtungen führen, hat man das Kastellanhaus und den vor einigen Jahren zum Wohnhaus umgewandelten Stall erbaut. Beide jedoch nicht in Backsteinen „nach holländischer Art", vielmehr auf märkische Weise in Fachwerk.

„Der Castellan hat den Wein- und Caffee-Schank", heißt es 1779, doch wird hinzugefügt: „Da der Ort wegen seiner Entlegenheit von Potsdam aus von Fußgängern wenig besucht wird, so hält sich hier nur der vornehmere Teil des fahrenden Publikums auf." Was allerdings Goethe gelegentlich des einzigen Berlin-Besuches seines langen Lebens veranlaßte, dem Jagdschloß Stern einen Besuch abzustatten, wissen wir leider nicht, weil das Tagebuch vom 22. Mai 1778 sich auf den Eintrag „Sternhaus früh" beschränkt.

Ein Goethe-Fan hat vor Jahrzehnten die Vermutung geäußert, der Dichter hätte sich von dem sechszackigen Reliefstern im Giebel des Jagdschlosses die Anregung zu seinem gleichartigen Wappen geholt. Er wurde aber durch wirkliche Goethekenner — einer meldete sich sogar aus Amerika — darüber belehrt, daß Goethe diesen Wappenstern bereits drei Jahre vor seinem Besuch in Berlin angenommen hatte. Der Stern des Schloßgiebels wurde auch erst im 19. Jahrhundert anstelle eines Fensters eingesetzt, wie alte Bilder belegen.

Das Kastellanhaus von 1732 bietet noch das Aussehen seiner Entstehungszeit. Im Innern ist es modernisiert und dient einer HO-Gaststätte „Jagdschloß Stern", die sich konsequent an den Achtstundentag hält und nur von 12 bis 20 Uhr geöffnet ist; dienstags und mittwochs bleibt sie geschlossen.

Sorgen um das Holländische Viertel

„Bürger rettet eure Städte! Geht auf die Barrikaden, bevor es zu spät ist!" heißt es seit einiger Zeit in Einwohnerversammlungen, politischen Diskussionen, im Fernsehen, im Hörfunk, in den Tageszeitungen und Fachblättern; alle bewegt das aktuelle Thema der Altstadtsanierung.

Auch „Potzdorf" hat es erfaßt, wie schon Adolph Menzel und nach ihm so mancher Bürger unserer Spreemetropole liebevoll-spöttisch das schöne Potsdam nannten. Die Hauptstadt des Industrie- und Agrarbezirks Potsdam hat sich 1973 eine neue Stadtordnung gegeben, deren Ziel es ist, „Potsdam als bedeutende Stadt des Tourismus sauberer und anziehender zu machen." Sie regelt verbindliche Maßnahmen und Verantwortlichkeiten zur Sauberhaltung von Straßen, Wegen, Plätzen und Grünanlagen bis hin zur Errichtung oder Veränderung von Bauwerken.

Die Innenstadt soll neugestaltet werden. Das ist doch bereits geschehen, werden alle Besucher sagen, die jüngst in Potsdam waren und die kolossalen Veränderungen verwundert zur Kenntnis nahmen. Der folgenschwere Bombenangriff vom 14. April 1945, der ganze Straßenzüge völlig vernichtete, ist längst durch Neubauten ausgeglichen worden. Daß diese modernistisch sind und oft zu hoch, können wir, die im Märkischen Viertel, in der Gropiusstadt, aber auch in der City ähnlich bauten, den jungen Potsdamer Architekten nicht anlasten. Eher schon die bedauerliche Tatsache, daß der reizvolle Ausblick von der Terrasse des Schlosses Sanssouci in die Havellandschaft durch ein paar Hochhäuser am südlichen Horizont empfindlich beeinträchtigt wurde.

Die Neubauten sind die Ursache dafür, daß sich die Potsdamer Stadtverordneten mit der Sanierung und der teilweisen Neugestaltung des Stadtkerns beschäftigen. In den über 200 Jahre alten Häusern der friderizianischen Zeit will niemand bleiben, weil er im Neubau auch nicht mehr Miete zahlt und dazu noch die Vorteile von Zentralheizung, Warmwasser, Bad und Innentoilette genießt. Im Gegensatz zum Holländischen Viertel, das schon vor dem Kriege keine gute Wohngegend war und jetzt zum Problem Nr. 1 der Potsdamer Altstadtsanierung geworden ist.

Man ist sich zwar darüber einig, daß dieses Viertel zwischen der Straße der Jugend und der Gutenbergstraße einerseits sowie der Friedrich-Ebert- und Hebbelstraße andererseits ein städtebaulich einmaliges Areal innerhalb der Altstadt darstellt — doch will niemand weiter in den vergammelten Häusern wohnen und sich mit ihren altersbedingten Unzulänglichkeiten abfinden.

Eine durchgreifende Sanierung der insgesamt 134 Häuser des Holländischen Viertels erfordert Millionenbeträge, die nicht leicht aufzubringen sind. Es sei denn, man trennt sich durch einen großen Kahlschlag überhaupt von dem historischen Quartier und ersetzt es nach dem Programm der Stadtverordneten durch Neubauten, die „in Farbe und Stil an Alt-Potsdamer Traditionen anknüpfen." Davon ist man mittlerweile im

Im Holländischen Viertel

Holländischen Viertel abgekommen und hat probeweise zwei Häuser in der Mittelstraße äußerlich erneuert und im Innern modernisiert. Die Kosten waren verständlicherweise beträchtlich.

Potsdam wird immer — weil jeder an Sanssouci denkt — mit Friedrich dem Großen in Verbindung gebracht. Doch die Bürgerstadt ist hauptsächlich eine Schöpfung seines Vaters, des einseitig als „Soldatenkönig" abgestempelten Friedrich Wilhelm I. Im Frühjahr 1732 hatte er sein Lieblingsland Holland besucht und in Amsterdam den jungen Zimmermeister Johann Boumann engagiert, der später dank seines überaus fruchtbaren, wenn auch künstlerisch nicht sehr bedeutenden Schaffens bis zum königlichen Oberbaudirektor aufsteigen sollte.

Nachdem Boumann noch 1732 für den König das Jagdschloß Stern als Rohziegelbau holländischen Stils errichtet hatte, baute er in den fünf Jahren von 1737 bis 1742 das Holländische Viertel. Vier Häusergevierte unterschiedlicher Größe mit Traufenhäusern von fünf Fenstern Breite und dreiachsigen Giebelhäusern, alle in gleichförmiger Reihung oder in rhythmischem Wechsel. Die schlichten roten Backsteinfassaden waren nur bei den Eckhäusern und den Mittelbauten der Straßenzeilen (die bis 1945 die Namen Kurfürsten-, Junker-, Kreuz- und Moltkestraße führten) durch besondere dekorative Details akzentuiert. Insbesondere durch geschnitzte und weiß angestrichene hölzerne Portalumrandungen.

Wenn diese jetzt auch zumeist braun oder grau getüncht sind und die kleinen Vorgärten mit ihren grünen Holzstaketen bereits vor Jahrzehnten beseitigt wurden, so stehen noch immer fast alle der 134 Häuser und haben trotz vieler, im Laufe von über zwei Jahrhunderten vorgenommener baulicher Veränderungen — wie dem Ausbrechen von Ladenschaufenstern und Anbau höchst überflüssiger Balkone — den Grundcharakter des Holländischen Viertels bis heute bewahrt. Man wird darum auf dieses einzigartige Bauensemble nicht verzichten können — und nach den letzten Nachrichten von drüben auch nicht wollen. Potsdam hätte sich sonst — nach der bedauerlichen Beseitigung des Stadtkanals — wieder um eins seiner prägnantesten Motive gebracht.

In Paretz blieb die Zeit stehen

Einen rechten „out of the way-place" hat Theodor Fontane das Haveldorf Paretz genannt, weil der märkische Wanderer Schwierigkeiten hatte, überhaupt an das Ziel seiner Sehnsucht zu gelangen. Schließlich verließ er den schlecht ventilierten und arg rumpelnden Pferdeomnibus bereits in Ütz und machte die letzte halbe Meile zu Fuß.

„An einem Sommernachmittag ein entzückender Spaziergang. Der Weg führt durch Wiesen rechts und links; der Heuduft dringt von den Feldern herüber, und vor uns ein dünner, sonnendurchleuchteter Nebel zeigt uns die Stelle, wo die breite, buchten- und seenreiche Havel fließt. Paretz selbst verbirgt sich bis zuletzt." Das war

Fontanes Eindruck, als er Paretz im August 1869 zum ersten Male besuchte.
Bis heute hat sich daran nicht viel geändert, wenn man jetzt auch von Potsdam im Ketzin-Nauener Autobus direkt nach Paretz gelangt, allerdings mit dem Umweg über Paaren und Falkenrehde. Ich zog es vor, schon am Haltepunkt „Autobahn" auszusteigen und Fontane zu folgen. Natürlich über Ütz, das der von Goethe so unbarmherzig verspottete Dichterpastor Schmidt von Werneuchen „schönster Ort im ganzen Havelland" nannte.
Von der Langen Brücke in Potsdam aus hätte ich zwar auch mit einem Dampfer der „Weißen Flotte" nach Paretz fahren können, doch das gebrannte Kind scheute das Feuer. Ich erinnerte mich nur zu gut, daß ich vor 50 Jahren einmal dem Angebot, für eine ganze Mark von der Weidendammbrücke aus nach Paretz hin und zurück schippern zu können, nicht widerstand — und das zu bereuen hatte. Abgesehen davon, daß die reine Fahrzeit volle neun Stunden betrug, behauptete ich meinen schwer erkämpften Platz an der Reling auch auf der Rückfahrt und bedachte nicht, daß mir die fleißige Sonne den ganzen Tag über auf dieselbe Wange schien. Ich wurde ein paar Tage weidlich belacht; denn eine Gesichtshälfte war tief gebräunt, die andere weiß geblieben.
Kurz vor Paretz führt der Straßendamm über den 1952 zum „Kanal des Friedens" ausgebauten alten Havelgraben, der die Frachtschiffahrt der DDR von der Spandauer Schleuse und dem Westberliner Havelgebiet unabhängig machen sollte. Jetzt fährt man seit langem wieder diese Strecke, da die politischen und technischen Verhältnisse sich grundlegend geändert haben. Für die überall zu sehenden Schub-Einheiten sind die unbefestigten Ufer des Friedenskanals nicht recht geeignet.
In Paretz selbst scheint die Zeit stehengeblieben zu sein. Am Ortseingang begrüßen uns noch immer die kubisch gestalteten Wachthäuser, die ursprünglich nichts weiter als Wohn- und Stallgebäude der beiden Gemeindehirten waren. Mit seinen üppigen Wiesen, mit seinen Rinderherden könnte das Land um Paretz Holland sein. Es ist

aber echte märkische Erde. Das sagt schon der Name Paretz, der vom slawischen „po rasz" abgeleitet wird und „am Flußufer" bedeutet.

In einer 1197 ausgestellten Urkunde des Brandenburger Domarchivs wird Paretz erstmals genannt. Es ist dieselbe Urkunde, mit der Spandau durch den als Zeugen aufgeführten „Everardus advocatus in Spandowe" ins Licht der Geschichte tritt.

Sechshundert Jahre später, 1797, wurde der Kauf von Gut und Dorf Paretz durch die Krone abgeschlossen, das neuerbaute Schloß fertiggestellt und vom Kronprinzenpaar bezogen.

Im gleichen Jahr kamen sie auch zur Regierung: Friedrich Wilhelm III. und die Königin Luise. Wenn ich auch nicht mehr der Epoche angehörte, in der die Königin in Gefahr stand, unter die Heiligen versetzt zu werden, so habe ich auf der Schulbank doch einiges von dem mit ihr getriebenen Kult zu spüren bekommen. An der Wand des Klassenzimmers hing ein damals weit verbreitetes Bild, das die Königin einer Göttin gleichen ließ. Kaiser Wilhelm I. hat dazu einmal gesagt: „Gewiß, eine schöne Frau, aber meine Mutter ist es nicht, die sah ganz anders aus."

Seit ihrer Jugend zart und kränklich, hat die durch zehn Wochenbetten und die kriegerischen Ereignisse geschwächte Frau es nur auf 34 Lebensjahre gebracht. Und die schönsten waren nach ihren Worten die 1797 bis 1806 vom Frühjahr bis zum Herbst in Paretz genossenen.

Hier hatte ihr der einer Hugenottenfamilie entstammende, in Schwedt an der Oder geborene Baumeister David Gilly auf Wunsch des ebenso sparsamen wie schweigsamen Kronprinzen Friedrich Wilhelm einen Landsitz errichtet, der kein Schloß sein sollte, vielmehr ein Gutshaus in einer Dorfanlage, die ebenfalls Gilly gestaltete. Fontane, der nur von romantischen Feldsteinkirchen wirklich entzückt war, hat dieses gelungene Beispiel einer sach- und werkgerechten Nutzarchitektur mit der Unbefangenheit des Laiens beurteilt und von einer „indifferenten Alltagsschönheit" gesprochen, „die den Dünkel hat, keinen Schmuck tragen zu wollen."

Nun, das bißchen, was Schloß Paretz an Schmuck trug, hat man restlos beseitigt, als das 1945 von Zivil und Militär bis auf den letzten Tapetenfetzen ausgeplünderte Haus 1952 zur „Deutschen Bauernhochschule Edwin Hoernle" aus- und umgebaut wurde. Heute dienen seine nüchternen Zimmer, die einmal so beredt für die Raumkunst des Klassizismus zeugten, der Hauptverwaltung der „Vereinigungen Volkseigener Betriebe Tierzucht".

Auch die Bauten im unverändert schönen Park sind vernichtet. Doch stehen noch verschiedene, von Gilly nach einheitlichem Plan geschaffene Bauern- und Kossätenhäuser; nur die ihnen vor Jahr und Tag wiedergegebene ursprüngliche Farbenpracht ist erneut dahin.

Das „Gotische Haus" zeigt noch den neugotischen Dekor, den Gilly der ehemaligen Dorfschmiede verlieh. Auch bei der ins frühgotische Zeitalter zurückführenden Dorfkirche täuscht er den unbefangenen Betrachter. Im Innern sind zwar die Erinnerungen an Königin Luise zu finden, doch von den alten Glasbildern hat man nur den 1539 datierten Mauritius im Chorfenster hinter dem Altar belassen. Die beiden Rundscheiben des 13. Jahrhunderts mit Köpfen von Heiligen aus den Fenstern des Kirchenschiffs, die erst 1959 von der zünftigen Kunstwissenschaft in ihrer Bedeutung erkannt wurden und wahrscheinlich aus dem Naumburger Dom stammen, sind ins Brandenburger Dom-Museum gekommen und in Paretz durch Kopien ersetzt worden.

Der „Rauscher" zwang Tante Klara in den märkischen Sand

„Tante Klara ist schon um ein Uhr mittags besinnungslos betrunken. Ihr Satinkleid ist geplatzt. Sie sitzt im märkischen Sand und schluchzt.

Der Johannisbeerwein hat's in sich. Alles jubelt und juchzt.
Und schwankt wie auf der Havel die weißen Dschunken."

Ein Apothekersohn aus dem weinberühmten Crossen an der Oder, der im bürgerlichen Leben Alfred Henschke hieß und seine stimmungs- und formenreiche Lyrik unter dem Namen „Klabund" veröffentlichte, hat in der „Baumblüte in Werder" solchermaßen von der Heimtücke des als „Rauscher" nicht gerade den besten Ruf genießenden Werderschen Obstweins erzählt.

Zur Zeit der Baumblüte gab's früher für den Berliner nur eins: Auf nach Werder! Man kann es jetzt wieder tun, aber allem Fortschritt zum Trotz ist es sehr viel umständlicher als in den Tagen unserer Väter und Großväter, die vom Potsdamer Bahnhof aus alle zehn Minuten im Sonderzug zum Berliner Grinzing dampften und nach einer Dreiviertelstunde an Ort und Stelle waren.

Jetzt fährt der zweistöckige „Sputnik" vom Bahnhof Karlshorst nur einmal in der Stunde nach Werder und benötigt auf dem großen Umweg über den Außenring die doppelte Zeit. Wer direkt nach Potsdam strebt und hier auf Autobus oder Dampfer nach Werder vertraut, muß riskieren, nicht mitzukommen, weil alle Plätze im Vorverkauf vergeben wurden. Während des von Ende April bis Anfang Mai drei Wochen lang gefeierten „Blütenfestes" sind nämlich alle möglichen Arbeitsbrigaden und Betriebsgemeinschaften unterwegs, um sich im „größten Obstgarten der DDR" der schönen Natur und des süffigen Obstweins zu erfreuen. Doch ist beim Trinken Vorsicht geboten; nicht aus Maßen, sondern in Maßen genießen!

Ein echtes Volksfest ist das Werdersche Blütenfest niemals gewesen, sein Inhalt wurde von jeher vom Alkohol bestimmt. Die Älteren erinnern sich noch gut der traditionellen Frühlingswallfahrt nach Werder, wenn unübersehbare Besuchermengen in die Gaststätten auf den aussichtsreichen Höhen, vierzig Meter über einem Kranz strahlender Seen, einfielen. Vielleicht auch noch

der Wirkung des so leicht über die Zunge gleitenden, aber schnell das Gehirn vernebelnden Obstweins. Dennoch kämpfte die Lebenslust der Berliner immer wieder erfolgreich gegen das graue Einerlei des Alltags an, und die vom Wein beschwingte feucht-fröhliche Stimmung nahm zuweilen bacchanalische Formen an.
Man wußte, daß von Amtswegen für die Heimkehr gesorgt war. Trunkene Werder-Enthusiasten wurden auf Handwagen zum Bahnhof gerollt und dort in offene, mit Stroh gepolsterte Güterwagen gepackt, die eine auf dergleichen Vorkommnisse seit Jahr und Tag eingestellte Eisenbahnverwaltung an die fahrplanmäßigen Personenzüge koppelte. Die rasche Fahrt durch die kühle Abendluft sorgte dafür, daß die vernebelten Köpfe bis Berlin immer lichter wurden. Wenn nicht, dann konnte man im Wartesaal 4. Klasse des Potsdamer Bahnhofs auf Strohschütten seinen Rausch in Ruhe ausschlafen.
Das Blütenfest in Werder soll um 1860 aufgekommen sein; man zählt es jedoch erst seit 1879, als die ersten Sonderzüge von Berlin gen Werder dampften. Damals war der jahrhundertelang betriebene Weinbau bereits zum Erliegen gekommen, obwohl es noch zwei oder drei Weingärten von ursprünglich mehr als 130 Weinbergen gab. An den Trauben war man aber nicht mehr interessiert, vielmehr nur an den Weinblättern, die zum Einwickeln von Pfirsichen gebraucht wurden.
Am Niedergang der von Lehniner Mönchen eingeführten Weinkultur war weniger der oft genannte strenge Winter 1740 schuld als das unsachgemäße Vorgehen der Werderaner Winzer selbst. Der Landeskenner und -künder Heinrich Berghaus klagte 1854 darüber, daß man hier alles durcheinander presse, ohne Sortierung der verschiedenen Spielarten, ohne die besseren Trauben von den schlechten zu sondern, auch Stengel und Kerne in die Weinpressen schütte. „Bei einer solchen Behandlung kann es nicht fehlen, daß der Werdersche Wein selbst in den günstigsten Jahren stets ein herber Rebensaft bleiben muß."

Auch das einst sehr beliebte, von fünf Braustätten produzierte braune Werdersche Bitterbier blieb vom Geschmackswandel nicht verschont, während wirtschaftliche Gründe die auf der Insel Werder arbeitenden Ziegeleien zum frühzeitigen Erliegen brachten. Nur die protzigen Villen der Bierbrauer und Steinfabrikanten sind auf unsere Tage gekommen.
In dem verträumten Inselstädtchen mit der charakteristischen Windmühle — sie brannte 1973 ab und wurde nicht erneuert — hielt man sich kaum auf. Die Scharen der Besucher eilten vielmehr vom Bahnhof, den bis 1926 eine altertümliche Pferdebahn mit dem Ortszentrum verband, an unzähligen Obstwein-Schankbuden vorbei auf kürzestem Wege zu den burgartig über der Stadt thronenden Riesenlokalen, von denen die Friedrichshöhe, Gerlachs- und Bismarckhöhe, Rauenstein und Wachtelburg die bekanntesten waren. Mit 77 Meter über dem Meeresspiegel hielt die auf 200 Stufen erreichbare Friedrichshöhe die Spitze.
Sie ist noch heute Mittelpunkt des Baumblütenfestvergnügens und bietet neben dem obligaten Essen und Trinken einen dörflichen Kirmesplatz, der naturgemäß nicht mit den zu gleicher Zeit wie die Werdersche Festivität in Britz und Neukölln aufgezogenen Maien- und Blütentagen unserer Schausteller zu vergleichen ist. Keinen Vergleich aber braucht Werders altes Wahrzeichen, die Heiliggeistkirche, zu scheuen. König Friedrich Wilhelm IV. hat den Entwurf skizziert und sein Hofarchitekt August Stüler besorgte 1858 die Ausführung. „In spitzenreicher Gotik, die in der Nähe vielleicht mannigfach zu beanstanden, als Landschaftsdekoration aber von seltener Schönheit ist", wie Theodor Fontane meinte. Das Altarbild „Christus als Apotheker", ein Werk des ausgehenden 17. Jahrhunderts, gefiel ihm jedoch überhaupt nicht und wurde von dem märkischen Dichter, der selbst einmal den ungeliebten Beruf des Apothekers ausübte, mit vernichtender Kritik bedacht; sie verstieg sich zu den Worten „abnorm, fragwürdig und geschmacklos".

Mit der Heidekrautbahn nach Dammsmühle

Sicherlich gibt es in unserem auf den persönlichen Erfolg ausgerichteten Zeitalter viel zuviel Leute, denen es bei allem Tun und Trachten nur darauf ankommt, daß „die Kohlen stimmen". Doch darf man die vielen Idealisten nicht übersehen, die oft unter Vernachlässigung familiärer Belange ihr mühsam verdientes Geld einem wenig oder nichts einbringenden Hobby opfern. Zu diesen gehört auch die zahlenmäßig kleine, ob ihrer speziellen Kenntnisse aber bedeutsame Gruppe, die sich „Arbeitskreis Berliner Nahverkehr" nennt und nun schon über viele Jahre hinweg monatlich ihre „Berliner Verkehrs-Blätter" herausgibt.
Ein Heft dieser „Informationsschrift für Freunde des Berliner Verkehrs" (wie sie im Untertitel heißt) ist beinahe ausschließlich der Niederbarnimer Eisenbahn gewidmet. So lautet seit 1927 die Bezeichnung der wohl populärsten Kleinbahn des Berliner Raumes, die im Mai 1901 als „Reinickendorf-Liebenwalde-Großschönebecker Eisenbahn" den Betrieb aufnahm. Die Berliner aber nannten sie „Heidekrautbahn", weil sie nicht nur das Wirtschaftsgebiet zwischen den beiden Hauptbahnstrecken nach Stralsund (über Oranienburg) und nach Stettin (über Bernau) erschloß, den Güterverkehr der anliegenden Industrie bewältigte und die Holzabfuhr aus den großen Waldungen ermöglichte, sondern von Jahr zu Jahr immer größere Scharen von Ausflüglern und Siedlern in landschaftlich schöne Gebiete führte. Der eine Zweig der Bahn lief unmittelbar bis zur wildreichen Schorfheide, der andere in das stille Landstädtchen Liebenwalde an der oberen Havel.
Ausgangspunkt in Berlin war bis zum Mauerbau der Bahnhof Wilhelmsruh an der Kopenhagener Straße; seit 1962 geht die Reise von Berlin-Blankenburg aus und neuerdings von Karow. Aber nicht mehr nach Stettin und Swinemünde, die noch im Sommer 1939 als Ziele viertägiger Sonderfahrten mit Bahn und Schiff zu sagenhaft niedrigen Preisen angeboten wurden.

Die meisten Ausflügler begnügten sich damit, nach Basdorf oder Wandlitz zu fahren, hier am schönen See zu faulenzen oder in die meilenweiten Waldungen zwischen Oranienburg und Bernau vorzustoßen, in denen man so schön laufen — und sich ebenso gut verlaufen — konnte.

Kenner des Barnimlandes stiegen bereits in Schönwalde aus. Das langgestreckte Straßendorf mit seinen vereinzelt noch erhaltenen Kolonistenhäusern aus friderizianischer Zeit blieb rechts liegen. Hier hatte Friedrich II. Anno 1753 ein paar hundert „Spinner" angesetzt; vornehmlich „Ausländer" aus der Pfalz und Württemberg, die Schafwolle spinnfertig machen mußten. Der durch sein Lustspiel „Krach im Hinterhaus" weiterlebende Schriftsteller Maximilian Böttcher wurde 1872 im Spinnerdorf Schönwalde geboren.

Daß der Weg von hier „nach der des Besitzers wegen sogenannten Dammsmühle angenehm ist", wußte schon der Baedeker-Vorgänger aus der Brüderstraße, Friedrich Nicolai, in seiner faktenreichen Berlin-Beschreibung von 1786.

Als einfacher Sattlergeselle war Peter Friedrich Damm 1741 von Brandenburg an der Havel nach Berlin gekommen, hatte hier durch königliche Gunst das Privileg der „Sehmisch-Leder-Fabrikation" erhalten und mit Lederzeuglieferungen für die Armee ein Heidengeld verdient. Er kaufte 1755 die kurz zuvor neu angelegte Wassermühle am Mühlenbecker See und erweiterte sie durch eine Walkmühle.

Fünf Jahre später erwarb er das nach dem späteren Besitzer so genannte Ermelerhaus in der Breiten Straße, dem vornehmsten Wohnquartier des Berlins Friedrichs des Großen. Mit welcher Pracht im Stil des höfischen Rokoko es Damm einrichten und ausstatten ließ, habe ich im Büchlein „Berliner Häuser" geschildert. Einiges davon kann man im Ermelerhaus am Märkischen Ufer sehen, das 1969 auf Wunsch der Bevölkerung Ost-Berlins nach dem Abbruch des Originals als Rahmen einer luxuriösen Gaststätte neu erstand.

Schloß Dammsmühle, 1900

Doch die beiden großen Wandbilder, mit denen Damm sein Schlafzimmer in der Breiten Straße geschmückt hatte, findet man nicht mehr. Die seit der Verlagerung im Kriege verschollenen Ölbilder zeigten den Kriegsgewinnler Damm, wie er samt der Familie vierspännig mit Vorreiter stolz in Dammsmühle einfuhr, dort devot vom katzbuckelndem Inspektor und seiner Frau begrüßt; ferner das bunte, lebensfrohe und arbeitsame Treiben im Wirtschaftshof und dem parkartig angelegten Garten.

Fast 70 Jahre lang war der Besitz in den Händen der Familie Damm, um dann an einen Londoner Kaufmann überzugehen. Schließlich wechselten die Eigentümer alle

paar Jahre. Anfang der neunziger Jahre gehörte es dem Berliner Restaurateur Martens, „der sich bemühte, das vernachlässigte Dammsmühle bei den Berlinern wieder so beliebt zu machen, wie es vor 30 Jahren war".
Doch dazu kam es nicht mehr; denn 1894 wurde Dammsmühle von Adolf Friedrich Wollank erworben, einem 1866 als Millionär geborenen Angehörigen der bekannten Berliner Familie, die dank ihrer umsichtigen Grundstückspolitik 35 Millionen Goldmark in die noch heute bestehende Familienstiftung einbringen konnte. Gleich seinem älteren Bruder Otto Friedrich, der 1890 das Rittergut Großglienicke bei Kladow erworben hatte, baute er das alte Dammsche Wohnhaus schloßähnlich aus und gab dem Park durch die Anpflanzung seltener Bäume und eines Rosengartens den Charakter einer hochherrschaftlichen Besitzung. Eine besondere Attraktion, zu der wir in Wandervogeltagen gern hinüberschwammen, war der im Mühlenteich verankerte Tanzsaal: ein weißgestrichener Holzbau in Gestalt einer indischen Moschee mit kuppelbekrönter Galerie, der bis zum Tode Wollanks (1915) so manches rauschende Fest in seinen Wänden erlebt hat.

„Der Bernausche heiße Brei macht die Mark hussitenfrei"

Wenn auch viele Jahre seit meinem letzten Besuch in Bernau vergangen waren, gestaltete sich das Wiedersehen mit dem bierberühmten Städtchen an der Pankequelle doch völlig problemlos. Es hat sich so gut wie nichts verändert. Die Stadtsilhouette ist noch wie man sie in der Erinnerung hat: ein Bild nach Merian mit dem riesigen Dach der Marienkirche über den zwergenhaft erscheinenden Kleinstadthäusern.
Doch eines ist nicht mehr, das Storchennest auf dem Hungerturm des Königstores nahe dem Bahnhof. Auf der Sommerreise an die Ostsee — natürlich Bummelzug und vierter Klasse, schon um die gewichtigen Schließkörbe mit dem Gepäck unterzubringen — war es einst

St. Georgenspital und Marienkirche in Bernau, 1880

für uns Großstadtkinder ein bis heute unvergessenes Erlebnis, hier erste Bekanntschaft mit Freund Adebar zu machen.

Da es keine Könige mehr gibt, hat auch das Tor seinen alten Namen angenommen, den es bis 1844 trug. Es heißt wieder Steintor, und das Hussitenmuseum ist auch noch hinter seinen dicken Backsteinmauern. Ebenfalls sind hier noch die angeblich aus der Zeit der sagenhaften Hussitenbelagerung von 1432 stammenden Rüstungen und Waffen — wenn auch 1945 beträchtlich dezimiert — zu sehen. Daß sie erst aus dem 16. Jahrhundert stammen und ungefähr der Bauzeit des Tores entsprechen, stört die Besucher nicht. Wo in der näheren Umgebung Berlins kann man sonst noch schaudernd zu den elektrisch beleuchteten Knochen irgendeines Missetäters längst vergangener Zeiten im tiefen Verlies des Hungerturms hinunterblicken?

Bernau ist auch weit und breit in der Runde die einzige märkische Stadt, die sich ihre alte Ringmauer vollständig bewahrt hat. An der Innenseite kann man rund um die Stadt wandern und auf der anderthalb Kilometer langen Strecke die Arbeitsleistung der Bernauer Bürger des 14. Jahrhunderts bewundern, die damals noch gar nicht wußten, daß einmal mit den Hussiten zu rechnen war, und dennoch zu ihrem Schutz über 12 000 Kubikmeter fester Feldsteine bis zu acht Meter hoch auftürmten.

„Der Bernausche heiße Brei macht die Mark hussitenfrei" lernte man früher in der Schule, und gelegentlich ging es auch im Mai oder Juni mit einem opferwilligen Lehrer hinaus zum Hussitenfest. Ein alter Bernauer, den ich in der menschenleeren Mauergasse traf, klärte mich darüber auf, daß dieses Fest seit langem nicht mehr gefeiert wird. „Und det jute Hussitenbier jibt's ooch nicht mehr; det war so schön kräftig wie det bayerische und schmeckte jut."

Anläßlich der Hussitenfeier wurde es eigens in Berlin gebraut, nachdem die in der Thälmannstraße als Ausschank noch vorhandene „Alte Bernauer Brauerei" 1909 als letzte von ehemals 120 Braustätten den unlohnend gewordenen Betrieb aufgegeben hatte. Den heißen Biersud sollen die Bernauer von der Mauerkrone herab den Hussiten auf die Köpfe gegossen und sie dadurch zum Abzug gezwungen haben.

Im Mittelalter war Berlin Hauptabnehmer des Bernauer Biers. Doch überzeugten sich die für die Biereinfuhr zuständigen Ratsherren vorher von seiner Güte. Angetan mit ledernen Hosen setzten sie sich auf eine Bank, die mit dem zu prüfenden Bier begossen war. Nach einer Weile, die eine ausgiebige Geschmacksprobe verkürzt hatte, mußten sich die gestrengen Herren auf ein Zeichen gleichzeitig erheben. Blieb nun die Bank an ihren Hosen kleben, so daß sie mit in die Höhe ging, war das Bier gut und konnte unbedenklich nach Berlin ausgeführt werden.

Noch ein Blick in den 3000 Gläubigen bequem Platz bietenden Innenraum der gotischen Marienkirche, deren magerer Turm von 1846 dem stolzen Bau nicht gerecht wird. Unter dem Zifferblatt der Westseite steht I F N in meterhohen Buchstaben. Die Initialen eines Maurer-

gesellen Johann Friedrich Noack, der seinen Namen auf diese ungewöhnliche Weise unsterblich machen wollte.
Haupt- und Glanzstück der trotz vielfacher Bilderstürmereien überraschend reich ausgestatteten Kirche ist der mächtige Wandelaltar aus der Zeit um 1520. Hinsichtlich seiner Größe, der liturgischen Thematik und der künstlerischen Gestaltung läßt er an Pachers weltberühmte Meisterschöpfung in Sankt Wolfgang denken. Doch was Tausende von Berlinern alljährlich am schönen Wolfgangsee andächtig bewundern, haben sie hier so nahe ihrer Heimatstadt nie gesehen, zwanzig Jahre lang allerdings auch nicht sehen dürfen.

Ein „schöner, lustiger Orth, vier Stunden von Berlin"

Oranienburg liegt zwar nur 30 Kilometer von Berlin entfernt, doch erfordert die Reise — wenn man auf die S-Bahn angewiesen ist — fast anderhalb Stunden. Die direkte Strecke geht seit dem Mauerbau nur bis Frohnau. Jetzt fährt man erst einmal bis Blankenburg und dann in einem großen Bogen durch nur von Krähen belebte Rieselfelder und Äcker über Schönfließ und Bergfelde nach Hohen Neuendorf, wo man endlich auf die von früher vertraute Linie der einstigen Nordbahn stößt.
In Oranienburg angekommen, überrascht der Anblick, den die Dreiheit Bahnhofsgebäude, Gymnasium und Postamt bietet. Obwohl erst zwischen 1915 und 1927 entstanden, repräsentieren sie mit ihren farbig gut aufgefrischten Fassaden den Stil des preußischen Klassizismus. Man denkt an Schinkel und seine Gutshäuser irgendwo in der Mark oder an das Stadtpalais eines Duodezfürsten.
Klassizistisch, jedoch holländischen Gepräges und direkt mit einer hochgeborenen Luise verbunden, ist die einzige Sehenswürdigkeit von Bedeutung, mit der die wenig mehr als 20 000 Einwohner zählende Stadt aufwarten kann: das alte Schloß am Ufer der hier nur ein paar Meter breiten Havel.

Obwohl seit Jahr und Tag als Unterkunft der Nationalen Volksarmee genutzt, trägt es noch immer in bronzenen Versalbuchstaben die lateinische Inschrift von 1690. Sie erzählt, daß Kurfürst Friedrich III. „dieses von Luise, Prinzessin von Oranien, der besten Mutter, gebaute und durch den Namen ihres Geschlechts ausgezeichnete Schloß zum Gedächtnis der frömmsten Mutter erweitert, geschmückt und vermehrt" hat.

Luise Henriette, erste Frau des Großen Kurfürsten, fand in der Havellandschaft ein Bild ihrer Sehnsucht nach dem vertrauten Zuhause in Holland und ließ sich das Amt Bötzow schenken, um hier einen landwirtschaftlichen Musterbetrieb mit Schäferei, Brauerei, Kuhgarten und Molkenwirtschaft einzurichten. „Und weil höchstgedachte Churfürstin ein solch sonderbares Belieben und Vergnügen an diesem Orthe haben und an dessen Erbauung so viel wenden, so hat der Churfürst demselben den Namen Oranienburg gegeben" berichtet Merian in seiner „Topographia Brandeburgici" aus dem Jahre 1652, und der Beschreibung des „schönen, lustigen Orths, vier Stunden von Berlin" hat er eine Ansicht des von Luise Henriette neuerbauten, über den Grundmauern eines Jagdschlosses des Kurfürsten Joachim II. entstandenen Schlosses beigelegt. Ursprünglich war es eine askanische Wasserburg der Zeit um 1200.

Die mehr einem Kastell denn einem Schloß gleichende Residenz seiner früh verstorbenen Mutter hat dann der spätere erste Preußenkönig durch Nering, Grünberg und Eosander von Göthe in den barocken Prunkbau umwandeln lassen, der im wesentlichen noch heute besteht. Nur die alte fürstlich-prächtige Ausstattung ist vor über 200 Jahren in andere Schlösser verbracht worden. So einiges aus der in ihrer ursprünglichen Dekoration mit allegorischen Deckenbildern noch erhaltenen Porzellankammer in das Schloß Charlottenburg, in dem sich auch die gewaltige Vase befindet, die Augustin Terwesten um 1695 in den Mittelpunkt eines anderen Deckenbildes stellte und dort einer vollbusigen blonden Schönen in die üppigen Arme gab.

Schloß Oranienburg

Auf dem einstigen Luisenplatz und jetzigen Platz des Friedens vor dem Schloß steht das 1858 der „hohen Wiederbegründerin dieser Stadt" von der dankbaren Bürgerschaft gestiftete Denkmal der Kurfürstin Luise Henriette. Dahinter auch noch das von Nering entworfene Portal des verwilderten und verwahrlosten Schloßparks, dem die Baracken der Volksarmee nicht gerade zur Zierde gereichen. Die gleichfalls von Nering konzipierte radiale Straßenplanung der Altstadt wurde in den letzten Jahren leider stark beinträchtigt.

Das aus dem kurfürstlichen Jagdzeughaus entstandene ehemalige Rathaus — Generationen von Hungrigen und Durstigen bot es als „Hotel Eilers" willkommene Zuflucht —, war 1958 umfassend erneuert und zum „Haus der Kultur" bestimmt worden. Dennoch wurde das 250 Jahre alte Haus ohne Rücksichtnahme auf die Volksmeinung und die Wünsche der Denkmalpfleger abgebrochen und an seiner Stelle der Neubau einer Bank gesetzt, dessen formlose Architektur anscheinend auf „Kontrast-Ästhetik" ausgerichtet sein sollte, aber wie ein Faustschlag aufs Auge wirkt.

Einen Lichtpunkt bedeutet in der unmittelbaren Nachbarschaft das aus der Zeit um 1700 überkommene Amtshauptmannshaus, in dem eine freundliche, auf ihrem Metier sehr bewanderte Dame das Kreisheimatmuseum betreut. Sein Parade- und Glanzstück ist — schon von der Größe her — ein fast vier Meter breites und über drei Meter hohes, auf die Gründung Oranienburgs bezügliches Ölbild; letztes Überbleibsel der Ausstattung des Schlosses Luise Henriettes und nicht von Terwesten (wie man lange annahm), sondern um 1655 von Willem van Honthorst gemalt.

Interessanter als dieses und andere Erinnerungsstücke feudalistischen Charakters, die natürlich (wie allgemein in der DDR üblich) in marxistisch-leninistischer Dialektik beschriftet sind, ist der Gedenkraum für den von der Fachwelt hochgeschätzten, der Allgemeinheit aber kaum bekannten Chemiker Friedlieb Ferdinand Runge. In den Jahren 1832 bis 1852 war er technischer Leiter einer im Schloß untergebrachten „Chemischen Produkten-Fabrik" der königlich preußischen Seehandlung, konnte sich aber mit seinen bahnbrechenden Erfindungen niemals bei dem kaufmännischen Direktor durchsetzen, dem der Weitblick fehlte und nur daran gelegen war, daß für ihn persönlich „die Kohlen stimmten".

Runge, der schon als Student in Jena auf Anregung Goethes das Coffein entdeckt hatte — wie später das Chinin und die pupillenerweiternde Wirkung des Atropins — fand in Oranienburg bei der trockenen Destillation des Steinkohlenteers erneut das schon sieben Jahre zuvor von Otto Unverdorben in Dahme entdeckte Anilin sowie die Karbolsäure und hat mit der Blaufärbung des Anilins durch Chlorkalk den ersten synthetischen Teerfarbstoff hergestellt. Alle Entdeckungen wurden jedoch wirtschaftlich nicht genutzt, so daß Runge 1867 bettelarm und vergessen starb.

Runge stammte aus Hamburg, wo er 1794 als Sohn eines Pastors geboren wurde. Fast 100 Jahre später (1893), kam in Oranienburg sein würdiger Nachfolger auf dem Gebiet der angewandten Naturwissenschaften zur Welt: der Kernphysiker Walther Bothe. Seit 1932 bis zu seinem Tode (1957) in Heidelberg lehrend und wirkend, wurde er 1954 mit dem Nobelpreis für Physik ausgezeichnet.

Strenge Bräuche im Strausberger Speisehaus

In einem 1954 erschienenen und mit viel Statistik befrachteten Werk über die Städte am Rande Berlins wird behauptet, die Eisenbahnverbindung von Berlin nach Strausberg sei ausgesprochen schlecht. Man hat übersehen, daß die S-Bahn bereits 1947 bis Strausberg verlängert wurde und seit langem über Strausberg-Stadt hinaus bis zum Neubaugebiet Strausberg-Nord verkehrt.

Am Bahnhof Strausberg kann man überdies in die gemütlich durchs hübsche Annatal schuckelnde Straßenbahn umsteigen oder einen der vielen hier startenden Autobusse benutzen, von denen manche ihren Weg in die östliche Mark Brandenburg über „die gegen den Einfluß Berlins durch mehrere Seenrinnen abgeschirmte" alte Barnimstadt nehmen.

Wenn Berghaus 1855 in seinem „Landbuch der Mark Brandenburg" rühmt: „Die Lage der Stadt am Straussee und am Fuße der Höhen, welche dieses große Wasserbecken begrenzen, gehöret mit zu den anmutigsten der Mark", so haben später Berliner Rentner und Pensionäre davon profitiert und trotz der angeblichen schlechten Verkehrslage in der fast fünf Kilometer langen Strausberger Vorstadt ihre Ruhesitze gebaut.

Die der Industrie entbehrende Stadt sorgte dafür, daß „jeder, wer alsbald baut, besonders billiges Siedlungsgelände" erhielt, und schwärmte in aufwendigen Prospekten vom „Luftkurort Strausberg, dem Jungbrunnen im Osten von Berlin, mit Zauberwäldern, Märchenseen, Urnatur und Kulturnatur".

Der schöne Straussee ist größer als man ihn in der Erinnerung hat, aber in der Stadt selbst leider nur an zwei, drei schmalen Stellen zugänglich. Obwohl laut einer offiziellen Äußerung des Bürgermeisters „Finanzhyänen, Junker und Militaristen" nach 1945 aus der Stadt vertrieben wurden, verfügen die Haus- und Grundbesitzer über die Seeufer und haben sich in ihren terrassierten Gärten hoch über der bröckligen Stadtmauer ausblickreiche Pavillons gebaut. Wer den See und seine Ufer genießen will, ist auf die Seepromenade ganz im Süden der Stadt angewiesen. Oder er muß mit der an elektrischer Oberleitung hängenden Fähre auf das Westufer übersetzen. Hier kann man stundenlang durch das weite Strausberger Wald- und Seengebiet promenieren.

Mein freundlicher Mentor und ich zogen es vor, durch die Straßen und Gassen der Stadt zu streifen, die durchaus nicht das „unharmonische, unbefriedigende Gepräge" haben, wie ein Stadtchronist 1924 mißmutig feststellte. Allerdings hat man in jüngster Zeit ganze Häuserviertel auf dem Buchhorst zwischen Stadtmauer und Müncheberger Straße abgeräumt und die alten brüchig gewordenen Fachwerkbauten teilweise schon durch die überall in beiden Teilen Deutschlands anzutreffenden Betonkuben ersetzt.

Der dank seiner „Topographien" unsterblich gewordene Matthäus Merian war 1652 der Meinung, „Strausberg solle den Namen von dem nächstgelegenen See, Straus genannt, und von den Bergen, die solchen See umgeben, haben". Doch dürfte er auf ein aus dem Lande Anhalt stammendes Rittergeschlecht Struzze von Pfuhle zurückgehen, das bald nach 1200 die askanische Ostsiedlung in und um Strausberg einleitete. Eine andere Meinung sieht als namenbildend das mittelhochdeutsche „struz" an, das „Buschwerk" bedeutet und das frühere Aussehen des Strausberges überliefert.

Strausberg ist tatsächlich eine Art Bergstadt, und auf ihrem höchsten Punkt steht — weithin sichtbar — die von der Kunstgeschichtsschreibung gröblich vernachlässigte Marienkirche: ein zu Beginn des 13. Jahrhunderts in spätromanischen Formen aufgetürmter Feldsteinbau. Besonders eindrucksvoll ist das Innere mit seinen wuchtigen Pfeilerarkaden. Vom fehlenden Querschiff abgesehen, vermittelt uns St. Marien eine Vorstellung davon, wie der Erstbau der Berliner Nikolaikirche einmal ausgesehen haben könnte.

Hinter dem schönen Schnitzaltar, einem figurenreichen Werk der Spätgotik, steht der Grabstein des „ehrwürdigen, achtbaren und wohlgelahrten Herrn Magister Andreas Engel", der 1598, erst 38 Jahre alt, an der Pest verstarb und durch sein deutsch geschriebenes Chronikwerk „Annales Marchiae Brandenburgica" bei Historikern und Heimatfreunden bis heute weiterlebt.

Zum Schluß unseres Stadtbummels kehrten wir im „Speisehaus an der Fähre" ein, das strengen Bräuchen huldigt. Speisen und Getränke muß man sich selbst vom Tresen holen, bis 14 Uhr darf weder geraucht noch Bier ausgeschenkt werden, und „Besucher in Arbeitskleidung" müssen an besonders gekennzeichneten Tischen gleich vorn am Eingang Platz nehmen. Doch das preiswerte und schmackhafte Essen versöhnte, vor allem aber die anmutigen jungen Büfettdamen in ihren atemberaubend kurzen Miniröcken.

„Nischt zu besichtigen" in des Königs Wusterhausen

Wie man Königs Wusterhausen schreibt — ob getrennt, mit Bindestrich oder zusammen —, ist für den Normalbürger unwesentlich, jedoch nicht für die gestrengen Sprachforscher. Man hat zwar 1935 gelegentlich der Stadterhebung Königs Wusterhausens die getrennte Schreibweise amtlich eingeführt, doch ist sie nach Ansicht der Philologen falsch. In der DDR-Fachzeitschrift „Sprachpflege" wurde schon vor Jahren betont, daß man den Ortsnamen grundsätzlich zusammenschreiben sollte, und auch die hin und wieder anzutreffende Schreibung mit Bindestrich zu vermeiden sei.

Für den „ersten deutschen Arbeiter- und Bauernstaat" müßte der Name Königs Wusterhausen eigentlich suspekt sein. Vielleicht hält man ihn mit Rücksicht auf die Nationale Volksarmee, die — zumindest äußerlich — mit der hier vom „Soldatenkönig" begründeten altpreußischen Tradition eng verbunden ist.

Erst zehn Jahre alt war Kurprinz Friedrich Wilhelm, als er am Heiligabend 1698 die damals noch Wendisch Wusterhausen genannte Herrschaft geschenkt bekam. Von Anfang an nahm er sie in seine „besondere Affektion" und blieb bei dieser Vorliebe bis zu seinem frühen Tod. „Was der Ort jetzt ist, verdankt er ihm, dem Soldatenkönig. Das Dorf wurde zum Flecken; die Straßen und Plätze, die Häuser und Bäume, alles ist sein Werk, und mit Recht hat der Flecken seinen Namen gewechselt und sich aus einem Wendisch Wusterhausen zu einem K ö n i g s Wusterhausen erhoben."

So schrieb Fontane, und ich folgte ihm auch getreu auf dem Weg vom Bahnhof (der noch immer der 1866 vom „Eisenbahnkönig" Strousberg erbaute rote Backsteinkasten ist) zum Schloß. Von hier aus hat der Kurprinz und spätere König Friedrich Wilhelm I. mit einer jugendlichen Treiberkompanie die weiten Wälder der nahen Dubrow unsicher gemacht und dann mit den Bauernjungen die Stammformation seiner „langen Kerls" gebildet.

Wenn sich auch die zünftige Geschichtswissenschaft schon längst von dem völlig verzeichneten Bild freigemacht hat, das die Markgräfin Wilhelmine von Bayreuth in ihren „Denkwürdigkeiten" vom eigenen Vater gab, glauben einige auch heute noch an ihre mokanten und böswilligen Worte. So schilderte sie das Schloß: „Dieses sogenannte Palais bestand aus einem sehr kleinen Hauptgebäude, dessen Schönheit durch einen alten Turm erhöht wurde, zu dem hinauf eine hölzerne Wendeltreppe führte. Der Turm selber war ein ehemaliger Diebswinkel, von einer Bande Räuber erbaut, denen das Schloß früher gehört hatte."

Das Schloß ist noch so, wie es Wilhelmine sah, und wo sie zu ihrem Entsetzen in einer Dachkammer hausen mußte: eine 1718 aus- und umgebaute feste Wasserburg des 15. Jahrhunderts mit drei Meter dicken Mauern. Den breiten Wassergraben ringsum hat man 1831 wegen drohender Choleragefahr zugeschüttet.

Jetzt ist in dem jüngst restaurierten und seines Efeumantels entkleideten Bauwerk und in den Kavalierhäusern zu beiden Seiten des Schloßhofes der Rat des Kreises Königs Wusterhausen untergebracht; 1952 wurde er aus Teilen der ehemaligen Kreise Teltow, Beeskow-Storkow, Fürstenwalde und Lübben gebildet. An der Pförtnerloge hängt ein Schild, das kategorisch die Vorlegung des Personalausweises verlangt. Als mein Wandergenosse — Bürger der DDR — sein Dokument zückt und vorschnell erklärt, daß wir nur das Schloß besichtigen wollen, werden wir von der resoluten und nicht ganz taufrischen Torhüterin barsch darüber belehrt, daß es dort „nischt zu besichtigen jibt. Allet, wat zu sehen is, det seh'n Se ooch von hier aus!"

Tatsächlich ist das, was in dem zuletzt als Landwehrdepot genutzten, leergefegten Schloß in den 1860er Jahren zum Gedächtnis des jagdfreudigen Friedrich Wilhelm I. und seines Tabakskollegiums zusammengetragen wurde, nach 1945 in alle Winde verstoben. Als letztes blieben nur, da wandfest, zwei Stuckreliefs der Schlüterschule aus der Zeit um 1710, die inzwischen vom Institut für Denkmalpflege in Obhut genommen wurden. Man kann sie aber auch im Charlottenburger Schloß betrachten, wo sie neben anderen der mehrfach hergestellten Serie als Supraporten die Wohnung der Königin Sophie Charlotte zieren.

Drüben, auf der anderen Seite des alten Markt- bzw. Schloßplatzes, ist man freundlicher und läßt uns ohne weiteres in die Kirche, die gerade erneuert wird. Jedoch bietet der nüchterne Raum nichts; er ist ähnlich herb wie das 1822 „im byzantinischen Stil" neugestaltete Äußere. Der auffliegende Preußenadler an der Decke über der Orgelempore mag als Erinnerung an den Soldatenkönig gedacht sein.

Andere Erinnerungen werden wach angesichts des auf wenige Türme zusammengeschmolzenen einstigen Mastenwaldes auf dem Funkerberg oberhalb der Stadt. Hier und nicht im Voxhaus in der Potsdamer Straße stand die Wiege des deutschen Rundfunks, der 1973 sein goldenes Jubiläum beging. Bei dieser Gelegenheit wurde vergessen, daß schon Jahre zuvor, genau am 22. Dezember 1920, in der damaligen Hauptfunkstelle der Deutschen Reichspost einige Beamte — Liebhabermusiker — auf die Idee kamen, den Hörern ihrer Versuchssendungen mit einem Weihnachtskonzert eine Freude zu bereiten. Sie haben dann immer wieder an Festtagen gespielt und ihre unbezahlten Musiksendungen erst eingestellt, als der „Deutschlandsender" in Königs Wusterhausen im Sommer 1926 auf Welle 1250 den Betrieb aufnahm.

Auf den Spuren Paul Gerhardts in Mittenwalde

„Wer reist nach Mittenwalde?" fragt Theodor Fontane in einem Kapitel des Spreeland-Bandes seiner brandenburgischen Wanderungen. „Niemand", lautet die knappe, resignierende Antwort auf die zweifelnde Frage. Beinahe ist man geneigt, heute nach über 100 Jahren, die gleiche Frage zu stellen und dieselbe Antwort zu geben.

Die Zeiten sind längst vorbei, da man noch mit dem „rasenden Hermann" — wie der Volksmund die Neukölln-Mittenwalder Eisenbahn nannte — vom Bahnhof Hermannstraße aus in behaglichem Bummeltempo nach Mittenwalde fahren konnte. Zuletzt hat man es in den Jahren zwischen 1945 und 1948 getan, als monatlich bis zu 150 000 hungernde und frierende Berliner auf Hamsterfahrt in den Kreis Teltow zogen. Während der Blockade, im Oktober 1948, wurden die Schienen an der Grenze West-Berlins von den Sowjets unterbrochen. Drei Jahre später hat man die außerhalb Berlins noch betriebene Bahn eingestellt und abgebaut.

Berliner Tor in Mittenwalde, 1832

Auch die 1894 eröffnete Bahnstrecke von Königs Wusterhausen über Mittenwalde nach Töpchin wird nicht mehr befahren. Der Bahnhof Mittenwalde-Ost ist stehengeblieben und könnte mit seiner altertümlichen Backsteinarchitektur ohne weiteres die Kulisse für einen Westernfilm abgeben. Nur fehlen jetzt die Dampflokomotiven der Jahrhundertwende, die noch bis Anfang der dreißiger Jahre Namenschilder trugen. Beispielsweise „Stubenrauch" nach dem Teltower Landrat.

Trotz des verheißungsvollen Namens ist in und um Mittenwalde kaum Wald zu sehen. Die flache Landschaft mit dem stillen, von alten Alleen begleiteten Nottekanal erinnert an Flandern, und von dort stammt auch das Vorbild für den weithin sichtbaren, das Städtchen mächtig überragenden Turm der Sankt Moritz-Kirche. Bei seiner Erneuerung 1878 hat Eduard Jacobsthal, Pofessor für Baugeschichte an der Technischen Hochschule in Charlottenburg, den Turm der Liebfrauenkirche in Brügge zwar korrekt nachgezeichnet, aber den mit altersgrauem Gemäuer verbundenen Stimmungsreiz konnte er dem neugotischen Blankziegelbau nicht geben.

Den findet man im anschließenden Langhaus und dem Polygonalchor des 14./15. Jahrhunderts, der überdies mit altem Gestühl und einem prächtigen Schnitzaltar der Antwerpener Schule aufwartet. Im Jahre 1514 hat ihn die Kurfürstin Elisabeth von Brandenburg der Kirche geschenkt. Das auf der Altarstaffel dargestellte Schweißtuch der Veronika soll den hier während der Jahre 1651 bis 1657 als Propst amtierenden Paul Gerhardt zu dem Passionslied „O Haupt voll Blut und Wunden" angeregt haben. Auch das Glaubenslied „Befiehl du deine Wege" und der Jubelpsalm auf die Sommerpracht „Geh' aus mein Herz und suche Freud" hat der größte deutsche Kirchenlieder-Dichter des 17. Jahrhunderts in Mittenwalde geschaffen. „Seine Handschrift ist fest, dabei voll Schwung und Schönheit" meinte Fontane. Man kann sich von diesem zutreffenden Urteil im Kirchenbuch überzeugen; 1573 begonnen, ist es eins der ältesten in der Mark Brandenburg.

Historische Kuriositäten aller Art und aller Zeiten, wahllos auf- und übereinandergehäuft, fand man bis zu seinem Tod in der „Heimatstube" eines stadtbekannten Originals, des 1974 verstorbenen Rudi Möhring, in einem Eckhaus der Bergstraße. Ausweislich der Gedenktafel über dem Eingang war es Geburtsstätte des von den Nazis ermordeten Widerstandskämpfers Erich Steinfurth.

Die früher an Yorck erinnernde Gedenktafel mußte der Heimatsammler in einer Hofecke abstellen. Der damalige Major und spätere Generalfeldmarschall war in den Jahren nach 1800 Kommandeur eines in Mittenwalde stationierten Feldjägerregiments. Das von ihm erbaute (aber nie bezogene) schmucke Haus steht noch. Es trägt auch noch seine Büste, nur das „Hotel Yorck" — unter seinem langjährigen Wirt Kniebandel bis 1945 das „erste Haus am Platze" — hat die einstmals so gastlichen Pforten geschlossen.

Obwohl ich an einem Werktag in Mittenwalde war, kam es mir vor, als sei Sonntag. Kaum Menschen auf den Straßen und höchstens alle Viertelstunde ein Auto auf dem holprigen Pflaster des jetzt auf Puschkin getauften, früher Große, dann Yorckstraße genannten Hauptstraßenzugs, der diagonal in nordsüdlicher Richtung durch die Stadt läuft. Die einigermaßen geschlossen erhaltene zweistöckige Bebauung des 18. und frühen 19. Jahrhunderts hat durch den selbst auf den Dörfern bemerkbaren modischen Hang zur maßstablosen Vergrößerung der Fenster oder deren Ersatz durch ungeteilte Scheiben empfindlich gelitten. Und wenn die Fronten erneuert werden, dann natürlich durch sterilen Spritz- oder Kratzputz.

Mittenwalde rühmte sich früher, die einzige Stadt im Kreise Teltow zu sein, die ihr Stadttor aus dem Mittelalter bewahrt hatte. Den Teltower Kreis als politischen Begriff gibt es seit 1952 nicht mehr; Mittenwalde gehört seitdem zum neugeschaffenen Kreis Königs Wusterhausen. Aber das Berliner Tor steht erfreulicherweise noch immer in der Gestalt, die es vor 500 Jahren von den selbstbewußten Bürgern des als „Port der Mark gen die Lusitz" geltenden, oft umkämpften Städtchens erhielt.

Lärm in der Idylle

Rund 50 Jahre ist es her, daß ich zum ersten Male nach Ludwigsfelde kam. Jener „friderizianischen Schöpfung mit uralter Vergangenheit", wie der Teltow-Chronist Willy Spatz noch ein paar Jahre früher meinte. Doch davon wußte ich damals wenig oder nichts. Mich beeindruckten die Verträumtheit des kaum 150 Einwohner zählenden Orts und die vielen Kühe des Rittergutes Löwenbruch, die unmittelbar am Bahnhof unter den mächtigen alten Linden der Landstraße Zossen—Saarmund geruhsam weideten oder wiederkäuten.

Viele Jahre später fand ich dann beim Studium alter Jahrgänge der Vossischen Zeitung seligen Angedenkens das Feuilleton „Von der Dampfspazierfahrt nach Jüterbog", in dem ein Kollege der Feder, der Kunsthistoriker Dr. Carl Seidel, über seine auf Einladung der Berlin-Anhaltischen Eisenbahn unternommenen Fahrten berichtete. Er schrieb im Juni 1841: „An der Wasserstation Ludwigsfelde ist freies grünes Feld, ganz von Wald umgeben, über das sich eine Reihe ältester prachtvoller Linden hinzieht, ein Bild im Hackertschen Stil."

Diese Linden stehen — wenigstens zum Teil — noch immer. Und auch der Alte Krug von 1754, das älteste Haus Ludwigsfeldes. Dessen geschäftstüchtiger Wirt erzählte mir einmal, die Bäume hätte Napoleon Anno 1813 pflanzen lassen, damit seine Grenadiere im Schatten marschieren konnten. Schließlich sei die Schlacht im nahen Großbeeren im August gewesen.

Ludwigsfelde als Ortsnamen gibt es erst seit 1929, nachdem die Vorwerke Damsdorf und Ludwigsfelde der Rittergüter Genshagen und Löwenbruch auf Grund des Gesetzes über die Auflösung der Gutsbezirke zur selbständigen Landgemeinde wurden. Landrat von Achenbach hatte den historischen Namen Damsdorf gewählt, doch fand dieser keinen Anklang bei der Bevölkerung.

Sie wußte nicht — oder wollte davon keine Kenntnis nehmen —, daß beide Vorwerke auf dem Grund und Boden einer früh wüst gewordenen Siedlung lagen, die im Landbuch Kaiser Karls IV. von 1375 als „Danstorp" registriert wurde.

Neues Leben auf dem alten Siedlungsplatz, dessen erste Anwohner nach 700 Jahren — im Sommer 1932 — in Gestalt von einigen 20 Skeletten ausgegraben wurden, erblühte unter dem Alten Fritz. Er ließ durch die Gutsbesitzer Ludwig von der Gröben auf Löwenbruch und Johann von Hake auf Genshagen das Land „repeuplieren". Sie haben „ausländische kleine Wirthe" angesetzt, und nach dem Präsidenten der Kurmärkischen Kriegs- und Domänenkammer, dem Herrn von der Gröben, kam es dann auch zur Ortsbenennung Ludwigsfelde.

Ebenso verwunschen wie die nähere Umgebung war das weite Waldgebiet der Damsdorfer und Ludwigsfelder Heide mit dem stillen Pechpfuhl. Als 1931 der

Neubau der Chaussee nach Struveshof eine Bresche durch den Wald schlug, meuterten die feudalen Heidebesitzer wegen der von ihnen verlangten Beteiligung an den Kosten des Straßenbaues. Ein paar Jahre später (1936) ermöglichte es die befehdete Straße, daß den Herren auf Löwenbruch und Genshagen, Siethen und Groß Beuthen, gutes Geld in die Taschen floß. Die Daimler-Benz AG hatte mitten im Wald ein riesiges Flugzeugmotorenwerk angelegt. Die Motoren auf den Prüfständen heulten Tag und Nacht; nicht gerade zur Freude der nun ein paar tausend zählenden Einwohner von Ludwigsfelde. Doch die Fabrik gab ihnen das Brot, und vom Umwelschutz wußte man damals noch nichts.

Nach 1945 wurde der Rüstungsbetrieb demontiert, aber viele qualifizierte Fachkräfte waren geblieben und mußten sich nach neuer Arbeit umsehen. Nach tastenden Anfängen in allen möglichen neuen Betrieben kam es 1952 zum Aufbau der VEB Industriewerke Ludwigsfelde, die anfänglich Motorroller herstellten. Nach der Produktionsumstellung auf Lastkraftwagen wurde „zu Ehren des Tages, an dem der erste LKW ‚W 50' das Montageband verließ und damit die zukünftige sozialistische Perspektive Ludwigsfeldes eröffnete", das nun 12 000 Einwohner zählende Dorf im Juli 1965 zur Stadt erhoben.

Mit dem größten und modernsten LKW-Werk der DDR, das jährlich 25 000 Lastautos produziert, wuchs Ludwigsfelde mehr und mehr zur „sozialistischen Wohnstadt", in der großstädtische Baukomplexe einschließlich des in unserer Zeit anscheinend unentbehrlichen Hochhauses jetzt 20 000 Menschen beherbergen.

„Luckenkien" wollte man den Kirchturm stehlen

Als es noch die Potsdamer Arbeitervorstadt Nowawes gab, wurde sie von den spottlustigen Berlinern „Nudelberg" genannt. Das Brandenburgische Namenbuch vertritt die Meinung, dieser Scherzname nehme auf das karge Leben der Nowaweser Weberfamilien bezug, die in den Krisenzeiten des vergangenen und unseres Jahrhunderts häufig unter Arbeitslosigkeit litten. Doch darüber zu debattieren, lohnt nicht, weil Nowawes — die tschechische Übersetzung des Ortsnamen Neuendorf, auf dessen Gemarkung 1751 die böhmische Siedlung angelegt wurde — seit 1938 Babelsberg heißt.

Ein anderes Beispiel dieser mit Orten verbundenen Scherz- und Spottnamen ist „Luckenkien" für die märkische Textilmetropole Luckenwalde, die sich ihre waldreiche Umgebung bis heute bewahren konnte. Aus „Luch im Walde" soll der Name entstanden sein. Andere wieder meinen, er sei von lugen (blicken, schauen) abgeleitet und versuchen, ihre Auffassung mit dem inmitten der Stadt aufragenden Marktturm zu beweisen. Dieses Wahrzeichen sei der Wachtturm einer urkundlich 1216 zuerst erwähnten Burg Luckenwalde und habe als eine Art Zollturm gedient. Der Platz der Burg — heute noch durch eine Straßenbezeichnung ausgewiesen — lag jedoch ein paar hundert Meter weiter nördlich. Der 42 Meter hohe Turm ist nach seinen Bauformen allerdings erst um 1500 entstanden und von Anfang an nichts anderes gewesen als das, war er noch immer ist: Glockenturm der benachbarten Johanniskirche, einer spätgotischen Schöpfung aus der zweiten Hälfte des 15. Jahrhunderts.

Seine ungewöhnliche, wenn auch nicht einmalige Situation hat die Luckenwalder von jeher beschäftigt und eine Reihe von Sagen ausgelöst. So wollten die Jüterboger eines Nachts den Turm rauben. Sie hatten ihn auch schon auf einen schweren Rollwagen gestellt und waren ein paar Schritte weit gefahren, als der Wagen zerbrach und der Turm auf die Erde rutschte. Hier mußten sie ihn stehen lassen, und hier steht er noch heute.

Eine andere Sage erzählt, daß die Leute aus Kolzenburg die Luckenwalder von jeher um ihren schönen Granitturm beneidet hätten. Nun waren die Kolzenburger von besonders kräftiger Statur. Sie brauchten keinen Wagen, denn vier von ihnen hoben den Turm mit Leichtigkeit hoch und trugen ihn fort. Doch waren sie

Johanniskirche und Stadtturm in Luckenwalde, 1880

kaum ein Dutzend Schritte weg, da wurde der Wetterhahn auf dem Dach der Johanniskirche lebendig und fing so laut zu krähen an, daß die Räuber vor Schreck den Turm losließen.

Ein anderes Wahrzeichen Luckenwaldes sind die vielen Fabrikschornsteine. Einst waren sie noch zahlreicher, und die meisten qualmen nicht mehr, weil sich die Industrie jetzt anderer Energieträger als Dampfmaschinen bedient. Auch gibt es schon seit den Jahren zwischen den beiden Weltkriegen längst nicht mehr so viele Textilbetriebe wie um die Jahrhundertwende, als man fast 20 Tuch- und ein Dutzend Hutfabriken zählte, in denen die Hälfte aller berufstätigen Einwohner beschäftigt war. Hüte und Tuche wurden in die weite Welt geliefert. Wolltuche insbesondere nach Großbritannien, von wo sie als „echt englisches Tuch" wieder nach Deutschland zurückkehrten.

Im Jahre 1684 sind die ersten sächsischen Zeugmacher und Strumpfwirker nach Luckenwalde gekommen. Später folgten ihnen Tuchmacher aus Thüringen, so aus dem abgebrannten Gera, für die 1785 eine „Wollzeug-Fabrique nach Geraer Art" angelegt wurde. Der imposante, jetzt aufgestockte und mit moderner Fassade versehene Bau steht noch am Haag, dicht bei der munter durch die Stadt strömenden Nuthe; hier arbeitet der VEB Wolltuch.

Von der alle möglichen Fertigungszweige umfassenden Industrie darf die Herstellung von Pappe- und Papierwaren schon deswegen nicht unerwähnt bleiben, weil die im Zeitalter des Schaschliks und der Currywurst so wichtigen Papierteller in Luckenwalde erfunden wurden. Den guten Gedanken hatte ein gewisser Hermann Henschel, der 1867 in der früheren Wilhelm- und heutigen Poststraße eine Papierwarenfabrik aufmachte.

Luckenwalde hatte zwar bereits 1471 Bürgermeister, Rat und Ratmannen, auch wurde 1480 ein Rathaus erwähnt, doch die Stadtrechte bekam der Flecken erst mit der Steinschen Städteordnung von 1808. Seitdem ist die Einwohnerzahl auf das Zehnfache angewachsen und beträgt rund 30 000 Einwohner, zu denen sich viele werktätige Pendler aus den umliegenden Dörfern gesellen. Arbeitslose gibt es nicht mehr. Die 5200 auf Stempelgeld angewiesenen Luckenwalder des Jahres 1929 gehören der Vergangenheit an und bestätigen, daß es in den so oft gepriesenen „goldenen Zwanzigern" ebenso viel Licht wie Schatten gab.

In Treuenbrietzen kennt noch jeder jeden

Was eine Brietze oder Brietzkeile ist, dürfte jeder gebürtige (oder gelernte) Berliner wissen. Was jedoch die Kenntnis von Treuenbrietzen angeht, bin ich mir dessen nicht so sicher. Seitdem wir die Autobahn Berlin—München haben, fährt man an dem von Straube im Märkischen Wanderbuch als „angenehme Landstadt" gepriesenen Ort vorbei und spürt nichts von der reizvollen Umgebung, die „hübschen Wechsel von Wald, Feld und Wiesen zeigt".

Man sollte einmal nach Treuenbrietzen fahren, in dem das Leben beschaulich verläuft, wo anscheinend jeder der 7000 Einwohner jeden kennt und für ihn Zeit hat. So war der Abc-Schütze im Papierladen ob seines schmerzenden Zahns wichtiger als der Ansichtskarten heischende Besucher aus West-Berlin.

Von der früheren Bedeutung der vielbefahrenen Handelsstraße nach dem messeberühmten Leipzig zeugt die einer Allee gleichende Magistrale der Stadt. Mit 50 Metern ist die Großstraße nur drei Meter schmaler als unser Kurfürstendamm und vermittelt trotz erneuerter Bebauung das typische Bild eines mittelalterlichen Straßenmarkts, auf dem sich einst die Planwagen stauten.

Dazu gibt es im südlichen Stadtbereich noch eine Breite Straße (die es aber nur auf 25 Meter bringt) und einen Neuen Markt. Dem Kundigen erzählen sie im Verein mit den beiden Pfarrkirchen, daß Treuenbrietzen aus zwei Siedlungskernen entstand und hier schon um 1200 großzügig geplant wurde.

Von der Ende des 13. Jahrhunderts unter Beteiligung der Mönche des nahen Klosters Zinna aufgetürmten Stadtmauer ist allerdings nicht viel geblieben. Um so stattlicher präsentieren sich die Marienkirche am einstigen Berliner Tor und die völlig eingebaute, nicht leicht zu findende Nikolaikirche in der Nähe des Steintors an der Straße nach Jüterbog.

Hier liegt auch der 15 000 Morgen große Stadtforst, von dem die Stadt bis zum Ersten Weltkrieg so viel profitierte, daß die Treuenbrietzener keine Gemeindesteuern zu zahlen brauchten.

Die Marienkirche läßt im Äußeren den Stilwandel erkennen, der von dem zu Beginn des 13. Jahrhunderts nach dem Vorbild von Lehnin, aber in Feldsteinquadern aufgeführten Ostteil über das backsteinerne Langhaus zu dem Turm der Zeit um 1500 führt und praktisch die Spätromanik mit der ausklingenden Gotik verbindet.

Vor dem Turm steht — wie ein Krüppel gestützt und gleich einem alten Zahn plombiert — eine uralte Linde, unter der Luther im Freien gepredigt haben soll, weil ihm der katholische Kaplan den Zutritt zur Kirche verwehrte. Hier befand sich auch das Bild der „Mutter Gottes von Treuenbrietzen", ein Merk- und Grußzeichen der fahrenden Leute, das vielleicht auf eine Frau Gotthaus zurückzuführen ist, die sich in ihrer Herberge mit ungewohnter Freundlichkeit um die wandernden Handwerksgesellen kümmerte.

Mittelpunkt der Stadt ist das in seiner jetzigen Erscheinung 1802 entstandene Rathaus. Doch die berühmte Inschrift, von der wir in der Schule lernten, daß sie an die Schwindelaffäre um den falschen Waldemar von 1348 gemahnt, wurde 1936 an die damals aus einer Ruine zum Heimatmuseum ausgebaute Heiliggeistkapelle übertragen. Da selbst mit dem großen Latinum ausgerüstete Mitmenschen den Text nicht übersetzen können, sei er deutsch mitgeteilt: „Das ist die Stadt, die verdient, Treuenbrietzen genannt zu werden; denn in den Zeiten des Kriegs blieb sie den Fürsten treu."

Ein Valentin Neander hat sie 1606 ausgeheckt, und der brandenburgische Chronist Buchholz kritisierte bereits 1765, daß diese „Geburt neuerer Zeit für eine so große Sache hätte besser sein können". Möglich ist auch, daß man nur das Brietzen an der Nieplitz von dem Brietzen an der Oder, dem heutigen Wrietzen, unterscheiden wollte.

St. Nikolai ist ebenfalls eine kreuzförmige Pfeilerbasilika wie die Marienkirche. Jedoch ein paar Jahre jünger und schon gänzlich aus Backsteinen. Über der Vierung steht als einziger seiner Art in der Mark Brandenburg ein Turm, dessen Aufsatz von 1776 nicht erkennen läßt, daß Turm und Kirche ungefähr 550 Jahre älter sind.

„Wer seinen Kindern gibt das Brot". Besuch in „Jutriboc"

„Die Schürze ist länger als der Rock, das Mädchen ist aus Jüterbog." Das noch heute im Fläming gebräuch-

Volkstrachten aus der Umgebung von Jüterbog, 1880

liche geflügelte Wort kennzeichnet eine in Berlin kaum gekannte Volkstracht, die schon dem Reporter der Vossischen Zeitung auffiel, als er im Juni 1841 an der Probefahrt der Anhalter Eisenbahn nach Jüterbog teilnahm und dort registrierte, daß „einige Bauernmädchen mit ihrem flügelartigen Kopfputz recht zierlich aussahen".

Die Flügelhaube ist vor der Jahrhundertwende dem Kopftuch gewichen, und mit diesem sowie mit langen Röcken und Schürzen sieht man hin und wieder auch noch ein paar alte Weibsen. Mit ihnen wird die Flämingtracht aussterben und dann nur noch im Jüterboger Heimatmuseum zu sehen sein. Sollten auch hier die Motten ihr zerstörerisches Werk getan haben, dürfte einzig und allein die hübsche Statuette einer Flämingbäuerin, die der Berliner Bildhauer Fritz Heinemann

1915 für den Neubau der Kreissparkasse schuf, vom vergangenen Volksbrauch künden.

Das Heimatmuseum im Abtshof am Planeberg, dem alten Stadthaus der Äbte des nahegelegenen Klosters Zinna, zeigt außer der Volkskunde des Flämings und der in der DDR nun einmal obligatorischen Geschichte der örtlichen Arbeiterbewegung auch eine stadthistorische Abteilung, die bis zur Vorzeit zurückführt.

Bereits 1007 ist „Jutriboc" in einer Chronik erwähnt. Es soll nach alter Auffassung eine Stätte der Verehrung für den slawischen „Gott der Morgenröte" gewesen sein. Heute sind die Sprachforscher der Ansicht, daß Jüterbog aus einem alten Flurnamen entstand und die Bedeutung habe: „Ein gegen Osten offenes, der Morgensonne besonders ausgesetztes Feld." Vor 800 Jahren, 1174, erhielt es seine Stadtrechte durch den Erzbischof Wichmann von Magdeburg. Das Jubiläum wurde im Sommer 1974 gebührend gefeiert.

Die Liebfrauenkirche in der Dammvorstadt gilt als erste Pfarrkirche im Lande Jüterbog und soll um 1160 erbaut worden sein. Das, was heute steht, hat aber schwerlich den von Heinrich dem Löwen angezettelten Wendenaufstand von 1179 überstanden, gibt jedoch trotz der seit 1800 fehlenden Seitenschiffe besonders im Innern das vortreffliche Bild einer spätromanischen Pfeilerbasilika, die nicht aus Feldsteinen, vielmehr schon aus Backsteinen errichtet wurde.

Wer mit dem Tagespassierschein nach Jüterbog gekommen ist, muß sich sehr sputen, um alle Sehenswürdigkeiten der türmereichen Stadt in Augenschein nehmen zu können. Da sind die drei nach dem fürchterlichen Stadtbrand von 1478 entstandenen Tore mit ihren alten Wahrzeichen: einer ungefügen Holzkeule und dem früher auch in Beeskow und Müncheberg anzutreffenden Spruch: „Wer seinen Kindern gibt das Brot und leidet nachmals selber Not, den schlage man mit der Keule tot!" Erkenntnis einer harten Lebensweisheit, aber in erster Linie wohl Zeichen mittelalterlicher Gerichtsbarkeit.

Auch das schmucke gotische Rathaus am Platz der Jugend entstand nach dem Stadtbrand und war in der Blütezeit Jüterbogs, als es hier fast 200 Tuchmacher gab, vornehmlich Kauf- und Gewandhaus. In der offenen Vorhalle wurde nach alter Sitte vor allen Leuten Gericht gehalten und Recht gesprochen. Das jüngst erneuerte Standbild an der Rathausecke zeigt den St. Mauritius — Mohr und Märtyrer als Anführer der thebaischen Legion —, der Schutzpatron des Erzbistums Magdeburg ist.

Unübersehbares Haupt- und Glanzstück des einmal zum „märkischen Rothenburg" aufgewerteten Jüterbog ist die Nikolaikirche. Schon wegen ihrer über 70 Meter hoch aufragenden ungleichen Türme, die eine aussichtsreiche Brücke miteinander verbindet. Unter der barokken Haube des nördlichen Turms lag die bis 1922 benutzte Wohnung des Türmers.

In der dreischiffigen Hallenkirche des 15. Jahrhunderts kann man viele Zeugen einer stolzen Vergangenheit bewundern. So ein sechs Meter hohes, 1507 vom Meister Michel gemeißeltes Sakramentshaus, einen alten Schrank mit spätgotischem Dekor in Kerbschnitt, der sicherlich von der gleichen Hand stammt wie die geschnitzte Tür zum Bürgermeisterzimmer im Rathaus. Im Chorumgang ist eine Fülle von Skulpturen, Votivtafeln und Grabsteinen zu einem kleinen Museum kirchlicher Kunst vereinigt, das in der Sakristei seine Fortsetzung findet.

Hier steht neben einem Lukas Cranach zugeschriebenen Altar auch der „Tetzelkasten"; einstmals weiter nichts als eine diebessichere Lade für die Altargeräte und kirchlichen Gewänder. Für uns jedoch eine Erinnerung an das spektakuläre Auftreten des berühmt-berüchtigten Ablaßhändlers Anno 1517 in Jüterbog, das Luther im nahen Wittenberg auf den Plan rief und zum Anschlagen seiner Thesen veranlaßte.

Naturgemäß hat der Tetzelkasten im Volk so manche Sage ausgelöst. Eine von diesen hat uns Adalbert Kuhn 1843 in seinen „Märkischen Sagen und Märchen" überliefert: „Als der Ablaßkrämer Tetzel in der Mark sein Wesen trieb, hielt er sich auch lange Zeit in Jüterbog auf, wo man noch heute das der Nikolaikirche gerade gegenüber gelegene Haus zeigt, in welchem er seine Wohnung und eine eigene Kapelle zur Lesung von Messen und Austeilung des Ablasses hatte.

Hierher kam einst ein Ritter von Hake, der in Stülpe am Fuße des Hohen Golms wohnte, zu Tetzel und verlangte Ablaß für eine schwere Sünde, die er erst begehen wollte. Tetzel verweigerte ihm den Ablaß zuerst, doch als Hake ihm eine große Summe Geldes gab, wurde er bereitwilliger, und Hake erhielt schließlich den gewünschten Ablaßzettel.

Wenige Tage später verließ Tetzel mit allen seinen Schätzen die Stadt Jüterbog, um sich nach Berlin zu wenden. Als er in die Berge bei dem Dorfe Holbeck kam und die Pferde den Wagen mit dem schweren Kasten im tiefen Sand kaum von der Stelle bringen konnten, wurde er von geharnischten Männern, an deren Spitze ein Ritter stand, überfallen und diese nahmen ihm seinen gewaltigen, mit Eisen beschlagenen und ganz mit Geld angefüllten Kasten ab; denn jener Ritter war der von Hake, dem er seine Sünde bereits im voraus vergeben hatte. Der Kasten aber kam später, seines Inhalts entblößt, nach Jüterbog in die St. Nikolaikirche."

Ein Nichtraucher begründete die Tabakindustrie in Dahme

Die Wette gewinnen Sie bestimmt, wenn Sie irgendeinen Ihrer Mitmenschen fragen, ob er Dahme kenne. Klar, wird er sagen, das ist doch ein Ostseebad im Holsteinischen, nicht weit von Lübeck. Doch Sie meinen Dahme in der Mark, und von diesem hat er noch nie gehört, obwohl es nur 80 Kilometer von Berlin entfernt ist. Daß dort die Quelle der Dahme liegt und sich das leicht zu übersehende, wenig mehr als einen Meter breite Rinnsal im Langen See bei Grünau — kurz vor der Mündung in die Spree — zu der stolzen Breite von 500 Meter weitet, ist auch nur wenigen bekannt.

Hauptkirche in Dahme. Federzeichnung von Kurt Pomplun, 1950

Dennoch trifft man hin und wieder wirkliche Kenner der Mark Brandenburg, die sich noch aus der Zeit vor der zwanzigjährigen Zwangspause an Besuche in der stillen alten Stadt zwischen dem Niederen Fläming und dem Lausitzer Grenzwall erinnern. Oder an schon ein paar Jahrzehnte zurückliegende Stippvisiten, als hier „Neumanns Hotel" mit den Genüssen seiner legendären Küche dazu verlockte, den Wochenendausflug in den Spreewald nicht auf der üblichen Route, sondern über Dahme zu machen.

Dahme liegt an einer wichtigen Straße, die von Wittenberg und Jüterbog über Luckau, Lübben und Beeskow nach Frankfurt an der Oder führt und im Mittelalter von ungleich größerer Bedeutung als heute war. Die bis zu 28 Meter breite Hauptstraße läßt erkennen, daß sie einst als Straßenmarkt diente und ähnlich wie das Münchener „Tal" mit breiter Ausbuchtung für die vor den Herbergen aufgestellten Frachtwagen angelegt wurde.

Die noch nach dem letzten Krieg regelmäßig auftauchenden großen Planwagen der Lausitzer Geschirrhändler oder der in Thüringen beheimateten Korb- und Holzwarenfabrikanten sind auf der Fernverkehrsstraße 102 nicht mehr zu finden. Auch die alten Gasthäuser zum goldenen Löwen oder zu den drei Kronen gibt es nicht mehr. Doch die Frauen von siebzig und mehr Jahren aus den Dörfern des „Ländeken", dem Ländchen Bärwalde in der näheren Umgebung der Stadt, fahren wie eh und je in ihrer traditionellen Tracht mit dem Fahrrad oder gar auf dem Moped nach Dahme. Aber sie stirbt mit ihnen aus: die alte schmucke Flämingstracht, deren Kennzeichen die Hülle (oder Lappe) ist; ein auf besondere Art gebundenes, buntgeblümtes schwarzes Kopftuch. Auch die schweren Faltenröcke mit den Samtstreifen sieht man nur noch in schwarz; die leuchtend grünen, roten und blauen waren der Jugend vorbehalten, und diese hat sich schon lange von der Tracht getrennt.

Dahme hatte das Glück, daß Max Wald über ein Menschenalter in seinen Mauern weilte. Ein Lehrer, der bereits 1891 für die „fereinfachung der rechtschreibung" eintrat und die Weltsprache „pan-kel" erfand. Sein eigentliches Verdienst liegt auf dem Gebiet der Heimatkunde. Er trug in langer mühseliger Arbeit alles zusammen, was Vergangenheit erstehen lassen kann. Wald ließ es aber nicht in seinem Heimatmuseum verstauben, hat es vielmehr in unzähligen Schriften neu belebt.

Wer wüßte sonst — wenn Max Wald nicht für die entsprechenden Würdigungen und Gedenktafeln an den Häusern gesorgt hätte —, daß Luthers Freund, der Hofprediger Georg Buchholzer, ein Kind Dahmes war und 1503 hier geboren wurde. Anno 1539 hielt er die erste evangelische Predigt in der Domkirche zu Kölln an der Spree und amtierte bei der ersten Abendmahlsfeier Kurbrandenburgs in der Spandauer Nikolaikirche. Ein anderer Großer aus der seit 50 Jahren konstant bei 6000 Einwohnern verharrenden Kleinstadt Dahme war der vom Schmiedegesellen zum Hofmünzmedailleur aufgestiegene Wilhelm Kullrich. Neben unzähligen hochbewerteten Medaillen und den Ehrenzeichen der Kriege von 1864, 1866 und 1870/71 hat er die Stempel für das Münzgeld des jungen Deutschen Reiches geschaffen.

Dahmes Wahrzeichen sind die aus dem heimischen Erz des Raseneisensteins aufgeführte „eiserne" Stadtmauer, ein nach 1945 leider zur Ruine gewordenes, aber noch immer wirkungskräftiges Barockschloß des Herzogs Johann Adolf II. von Sachsen-Querfurt-Weißenfels, vor allem aber der unübersehbare rote Backsteinbau des 1894 eingeweihten Rathauses an der Hauptstraße. Sein 43 Meter hoher Turm ist ein Paradebeispiel dafür, was man im wilhelminischen Zeitalter aufwendete, um dem Bürgerstolz sichtbaren Ausdruck zu verleihen.

Dicht neben dem Rathaus und unweit der 1671 nach einem Stadtbrand erneuerten Hauptkirche (mit schmukker Raumgliederung durch buntbemalte zweigeschossige Emporen) kennzeichnet eine Bronzetafel das Geburts-, Wohn- und Sterbehaus eines Mannes, dem Dahme seine einst blühende Zigarrenindustrie verdankte. Obwohl Nichtraucher, hat der 1806 geborene, 1873 gestorbene Otto Unverdorben die erste der später auf zwei Dutzend angewachsenen, nach 1945 eingegangenen Glimmstengelfabriken eingerichtet und mit 150 Zigarrenmachern betrieben.

Die 1926 von seiner Vaterstadt und der IG Farbenindustrie gestiftete Gedenktafel gilt Unverdorbens Wirken auf dem Gebiet der Chemie. Bereits als blutjunger Pharmazeut hatte Unverdorben 1826 bei dem Versuch, den blauen Pflanzenfarbstoff Indigo zu destillieren, ein giftiges Öl entdeckt. Mit Säuren versetzt, kristallisierte es in schöner Form, und deshalb gab er dem neugewonnenen Produkt den Namen Kristallin. Erst später erhielt er die Bezeichnung, die zum Zauberwort des technisch-chemischen Zeitalters wurde: Anilin.

Unverdorben hat die ihm durch seine Entdeckung gebotenen wirtschaftlichen Möglichkeiten niemals verwertet. Der etwas sonderbare Junggeselle betrieb die vom Vater übernommene Materialienhandlung weiter. Er verkaufte Mehl und Vorkost, Kar- und Pantoffeln, vom Brikett bis zum Champagner konnte man alles bei ihm haben. Auch bares Geld, das er aber nie unter fünf Prozent und bei Hypotheken nur zur ersten Stelle vergab. Auf diese Weise hieterließ er bei seinem Tode — trotz des entgangenen Anilingewinns — das ansehnliche Barvermögen von anderthalb Millionen Goldmark. Doch wo ist es geblieben? Verwandte von Unverdorben, die man befragen könnte, gibt es in Dahme nicht mehr.

BERLIN – UND KEIN ENDE

Von den Quellen der Spree, Havel und Panke

Bescheiden, wie die Berliner sind, machen sie von ihrer Spree nicht viel her. Alle Welt kennt den Zauber der Seine oder die musikalisch verklärte „schöne blaue Donau", die aber graugelb und ziemlich dreckig ist. Gewiß, es gibt auch bei uns ein Lied vom „grünen Strand der Spree", doch ist damit nur das Ufer gemeint und nichts über das Wasser gesagt, das der gewissenhafte Chronist Johann Christoph Bekmann bereits 1751 in seiner „Historischen Beschreibung der Chur und Mark Brandenburg" nicht sonderlich zu rühmen wußte, denn „dasselbe siehet dunkel und bräunlich oder schwärzlich aus".

Bekmann ging auch den „wunderlichen Erzehlungen von der Spree in den vorigen Zeiten" nach und beanstandete, daß schon der alte Ptolemäus nur mit Fabeleien über Quelle und Lauf aufwartete. Aber Bekmann wußte den Ort ihres Ursprungs auch nicht genau anzugeben und befand sich damit in bester Gesellschaft. Hand aufs Herz, lieber Leser, — wissen Sie es?

Halten wir uns an den klugen Dr. Heinrich Berghaus, der 1855 in seinem „Landbuch der Mark Brandenburg" ebenso genau wie umständlich berichtete: „Die Spree, nächst der Havel der wichtigste Fluß für Handel und Wandel in der Kurmark, entspringt auf fremdherrlichem Gebiet in den Königreichen Sachsen und Böhmen. Ihre Quellen liegen in dem Gebirge, welches die Oberlausitz von Böhmen scheidet. Es sind ihrer drei, welche eine Meile voneinander entfernt liegen, und jede derselben besteht wieder aus mehreren einzelnen Wasserergießungen. Die ersten und am östlichsten entfließen dem Kottmarberg. Die zweiten Quellen entwickeln sich hart an der Grenze Böhmens am westlichen Abhange des Beerberges. Es sind deren vier, und die östliche ist die eigentliche Quelle, von welcher die Spree ihren Namen führt."

Heute spricht man nur noch vom 400 meter hohen Kottmar bei Neu-Gersdorf an der Bahnstrecke Bischofswerda-Zittau in der Oberlausitz als dem Ort der Spreequelle. Die Angaben über die Länge der Spree waren früher unterschiedlich und schwankten zwischen 398 und 403 Kilometern. Jetzt begnügt man sich mit 390 Kilometern und damit sollte auch der leidenschaftlichste Lokalpatriot zufrieden sein.

Wenn die Spree in Spandau ihre Fluten mit denen der Havel vermischt, so hat sie einen Höhenunterschied von 370 Metern und das ansehnliche Einzugsgebiet von über 10.000 Quadratkilometern hinter sich gebracht.

Merkwürdigerweise muß sie nun ihren Namen aufgeben und sich Havel nennen lassen, obwohl diese im Oberlauf kaum halb so lang ist und nur 35 Prozent der Jahresabflußsumme der Spree aufbringt. Die Spandauer waren schon immer ein anspruchsvolles, selbstbewußtes Völkchen und sind das bis heute geblieben.

Freund Bekmann ist naturgemäß an der Havel nicht vorbeigegangen und hat ihren Ursprung „nach erhaltener Nachricht von einer hochadelichen in der Gegend wohnenden Person" in die Herrschaft Stargard, „dichte bei dem Dorfe Klatzeburg (richtig Kratzeburg), zwei Meilen jenseits Strelitz" verlegt, wo sie aus einem morastigen Bruch entspringt.

Dort, auf der Mecklenburgischen Seenplatte, gibt es derartig viele Wasserflächen, daß man Mühe hat, die richtige und damit auch die Havelquelle zu finden. Auf den landläufigen Karten ist sie nördlich des zwischen Neustrelitz und Waren gelegenen klitzekleinen Middelsees in einem Wiesengebiet eingetragen, während die Fachwelt zumeist den Ausfluß des südlich benachbarten, größeren Dambecker Sees als Anfang der Havel annimmt. Bis Spandau bringt sie es auf 186 Kilometer Länge und zum Gefälle von insgesamt 34 Metern.

Die Wahrheit wird wie bei der Spree in der Tatsache zu suchen sein, daß es mehrere Rinnsale gibt, die sich plötzlich vereinen und die gesuchte (und nur mit wasserdichten Stiefeln zu findende) Havelquelle bilden. Ähnlich sieht es bei der Pankequelle auf dem „Roten Felde" in Bernau aus, die kaum gefunden, schon wieder verschwindet, weil sie die alte „Hussitenstadt" unterirdisch in einer Rohrleitung passiert.

Zuletzt kamen nur ein paar Äppelkähne

Vor einem halben Jahrhundert – im Januar 1926 – beschloß der Magistrat von Berlin, den Luisenstädtischen Kanal zuzuschütten und das so gewonnene Gelände zu einer „Erholungsstätte mit Grünflächen für die umwohnende Bevölkerung" umzugestalten.

Das ist dann auch geschehen, und zwar mit dem Sand, der beim Bau der U-Bahn von Gesundbrunnen nach Neukölln überreichlich anfiel. Natürlich hatte man vorher über das Für und Wider mit allen irgendwie Beteiligten oder Interessierten verhandelt; nur die eingeladenen Vertreter der Binnenschiffer glänzten durch Abwesenheit.

Der zwei Kilometer lange Kanal hatte nämlich von Beginn an nie die Bedeutung gewonnen, die man ihm bei seiner Anlegung verheißungsvoll zuschrieb. Industrie und Gewerbe, die sich an seinen Ufern niederlassen sollten, blieben aus. Auch die Kahnschiffer mieden den Kanal mit seinen acht umständlichen Klappbrücken, an dem es nichts für sie zu tun und zu verdienen gab – die Wochen vor Weihnachten ausgenommen, wenn böhmische Obsthändler mit ihren „Äppelkähnen" zu beiden Seiten der Oranienbrücke auf Kunden warteten. Im letzten Betriebsjahr 1925 hat der zuständige Beamte in den Monaten Mai, Juni und Juli nur je zwei, im August fünf und September, Oktober je drei Kähne registriert.

Bereits im ersten Bebauungsplan des Oberbaurats Schmid (der in einem Straßennamen weiterlebt) für das Köpenikker Feld von 1820 war ein Kanal vorgesehen, der schnurgerade durch das Straßenraster führte. Der große Landschaftsgärtner Peter Joseph Lenné hat den starren Planentwurf zwanzig Jahre später überarbeitet und dem Kanal dann die Form gegeben, die er schließlich in den Jahren 1848 bis 1852 bekam.

Lenné lag nichts an einem schnurgeraden Verlauf, wie man noch heute an der eigenwilligen Linienführung des gleichfalls von ihm konzipierten Landwehrkanals – insbesondere zwischen Potsdamer Brücke und Lützowplatz – sehen kann. Daß er die steilen Klinkermauern des Luisenstädtischen Kanals billigte, geschah wohl im Hinblick auf die erwarteten Industrieniederlassungen. Der Landwehrkanal war nämlich mit flachen Rasenufern gebaut worden, die erst um 1890 tristen Steinwänden weichen mußten.

Eigentümer des Luisenstädtischen Kanals war der preußische Wasserfiskus, der sich Berlin gegenüber wohlwollend zeigte und das Gelände für nur eine Mark je Quadratmeter verkaufte. Berlin übernahm neben einigen anderen Verpflichtungen die Zusage, „daß die bei der Linienführung des Kanals in Verbindung mit der Erbauung der Melanchthonkirche, Michael- und Thomaskirche seinerzeit planmäßig erzielte architektonische Wirkung ungestört erhalten bleibt".

Mit einem Bombenkrieg hat man 1926 nicht gerechnet; ihm fiel die Melanchthonkirche zum Opfer. Das neue Krankenhaus am ehemaligen Urbanhafen hat auf die Lenné so wichtige Sichtverbindung keine Rücksicht genommen. Auch nicht die Mauer des 13. August 1961, die uns vom alten Hafenbassin des Engelbeckens trennt.

Die hier einmal zur Debatte gestellte Kinder-Planschwiese kam nicht zustande, weil klerikale Kreise gegen einen fröhlichen Badebetrieb direkt vor der Sankt-Michaelskirche waren. Daß es im Engelbecken bereits in den achtziger Jahren eine Badeanstalt gab, hatte man wohl vergessen. Man hat dann nach 1945 an der Stelle des früheren Wassertorbeckens einen Schulverkehrsgarten angelegt und den Kindern die üblichen Sandkästen eingeräumt.

Am Wassertorplatz mußte der Kanal die Stadtmauer durchbrechen, was zu einigen trutzigen Bauten führte, die leider nicht in der Wirklichkeit, sondern nur in Fotos überliefert sind. Hier wollte man jedoch keine Feinde abwehren, vielmehr nur die Mahl- und Schlachtsteuer einziehen. Sie wurde 1875 als völlig überholt gestrichen, wahrscheinlich aber sofort durch irgendeine neue Steuer ersetzt. Wer kennt sich schon in dieser Beziehung aus? Das ist — mit Fontane zu reden — ein zu weites Feld; auch die geplante Vernichtung der „Erholungsstätte" in der alten Kanaltrasse durch die Stadtautobahn.

Bei Mondschein im Kalender hieß es: „Gas aus!"

Den Begriff des „Straßenmöbels" hat der frühere Senatsbaudirektor und jetzige Akademiepräsident, Professor Werner Düttmann, bei uns eingeführt. Man versteht darunter alte Litfaßsäulen, Feuermelder, Pumpen, Laternen und dergleichen mehr, die nur zu rasch dem vermeintlichen technischen Fortschritt geopfert wurden — und werden.
Besonders populär sind die Gaslaternen. Nach der Erkenntnis „Was man nicht deklinieren kann, hängt man dem Schinkel an" sollen sie auf einen Entwurf des preußischen Oberlandesbaudirektors zurückgehen. Jedoch hat man sie aus London übernommen, wo sie seit 1807 brannten. Schinkel zeichnete aber den neunarmigen Kandelaber vom Schloßplatz, den der Bibliothekar Spiker Anno 1833 in seinem Ansichtenwerk „Berlin und seine Umgebungen" würdigte und von dem er sagte, daß „er ebensosehr zur Zierde des Platzes, als zu genügender Erhellung dieser „sehr lebhaften Gegend dient". Vor Jahr und Tag hat man ihn neben der Nationalgalerie in Ost-Berlin aufs Altenteil gesetzt.
Andere Straßenmöbel, die einst mit den jetzt vom Handel in rund 30 Variationen angebotenen „Alt-Berliner Stadtlaternen" verbunden waren, sind kaum noch im Stadtbild anzutreffen: die Radabweiser. Man hatte sie ebenfalls aus England übernommen, wo ursprünglich ausgediente Kanonenrohre verwendet wurden. Als diese nicht mehr in genügender Zahl greifbar waren, goß man sie einfach nach; aber immer noch in Bumm-Bumm-Form und mit den Initialen I.C.G.A.
So finden wir sie noch auf der Fußgängerinsel des Kronprinzessinnenweges vor dem Bahnhof Wannsee. Die Buchstaben sind als Imperial-Continental-Gas-Association aufzulösen und erinnern an ein Unternehmen, dem Berlin die erste öffentliche Beleuchtung durch Gas verdankt. Es ist mehr als 150 Jahre her, daß der entsprechende Vertrag unterschrieben wurde. Obwohl es um Belange der Stadt ging, waren weder der Magistrat noch die Stadtverordneten daran beteiligt worden. Der preußische Innenminister

von Schuckmann unterschrieb im April 1825 allein die 31 Paragraphen des Kontraktes, der in recht zweifelhafter Fassung den Engländern das Monopol der Gasversorgung für die nächsten 21 Jahre gestattete.

Bislang hatte man sich in der Viertelmillionen-Stadt mit Öllampen begnügt, die im Sommer – und wenn Mondschein im Kalender stand – nicht angezündet wurden; was übrigens auch bei der Gasbeleuchtung noch lange der Fall war. Die Schauspielerin Karoline Bauer hat uns dazu das Gedicht eines biedermeierlichen Poeten aus Berlin überliefert:

> *„Hier in Berlin am ersten Mai,*
> *dem Wonnemond der Liebe,*
> *sorgt unsere Straßenpolizei*
> *für abendliche Trübe.*
> *Kein Lämpchen brennt, es ist vorbei*
> *mit modischer Aufklärerei.*
>
> *Hier in Berlin am ersten Mai,*
> *dem Wonnemond der Liebe,*
> *da wandelt und da handelt frei*
> *in Finsternis die Liebelei,*
> *da brechen aus der Hauvogtei*
> *Brandstifter, Gauner, Diebe*
> *und Fremde Arm' und Bein' entzwei,*
> *hier in Berlin am ersten Mai,*
> *dem Wonnemond der Liebe."*

Die erste englische „Gas-Erleuchtungs-Anstalt" wurde in der Gitschiner Straße auf dem Gelände des heutigen Sommerbades Kreuzberg erbaut und nahm im September 1826 den Betrieb mit der damals als Wunder bestaunten „Illuminierung" der Straße Unter den Linden auf. Später folgten dann die Gaswerke in der Holzmarktstraße (1838), in Schöneberg (1871) und in Mariendorf (1900) mit markanten Gasometern, die sich den Round Tower in Windsor zum Vorbild genommen hatten. Später verzichtete man auf den Backsteinmantel und zeigte die eisernen Gasbehälterglocken unverhüllt.

Die erste Berliner Gasanstalt vor dem Halleschen Tore.

Im Jahre 1828 schlug übrigens der Fabrikant Reinmann — dem Reinen ist alles rein — allen Ernstes vor, aus den Rückständen der menschlichen Verdauung, die damals noch nicht von der Kanalisation erfaßt wurden, ein „geruchloses Leuchtgas" herzustellen. Es blieb bei der Idee.

Das den Engländern gewährte Privileg gestattete es, „die einen unverhältnismäßigen Aufwand verursachende Röhrenführung zur Beleuchtung der kleinen Gäßchen und der entfernten, unbedeutenden Straßen" zu verweigern und Preise nach Gutdünken zu verlangen. Bezeichnenderweise mußte man vor 150 Jahren für den Kubikmeter Leuchtgas schon 35 Pfennig zahlen, während er heute je nach Verbrauch im Staffeltarif 36 bis 60 Pfennig kostet.

Als der Vertrag abgelaufen war, machte sich die Stadt Berlin, zum Leidwesen der Engländer, selbständig und errichtete eigene Gasanstalten am Stralauer Platz in der Gitschiner Straße (unmittelbar neben der „Englischen"), in der Müller- und Danziger Straße sowie schließlich draußen in Schmargendorf und Tegel.

Die Engländer machten unbeirrt weiter, weil am Gas trotz der mittlerweile herabgesetzten Tarife gut zu verdienen war und die aufblühenden Vororte im Süden Berlins immer neue Abnehmer brachten. Im Ersten Weltkrieg hat man die I.C.G.A. als ausländische Gesellschaft mit Hauptsitz in London beschlagnahmt und liquidiert. Besitznachfolgerin wurde der finanzkräftige Kreis Teltow in Gestalt der von ihm aufgezogenen Deutschen Gasgesellschaft AG, die Werkbesitz, Aktienkapital und Rechte 1939 an Berlin verkaufte.

Im Kronprinzenpalais wurden zwei Kaiser geboren

In der Endphase der Verhandlungen über das Berlin-Abkommen von 1972 hörte man, daß unser Chefunterhändler, der damalige Staatssekretär Egon Bahr, gebürtiger Berliner und Abiturient des Friedenauer Gymnasiums, im früheren Kronprinzenpalais Unter den Linden übernachtet hätte und von dort aus auf kurzen Spaziergängen die

Das kronprinzliche Palais 1830 (vor dem Umbau von 1857 Aquarell von Gustav Schwanz

Bekanntschaft mit seit altersher vertrauten Stätten erneuerte.

In diesem Zusammenhang hat so mancher gefragt: Kronprinzenpalais, gibt es das denn überhaupt noch? Man wußte, daß gegenüber dem Zeughaus lange Jahre nach dem Kriege zwar noch immer die Ruine jenes Hauses stand, das nach Richard Borrmann in den 1893 herausgebrachten „Bau- und Kunstdenkmälern von Berlin" den Vorzug „einer sehr wechselvollen, mit bekannten Namen unserer Geschichte und Erinnerungen an das Hohenzollernsche Herrscherhaus eng verknüpften Vergangenheit" besaß. Doch 1961 wurden die so lange erhaltenen, ruinösen Fassaden des Kronprinzenpalais plötzlich abgeräumt. Es hieß, der Platz solle mit einem Flügelbau des Ministeriums für Auswärtige Angelegenheiten besetzt werden, das zwar in den Jahren 1964—67 längs des Schleusenkanals auf dem Schinkelplatz — zehn Geschosse hoch und äußerst sachlich gestaltet — aufgetürmt wurde, aber sich nicht in die Linden vorwagte. Man hatte doch starke Bedenken, das sogenannte „Linden-Ensemble" mit seinen historischen „Baudenkmalen von besonderer nationaler Bedeutung" durch einen Zweckbau unserer Tage an dieser empfindlichen Stelle des Stadtbildes zu beeinträchtigen.

So erstand dann 1968/69 von Grund auf völlig neu das frühere Kronprinzenpalais als „Berlin-Palais" genanntes Kulturzentrum und Gästehaus des Magistrats von Ost-Berlin. Die alte Schauseite wurde so aufgeführt, wie sie Heinrich Strack 1857 gestaltet hatte, als er das damals fast 200 Jahre alte Haus für den Kronprinzen Friedrich Wilhelm, den späteren Kaiser Friedrich III. und dessen junge Frau, die Kronprinzessin Victoria, umbaute. Wer sich den Fassadenschmuck genauer ansieht, wird jedoch feststellen, daß man die Adler im Ornamentfries zwischen den beiden Obergeschossen durch Akanthusblätter ersetzte, weil sie „als spezifisch preußische Elemente den sehr geschlossenen Eindruck des Strackschen Umbaus von 1857 unvorteilhaft beeinträchtigten". So schreibt der „Sonntag", die Zeitschrift des Kulturbundes, und folgerichtig sind auch die an der Ruine noch durch Brettkästen gesicherten ba-

rocken Helme über den Erdgeschoßfenstern nicht erneuert worden und die einstigen Trophäen der Attika durch Symbolfiguren ersetzt, die jenen der Humboldt-Universität nachgeformt wurden.
Die Helme in den Schlußsteinen der Fenster waren den von Schlüter und seinen Schülern gestalteten, noch vorhandenen des Zeughauses entlehnt und wahrscheinlich bereits am Altbau vorhanden, der 1663 von dem Kammersekretär Martiz als eines der ersten Häuser auf dem vom Großen Kurfürsten neu angelegten Stadtteil Friedrichswerder „nach holländischer Art mit toskanischen Pilastern" gebaut wurde. Es war für jene Zeit ein sehr stattliches Haus, das der französische Architekt Chappuzeau in seinem Reisebericht von 1669 „pour sa belle ordonnance et tous ses ajustements" rühmend hervorhob.
Spätere Besitzer waren Graf Dohna, der 1690 für Wilhelm von Oranien in England gefallene Marschall von Schomberg, ein Graf Lottum und schließlich der Gouverneur von Berlin, Alexander Graf von Wartensleben.
Im Jahre 1732 schenkte König Friedrich Wilhelm I. das Haus seinem Sohn, der sich gerade mit der Prinzessin Christine von Braunschweig verlobt hatte, um die er sich als „Alter Fritz" sehr wenig kümmerte und die er quasi nach Niederschönhausen verbannte. Ein vom Baudirektor Gerlach, dem Meister des Alten Kammergerichts, geleiteter Umbau hatte bereits über 25.000 Taler verschlungen und war noch immer nicht beendet, als der ungeduldige Soldatenkönig zornig wurde und einen sofortigen Baustopp verfügte.
Später haben dann Friedrichs des Großen ältester Bruder, Prinz August Wilhelm, und der nachmalige König Friedrich Wilhelm III. mit seiner jungen Gemahlin Luise hier gewohnt. Hier wurde ihnen der spätere Kaiser Wilhelm I. geboren, und dessen Enkel, Kaiser Wilhelm II., kam ebenfalls im Kronprinzenpalais zur Welt.
Von diesem Hause aus schrieb Wilhelms II. Mutter, Kaiserin Friedrich — der Abstammung nach ganz überwiegend deutschen Blutes, aber in ihrem Denken zeitlebens Engländerin geblieben — fast täglich die erst 1928 bekanntge-

wordenen Briefe an die Queen, ihre Mutter. Sie sind ein erschütterndes Zeugnis für die Haßliebe zu ihrem Sohn und dem deutschen Volk.

Der letzte Kronprinz machte sich nichts aus dem nach dem Geschmack seiner Großmutter eingerichteten und antiquiert gewordenen Palais; er baute am Heiligen See in Potsdam den durch die Konferenz von 1945 weltbekannt gewordenen, in der Art englischer Feudalsitze gehaltenen „Cecilienhof".

Nach dem Ersten Weltkriege zog die von Tschudi und Justi aufgebaute Neue Abteilung der Nationalgalerie ins Kronprinzenpalais ein, und das Volk von Berlin drängte in die Räume, um zu sehen, wie „Kronprinzens" einmal gewohnt hatten und um die Werke der deutschen und französischen Meister des Impressionismus, des Expressionismus, des Münchener Künstlerkreises „Blauer Reiter", der Maler des Dessauer Bauhauses und der „Neuen Sachlichkeit" zu bewundern — oder auch abzulehnen. So lange, bis die 1927 von Tessenow museumsmäßig umgestalteten Räume zehn Jahre später durch die berüchtigte Nazi-Aktion „Entartete Kunst" ihrer Schätze entblößt und diese durch eine Auktion in der Schweiz für eine lächerlich geringe Summe in alle Welt verstreut wurden.

Das neue Berlin-Palais ist auch nach der im Juni 1972 in Kraft getretenen „Vereinbarung über Erleichterungen und Verbesserungen des Reise- und Besucherverkehrs" nicht allgemein zugänglich. Für den Mann aus dem Volke hat man an die Rückseite des Palais unmittelbar neben der noch immer nicht erneuerten Friedrichswerderschen Kirche die „Schinkel-Klause" gesetzt, einen mehr eckigen Pavillonbau von zwei Geschossen, der hundert Gästen Platz bietet. Das mit Reliefs reich geschmückte Terrakotta-Tor ist das linke der von Schinkel entworfenen beiden Hauptportale der 1962 abgebrochenen Bauakademie, mit deren (gelegentlich versprochenem) Wiederaufbau nun leider nicht mehr gerechnet werden kann.

Schloß Monbijou, einst „Lusthaus" eines Ministers

Es ist schon eine ganze Weile her; Berlin hatte noch seinen Zirkus Busch, und die Polizei trug zur blauen Uniform Pickelhaube und Säbel. Ein Provinzonkel, der sein Zirkusbillet schon in der Tasche hatte, vertrieb sich die Zeit bis zum Beginn der Vorstellung mit einem Bummel durch die nähere Umgebung. Auf dem Monbijouplatz fiel ihm das Denkmal eines langhaarigen Herrn auf. Wißbegierig fragte er einen „Blauen", der sich an der Straßenecke langweilte, wer der Dargestellte sei. Der Schutzmann soll erwidert haben: „Det is der olle Monbijou".
Es war aber keineswegs der sagenhafte Monbijou, vielmehr Adelbert von Chamisso, dem man hier — weit weg von der Stätte seines Wirkens, dem Botanischen Garten — anläßlich der fünfzigsten Wiederkehr seines Todesjahres das Denkmal — eine große Büste auf hohem Sockel — errichtet hatte.
Das Chamisso-Denkmal gibt es noch, nur steht es nicht mehr inmitten des Monbijouplatzes, sondern seitlich abgerückt vor dem Viadukt der Stadtbahn. Jedoch das Schloß Monbijou (Mein Kleinod) ist bereits vor vielen Jahren verschwunden. Noch im Sommer 1957 hatte es der Direktor des DDR-Instituts für die Geschichte der Baukunst als eine Perle des Städtebaues bezeichnet, die erhalten werden müßte. Wenige Wochen später schwang man die Spitzhakken, und 1960 war mit dem Abbruch der stimmungsvollen Torhäuser an der Überfahrtgasse auch der letzte Rest des geschichtsträchtigen Schlosses verschwunden.
Es war zwar im Bombenkrieg sehr schwer mitgenommen worden, doch hätte man es restaurieren können. Gottlob blieben viele alte Bäume des Schloßparks erhalten; sie beschatten jetzt ein Kinderparadies mit Schwimm- und Planschbecken, Wasserrutschbahn und Spielwiese. Was wir einst (verbotenerweise) an der Spree im alten Berlin, in der „Paddengasse' an der Klosterstraße, taten, nämlich im Fluß zu baden, kann man auch hier gegenüber dem wie eine Wasserburg trutzig aufragenden Bodemuseum — dem

früheren Kaiser-Friedrich-Museum — an heißen Tagen beobachten.

Das Schloß Monbijou hatte eine umfängliche und über viele Jahrzehnte reichende Baugeschichte. Ursprünglich nur ein „Lusthaus" des Ministers von Wartenberg, das 1703 Eosander von Göthe erbaute, wurde es später unter dem sogenannten Soldatenkönig für seine Gemahlin, die schöne Sophie Dorothea, durch weitläufige Flügel beträchtlich vergrößert, und Friedrich der Große ließ es dann zu einem wirklichen Schloß werden.

An seinen Vater dachte der Alte Fritz nur mit Groll, doch an seiner Mutter Sophie-Dorothea hing er mit rührender Pietät. Ihren Lieblingsaufenthalt Monbijou überließ er auch nicht seinem Bruder Ferdinand (der ihn einmal darum bat), „weil ich so viele Verehrung für meine verstorbene Mutter habe, daß ich nichts zerstören will, was mich irgendwie an sie erinnern kann".

Das Schloß ist nach ihrem Tode mit Ausnahme der erst 1790 angefügten Torhäuser lange unbewohnt und ungenutzt geblieben, bis es dann während des Baues des Alten Museums zur provisorischen Aufstellung der später am Lustgarten gezeigten Kunstschätze verwendet wurde. So waren hier die ersten Sammlungsstücke des Ägyptischen Museums untergebracht.

Vor hundert Jahren (1877) bekam es eine neue Zweckbestimmung als Hohenzollern-Museum, das Ina Seidel (deren Onkel Paul Seidel hier Direktor war) einmal als „Mausoleum von Souvenirs vieler Generationen eines Herrschergeschlechts" bezeichnete; „man ist versucht, zu fragen, ob der Zeitpunkt, zu dem eine Dynastie sich selbst als museumsreif empfindet, zugleich eins der Vorzeichen ihres Niedergangs bedeutet; jedenfalls war dieses Museum eine Art Apotheose des Hauses Hohenzollern, in deren Strahlenbrechung sowohl das historisch Großartige, als das intim Familiäre noch einmal in merkwürdiger Verschmelzung zur Geltung kam."

Die Schätze des Hohenzollern-Museums wurden im Zweiten Weltkrieg — soweit nicht zerstört oder geplündert — in alle Winde verweht. Einiges wie die großformatigen Pa-

Im Monbijou Park

radebilder Franz Krügers kann man in der Nationalgalerie (Ost) wiederfinden. Anderes landete im Köpenicker Kunstgewerbemuseum in Charlottenburg und im Jagdschloß Grunewald.

Bismarck, Buffalo Bill und die Bohemiens: das Kurfürstendamm-Kapitel

Die Berliner haben es mit der üblichen Gelassenheit hingenommen, daß der Kurfürstendamm laut Feststellung des Instituts für Werbepsychologie und Markterkundung in Frankfurt am Main die bekannteste Straße Deutschlands ist. Man hatte sich in einer öffentlichen Umfrage nach den prominentesten Straßen der Städte Berlin, Düsseldorf, Frankfurt, Hamburg, Hannover, Köln, München und Stuttgart erkundigt und von 46 Prozent der Befragten für Berlin eben den Kurfürstendamm genannt bekommen. Andere bekannte Straßen wie die Düsseldorfer „Kö" oder die Reeperbahn in Hamburg erreichten nicht einen derartig hohen Stimmenanteil.
Das ist verständlich, weil unsere Renommierstraße, die Baedekers Reisehandbuch mit einem Sternchen auszeichnete und die zu den berühmtesten Großstadtstraßen der Welt zählt, immer wieder von sich reden macht. Sei es, daß es Streit um die weihnachtlichen Lichterbäume gibt, ein Juwelierladen am hellichten Tage ausgeräumt wird oder Demonstrationen aller Art den Verkehr auf dem Kurfürstendamm lahmlegen.
Seine offizielle Benennung geschah erst 1872, doch findet sich die Bezeichnung „Churfürstendamm" bereits auf der sogenannten Kabinettskarte des Grafen Schmettau aus der Zeit um 1780. Allerdings nur für den Abschnitt zwischen dem heutigen Breitscheidplatz und der Konstanzer Straße, die als „Priesterweg" nach Wilmersdorf führte. Auf diesem Weg ritten die brandenburgischen Kurfürsten zur Jagd in den „grünen Wald", wo seit 1542 das von Caspar Theiß für den Kurfürsten Joachim II. erbaute Jagdschloß steht.
Ein passionierter Reiter war seit seinen pommerschen Ju-

*Mietshausgruppe am Kurfürstendamm 23–25
(A. Messel 1890, 91 – 1910)
Läden Nr. 25 erhalten*

gendtagen auch Bismarck. Der „eiserne Kanzler" und einstige Halberstädter Kürassier wußte noch nichts von unserer „Trimm dich"-Bewegung, liebte aber den täglichen Morgenritt, vorzugsweise auf dem Kurfürstendamm. Ursprünglich ein kaum zehn Meter breiter Feldweg, sollte er auf 30 Meter verbreitert werden, und zwar im Interesse der Bauspekulation, die sich in den Gründerjahren des bis dahin als Ackerland genutzten Terrains im heutigen Halensee bemächtigt hatte. Hier war es vor allem der Berlin-Charlottenburger Bauverein des Herrn Carstenn, der eine Villenkolonie für die höheren Stände plante und die gottverlassene Einöde durch ein Verkehrsmittel erschließen wollte. Die Ringbahn war noch in der Planung und wurde erst 1877 eröffnet.

Bismarck bekam davon Wind, daß der nach seiner Ansicht viel zu schmale Kurfürstendamm noch durch die Gleise einer Pferdebahn beeinträchtigt werden sollte, und erstattete unter dem Datum des 5. Februar 1873 einen ausführlichen Bericht an den Kaiser, der sozusagen als Geburtsurkunde des heutigen Kurfürstendamms anzusehen ist. Hierin heißt

es unter anderem: „Erfahrungsgemäß sind alle Hauptverkehrsstraßen in den massenhaft wachsenden Städten wie Berlin zu eng. Auch die Straße am Kurfürstendamm wird nach den jetzt bestehenden Absichten viel zu eng werden, da dieselbe voraussichtlich ein Hauptspazierweg für Wagen und Reiter werden wird. Denkt man sich Berlin so wie bisher wachsend, so wird es die doppelte Volkszahl noch schneller erreichen als Paris von 800.000 Einwohnern auf 2.000.000 gestiegen ist. Dann würde der Grunewald etwa für Berlin das Bois de Boulogne und die Hauptader des Vergnügungsverkehrs dorthin mit einer Breite wie die der Elysäischen Felder durchaus nicht zu groß bemessen sein. Nur auf diese Weise würde über den Tiergarten hinaus eine bequeme Zirkulation der Berliner Bevölkerung ins Freie nach dem Grunewald hergestellt werden können."
Bismarcks Worte fanden Gehör, zwei Jahre später wurde die Breite des Kurfürstendamms offiziell auf 53 Meter festgesetzt — und diese hat er noch heute. Doch die ursprüngliche Aufteilung von je zehn Meter für die beiden Fahrbahnen, je fünf Meter für Mittelpromenade und Reitweg, je vier Meter für die beiden Bürgersteige und je siebeneinhalb Meter für die Vorgärten an beiden Straßenseiten existiert nicht mehr. Reitweg und Mittelpromenade sind ebenso verschwunden wie die Vorgärten, von denen nur noch einer vorhanden ist, den die Berliner überhaupt nicht mehr gewahr werden, obwohl sie bei ihrem „Ku'-Damm"-Bummel stets einen Bogen um ihn machen müssen. Der vor dem Hause der einst hier ansässigen chinesischen Botschaft, Kurfürstendamm 218. Er genießt wie das leerstehende, nur vom Portier bewohnte Gebäude, so etwas wie exterritorialen Charakter.
Der Kurfürstendamm war zwar dank Bismarcks Initiative in gewünschter Breite genehmigt worden, doch fand sich niemand, der ihn zur richtigen Straße ausbauen wollte. Das geschah erst 1882 durch die mit Kapitalhilfe der Deutschen Bank gegründete Kurfürstendamm-Gesellschaft, die sich dafür zu sehr günstigem Preis das Gelände der heutigen Villenkolonie Grunewald vom Forstfiskus übereignen ließ.

Auch der Bau der Häuser ließ lange auf sich warten und kam vorerst nur im Straßenabschnitt zwischen der Kaiser-Wilhelm-Gedächtniskirche und der Fasanenstraße zustande, der überdies noch bis zur Jahrhundertwende großen Ausstellungen Platz bot, auf denen Carl Hagenbeck eine „Egyptische National-Ausstellung", „Italien in Berlin", „Transvaal" und „Indien" zeigte. Das zu Wilmersdorf gehörende, an seiner nördlichen Gemarkungsgrenze liegende Kurfürstendamm-Gebiet zwischen Lehniner Platz und Halensee, wo man noch 1905 an der Cicerostraße „die letzten Tage von Pompeji" in farbenprächtiger Kulissenschau erleben konnte, verlor erst in unseren Tagen seine Baulücken.
Zwei Jahre vor seinem Tode hat Bismarck in fröhlicher Tafelrunde alte Erinnerungen aufgefrischt und dabei den Berliner gerühmt, der gern ein Glas Helles trinkt, was seinem Verstand aber durchaus nicht schade. „Im Gegenteil. Hinter seiner sprichwörtlichen Maulfertigkeit steckt mehr Witz und Verstand als der maulfaule Engländer zum Beispiel sich träumen läßt. Und weshalb sollte der Berliner auf sein Berlinertum und seine Stadt nicht stolz sein? Er hat seine City und seine Boulevards, sein Venedig an der Spree, seinen Rhein an der Havel, sein Bois im Tiergarten, sein Kurfürstendamm aber wird zur Avenue des Champs-Elysées werden."
Bei einer anderen Gelegenheit äußerte sich Bismarck zu der Frage, wo man ihm ein Denkmal setzen könnte: „Nur am Kurfürstendamm", lautete die Antwort, und er begründete das folgendermaßen: „Von der Politik und der Geschichte als meinem eigenen Werk will ich nicht reden. Da waren andere Einflüsse im Spiel. Aber das kann ich für mich in Anspruch nehmen: Ich habe den Berlinern Luft verschafft. Den Kurfürstendamm und die Villenkolonie Grunewald, die damit zusammenhängt, habe ich ganz allein durchgekämpft."
Auch um nichtige Dinge hat Bismarck sich gekümmert, wenn es um seinen geliebten Kurfürstendamm ging. Als die geplante Kanalisierung des die Straße durchquerenden „Schwarzen Graben" zu Streit führte, wurde dem Kanzler

eine Beschwerde über den stagnierenden und übel stinkenden offenen Graben vorgelegt. Er schrieb an den Rand der Eingabe: „Ich kann die Richtigkeit nur bestätigen, denn ich habe mich gestern aus eigenem Nasenschein davon überzeugt."

Der Kurfürstendamm war wohl bereits zu Anfang der achtziger Jahre reguliert und gepflastert worden, aber im Sommer 1890 standen hier noch so wenige Häuser, daß der als Buffalo Bill zu Weltruhm gelangte Oberst W.F. Cody am „Kurfürstendamm, Ecke Augsburger Straße, in einem neuumzäunten, mit Gehölz bedeckten großen Parke" seine legendäre Wildwestschau darbieten konnte, die „200 Indianer, Cowboys, Pfadfinder, Schützen, Reiter, 200 Tiere, Ponys, Esel, Wildpferde und Büffel" umfaßte.

Sein Hauptstar, die kleine Annie Oakley, eine „Meisterin der Schießkunst" hat 73 Jahre später im „Theater des Westens" als Titelheldin des amerikanischen Musicals „Annie get your gun" neue Erfolge einheimsen können. Zu Annies Lebzeiten war an das Theater noch nicht zu denken, man konnte 1890 von dem kahlen Kurfürstendammgelände, wo Buffalo Bill „ein treues Bild des Lebens und Treibens in den Grenzbezirken des fernen Westens" zeigte, noch zum ebenso leeren Platz an der Kantstraße hinübersehen.

Auch die berühmte Kranzler-Ecke war damals noch unbebaut. Erst 1895 entstand hier ein hochherrschaftliches Wohnhaus von fünf Geschossen, das wegen seiner bevorzugten Lage eine besonders prunkvolle Fassade im sogenannten „Kurfürstendamm-Stil" erhielt. Rudolf Alexander Schröder, der Praeceptor deutscher Literatur, hat ihn mit „schwindelhaftem Prahlen und Prunken" gleichgesetzt. Jetzt, im Zeichen des Sankt Nostalgus und der heiligen Trödelia wird dieser Stil selbst von der rauschebärtigen Jugend wieder geschätzt und über Gebühr bewertet.

Lange vor Kranzler war an der Ecke der Joachimsthaler Straße das „Kleine Café" eingerichtet worden, das erste Kaffeehaus am Kurfürstendamm. Zuerst war es nichts anderes als einer jener harmlosen Unterschlupfe für ältere Kiebitze und junge Einsamkeitsbedürftige. Plötzlich

wurde es zu einer ernsten Angelegenheit: die Literatur zog ein. Um 1900 begann die Blütezeit des Cafés, als der neue Besitzer es in „Café des Westens" umtaufte. Hier wurde Literaturgeschichte gemacht, vielmehr gelebt. Ernst von Wolzogen gründete hier das „Überbrettl", hier entwickelte Max Reinhardt die Idee zur „Schall und Rauch"-Bühne, hier im „Café Größenwahn" — „erste und echteste Brutstätte der Berliner Boheme" — nahmen die literarischen Bewegungen von Walden („Der Sturm") und Pfemfert („die Aktion") ihren Ausgangspunkt.
Welch ein Gegensatz, wenn man „gleich um die Ecke" in die Augsburger Straße 46 zu Aenne Maenz ging. Hier — wo jetzt im Neubau des Kurfürstendamm-Ecks der ebenso kluge wie liebenswürdige Buchhändler Siegfried Danze seine Kunden betreut — stand die originelle Wirtin zigarrenrauchend hinter der Theke einer Kneipe, die als Taxifahrer-Treff keineswegs gemütlich war, aber dennoch eine merkwürdige, unerklärliche Anziehungskraft auf die Prominenz von Film und Bühne ausübte.
Emil Jannings und Werner Krauss waren Stammgäste. Allerdings auch an der anderen Ecke, Kurfürstendamm 229, in der Weinstube von H.A. Stöckler, bei deren Erwähnung dem Kenner das Wasser im Munde zusammenläuft. Hier gab es nämlich die „Spezialitäten der Saison", unter denen

man damals noch nicht Currywurst und Schaschlik verstand. Im Sommer sogar unter schattigen Kastanien auf dem stillen Gartenhof. Doch um dem wirklich gerecht zu werden, müßte man wieder das Lieblingswort des alten Briest zitieren, und das ist wohl bereits zu Anfang dieses Buches geschehen.

Auf dem Wedding endete das Leben einer „lüderlichen" Frau

Die Namen der Acker-, Feld- und Gartenstraße künden noch heute von einem ländlichen Idyll auf dem Wedding, das jedoch angesichts der ständig wachsenden, sich nach allen Himmelsrichtungen über die Ackerfluren ausdehnenden Großstadt Berlin nur wenige Jahrzehnte Bestand hatte.
Die ursprünglich „Hamburger Landwehr" genannte Gartenstraße verdankt ihre Bezeichnung dem Alten Fritz, der hier 1770 im Zuge seiner „Peuplierungspolitik" zehn Gärtnerfamilien ansetzte. Jeder wurden ein Haus und vier Morgen Land geschenkt. Die „Neubürger" stammten aus der schweizerischen Grafschaft Neufchâtel, die fast 150 Jahre lang bis 1857 eine preußische Exklave war.
In der Ackerstraße (und in der benachbarten Bergstraße) hatte man bereits 1752–55 – gleichfalls auf königliche Kosten – sechzig Doppelhäuser für 120 Kolonistenfamilien aus dem sächsischen Vogtland errichtet, die nun das Gebiet zum übelbeleumdeten „Neu-Vogtland" werden ließen.
In Bettina von Arnims sozialkritischem Werk „Dies Buch gehört dem König" (1843) spielt es eine wesentliche Rolle. Die für die Zeit des Vormärz erstaunlich fortschrittliche geistreiche Frau versuchte, an das menschliche und soziale Gewissen des Königs Friedrich Wilhelm IV. zu appellieren, indem sie das kaum faßbare Wohnungselend schilderte:
„Vor dem Hamburger Tor, im sogenannten Vogtland, hat sich eine förmliche Armenkolonie gebildet. Man lauert

sonst jeder unschuldigen Verbindung auf. Das aber scheint gleichgültig zu sein, daß die Ärmsten in eine große Gesellschaft zusammengedrängt werden, sich immer mehr abgrenzen gegen die übrigen Bevölkerung und zu einem furchtbaren Gegengewicht anwachsen. Am leichtesten übersieht man einen Teil der Armengesellschaft in den sogenannten ‚Familienhäusern'. Sie sind in viele kleine Stuben abgeteilt, von welchen jede einer Familie zum Erwerb, zum Schlafen und zur Küche dient. In 400 Gemächern wohnen 2.500 Menschen."

Diese fünf „Familienhäuser" waren erste Vorläufer der berüchtigten Mietkasernen und 1824 von dem Kammerherrn von Wülknitz in spekulativer Ausnutzung der Wohnungsnot in der Gartenstraße 58—60 (heute Nr. 110—115, Ecke Wilhelm-Pieck-Straße) unter Verwendung minderwertigen Baumaterials errichtet worden. Über den bewohnten Kellergeschossen erhoben sich drei Stockwerke und dazu noch zwei Reihen Dachwohnungen. Obwohl der Freiherr vom Stein bereits 1825 in einem Brief an die Gräfin Voss sein Entsetzen über das Wohnungselend in diesen Häusern ausgedrückt hatte, wurden sie erst sechzig Jahre später durch Mietkasernen neuer, aber kaum besserer Prägung verdrängt.

Den Gartenplatz hat man erst 1861 offiziell so getauft. Bis dahin nannte man ihn Galgenplatz, Gerichtsplatz, Schinderberg oder gar Teufels Lustgarten. Hierher war nämlich 1749 das Hochgericht mit dem Galgen verlegt worden. Es war ein frei im Gelände stehender zwei Meter hoher Ziegelkubus mit eingebauter Treppe und eisernem Geländer. Der hoch aufragende dreifüßige Galgen auf dem „Rabenstein" war aus Holz gezimmert und mit Eisenblech beschlagen.

An dieser Stätte wurde nach der grausamen Sitte jener vermeintlich „guten alten Zeit", die noch mittelalterlichen Grundsätzen über die Bestrafung von Verbrechen folgte, im August 1786 der herrschaftliche Diener Höpner, der bei seinem Brotherren im noch stehenden Haus Am Kupfergraben 7 einen Brand gelegt hatte, dem Feuertod überantwortet.

Der Fall Höpner war die vorletzte öffentliche Verbrennung in Berlin. Bei der letzten — auch für Preußen — im Jahre 1813, als es galt, den Mordbrenner Peter Horst und seine jugendlich-schöne Komplizin Friederike Delitz hinzurichten, reichte der Gartenplatz für den unvorstellbar großen Publikumsandrang nicht aus. Man wählte deshalb ein freies Gelände an der Jungfernheide, nahe der Feldmarkgrenze des Vorwerks Wedding, das soweit ab von den Windmühlen und Kolonistenhäusern lag, „daß jeder Gedanke an Feuersgefahr entfernt wird, auch groß genug ist, um jede sich einfindende Volksmenge aufzunehmen".
Besonders stark war der Andrang zu der letzten öffentlichen Hinrichtung in Berlin, die am 2. März 1837 auf dem Gartenplatz erfolgte und eine 42jährige Frau Meyer traf, die sich selbst zur Witwe gemacht hatte. Aus der in den Zeitungen veröffentlichten „Warnungsanzeige" des Stadtgerichts geht hervor, „daß sie die That mit überlegtem Vorsatz ausgeführt, indem sie mit einem großen, erst einige Tage vorher scharf geschliffenen Fleischermesser ihrem schlafenden Ehemann den Schnitt in den Hals beigebracht hat. Als Beweggrund dieser That aber hat ihr lüderlicher Lebenswandel und vorzüglich der Wunsch, sich mit einem andern Mann zu verheiraten, sich ergeben". Dementsprechend erkannte man, sie „mit dem Rade von unten herauf vom Leben zum Tode zu bringen". Die grausame Strafe wurde dadurch gemildert, daß man die unglückselige Frau Meyer aus der Neuen Friedrichstraße 23 gemäß einer schon 1749 vom Alten Fritz erlassenen Geheimorder vor dem Rädern „wie gewöhnlich unbemerkt" erdrosselte.
Auf Betreiben des Magistrats wurde durch eine Kabinettsorder vom April 1841 verfügt, in Berlin keine Hinrichtungen mehr stattfinden zu lassen, diese vielmehr in Spandau zu vollziehen. Der Galgen auf dem Gartenplatz verschwand aber erst im Juli 1842, weil das Kammergericht nur schwer davon zu überzeugen war, daß er entbehrlich sei. Es hatte sein Fortbestehen verlangt, um dort die Fahndungszettel von desertierten Soldaten und flüchtigen Bankrotteuren anheften zu können. Auch ein alter Brauch, der noch aus dem Mittelalter stammte.

In Rom fand man das Vorbild für die Friedrichstadt

Auf dem Mehringplatz im Bezirk Kreuzberg (von verdrossenen Bürgern gelegentlich Türkenberg genannt) ging es im September 1975 hoch her. An einem langen Wochenende wurde als erste Fete dieser Art in Berlin vom Bezirksamt, der Baugesellschaft Neue Heimat und Senatsbauverwaltung unter reger Beteiligung der Bevölkerung das Friedrichstadt-Fest begangen.
Die dreitägige Gemeinschaftsveranstaltung war eine von vielen, die Berlin anläßlich des Europäischen Denkmalschutzjahres 1975 bot. Ihre eigentliche Aufgabe, die natürlich im allgemeinen Trubel unterging, sollte die offizielle Übergabe des neugestalteten Mehringsplatzes sein. Ihn gibt es schon seit 1734, nur hieß er ursprünglich wegen seiner Kreisform „Rondell", 1815 wurde er in Belle-Alliance-Platz umbenannt und 1946 zu Ehren des sozialistischen Publizisten Franz Mehring abermals umgetauft.
Wer von der Friedrichstadt hört und nicht zur Generation rechnet, die in der Schule sämtliche 21 Hohenzollern vom Kurfürsten Friedrich I. bis zu Kaiser Wilhelm II. mit ihren Regierungsdaten eingebleut bekam, denkt unwillkürlich an den Alten Fritz als Namenspaten des jubilierenden Stadtteils. Irrtum! Die Friedrichstadt wurde bereits 1688 vom Kurfürsten Friedrich III., dem nachmaligen ersten Preußenkönig, südlich der Straße Unter den Linden angelegt, nach ihm benannt und später von seinem Sohn Friedrich Wilhelm I. bis zum Rondell ausgedehnt.
Das Vorbild für die Platzanlage und die nördlich zur City führenden Wilhelm-, Friedrich- und Lindenstraßen fand man in Rom, wo mit der Piazza del Popolo und dem Straßenbündel der Via di Ripetta, dem Corso und der Via del Babuino die barocke Straßenplanung unverändert erhalten ist. Bei uns hat man gemeint, sie verbessern zu müssen, indem man Wilhelm- und Lindenstraße abkniff und nur der Friedrichstraße den alten Verlauf beließ. Die 1975 in Berlin versammelten Denkmalpfleger des In- und Auslandes haben darob die Köpfe geschüttelt.
Technischer und architektonischer Gestalter der südlichen

Friedrichstadt war der Oberbaudirektor Philipp Gerlach, ein gebürtiger Spandauer, dem wir auch die 1968 gesprengte Garnisonkirche in Potsdam und das aus einer Ruine glanzvoll neuerstandene Heim des Berlin-Museums, das Alte Kammergericht, in der Lindenstraße verdanken.
Potsdam wird — wegen Sanssouci — zumeist als Alte Fritzen-Stadt angesehen, doch ist die Havelresidenz vornehmlich eine Friedrich-Wilhelm-Stadt, und hier geben manche Straßenzüge noch eine Vorstellung von dem ersten Aussehen der jungen Berliner Friedrichstadt, die im Bombenkrieg ihre letzten Zeugen aus jener Zeit verlor.
„Da die Straßen der Friedrichstadt alle nach der geradesten Schnur angelegt, die Häuser durchgehend von Mauerwerk sind und viele Paläste der Großen des Hofes unter ihnen aufgeführt wurden, so ist sie nun der allerschönste Teil dieser Residenz geworden." Das schrieb der Oberpfarrer Samuel Buchholz Anno 1765 in seiner sechsbändigen „Geschichte der Churmark Brandenburg".
Dem in der älteren Geschichtsschreibung einseitig (und völlig verkehrt) als „Soldatenkönig" dargestellten Friedrich Wilhelm I. ist es auch zu verdanken, daß die breiten Straßen der Friedrichstadt — die so angelegt waren, „daß die Winde, sie kommen her, wo sie wollen, allzeit durchstreifen können" — rasch mit Häusern besetzt wurden. Er scheute sich dabei nicht (wie er einmal schrieb), „die Nase in jeden Dreck zu stecken" und Maßnahmen anzuwenden, die man heute nicht uneingeschränkt billigen könnte. So hielt er die höheren Beamten des „Kollegienhauses" (Kammergericht) an, sich Häuser in seiner geliebten Friedrichstadt zu errichten; selbst, wenn sie schon eigene Häuser im alten Berlin besaßen.
Ein Vierteljahrhundert nach den Befreiungskriegen erhielt der damalige Belle-Alliance-Platz die merkwürdigerweise noch stehende, von den Neubauten arg bedrängte Friedenssäule mit der Viktoria von Rauch. Andere Denkmäler, mit denen der einstmals 180 Meter weite Platz reich geschmückt war, sind im letzten Krieg dahingegangen. Der um Einfälle nie verlegene „Jux-Tourist" Jule Hammer hat deswegen an allen Tagen der Fete ein paar neue Denkmä-

Belle-Alliance-Platz mit Friedensdenkmal

ler enthüllt, jede Stunde ein anderes. Sie sind ebenso schnell wieder verschwunden, wie sie errichtet wurden. Manch einer hat das bedauert, doch wirklich beklagenswert ist nur die Tatsache, daß hier ein historisches Platzgefüge wegen der Laune eines Architekten zerstört wurde.

„Der Kerl hat Geld, soll bauen" befahl der König

„Gott, ist die Gegend runtergekommen!" So könnte man mit Theodor Fontane klagen, wenn man in der Anhalter oder Wilhelmstraße versucht, dem nachzuspüren, was vom Palais des Prinzen Albrecht blieb und seinem herrlichen Garten, der einmal zu den schönsten Berlins gehörte und fast 100.000 Quadratmeter groß war. Nun, das ist lange her; und beinahe unvorstellbar für den um jeden Straßenbaum bangenden Berliner von heute ist, daß der Park einmal mit dem des Kriegsministeriums zusammenhing und bis zur Leipziger Straße reichte.
Friedrichs des Großen unverheiratet gebliebene Schwester, Prinzessin Amalie, der man gern die längst als Fabel erwiesene Jugendromanze mit dem Freiherrn von der Trenck nachsagt, hat hier alljährlich den Sommer verbracht. Im Winter wohnte sie nur wenige hundert Meter weiter nördlich Unter den Linden 7. Dort, wo sich seit 1952 der prunkende Neubau der Sowjetischen Botschaft erhebt. Den 1772 bis zu ihrem Tode (1787) von der Prinzessin Amalie in der Wilhelmstraße 102 bewohnten Sommerpalast hatte sie letzten Endes ihrem Vater zu verdanken, obgleich er bereits 1740 gestorben war. Die Vorliebe König Friedrich Wilhelms I. für das Militärische, die ihn zum „Soldatenkönig" werden ließ, ist allgemein bekannt. Über dieser Tatsache hat man jedoch eine andere Seite des hausväterlichen Herrschers, die des Städteplaners, allzusehr vergessen. Auch sein angeblich unkünstlerischer Geist ist merkwürdig tief im Bewußtsein der Öffentlichkeit eingewurzelt.
Dabei waren bis zum Bombenkrieg die allesamt auf persönliche Anregung des Königs entstandenen vornehmen

Paläste der Wilhelmstraße das beredteste Zeugnis für den künstlerischen Sinn des vermeintlichen Soldatenkönigs, dem wir auch den schönsten Kirchturm Berlins verdanken. Es ist der Turm der unbeschädigt über den Zweiten Weltkrieg gekommenen Sophienkirche in der Großen Hamburger Straße im Bezirk Mitte.
Das erste dieser Wilhelmstraßen-Palais — von denen das des Reichspräsidenten und die alte Reichskanzlei zu den stadtbekannten Sehenswürdigkeiten zählten — war das von der Prinzessin Amalie so bevorzugte spätere Prinz-Albrecht-Palais. Es entstand bereits 1740 nach den Plänen eines namentlich unbekannten französischen Baumeisters und bildete den monumentalen Abschluß der Kochstraße nach Westen. Als eines der schönsten und bedeutendsten Gebäude der preußischen Hauptstadt wurde es zu Recht hoch gerühmt.
Seine kuriose Baugeschichte ist eng mit der Gestalt des Soldatenkönigs verbunden. Als er gegen Ende seiner Regierungszeit die bereits von seinem Vater angelegte und nach diesem benannte Friedrichstadt gen Süden erweiterte, zwang er die höheren Beamten seiner Verwaltungsbehörden nach dem Grundsatz „Der Kerl hat Geld, soll bauen", sich Häuser in der neuen Friedrichstadt zu bauen. Einer dieser zum Bauen aufgeforderten Geheimen Räte wagte aufzumucken, resignierte aber, als er die Antwort bekam: „Ich gebe Euch auf Euer Schreiben zur Antwort, daß Ich Euch als einen ehrlichen und treuen Diener kenne und also desto mehr von Euch versichert bin, Ihr werdet mir zum plaisir und Ehre Euch willig finden lassen, auf der Friedrichstadt ein Haus zu bauen."
Mit dem Bauherrn des uns interessierenden Palais hatte es der König nicht ganz so einfach. Sein pompöser Name François Matthieu Baron Vernezobre de Laurieux läßt auf einen Angehörigen des französischen Uradels schließen. Das war aber nicht der Fall. Als schlichter Bürgerlicher war er 1690 im ostpreußischen Königsberg zur Welt gekommen, als Sohn eines dorthin ausgewanderten französischen Seidenhändlers Salomon Vernezobre. Auch er wurde Kaufmann, ging ins Land seiner Ahnen zurück und

brachte es dort als Vertrauensmann des Papiergeld- und Aktienschwindlers John Law zu einem riesigen Vermögen.
Kurz vor dem Zusammenbruch des Lawschen Truggebildes legte er es in „Sachwerten" an und rettete es vorsorglich in sein Geburtsland Preußen.
Friedrich Wilhelm I. war sehr zufrieden damit, daß ein so vermögender Mann in sein Land zog, und erhob Vernezobre, der nie dem französischen Adel angehört hatte, in den erblichen Freiherrenstand. Doch als ein Hauptmann aus der königlichen Armee eine seiner Töchter ehelichen wollte, machte Vernezobre auch dem König gegenüber Schwierigkeiten. Er bat, seiner Tochter, die ihr Herz bereits vergeben hatte, „die Wahl ihres Etablissements" selbst zu überlassen. Der Briefwechsel mit dem König ging eine Weile hin. Friedrich Wilhelm I. ließ es weder an „sanften Drohungen" noch Vernezobre an fester Haltung fehlen.
Schließlich gelang es, den König von seinem Heiratsplan dadurch abzubringen, daß Vernezobre sich wohl oder übel entschloß, ein Haus auf der Friedrichstadt zu bauen. Aber es müsse ein sehr großes und stattliches Haus werden, entschied der König; „denn was hilft dem Vernezobre das viele Geld, wenn er es nicht will mit zur Zierde der Stadt anwenden."

Die späteren Schicksale des Palais waren sehr wechselvoll. Es diente als Musikkonservatorium und Armenspeisungsanstalt, als französisches Feldpostamt, Gemäldegalerie, Wohltätigkeitsstiftung, Baumwolldepot und Standort einer öffentlichen Drehrolle, daneben zeitweilig als fürstliche und Pensionärwohnung, als Impflokal und Wohnsitz einer türkischen Huldigungsdelegation, bis es endlich 1830 an den Prinzen Albrecht fiel. Einen Bruder Kaiser Wilhelms I., dem 1901 gegenüber dem Schloß Charlottenburg das noch vorhandene Bronzestandbild errichtet wurde.
Prinz Albrecht ließ das Haus unter Wahrung der äußeren Gestalt durch Schinkel mit einer „geschmackvollen Ein-

Palais des Prinzen Albrecht

richtung" versehen; auch die Säulenhalle an der Wilhelmstraße stammte aus dieser Zeit.

Das spätere Geschehen um das vom Prinzen Albrecht (+ 1872) an seinen gleichnamigen Sohn, den braunschweigischen Regenten, und von diesem an seinen ältesten Sohn Prinz Friedrich Heinrich vererbte Haus war nicht minder bewegt als in den Jahren nach dem Tode der Prinzessin Amalie. So mietete es 1928 die Reichsregierung als Gastquartier für den König Aman Ullah von Afghanistan und ein Jahr später zum gleichen Zweck für den König Fuad von Ägypten. Im Jahre 1935 zog das berüchtigte Reichssicherheitshauptamt ein und ging nicht gerade glimpflich mit den von Schinkel so edel gestalteten Räumen um. Am 22. November 1944 brannte das Palais nach einem Bombenangriff aus, die Ruine wurde im Mai 1949 gesprengt und die herrlichen alten Bäume des bis dahin erhaltenen Parks von der frierenden Bevölkerung verheizt.

Heute dehnt sich von der Wilhelmstraße bis zur Anhalter Straße eine öde Fläche, die – nördlich noch dazu von der Mauer begrenzt – nicht das mindeste davon ahnen läßt, daß sich hier einmal ein nobles Palais inmitten eines prächtigen Parks befand, dem kein Geringerer als Adolph Menzel in stimmungsvollen Gemälden seine Aufmerksamkeit schenkte.

Schwimmen erster Klasse für zwölf Groschen

In den letzten Lebensjahren, als sich seine wirtschaftlichen Verhältnisse endlich verbessert hatten, ist der greise Theodor Fontane nicht mehr in so zweifelhafte Sommerfrischen wie „Seebad Rüdersdorf", sondern nach Karlsbad gereist. Das nur 400 Meter von der Wohnung in der Potsdamer Straße entfernte berlinische Karlsbad war längst nicht mehr das, was einst seinen Reiz ausmachte.

Der aus Böhmen nach Berlin gekommene Kaufmann Chmelik hatte schon vor 1800 in der Gegend der Potsdamer Brücke einen größeren Fleck Wiesenlandes für den Gegenwert von drei Tonnen Bier erworben. Ein paar Jahre später legte er hier eine für damalige Begriffe elegante Badeanstalt an, die aus einem massiven Gebäude bestand und von einem englischen Garten umgeben war. Die Bäder erster Klasse kosteten zwölf Silbergroschen, die der zweiten acht Groschen Kurant; damals eine Menge Geld.

Im Jahre 1828 bat Chmelik das zuständige Ministerium, der Privatstraße vor seinem Grundstück die Bezeichnung „Carlsbad" zu geben. Wenn man auch bis heute meint, daß Chmelik an das weltberühmte Bad seiner Heimat dachte, so ist dem nicht so. Er hatte seiner Eingabe ein Schreiben des Prinzen Carl (Bruder Kaiser Wilhelms I.) beigelegt, in dem es hieß: „Auf Ihren Antrag will ich Ihnen mit Vergnügen gestatten, Ihrer an der Potsdamer Chaussee und Schafgarbenbrücke gelegenen Badeanstalt sowie den neuerbauten Häusern in deren Nähe die Bezeichnung ‚Carlsbad' beilegen zu dürfen."

So ist es denn auch geschehen, die neue Straße wurde durch Allerhöchste Bestimmung „Auf dem Carlsbad" genannt. Heute heißt sie Am Karlsbad und ist seit vielen Jahren keine Privatstraße mehr. Auch nicht mehr das, was einer ihrer Anwohner, der Maler, Zeichner und Journalist Ludwig Pietsch, einmal behauptete, nämlich „unter allen Straßen und Gassen des damaligen Berlin vielleicht die landschaftlich reizvollste, selbst die Tiergartenstraße kaum ausgenommen."

Hier wohnten deshalb jene Berliner des Biedermeiers, die sich ein Haus vor den Toren im Grünen leisten konnten. Von Dahlem, Grunewald, Wannsee und Frohnau wußte man noch nichts. Zu den ersten Bewohnern des Karlsbades zählte der Maler Karl Joseph Begas, Stammvater einer berühmten Künstlerfamilie, die in drei Generationen wesentlich zur Kunst des vergangenen Jahrhunderts beitrug. Der Monumentalplastiker Wilhelms II., Reinhold Begas, war ein Sohn von Karl Joseph. Er hat sich früh selbständig gemacht. Das Künstlerhaus am Karlsbad wurde bis zu seinem Tode (1883) von Bruder Oskar bewohnt, der gleich seinem Vater ein begehrter Maler vor allem im Fach des Porträts war.

Nachbar der Begasse, wie sie sich bis 1824 ob ihrer flämisch-französischen Abstammung nannten, war der Architekt Wilhelm Stier, Professor an der Bauakademie. Er hat zwar viele Schüler mit seinen Ideen befreundet, aber außer dem eigenen Haus so gut wie nichts gebaut.

Die „Stierburg" wurde viel kritisiert. Der Kunstpapst jener Zeiten, Franz Kugler, nannte sie 1834 ein „phantastisch-mittelalterliches Haus", und Freund Pietsch vertrat die Ansicht, daß man auf den winkligen Wendeltreppen größere Möbel gar nicht in die oberen Stockwerke transportieren konnte. „Erker, Söller, Loggien, Fenster, hie und da willkürlich angebracht, gaben dem Gebäude ein ganz wundersames Aussehen."

Klassisch streng, jedoch anmutig war das gegenüberliegende Haus, das Martin Gropius — Großonkel des Bauhausmeisters — 1870 für Fontanes Freund Eggers errichtet hatte. Zehn Jahre später wurde es von Heinrich Seidel bezogen, der den ungeliebten Beruf des Ingenieurs mit dem einträglicheren des erfolgreichen Dichters vertauscht hatte.

Damals war das Karlsbad noch etwas Beglückendes, eine Insel des Friedens in der machtvoll anwachsenden Reichshauptstadt, ein immer wieder gerühmtes Idyll und vielleicht deswegen auch der geeignete Wohnsitz des „Leberecht Hühnchen"-Autors, der im Grunde seines Wesens immer zwischen unsichtbaren Kornfeldern und wie in einem Märchenreich lebte. 1895 ist Seidel in das eigene

Haus in Lichterfelde gezogen. Damals hätte man Schriftsteller sein müssen.
Dank der bis heute unermüdlich tätigen amtlichen Tiefbauer hat das Karlsbad 1936 sein rückständiges Pflaster, aber auch die großen Vorgärten und die schönen Alleebäume verloren. Den größten Verlust fügte der stillen Straße dann der Bombenkrieg zu. Seitdem gibt es auf der nördlichen Straßenseite überhaupt kein Haus mehr, und auf der anderen sind es noch ganze sechs; bis auf das neue Wohnhaus an der Ecke Flottwellstraße alles Büro- und Geschäftspaläste.
In einem von diesen residiert die muntere Ilse Reichel, Senatorin für Familie, Jugend und Sport. Sie hat auch den Siegesboten von Marathon auf der Grünfläche gegenüber in ihre Obhut genommen. Der einst auf dem Theater des Westens stehende und dort nach der Volksmeinung den letzten flüchtenden Hypothekengeber darstellende nackte Bronzejüngling von Max Kruse, Ehegemahl der Puppenmutter Käthe Kruse, scheint bei dem für Berlin typischen Wetter in die Arme von Frau Reichel stürzen zu wollen und auszurufen: „Laß mich nur schnell an die Heizung, ich bibber schon am ganzen Körper!" Vielleicht kann dem Mann geholfen werden.

Berlins erster Porno-Prozeß brachte Maler und Modell vor Gericht

Eine unternehmungslustige Berlinerin, die trotz ihres hohen Alters bereits viermal die weite Reise über den großen Teich machte, um ihre Tochter, Freunde und Bekannte in den Staaten zu besuchen, traf in El Paso (Texas) auf ein Bild, das vor Jahrzehnten in unserer Stadt Schlagzeilen machte und bis heute nicht ganz vergessen ist.
Worum ging es damals? Der 1821 in Königsberg geborene Maler Gustav Graef hatte sich nach Studienjahren in Düsseldorf, Antwerpen und Paris 1852 in Berlin niedergelassen und hier mit Historienbildern beachtliche Erfolge errungen. Dem großen Vorbild Kaulbach folgend, malte er

Fresken im Alten und Neuen Museum sowie in der Aula der Königsberger Universität. Volkstümlich geworden und früher in jedem preußischen Geschichtswerk zu finden waren seine Darstellungen aus den Freiheitskriegen, so der „Auszug der ostpreußischen Landwehr", „Der Schwur der Lützower Freischar", „Ferdinande von Schmettau opfert ihr Haar auf dem Altar des Vaterlandes" oder der „Abschied des litauischen Landwehrmannes von seiner Geliebten".

Später wandte sich Graef dem Bildnis zu, errang auch auf diesem Gebiet Erfolge; denn „kein anderer Maler verstand es wie er, ein junges Mädchen, das eben in die Gesellschaft tritt, von einem gleich keuschen Liebreiz, einem gleich jungfräulichen Zauber zu umgeben, zu porträtieren." Doch die „elegante, etwas äußerliche Art" der Frauenporträts des „Mode- und Robenmalers" wurde bald nicht nur von Kunstsachverständigen kritisiert. Graef wollte sich deshalb mit Idealfiguren und mythologischen Szenen ein neues Feld erobern, ohne zu ahnen, welchen Skandal er damit auslösen würde.

Graef hatte 1875 eine Wohnung im ersten Stock des neuerbauten Hauses Lützowplatz 10 bezogen, das später die Hausnummer 19 trug und im Bombenkrieg zugrunde ging. Im verschieferten Dachgeschoß hatte er sein Atelier, während der Haus- und Bauherr Heino Schmieden im Hochparterre wohnte und für das mit Martin Gropius (Großonkel des Bauhausmeisters) gemeinsam betriebene Architekturstudio das zweite Geschoß nutzte. Die im Renaissancegeschmack gehaltene Fassade des noblen Hauses trug den Spruch: „Der eine machts, der andere betrachts, der dritte belachts, was machts." Er sollte für Graef zu schicksalhafter Bedeutung werden.

In diesem Hause wurde der „mit einem Fuß im Greisenalter stehende" Graef im März 1885 urplötzlich verhaftet und ihm nach sechs Monaten Untersuchungshaft der Prozeß gemacht; er hielt während seiner neuntägigen Dauer ganz Berlin in Atem und könnte als erster Porno-Prozeß der Reichshauptstadt bezeichnet werden.

„Eine jugendliche weibliche Schönheit, eine Nymphe,

soeben dem Wasser entstiegen, hat ihre schwarze Fischhaut abgestreift. In diesem Augenblick stößt ein Rabe hernieder, um die Fischhaut zu rauben, die ihn aus seiner Verzauberung erlösen soll. Nur durch sie kann er wieder zum Prinzen werden, der er einst gewesen war: zum Prinzen, der jetzt um die nackte Schönheit freit." So beschrieb 1881 der Katalog der Akademie-Ausstellung ein von Graef gezeigtes, „Das Märchen" genanntes Bild. Da er damit aber nicht den gewünschten Erfolg erzielte, hat er es in den folgenden Jahren immer wieder überarbeitet.

Dafür benötigte er jugendliche Aktmodelle, und eines von diesen, die fünfzehnjährige Helene Hammermann, klagte ihrer Mutter, der 63jährige Akademieprofessor sei ihr zu nahe getreten. Die Dachdeckerfrau versuchte — von einem „Volksanwalt" schlecht beraten — eine Erpressung und wanderte prompt für zwei Jahre ins Gefängnis, weil Graef unter Eid alle Beschuldigungen abgestritten hatte.

An Helenens Stelle als Modell für die Neufassung des „Märchens" trat nun eine gewisse Bertha Rother aus Moabit, die schon 1878 als vierzehnjähriges Mädchen zu Graef gekommen war. Die um die erpreßten 100 Mark und dazu noch hinter Gitter gebrachte Frau Hammermann sann natürlich auf Rache und denunzierte Graef, indem sie ihn beschuldigte, mit der minderjährigen Bertha Unzucht getrieben zu haben.

Die Vorwürfe gegen Graef waren schwer, denn die Anklage lautete auf „wissentlichen Meineid, Anstiftung zum Meineid und wiederholtes Verbrechen gegen die Sittlichkeit". Wegen wissentlichen Meineids dazu und wegen schwerer Kuppelei mußten auch Bertha Rother, ihre Schwester Anna und beider Mutter, die 43jährige Tischlergesellenfrau Auguste Rother, auf die Anklagebank.

Was alles dem Gericht und der Öffentlichkeit während des ermüdenden Prozesses zugemutet wurde, ist selbst für unsere hartgesottene Generation nahezu unfaßbar. Soviel schmutzige Wäsche ist selten vor dem Landgericht — damals noch in der Jüdenstraße am „Roten Rathaus" — ausgebreitet worden. Man erfuhr zur grenzenlosen Überraschung des zahlreich erschienenen Publikums, daß Graef in einer Art Johannistrieb der in schwülstigen Gedichten angehimmelten Bertha und ihrer Familie in ganz kurzer Zeit rund 35 000 Mark geopfert hatte, was einer Jahreseinnahme des Malers entsprach. Graef war auch mit Bertha gemeinsam verreist, sogar bis London und Boulogne und hatte die Kosten für ihren Schauspielunterricht bezahlt. Schließlich gab er auch zu, daß ihm bekannt war, das nur sechs bis acht Wochen auf der Grundschule gewesene Mädchen hätte seit seinem 14. Lebensjahr die gewerbliche Unzucht ausgeübt und deshalb bei der Berliner Polizei unter Kontrolle gestanden.

Graef aber wurde am letzten Prozeßtag, dem 7. Oktober 1885, nach fünfzehnstündiger Verhandlung in sämtlichen Schuldfragen freigesprochen. Theodor Fontane — dessen Schwiegertochter mit der Familie Graef auf einem Flur wohnte — schrieb spontan „in großer Aufregung durch den Ausgang des Graefschen Prozesses" an seinen schlesischen Freund, den Amtsgerichtsrat Friedländer: „Das Gericht mit seiner Anklage vertritt den alten Zustand der Gesellschaft, das Verdikt der Geschworenen den neuen. Ich bin von Graefs doppelter Schuld überzeugt und hätte ihn trotzdem wahrscheinlich auch nicht verurteilt. Für die ganze juristische Welt ist es ein furchtbar harter Schlag, und der Staatsanwalt, ein, glaub' ich, forscher und gescheiter Kerl, steht da wie ein Fatzke. Es ist eine sehr ernste Sache."

Graef hat den Skandalprozeß noch zehn Jahre überlebt, aber künstlerisch keine Meriten mehr gewinnen können. Sein prozeßberühmt gewordenes „Märchen" hat er, der Nachfrage entsprechend, in immer wieder neuen Fassungen gemalt; und einer von diesen, die einmal dem Berliner Bankier Oskar Huldschinsky gehörte, ist unsere aufmerksame Landsmännin in El Paso begegnet.

Hochhäuser verdrängten die Gartenpracht

In einem Berlin-Führer von 1895 wird von ihr gesagt: „Sie ist wohl die schönste Straße in Berlins Umgebung, leider aber viel zu wenig bekannt." Gemeint war die Kaiserstraße, die man 1890 zur Kaiserallee aufwertete und sechzig Jahre später in Bundesallee umbenannte. Mittlerweile ist sie hundert Jahre alt geworden.
Mit der sehr großzügig angelegten, bis zu 45 Meter breiten und vier Kilometer langen einstigen „Prachtstraße", die ursprünglich sogar eine vierfache Rüsternallee aufwies, hat sich Wilhelm von Carstenn, der „Napoleon der Terrainspekulanten", ein Denkmal gesetzt.
Carstenn hatte nach dem Erwerb des Rittergutes Lichterfelde auch die Ländereien des Wilmersdorfer Gutes gekauft, um sie zu parzellieren und der gewinnträchtigen Bebauung mit Villen zu erschließen. Die neue Straße sollte beide Siedlungen miteinander und mit dem Berliner Nahverkehr verbinden. Zu diesem Zweck wurde bereits 1872, als die ersten Pflasterarbeiten begannen, eine Pferdeomnibuslinie zwischen Wilmersdorf und Berlin eingerichtet. Sie führte über die Bundesallee viermal am Tag bis zum Spittelmarkt.
Der vom Kirchenbaumeister Otzen entwickelte Bebauungsplan mit den damals beliebten bogenförmigen Straßen, Kreis- und Sechseckplätzen wurde durch den Geometer Busse ins Gelände übertragen, die Straßen sogleich primitiv gepflastert und mit Bäumen bepflanzt. Doch die erhofften Ansiedler blieben infolge des „Gründerkrachs" von 1873 vorerst aus.
Auf den „Hopfenbruchwiesen" im Nordteil Wilmersdorfs war das 1880 eingeweihte Joachimsthalsche Gymnasium lange das einzige Gebäude, dem später zögernd erste Villen in der Schaperstraße folgten. Auf dem südlichen „Oberfeld" war man erfolgreicher. Hier betätigte sich der von Carstenn inspirierte Landerwerb- und Bauverein auf Aktien. Er schuf eine Landhauskolonie für den nicht besonders betuchten Mittelstand, die rasch aufblühte und schon 1874, als sie 1100 Einwohner in 260 Haushalten zählte,

Joachimsthalsches Gymnasium jetzt Städtisches Konservatorium (ehem. Sternsches Konservatorium)

den Status einer selbständigen Landgemeinde bekam. Den Namen Friedenau erhielt sie zwei Jahre zuvor zur Erinnerung an den Frankfurter Frieden von 1871.

Villen sollten nach dem Wunsch Carstenns beiderseits der Bundesallee stehen und inmitten großer Gärten liegen. Davon ist leider nichts geblieben. Vor allem nach dem letzten Krieg haben riesige Wohn- und Geschäftshäuser äußerst nüchterner Prägung die alte Gartenpracht verdrängt, die jetzt nur noch auf dem Grundstück der Schwedischen Kirchengemeinde (Nr. 39—40) spürbar ist.

Hier „„an der Ecke von der Kaiserallee" stand bis 1938 das durch Robert Gilbert in einem Schlager verewigte „Landhaus". Ursprünglich Sommersitz eines Baurats, wurde es 1891 zur gern besuchten Gastwirtschaft, „die vielerlei Sportbelustigungen" bot.

Belustigungen anderer Art fand man an der gegenüber liegenden Ecke im 1927 errichteten Großkino „Atrium". Als man die Ruine abräumte und 1953 durch ein Wohnhochhaus ersetzte, machte dieses Schlagzeilen in den Zeitungen. Denn durch ein neuartiges, aus Schweden übernommenes Verfahren — den Schalungsgleitbau — konnte man in der Rekordzeit von elf Tagen elf Geschosse aufeinander türmen. Daß bald nachdem die Mieter eingezogen waren, der Putz von den Fassaden fiel und einen Rattenschwanz von Prozessen auslöste, hatte man nicht vorgesehen.

Ungefähr dort, wo einst der „olle Busch" seine stadtbekannte Eisbahn hatte, steht jetzt — blau-weiß gehalten und sechzehn Stockwerke hoch — das Werner-Bockelmann-Haus, ein gigantisches Seniorenzentrum, dem auf der anderen Straßenseite die Zentralverwaltung der Berliner Sparkasse architektonisch Paroli bietet. Der Volksmund nennt den Hochhaustrakt „Buchhalterknast".

Im Zuge des Volksparks braucht man bei der Überquerung der Bundesallee nicht mehr um sein Leben zu fürchten: Ein kühn geschwungener Brückensteg macht die Passage zum Kinderspiel. Ältere werden hier an Schramms Seebad denken, das bis zum Anfang der zwanziger Jahre ein Para-

dies der Jugend war; als Schwimmstätte und als Vergnügungslokal, wo es an den Tanztagen hoch herging.
Erdmann Graeser, Max Kretzer und Georg Hermann haben den „Schwof bei Schramms" mehr als einmal in ihren Romanen geschildert. Der „Jettchen Gebert"–Autor Hermann war überdies ein Anwohner der Bundesallee und hat ihr Milieu in seinem Buch „Der kleine Gast" literarisch verklärt. Dafür hat man ihm 1962 im „Georg-Hermann-Garten" an der Stubenrauchstraße einen Gedenkstein gesetzt.

Schöneberg, eine Oase in der Sandwüste

Die eigene, über sechzig Jahre zurückreichende Erinnerung an den Kaiser-Wilhelm-Platz in Schöneberg und alte vergilbte Fotos bestätigen, daß man wieder einmal mit Theodor Fontane einig sein kann: „Gott, wie ist die Gegend heruntergekommen!" Das kleine verkehrsumbrandete Steindreieck läßt nicht einmal im Traum ahnen, daß es einst erheblich größer war und bis 1883 sogar einer Bauernwirtschaft mit zwanzig Kühen im Stall Platz bot. Später hatte man inmitten einer liebevoll gestalteten Grünanlage das bronzene Standbild des Kaisers Wilhelm I. aufgerichtet.
Der greise Monarch sah, vom Alter gebeugt, mit angespannter Aufmerksamkeit und vielleicht auch ein wenig Ungeduld in den Gesichtszügen die Hauptstraße entlang, so daß der Volkswitz ihm die Worte in den Mund legte: „Ick stehe hier nun schon 'ne janze Weile, und die Pferdebahn kommt immer noch nich."
Dieser keineswegs repräsentative Platz sollte 1973 nach dem Willen der 23 vom Volke gewählten Schöneberger Bezirksverordneten in Salvador-Allende-Platz umgetauft werden. Allerdings hat man sich vorher nicht um die Volksmeinung gekümmert und dann erfahren müssen, daß einige tausend Mitbürger dagegen waren. Auch hatte man vergessen, daß vor einem Dutzend Jahren in zeitraubenden Besprechungen beim Bausenator, die der Beseitigung der doppelt und mehrfach vorhandenen Straßennamen galten,

mit Einverständnis aller betroffenen Bezirksämter festgelegt wurde, daß allein der Schöneberger Kaiser-Wilhelm-Platz die Erinnerung an einen Mann wachhalten sollte, der jetzt nach Ansicht des Sprechers im Bezirksparlament „für die Aufgaben unserer heutigen Gesellschaft ohne Bedeutung ist".

Von Bedeutung für den kleinen Mann aus dem Volke wurde jedoch, was in unmittelbarer Nähe des umstrittenen Platzes, Hauptstraße 16, aus der Erde wuchs: ein Selbstbedienungsladen. Aber wozu darauf eingehen, das gibt's doch schon übergenug, wird mancher Leser meinen. Doch stand dort bis zum Abriß im Sommer 1973 das letzte einstöckige Wohnhaus Alt-Schönebergs, dessen äußerer Zustand nur wenigen Wissenden von dem kündete, was einst unter dem ein Jahr zuvor abgebrannten Dach geschah.

Anno 1750 war es als eins von zwanzig Doppelhäusern entstanden, die man auf Staatskosten für böhmische Weber und Spinner „vor dem Potsdamer Tore Berlins nach dem Hopfengarten zu" auf dem dort „belegenen wüsten Sandberg" gebaut hatte. Die Ansiedlung war kommunalpolitisch selbständig, sie hieß Neu-Schöneberg (woraus die spottsüchtigen Berliner „Monte bello nuovo" machten) und hat sich erst 1874 — ihr Charakter als böhmische Kolonie war längst dahin — mit dem alten Dorf vereinigt.

Der erste Hausherr des Kolonistenguts Nr. 9 (Hauptstr. 16) war ein Weber Jakob Andresy, von dem es im Erbgang an seinen Sohn und nach dessen Tod an die Schwester überging, die es bald nach 1800 ihrem Schwiegersohn vermachte, dem Weber Johann Gottfried Hensel, der sich dem einträglicheren Beruf des Gastwirts zuwandte.

Seine Schwägerin Johanna Hensel, Witwe eines Landpfarrers und glückliche Mutter künstlerisch reichbegabter Kinder, hat ihren sommerlichen Alterssitz an nun der Selbstbedienung geweihter Stätte zu einem Anziehungspunkt junger Künstler gemacht. So schwärmte die Dichterin Helmina von Chézy im Jahre 1816, daß die Freunde der Familie Hensel keinen Ausflug für lohnender hielten als

Das Panniersche Haus in der Hauptstraße 16

den nach Schöneberg: „Allerdings ist jene Gegend in den meist sandigen Umgebungen Berlins eine Oasis; soweit das Auge reicht, sieht es nur Grün auf der Erde, hier Bäume, dort breite Wiesenteppiche, von Rinnsalen durchfurcht, deren Ränder blaue Säume von Vergißmeinnicht einfassen."
Im Mittelpunkt des hier versammelten Jungmädchenflors standen die achtzehnjährige Luise Hensel — später als religiöse Dichterin berühmt geworden und jetzt mit Ausnahme ihres „Müde bin ich, geh' zur Ruh" weder gekannt noch genannt — und ihre Freundin Hedwig von Stägemann. Während Luise alle Anträge ihres zwanzig Jahre älteren Verehrers Clemens Brentano ablehnte und mit Keuschheitsgelübde zur katholischen Kirche übertrat, verehelichte sich Hedwig mit Herrn von Olfers, dem Generaldirektor der Königlichen Museeen; Luises Bruder Wilhelm, Professor und Hofmaler, nahm Fanny Mendelssohn-Bartholdy zur Frau, die Schwester des in die Musikgeschichte eingegangenen Felix.
Ein anderer Musiker von hohen Graden, Franz Schubert, hat die im Henselschen Hause in Schöneberg von Wilhelm Müller zu Papier gebrachten „Müller-Lieder" und Gedichte sehr melodisch vertont. Wer kennt sie nicht, die noch heute gern gesungenen Lieder? „Am Brunnen

vor dem Tore", „Im Krug zum Grünen Kranze", „Das Wandern ist des Müllers Lust", „Ich hört ein Bächlein rauschen", über die der kritische Heinrich Heine an Müller schrieb: „Ich glaube erst in Ihren Liedern den reinen Klang und die wahre Einfachheit, wonach ich immer strebte, gefunden zu haben. Wie rein, wie klar sind ihre Lieder, und sämtlich sind es Volkslieder."
1848 wurde im Saalanbau der Gartenfront unter dem Schauspieldirektor Franz Moser ein Sommertheater betrieben, das in vier Monaten mit rund 90 Vorstellungen aufwartete. Neben seriösen Stücken wie Schneiders „Kurmärker und Picarde" gab es auch die Posse der Ida Schaute, geborene Stuß (!) „Drei Berliner Schönheiten einer vergangenen Zeit oder Ein Heiratsbüro in Schöneberg".
Später kam das Grundstück, das sich bis heute einen Teil seines ausgedehnten Gartens mit schönen alten Bäumen bewahrt hat, in den Besitz des Gastwirts Pannier, der es 1872 seinem Nachbarn zur Rechten, dem Sanitätsrat Dr. Eduard Levinstein, zur Erweiterung der „Maison de santé" abtrat.
Das Hauptgebäude (Nr. 15) der einmal Weltruf genießenden „Mäsong" (wie Erdmann Graeser in seinem Roman „Eisriecke" die Ende des Ersten Weltkriegs eingegangene Nervenklinik nennt) hat in den oberen Geschossen noch das Gepräge des Baujahrs 1862. Aber zur Erneuerung des vergammelten Putzes will sich niemand entschließen, weil keiner weiß, ob und wann das bereits in den 1890er Jahren von den Schöneberger Gemeindeverordneten ernsthaft erörterte und neuerdings wieder von unseren Stadtvätern zum Gegenstand hitziger Debatten gemachte Projekt der Verbindung von Kolonnen- und Gleditschstraße durch einen neuen Straßenzug über das alte Maisongelände hinweg verwirklicht wird.

Auf dem Bayerischen Platz war Gottfried Benn ein „treuer Bankkunde"

Als im Juni 1900 der von der Berlinischen Bodengesellschaft geschaffene Viktoria-Luise-Platz der erst zwei Jahre alten S t a d t Schöneberg übergeben wurde, geschah das in feierlichem Rahmen. Alles, was Rang und Namen hatte, war dabei. Schließlich hatte der Kaiser den Entwurf des Gartendirektors Encke „sehr geschmackvoll" genannt und seine acht Jahre junge Tochter — die noch lebende Herzogin von Braunschweig-Lüneburg — bei der Namengebung Pate gestanden.
Acht Jahre später sollte der inzwischen angelegte Bayerische Platz ähnlich großartig eingeweiht werden. Magistrat und Stadtverordnete von Schöneberg hatten bereits zugesagt; auch Minister von Breitenbach wollte kommen, der in Preußen die oberste Instanz für die Fragen der Bauordnung und Bebauungspläne darstellte. Doch kurz vor der Feier beschlossen die hohen Eingladenen, nicht hinzugehen, auf das Festessen und die preisend schönen Reden zu verzichten. War war geschehen?
Alexander Dominicus, Schönebergs Oberbürgermeister während der Jahre 1911—1921, hat es überliefert. Als er 1911, von Straßburg im Elsaß kommend, an die Stelle seines 1910 plötzlich einem Herzschlag erlegenen Amtsvorgängers Rudolph Wilde trat, fand er, daß seine Stadt im Kriege war — im Krieg mit dem Kommerzienrat Georg Haberland. Dieser war der allmächtige Direktor der Berlinischen Bodengesellschaft und Herr über die meisten Grundstücke im Bayerischen Viertel. Das Geschäft ging glänzend und brachte den Aktionären jahrelang die heute unglaublich klingende Dividende von hundert Prozent ein.
Naturgemäß wollte sich die Stadt Schöneberg an den leichtverdienten Gewinnen beteiligen und führte die Wertzuwachssteuer ein. Sie betrug anfangs jährlich 700 000 bis 900 000 Mark, bis Haberland die Konsequenzen zog, in Schöneberg sein unbebautes Gelände tot liegen ließ und die Bautätigkeit in die Nachbargemeinden Wilmersdorf

und Tempelhof verlegte, wo er ebenfalls großen Grundbesitz hatte.

Später hat sich der kluge Dominicus im Interesse der von ihm verwalteten Stadt mit dem nicht minder klugen und geschäftstüchtigen Haberland arrangiert. Doch konnte er nicht mehr ändern, was bereits unter Rudolph Wilde geschah. Haberland hat selbst erklärt, daß es ihm gelungen war, den Bebauungsplan für das um 1905 erschlossene Bayerische Viertel und insbesondere für den Bayerischen Platz maßgebend zu beeinflussen. In welcher Hinsicht? Dahin, daß nicht weniger als acht Straßen auf dem Platz mündeten. Das ergab eine Menge von Eckgrundstücken, die um 25 Prozent wertvoller waren als die anderen Parzellen, weil sie nach der damals gültigen Bauordnung viel stärker ausgenutzt werden konnten.

Von der alten Bebauung ist dem Bayerischen Platz nach dem Bombenkrieg nicht viel geblieben. Auch die prunkvollen Fassaden sind dahin, die man 1910 gelegentlich eines Wettbewerbes mit namhaften Geldpreisen bedacht hatte. Dem noch stehenden, jetzt schmucklosen Haus Nr. 4 ist nicht mehr anzusehen, daß sein Architekt einmal für die Dekoration der Front 2500 Goldmark erhielt. Für den schmucken Backsteinbau im Messelstil an der Ecke der Salzburger und Innsbrucker Straße war dem Architekten Arthur Wolff nur der dritte Preis in Höhe von 1000 Mark zugebilligt worden.

Die gärtnerischen Anlagen des Platzes, die gleich denen des Viktoria-Luise-Platzes von Encke stammten und mit vielen Architekturen den französischen Gartenstil des 18. Jahrhunderts repräsentieren sollten, wurden — soweit noch vorhanden — 1958 beseitigt und völlig neugestaltet.

Die damals gepflanzten Birken sind kräftig herangewachsen und verdecken den auf Stelzen einherschreitenden „Salonlöwen" — vom Bildhauer Anton Rückel modelliertes Wappentier der „Südpreußen" —, das sich der Freistaat Bayern 45 000 Mark kosten ließ und der Stadt Berlin im November 1958 mit einer volksfestmäßigen Feier übergab.

Einer der treuesten „Bankkunden" des Bayerischen Platzes war Gottfried Benn, der in der nahen Bozener Straße als Arzt praktizierte und seine expressionistische Lyrik in den Mußestunden auf einer Parkbank niederschrieb. Das Bayerische Viertel war dank seiner luxuriösen, mit allem Komfort versehenen Wohnungen — der „Aufgang nur für Herrschaften" ist gottlob nach 1945 verschwunden — von jeher ein beliebtes Quartier derjenigen, die es sich leisten konnten. Zu diesen gehörte auch Albert Einstein, an den in der Nördlinger Straße ein Gedenkstein erinnert, während des ständig mit wirtschaftlichen Schwierigkeiten kämpfenden Phantasus-Autors Arno Holz am Hause Stübbenstraße 5 durch ein bronzenes Porträtrelief von Harald Isenstein gedacht wird.

Warten unter dem Pappdach — hundertjähriger Bahnhof Friedenau

Am 1. November 1874 wurde die von den Anwohnern langersehnte Haltestelle Friedenau der Wannseebahn eröffnet. Sie lag schon damals nicht in Friedenau, vielmehr in Schöneberg; und das ist bis zum heutigen Tag so geblieben, obwohl die Grenzen des Schöneberger Ortsteils mehrfach verändert wurden.
Unverändert blieb — wenigstens im Äußeren — das damals errichtete Stationsgebäude: ein primitiver Fachwerkbau mit geteertem Pappdach, der seit Jahr und Tag von einem Handwerksbetrieb genutzt wird, einst jedoch Dienstraum, Fahrkartenschalter und Wartesaal unter seinem Dach barg.
Die Friedenauer hatten schwer um ihren Bahnhof ringen müssen. Die damals noch in Privathand befindliche Berlin-Potsdam-Magdeburger Eisenbahngesellschaft machte die Errichtung einer Haltestelle für die zwischen Berlin und Potsdam verkehrenden „Lokalzüge" von einer Reihe Bedingungen abhängig. Selbst der in Eingaben angesprochene preußische Handelsminister sah sich außerstande, auf die an ihren Profit denkende Gesellschaft einzuwirken.

Weil die vom Landerwerb- und Bauverein auf Aktien, dem Gründer Friedenaus, schon 1871 verheißenen Pferdebahnen nicht gebaut wurden, griff man — wenn auch widerstrebend — in die Tasche. Der Bauverein und der Terrainspekulant Sponholz gaben Land und Geld, auch Friedenauer Kolonisten steuerten zu den Kosten bei, so daß man endlich mit 14 Zügen am Tag nach Berlin fahren konnte und nicht mehr auf den langweiligen Pferdebus des „Vaters Rockel" angewiesen war. Dieser, ein Kneipier an der Ecke von Rhein- und Ringstraße, war siebenmal täglich nach Berlin gezuckelt und hatte sich neben dem Fahrgeld vom Bauverein noch eine monatliche Subvention von 120 Talern geben lassen.

Acht Tage nach der Bahnhofseröffnung wurde die bislang zum Gutsbezirk Deutsch-Wilmersdorf gehörende Kolonie Friedenau zur selbständigen Landgemeinde erhoben. Ein am 9. November 1874 vom Kaiser unterzeichneter „Allerhöchster Erlaß" hatte es möglich gemacht, nachdem die offizielle Ortsbenennung bereits zwei Jahre zuvor, im Juli 1872, erfolgt war. Den Namen Friedenau hatte die Frau des Baumeisters Hähnel im Hinblick auf den kurz zuvor abgeschlossenen Frankfurter Frieden vorgeschlagen. Der ins Siegelbild aufgenommene Genius des Friedens vom Nationaldenkmal auf dem Niederwald wurde im Volk zum ersten Fliegerdenkmal Deutschlands, als er vom Rathausneubau am Breslauer Platz mit ausgebreiteten Flügeln auf das Markttreiben zu seinen Füßen blickte.

Die vor hundert Jahren erfolgte Gründung der Landgemeinde Friedenau hätte eigentlich Anlaß für eine Jubiläumsfeier des zuständigen Bezirksamtes Schöneberg geben müssen. Doch hat man dort nicht das unfreundliche Klima des Novembers abgewartet, sondern klugerweise vorgezogen, bereits im Juli 1971 — übrigens bei prächtigem Wetter — zu feiern. Zu dem Zeitpunkt also, an dem der Landerwerb- und Bauverein ins Leben trat und das von ihm erworbene Gelände dem von der Wohnungsnot in Berlin besonders empfindlich betroffenen Mittelstand zum Bau von billigen und zweckmäßigen Landhäusern anbot.

Ehemaliges Bahnhofsgebäude Friedenau

Trotz der ungünstigen Verkehrsverhältnisse sind viele wagemutige Beamte nach Friedenau gezogen und haben sogleich gebaut, so daß die junge Siedlung im Herbst 1874 schon 76 Häuser und 1145 Einwohner zählte. Mit dem „Gründerkrach" kamen dann die Rückschläge, und der Bauverein, der für das erste Geschäftsjahr vierzig Prozent Dividende ausgeschüttet hatte, mußte seine Aktionäre ein volles Jahrzehnt auf weitere Zahlungen warten lassen.

Das Geld war rar geworden und die Bodenpreise sehr gesunken. Einem Friedenauer Besitzer fehlten 18 000 Mark zur Ablösung einer Hypothek. Als er endlich einen Geldgeber fand, war dieser vorsichtig genug, sich erst einmal das zu beleihende Objekt anzusehen. In Friedenau angekommen, erblickte er am Zaun des Nachbarn, dem man in der Nacht zuvor ein paar Hühner gestohlen hatte, rote Zettel mit der Aufschrift: „Ich warne jeden, sich hier Hühner zu halten; hier dreht man ihm (!) das Genick um!" Der Geldverleiher machte sofort kehrt und floh aus der wenig menschenfreundlichen Gegend.

Später haben sich die Verhältnisse entscheidend gebessert, und Friedenau rühmte sich in den Jahren vor dem Ersten Weltkrieg, eine „großstädtische, ruhige Gartenstadt, nachweislich einer der gesundesten Orte des deutschen Reiches" zu sein. Man verschwieg, daß die Gemeinde kein Krankenhaus und somit auch kaum eine Sterbequote hatte. Die überließ man den Nachbarorten Schöneberg und Steglitz. Und wenn man die Statistik von heute liest, muß man erstaunt feststellen, daß Friedenau die höchste Bevölkerungsdichte in West-Berlin besitzt und mit 19 000 Einwohnern je Quadratkilometer die eng bebauten Arbeiterbezirke Kreuzberg (15 000), Neukölln (14 000) und Wedding (11 000) weit übertrifft.

Lindenhof zeigt den „erdnahen Charakter einer Landstadt"

Immer wieder wird darüber geklagt, daß architektonisch oder kulturhistorisch bedeutsame Häuser aus dem Stadtbild getilgt werden, was heutzutage mittels der Schubraupe innerhalb weniger Stunden möglich ist. Wie schnell diese erst nach dem Kriege zu uns gekommene nützliche Erfindung der amerikanischen Bauindustrie arbeitet, konnte man 1972 in der Niebuhrstraße zwischen Leibniz- und Wilmersdorfer Straße beobachten. Hier wurde nicht ein Haus niedergelegt, vielmehr eine ganze Häusergruppe. Es waren zweigeschossige Putzbauten unter flachen Walmdächern, die insgesamt 136 Kleinwohnungen umfaßten und 1920 vom Hochbauamt der Stadt Charlottenburg im „Schnellbauprogramm" errichtet worden waren.

Um die jetzt dem Neubau eines Altenwohnheims Platz machende Flachbausiedlung ist es nun nicht schade; denn die ebenso schnell wie leicht erbauten kargen Häuser sollten der Arbeitslosigkeit und Wohnungsnot nach dem Ersten Weltkrieg abhelfen und waren für ein Lebensalter von höchstens zwanzig Jahren konzipiert. Daß sie schließlich doch mehr als fünfzig Jahre alt wurden, zeugt für die Solidität der seinerzeit sehr umstrittenen, heute allgemein üblich gewordenen schnellen Bauweise.

Nach dem unglücklichen Ausgang des Ersten Weltkrieges ist in Berlin eine Fülle ähnlicher Kleinsiedlungen wie die an der Niebuhrstraße entstanden. Sie führen von der bereits in den letzten Kriegsjahren begonnenen Siedlung Hakenfelde über die Siedlungen Eichkamp, Heerstraße, Ruhleben, Neu-Tempelhof, Lichtenrade, die Großsiedlung Siemensstadt und die Reichsforschungssiedlung Haselhorst bis zur Hufeisensiedlung in Britz, um nur die wichtigsten zu nennen, zu denen auch die Carl-Legien-Wohnstadt im Bezirk Prenzlauer Berg sowie die Onkel-Tom- und die Fischtalsiedlung in Zehlendorf gehören.

Wer sich im einzelnen für die Architekten dieser Siedlungen interessiert, die mit zu den besten Bauleistungen der „goldenen zwanziger Jahre" gehören, wird bald feststellen, daß daran Bruno Taut und Martin Wagner hauptsächlich und wesentlich beteiligt waren. Sie haben auch der Lindenhof-Siedlung in Schöneberg ihr heute leider verändertes Gepräge gegeben.

Schöneberg ist ausweislich des Statistischen Jahrbuchs in West-Berlin hinsichtlich der öffentlichen Wasserflächen derjenige Bezirk, der mit einem Hektar an letzter Stelle steht, während Zehlendorf mit 1045 Hektar die erste Stelle einnimmt und selbst der in vorletzter Position eingereihte Bezirk Wedding noch vierzehn Hektar aufweisen kann. Vom künstlich angelegten Ententeich im Rudolph-Wilde-Park abgesehen, liegen Schönebergs Gewässer in und nahe Lindenhof: die Blanke Helle auf dem Alboin-Platz, der Krumme Pfuhl im 2. Städt. Friedhof, Eythstraße und der Weiher inmitten der Lindenhof-Siedlung. Er ist erst 1919 durch die Zusammenlegung des Dorfpfuhls und der Kleinen Blanken Helle entstanden. Der um die Erhellung der Berliner Vor- und Frühgeschichte verdiente Professor Adriaan von Müller vermutet, daß der bezeichnende Name „Dorfpfuhl" auf eine im Mittelalter wüst gewordene Siedlung schließen läßt, von der allerdings archäologische Fundstücke bisher nicht vorliegen.

Das Gelände des Lindenhofs war immer ein Bestandteil der Gemarkung Schöneberg, wenn auch Teile davon gelegentlich der Separation versehentlich nach Tempelhof umgemarkt wurden und erst nach einem langwierigen Verwaltungsstreitverfahren nach Schöneberg zurückkehrten. Ursprünglich zum Paetelschen Bauern- und Kruggut (Hauptstraße 47) gehörig, war der Grund und Boden zuletzt im Besitz von Willmanns, die ein kleines Gehöft, den „Lindenhof", errichteten. Um die Jahrhundertwende wurde hier das Eiswerk Tivoli betrieben, das im Winter Natureis aus den obengenannten Pfuhlen entnahm. Aus dieser Zeit stammt auch das rätselhafte Denkmal in der Grünanlage nördlich der Weiherbrücke: eine achtseitige Sandsteinpyramide neogotischen Stils, die wie die Turmspitze einer Kathedrale anmutet.

Die Siedlung Lindenhof war bereits 1912 von dem damaligen Oberbürgermeister Dominicus und seinem tüchtigen Stadtbaurat Wolf geplant und wurde 1916 von dem Stadt-

Die Weiherbrücke im Lindenhof

verordneten und späteren Stadtbaurat Professor Lassen erneut angeregt mit der Maßgabe, sofort nach Kriegsschluß mit der Bauausführung zu beginnen. Das geschah dann auch im Dezember 1918 durch die damals noch selbständige Stadt Schöneberg unter technischer Oberleitung des im gleichen Jahr nach Schöneberg berufenen Stadtbaurats Martin Wagner, der unbekümmert um den fehlenden Bebauungsplan und die ausstehende Genehmigung der damals noch staatlichen Baupolizei das umfangreiche Bauvorhaben mit insgesamt 479 Wohnungen in zweigeschossigen Eigenheimen und vierstöckigen Miethäusern bis 1921 fertigstellte. Ein Jahr später war das von Bruno Taut entworfene, im Kriege zerstörte und nicht wiederaufgebaute Ledigenheim an der Ecke Eyth-, Domnauer Straße bezugsfähig.

Vom „erdnahen Charakter einer kleinen Landstadt" sprach einmal ein Architekturkritiker, als er die auf „Motive" abgestimmte Bauweise des Lindenhofs würdigte. Durch die Geschlossenheit der Anlage entwickelte sich ein Gemeinschaftsgefühl der Bewohner, das in den Bomben-

nächten des Zweiten Weltkrieges und danach in schöner Weise bestätigt wurde.
Nachdem sich bereits 1920 eine „Mietervereinigung Lindenhof e.V." gebildet hatte, wurde daraus ein Jahr später die „Siedlung Lindenhof GmbH", die 1922 den Grund und Boden mit den Gebäuden von der Stadt erwarb. Diese Siedlungsgenossenschaft gewann durch die leitende Tätigkeit des Stadtverordneten und Stadtrats Franz Czeminski, eines aufrechten Demokraten, besonderes Gesicht. Man hat seinem Andenken 1961 eine Straße gewidmet; bedauerlicherweise nicht in Lindenhof, sondern weitab, auf der Schöneberger „Insel", der früheren Siegfriedstraße.
Die ebensowenig wie die Hochhäuser von 1968 in das Bild der Siedlung passende Lindenhof-Schule ist im Kern noch das 1911 von der Stadt Schöneberg nach damaligem Brauch am äußersten Ende ihrer Gemarkung errichtete Armen- und Obdachlosenhaus, mit dem sich die Lehrer und Kinder der Lindenhof-Siedlung nun schon seit Jahrzenten abfinden müssen.

Dem Magistrat wurde der Gashahn abgedreht

Daß der Abzweig der Autobahn vom Stadtring nach Steglitz zwischen der Sodener und der Schlangenbader Straße nach einem 1972 von privater Seite vorgelegten und erbittert diskutierten Wohnhausprojekt überbaut wird, ist gewiß. Nahe dem S-Bahnhof Schmargendorf stand noch lange ein inzwischen abgerissenes Stellwerkhaus, dessen gefällige Backsteinfronten rundherum große Schilder mit der lapidaren Bezeichnung „Gas" trugen.
Eisenbahnfans wissen natürlich, daß Stellwerke nach bestimmten Richtlinien bezeichnet werden. So bedeutet das „Tnt" der Blockstation beim Bahnhof Papestraße „Tempelhofnordturm". Doch hier hieß es eben „Gas", und das war als Hinweis auf das längst verschwundene Anschlußgleis der früheren Schmargendorfer Gasanstalt aufzulösen. 500 Meter südlich des alten Stellwerkhauses gibt es in der

Forckenbeckstraße 16—17 als einzigen Rest des Gaswerks noch zwei rote Backsteingebäude, die als Unterkünfte für kinderreiche, sozial schlechtgestellte Familien dienen. Ursprünglich waren sie Beamtenwohnhaus und Sitz der Verwaltung der 5. Berliner städtischen Gasanstalt.
Bis zum Jahre 1826 hat sich Berlin mit Ölbeleuchtung begnügen müssen. Dann errichtete die Imperial Continental Gas Association, eine englische Privatgesellschaft, auf Veranlassung des preußischen Innenministers ihre ersten beiden Gaswerke in der Gitschiner und Holzmarktstraße, denen später die Werke in Schöneberg und Mariendorf folgten.
Berlin konnte erst 1847 mit eigenen Gaswerken beginnen, nachdem der auf 21 Jahre festgelegte Vertrag der ICGA abgelaufen und der Versuch zu gemeinsamer Arbeit gescheitert war. Die ersten Gasanstalten der „Verwaltungs-Direktion der Städtischen Erleuchtungs-Angelegenheiten" lagen unmittelbar neben der „Englischen Gasanstalt" in der Gitschiner Straße auf dem Gelände des heutigen Böckler-Parks und am Stralauer Platz. Die 3. und die 4. Städtische Gasanstalt wurden 1859 in der Müllerstraße und 1872 in der Danziger Straße errichtet.
Obwohl die Elektrizität ihre ersten Bewährungsproben bestanden hatte, war sie doch für die öffentliche Beleuchtung zu teuer. Berlin mußte seine Gasversorgung erweitern und fand für diese innerhalb der Stadtgrenzen angeblich kein geeignetes Grundstück mit dem für das Heranführen der Kohle nun einmal notwendigen Gleisanschluß. Man verfiel daher 1883 auf die Idee, die 5. Gasanstalt weit draußen in der selbständigen Landgemeinde Friedenau auf dem Gelände anzulegen, das als „Wagnerviertel" bekannt ist (nachdem es zu Anfang unseres Jahrhunderts bebaut und die Straßen rund um den Cosimaplatz die Namen von Frauengestalten aus Wagnerschen Opern erhalten hatten.)
Die Absicht Berlins, in die Villenkolonie Friedenau eine Gasanstalt zu setzen, fand zuerst die Genehmigung des zuständigen Kreises Teltow. Doch der Gemeindevorstand und die Einwohner liefen Sturm und erreichten es schließlich bei Bismarck, der damals auch Minister für Handel

und Gewerbe war, daß er zweimal nach Friedenau kam, sich die Örtlichkeit ansah und schließlich gegen die Gasanstalt entschied.

Die dankbare Gemeinde Friedenau verlieh dem Fürsten Bismarck 1895 an seinem 80. Geburtstag die Ehrenbürgerwürde. Zwei Jahre zuvor, im Oktober 1893, hatte man die 5. Städtische Gasanstalt in Schmargendorf eröffnet. Dort waren die Bauern in erster Linie auf ihren Profit bedacht und verkauften bedenkenlos das 45 Hektar große Gelände südlich der Ringbahn zwischen Hohenzollerndamm, Cuno- und Forckenbeckstraße.

In dem dicken Band, den Landrat von Stubenrauch Anno 1900 über das „Gewerbliche Leben im Kreise Teltow" herausgab hieß es: „Für Schmargendorf, welches den eigenen Gasbedarf aus der englischen Anstalt in Schöneberg zu decken verpflichtet ist, stellt die Berliner Anstalt eine sehr erwünschte Einnahmequelle dar. Nicht weniger als drei Fünftel der aus Gewerbesteuern für die Kommunalkasse sich ergebenden Summe entrichtet die Berliner Anstalt, während auf die Engländer, die den Nutzen aus dem Orte ziehen, etwa der hundertste Teil des Betrages entfällt, den die städtische Anstalt zu zahlen hat."

Zehn Jahre später klagte die „Schmargendorfer Zeitung": „Nicht nur jetzt, sondern stets waren die Berliner Gaswerke ein Hemmnis für die weitere Entwicklung Schmargendorfs". Damals gab es Streit um den Bebauungsplan. Berlin wollte nicht mitziehen und vertrat die Meinung, daß „die Gasanstalt voraussichtlich noch mindestens hundert Jahre und länger an der jetzigen Stelle betrieben wird."

Doch bereits vierzehn Jahre später war es aus mit der Gasanstalt. Anfang Januar 1924 wurde sie aus Gründen der Rationalisierung stillgelegt und anschließend nach und nach abgetragen. Die acht Schornsteine des Retortenhauses, die man 1908 mit einem Kostenaufwand von 13.292,84 Mark um je zehn Meter auf vierzig Meter erhöht hatte, wurden im Winter 1926/27 gesprengt; im März 1928 folgte der sechzig Meter hohe Schornstein der Kraftzentrale.

Die Schmargendorfer Gasanstalt war für eine tägliche Lei-

Die Füllung der Ballons zum Gordon-Bennett-Flug auf dem Gasanstaltsgelände Schmargendorf.

stung von 350.000 Kubikmeter Steinkohlengas geschaffen worden, konnte diese Menge aber nie produzieren, weil die Elektrizität inzwischen ihren unaufhaltsamen Siegeszug angetreten hatte. Auch von den drei geplanten Gasometern mit je 81.000 Kubikmetern Fassungsvermögen entstand in Schmargendorf nur einer. Die zugehörige Gasometerstation in der Fuggerstraße 25 in Schöneberg, wo ein Beamtenhaus und das Reglergebäude bis heute stehenblieben, erhielt ebenfalls nur einen (statt drei projektierter) Gasbehälter.

Der 1934 abgetragene Schmargendorfer Gasometer hat früher mehr Menschenmassen angezogen als heute das an seiner Stelle angelegte Lochowstadion oder das kurzweg „Loch" genannte Sommerbad jemals erreichen können. Das Flugzeug war zwar schon 1906 durch die Versuche Karl Jathos in Hannover und zwei Jahre später durch Hans Grade in Magdeburg bekanntgeworden, aber nach Berlin kam es erst 1909 durch Armand Zipfel, Orville Wright und Hubert Latham. Vielleicht fand deswegen der im Oktober 1908 auf dem Freigelände der Schmargendorfer Gasanstalt vom Berliner Verein für Luftschiffahrt veranstaltete dreitägige Ballon-Wettbewerb so „ungeheuren Andrang der Bevölkerung Groß-Berlins", wie die Presse schrieb.

Höhepunkt war der Kampf um den 1906 von einem amerikanischen Zeitungsverleger gestifteten und erstmals in Deutschland ausgetragenen Gordon-Bennett-Preis, um den sich 23 Freiballons bewarben. Als einer von diesen, der amerikanische „Conqueror", gleich nach dem Start in der Luft platzte, schien das aeronautische Schauspiel ein dramatisches Ende zu finden. Doch die beiden Insassen landeten wohlbehalten auf einem Hinterhausdach in der Wilhelmshöher Straße, wohin ihnen Tausende von Zuschauern folgten und das Rettungswerk der Feuerwehr ähnlich wie noch heute behinderten.

Mariendorfs Pfarrer verdiente mehr als ein Minister

„Berlin ist doch keen Dorf" bekommt man gelegentlich zu hören, wenn man die weltstädtischen Qualitäten der Spreemetropole in Zweifel zieht oder sich im Straßenverkehr allzu provinziell benimmt. Natürlich ist Berlin kein Dorf — auch in seinen Ursprüngen kein Fischerdorf gewesen, wie man dennoch immer wieder lesen muß —, aber es ist zu einer Ansammlung von Dörfern geworden, die jedoch ihren ländlichen Charakter bis auf wenige Ausnahmen völlig verloren haben.

Eines dieser Dörfer habe ich auf meinen Spaziergängen durch beide Teile unserer Stadt lange unberücksichtigt gelassen: Mariendorf. Warum? Ich vermag keinen rechten Grund zu nennen. Oder sollte mich mein alter Freund Wilhelm Reichner beeinflußt haben, der auf seinen „Wanderungen durch den Kreis Teltow" (1925/26) den Weg von Tempelhof nach Mariendorf mit der Straßenbahn zurücklegte, „um auf diese Art ein Stück Langeweile zu überhopsen"?

Das geht heute nicht mehr. Dafür kann man die Untergrundbahn benutzen — und überhaupt nichts von Mariendorf sehen. Auch nach dem „Seebad" wird man vergeblich fahnden. Einst war es das Dorado unserer Jugendtage, und selbst die deutschen Schwimmeisterschaften sind hier im früheren Riesenpfuhl zwischen Ullstein- und Markgrafenstraße ausgetragen worden. In den Fünfziger Jahren wurde die beliebte Badestätte zugeschüttet.

Dieses Schicksal war schon früher gelegentlich des Baues des Teltowkanals den meisten der rund dreißig Mariendorfer Feldpfuhle passiert, die nach Ansicht der Geologen als „Sölle" Überbleibsel der letzten Eiszeit waren. Auch die Wasserflächen im heutigen Volkspark sollten größtenteils zugeschüttet werden, was 1926 durch eine frühe Bürgerinitiative verhindert wurde. Da man jedoch schon einiges getan hatte, einigte sich man auf den goldenen Mittelweg: Was schon zugeschüttet war, blieb verschüttet; was sich noch als offenes Wasser darbot, blieb Wasser.

Der Eckernpfuhl im Volkspark trägt noch seinen alten Namen, doch der Regattateich für Modellboote heißt jetzt Blümelteich. Wohl nach dem früher in nächster Nachbarschaft tätigen Gastwirt Blümel, bei dem man unter den zumeist noch vorhandenen schönen alten Kastanien „Kaffee kochen" konnte. Dem seit Jahrzehnten als Kinderheim genutzten roten Backsteinbau am Mariendorfer Damm 117/121 sieht man noch seine alte Zweckbestimmung an. Im linken Flügel mit den großen Bogenfenstern war der Tanzsaal, in dem die Angehörigen unserer Großvätergeneration oft und gern zu unbeschwertem „Schwof" zusammenkamen.

Unbestrittene Nummer 1 in der reichhaltigen Gastronomie von Mariendorf, das vor dem Ersten Weltkrieg als sonntägliches Ausflugsziel der Berliner Ruf hatte, war das Freibergsche Restaurant auf der westlichen Seite des Mariendorfer Damms. Das alte, einst so noble Haus steht noch, ist aber durch einen Ladenvorbau nicht gerade verbessert worden, während das unter Denkmalschutz gestellte Wohnhaus von Karl Höft (Mariendorfer Damm 88/90) unverändert die spätklassizistischen Architekturformen zeigt. Auch der alte Stall ist noch vorhanden, aber nur noch Gehäuse für einen Waschsalon.

Mariendorf ist nach Meinung der Historiker eine Gründung des Templerordens, obgleich es dafür nicht den mindesten urkundlichen Beweis gibt. Doch Ortsnamen wie Tempelhof — natürlich auch Mariendorf und Marienfelde — sprechen dafür; denn die Muttergottes war Patronin des 1312 durch Papst Clemens V. wegen angeblicher sittlicher Verfehlungen aufgehobenen und grausam vernichteten Tempelherrenordens.

Er hat auch die Dorfkirche in Mariendorf gebaut, die mit ihrem barocken Turm weithin die Gegend beherrscht. Das vermutlich im ersten Drittel des 13. Jahrhunderts errichtete Gotteshaus ist ein Feldsteinquaderbau mit Westturm von der Breite des Langhauses, dem sich nach Osten der eingezogene Chor und die halbkreisförmige Apsis anschließen. Im Kirchenraum sind ein paar Ölbilder mit Szenen aus dem Alten Testament aufgehängt, die einstmals die Emporenbrüstung der Heiliggeistkapelle in Alt-Berlin

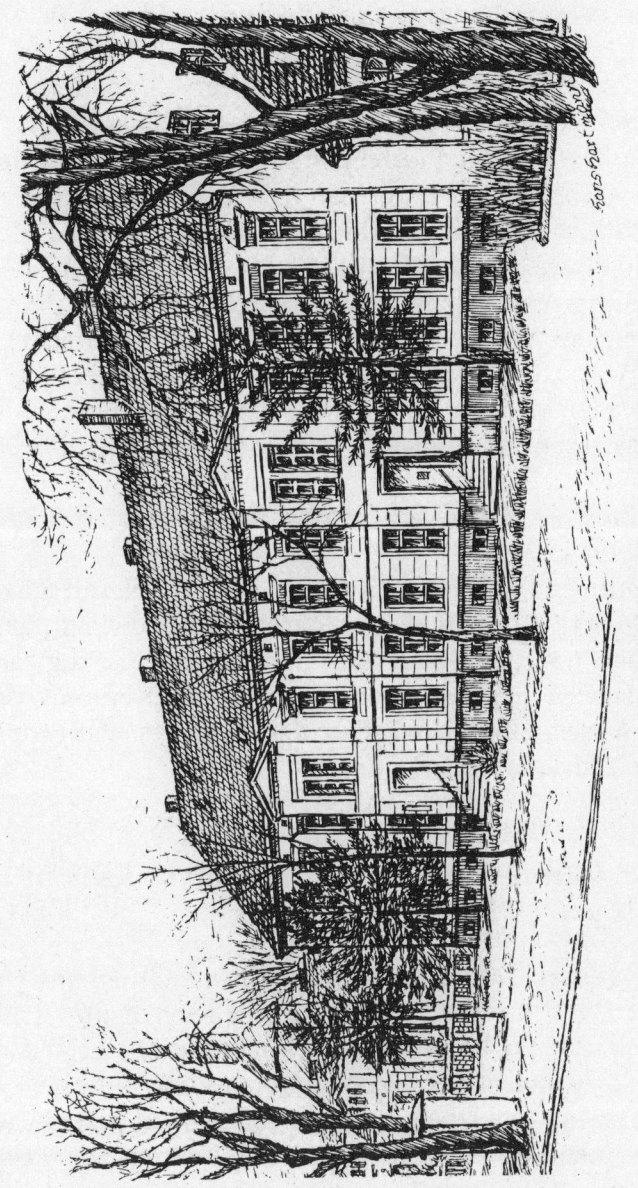

Das Gemeindeschulhaus in Alt-Mariendorf

schmückten. Als Zeugnisse heimischen Kunstsinnes aus der Zeit des Dreißigjährigen Krieges sind sie von besonderem Interesse.

Auf dem stimmungsvollen Friedhof rund um die Kirche findet man die gepflegten Gräber der Höft, Mette, Oehlert, Pasewaldt, Ziedrich und anderer Mariendorfer Bauerngeschlechter. Üppig aufgeschossenes Unkraut verbirgt die Ruhestätte des Pfarrers Dr. Ferdinand Richter, der ein halbes Jahrhundert lang, von 1849 bis 1901, Prediger in Mariendorf und Marienfelde war. Damals galt die Mariendorfer Pfarre, nächst der von Schöneberg, als eine der besten in der preußischen Monarchie, da sie dank ihrer umfangreichen Kirchenländereien ein Gehalt erbrachte, das die Einkünfte eines Staatsministers weit überstieg. Der heute vergessene Pastor Richter hat sich als nationalliberaler Parlamentarier im „Kulturkampf" hervorgetan, jener harten Auseinandersetzung zwischen dem Staat und der katholischen Kirche im Jahrzehnt nach der Reichsgründung von 1871.

Erinnerungen an jene Zeit findet man im Heimatmuseum des Bezirks Tempelhof, Alt-Mariendorf 43, einem ansprechenden Bau von 1873, aber auch im „Heidekrug" an der Straßenecke gegenüber der Kirche. Mit Reproduktionen alter Ansichtskarten trägt er der nostalgischen Empfänglichkeit unserer Zeit Rechnung.

In Lichtenrade lebte ein „Zwitterding von Raubritter und Osterlamm"

Britz gehört zum Bezirk Neukölln, Lichtenrade ist ein Ortsteil von Tempelhof, und wenn auch beide nicht unmittelbar benachbart sind, vielmehr durch die nach Westen vorspringende Buckower Gemarkung auf einen Kilometer keine Grenzberührung haben, finden sich einige Gemeinsamkeiten. Sowohl Britz wie Lichtenrade konnten 1975 die 600. Wiederkehr des Jahres ihrer ersten urkundlichen Erwähnung feiern — und sind nach Ansicht sachverständiger Historiker mindestens 150 Jahre vor der Nieder-

Milchmädchen: Sahne! Sahne!

schrift des Landbuchs Kaiser Karls IV. (1375) gegründet worden.

Das hat die Lichtenrader nicht ruhen lassen. Auch sie haben ihre erste Erwähnung im Landbuch von 1375 gefeiert, schließlich bot die geschichtliche Vergangenheit ihres Dorfes sowieso Anlaß genug dazu. Mit der beachtlichen Ausstattung von 67 Hufen stand Lichtenrade nach Großmachnow (80), Waltersdorf (78) und Tempelhof (73) an vierter Stelle aller Bauerndörfer des Teltow. Die Hufe zu 53 Morgen gerechnet, waren es insgesamt mehr als 3.500 Morgen, die jahrhundertelang von elf Bauern und vier Kossäten mit ihren Familien bewirtschaftet wurden.

Heute umfaßt Lichtenrade ungefähr 4.000 Morgen, und die Einwohnerzahl steuert langsam aber sicher auf die 40.000 zu. Um die Jahrhundertwende waren es nur 900 Menschen, zehn Jahre später schon 3.200 und 1920 — bei der Eingemeindung in Berlin — 4.800 Bürger.

Wie es zu der ungewöhnlichen Entwicklung kam? Nun, der landschaftlich nicht sonderlich reizvolle Ort —nach Kießlings Wanderbuch von 1895 „in einförmiger Ebene" — hatte weite fruchtbare Ackerflächen, die billig zu haben und durch die Eisenbahn von Berlin aus schnell erreichbar waren. Die Dresdener Bahn — seit 1875 in Betrieb — hielt jedoch erst von 1883 an mit täglich drei Zügen in Lichtenrade, was damals vollauf genügte. Denn neun Milchpächter brachten jeden Tag mit Pferd und Wagen den frischen Kuhsaft den Berlinern ins Haus — die Witwe Sämisch noch mit dem Hundekarren — und die regelmäßigen Marktfuhren der Bauern zum Belle-Alliance-Platz wurden ebenfalls gern von Mitfahrern benutzt.

Die Einheimischen hatten an der Berliner Straße ihr „Kleckersdorf" angelegt, für die Zuzügler war die Bahnhofstraße siedlungsbildend. Einen „Appel und ein Ei" hatte die Schöneberger Schloßbrauerei 1893 für ein größeres Gelände gegeben, unmittelbar neben dem Bahnhof das seit Generationen beliebte Gasthaus erbaut und durch den auf Hotels, Brauereien und Bierpaläste spezialisierten Baurat Wilhelm Walther 1898 das seit langem zweckentfremdete Mälzereigebäude im Stil der deutschen Renaissance — viel zu hoch, aber weithin sichtbar — in die flache Landschaft setzen lassen.

Westlich vom Bahnhof, auf dem früheren Tränkefeld, das bis zu den Tagen des Alten Fritz oft monatelang unter Wasser stand, gemahnt an der Ecke Prinzessinnen- und Cecilienstraße eine kleine Villa mit drei massigen Säulen (die nichts zu tragen haben) an Lichtenrades prominenteste Einwohnerin der Jahre 1908–18, die einst Schlagzeilen in der Weltpresse machte und heute völlig vergessen ist. Hermione von Preuschen war Malerin, Dichterin und Weltreisende, nach dem Urteil der Zeitgenossen ein „Zwitterding von Raubritter und Osterlamm", das in Wien und Paris

„Tempio Hermione" in Lichtenrade

große Triumphe feierte, nur von der kritischen Berliner Presse nach Strich und Faden zerzaust wurde.

Die griechischen Mondfeste im „Tempio Hermione" mit klassischen Rezitationen und attischen Weihetänzen fanden in den Zeitungen ein besonders spöttisches Echo, weil die Mitwirkenden in ihrem krassen Dilettantismus unfreiwillig komisch wirkten und der in die festlichen Abendstunden einbezogene Mond sich meist hinter den Wolken verbarg.

Erfreulicher ist das, was Lichtenrade im Ortszentrum rund um den ansehnlichen Dorfteich zu bieten hat. Durch den 1928 als Umgehungsstraße geschaffenen Lichtenrader Damm behutsam geschont, stehen hier noch die schlichten, in ihrem sparsamen Stuckdekor so anmutigen Wohnhäuser der Gebert, Grunow, Happe, Koppe, Lehne, Rademeier, und wie die Lichtenrader Bauern sonst noch heißen; zum Teil sind sie bereits seit 1675 auf ihren Höfen nachweisbar.

Wenn sie aus dem Fenster schauen, blicken sie auf die Gräber ihrer Vorväter rund um die Feldsteinkirche des 14. Jahrhunderts. Ursprünglich nur ein schlichter Saalbau, erhielt sie 1902 für 21.000 Goldmark den für ein Dorf viel zu anspruchsvollen Turm. Der Bombenkrieg hat den schiefergedeckten Spitzhelm hinweggefegt, der zum Leidwesen der Alteingesessenen nicht erneuert, sondern durch das besser in die Gegend passende märkische Satteldach ersetzt wurde.

Umschau vom Steglitzer Fichtenberg

Nach dem aufsehenerregenden Erfolg der Bürgerinitiative „Erhaltung des Ortskerns Zehlendorf", der sogar das parlamentarische Gefüge unserer Stadt ins Wanken brachte, hat man noch kurz vor Schluß des 1975 veranstalteten „Jahres des Denkmalschutzes" im benachbarten Steglitz eine Art Gipfelkrieg entfacht. Besser gesagt, einen Krieg auf dem Gipfel, nämlich auf dem des Fichtenberges, der mit 69 Metern (über Normalnull) unseren Kreuzberg um volle drei Meter überragt.
Hier ging es um die Erhaltung einer Villa in der Schmidt-Ott-Straße, die wegen ihrer noblen Säulenstellung als älteste der Kolonie auf dem Fichtenberg angesehen wurde, aber im wesentlichen erst aus dem Jahre 1881 stammt. Das älteste Haus in dieser Straße, die einmal eine von 14 Kaiser-Wilhelm-Straßen in Berlin war, ist jedoch Nr. 21, das der Steglitzer Gemeindeschöffe und Standesbeamte Mancke im Jahre 1874 bezog.
Es ist auch Senior der 1872 angelegten Beamten- und Rentnersiedlung auf dem ehemaligen Weinberg des Rittergutes Steglitz, der damals noch offiziell Kiefernberg hieß und bis in die sechziger Jahre des vorigen Jahrhunderts hinein die Überbleibsel einer alten Burg trug, die nichts weiter als das „Belvedere" des früheren Gutsbesitzers Beyme war, jedoch im Namen der Grenzburgstraße weiterlebt – und weiterleben wird, weil die Anlieger erfolgreich gegen ihre Umbenennung in Paul-Henckels-Stra-

ße klagten. Das Bezirksamt hat dafür zwei kleine Rasenplätze beiderseits der Einmündung des Dietrich-Schäfer-Wegs in die Schmidt-Ott-Straße dem Andenken des beliebten Schauspielers gewidmet.

Hier steht unübersehbar der 1886 errichtete mächtige Rundbau eines Wasserturms, den man früher für zehn Pfennige Eintritt besteigen durfte, um vierzig Meter hoch über der Straße lohnende Aussicht zu genießen. Auch der jetzt durch Neubauten und hochgeschossene Bäume beeinträchtigte Rundblick vom Fichtenberg-Park, oberhalb von Berlins bestgepflegtem Garten, dem „Botanischen", war einst ergiebiger, wie eine Schilderung aus dem Jahre 1892 besagt: „Zug auf Zug der verkehrsreichen Potsdamer Bahn sehen wir durch die Felder dahinsausen. Über die Eisenbahn hinweg präsentiert sich uns Lichterfelde mit der großen Kadettenanstalt und der hart an der Eisenbahn liegenden Gardeschützenkaserne. Links schließen sich die Häusermassen von Südende an; rechts an der Windmühle vorübergesehen, liegt Zehlendorf. Über Zehlendorf hinaus heben sich in dunklen, aber kräftigen Umrissen die Havelberge und ferner die Turmspitzen von Potsdam nebst der Sternwarte und dem Brauhausberge vom Horizont ab."

Bis auf die Arno-Holz-Straße (anstelle dieser Würdigung hätte der lebenslang mit wirtschaftlichen Schwierigkeiten kämpfende Dichter lieber den ihm bereits in Aussicht gestellten Nobelpreis empfangen) sind die Straßen auf dem Fichtenberg nach Persönlichkeiten benannt, die einmal hier wohnten und wirkten. Zu diesen rechnen auch der Papierfabrikant Max Krause — „Schreibste mir, schreibste ihr, schreibste auf MK-Papier" —, der Amerikanist Seler, der Ethnologe von den Steinen, der Philosoph und Pädagoge Friedrich Paulsen, der Kultusminister Schmidt-Ott und viele andere, deren Namen und Werk jetzt versunken und vergessen sind.

Auch ihre Häuser sind zumeist nicht mehr vorhanden, im Bombenkrieg vergangen oder durch mehr oder minder (meistens minder) gelungene Neubauten ersetzt. Ein Landhaus im Tiroler Stil neben dem Wasserturm wurde gut wiederhergestellt. Der Kirchenbaumeister Kröger hat es seinerzeit für den Theologieprofessor und Nietzsche-Freund Kaftan auf den Sandberg gesetzt. Auch die backsteinerne Villa Anna dicht daneben ist noch aus alten Tagen und mutet mit ihrem Turm an, als habe man sie nach einem Muster aus Richters Ankersteinbaukasten aufgeführt.

Das schönste Haus des Fichtenbergs, dessen steiles Gefälle von 1:12 noch heute den Mülltonnenbezwingern zu schaffen macht, steht in der Rothenburgstraße 12. Hier, wo die erfolgreiche Kaufmannsfamilie Henoch sich schon 1872 niederließ, wurde es 1912 von dem Architekten Paul Baumgarten palaisartig gestaltet. Jetzt ist es im Besitz des auf angewandte Botanik ausgerichteten TU-Instituts für Ökologie. Es leidet an Raumnot, kann sich aber nicht entschließen, das in alter Ursprünglichkeit erhaltene, prächtige Treppenhaus aufzugeben, obwohl es ungebührlich viel Platz wegnimmt. Um es der Nachwelt unangetastet zu überliefern, wird man sicher keine Bürgerinitiative benötigen.

Heiß geliebt von den Fernfahrern: Mutter Mochows Erbsensuppe

Vor einigen Jahren mußte die Kleingartenkolonie Domnauer an der Potsdamer Chaussee in Zehlendorf einer neuen Wohnsiedlung weichen. Ihre Erschließungsstraße erhielt den Namen „An den Hubertshäusern". So steht es auch in „Kauperts Straßenführer durch Berlin", jedoch die landläufigen Stadtpläne schreiben „An den Hubertushäusern", wohl beeinflußt durch das unmittelbar benachbarte Evangelische Hubertus-Krankenhaus.

„Hubert" ist aber richtig, wie wir sehen werden. Die älteste Nachricht zum Thema steht in dem materialreichen Buch des Königlich Preußischen Oberkonsistorialrats Anton Friedrich Büsching über seine im Juni 1775 unternommene „Reise von Berlin über Potsdam nach Rekahn unweit Brandenburg". Es hat uns schon mehrfach gute Dienste geleistet.

In Zehlendorf angekommen, berichtet Büsching, daß sich

hier der Weg nach Potsdam in den sogenannten Königsweg und in den gemeinen Weg teilt. „Jener gehet zur linken auf die Kohlhasenbrücke zu und alsdann durch Nowawes nach der Stadt Potsdam. Dieser gehet über Hubertshaus, Hackens Jägerhaus, Stolpe und Klein-Glienicke. Der Weg nach Hubertshaus ist sehr sandig und beschwerlich und führt durch eine schlechte und unangenehme Gegend."

Weiter erzählt Büsching, daß Hubertshaus auf der linken Seite des Weges eine neue und abgabenfreie Anlage ist, die von ihrem Urheber und Besitzer, dem Kammerrat Hubert, den Namen bekam. „Sie bestehet aus einem Wohnhause und einer Scheune, beyde mit Rohr- und Strohdächern."

Damals, Anno 1775, stand demnach nur ein Gehöft auf dem vom Flugsand bedrohten Gelände; Friedrich der Große sorgte alsbald dafür, daß sein getreuer Untertan Hubert auch die Umgebung besiedelte. Das geschah dann auch 1776.

Auf insgesamt 300 Morgen unfruchtbaren Ödlandes wurden weitere fünf Kolonisten angesetzt; alles „Ausländer", die in der Armee gedient hatten und verheiratet waren. Ihre Namen sind aus den 1781 ausgefertigten Erbverschreibungen für „Neu-Zehlendorf" bekannt; sie lauteten Martin Sasse, Martin Scharoffsky, Johann Georg Müller, Wenzel Manditz, Georg Noack und Michael Haupt. Die Familien Sasse, Müller, Noack und Haupt waren noch um die letzte Jahrhundertwende in Zehlendorf ansässig, wenn auch nicht mehr alle in der Kolonie Hubertshäuser. Prinz Friedrich Karl hatte mehrere Kolonistengehöfte aufgekauft und seinem Rittergut Düppel zugeschlagen.

Zuletzt waren auf den alten Grundstücken noch die Landwirte Hönow und Zinnow sowie die Gastwirtin Mochow verblieben. Hönow mußte dem Studentendorf der FU Platz machen, und dort, wo Zinnow seinen sandigen Acker pflügte, steht jetzt das Kinderheim Lindenhof. Inmitten der 1969 erneuerten Baugruppe ist noch immer der alte Lindenhof zu finden. Ein malerisches Fachwerkhaus unter Strohdach, das sogar noch eine Ofenbank aus friderizianischen Semper talis-Kacheln birgt. Sie sorgt dafür, daß sich hartnäckig die Mär erhält, hier hätte der große

Der Lindenhof

König gelegentlich der Fahrten nach Potsdam seinen gichtbrüchigen Körper aufgewärmt. Die namengebende riesige Linde vor dem Haus wurde vor einigen Jahren vom Sturm gefällt.

Ein anderes Kolonistenhaus, das der Gastwirtin Mochow, wurde 1897 im Stil der Zeit erneuert. Wunderlicherweise steht es noch immer, obwohl es bereits 1940 abgerissen werden sollte, weil das Oberkommando des Heeres hier seine Kriegsakademie zu bauen gedachte. Es kam jedoch nur zu den teilweise erhalten gebliebenen, später vom Jugendhof genutzten Baracken der Außenstelle des OKH.

Doch mit „Mutter Mochow" war es vorbei, jener legendären Gastwirtin, die bei allen deutschen Fernfahrern ob ihrer gehaltvollen Erbsensuppe und anderer Genüsse heiß geliebt wurde. Die 1877 in Kirchhain geborene Frau Anna Mochow hatte den Sohn des ersten, seit ungefähr 1874 hier ansässigen Mochow geheiratet und die Gastwirtschaft nach dem Tode ihrer Schwiegermutter (1927) in einer Weise geführt, die sie bis heute unvergessen werden ließ.

Das Mochowsche Haus entbehrt der äußeren Pflege, weil es nach einer alten Idee unserer Stadtväter der Spitzhacke überantwortet werden soll, und zwar, um den östlich schon vorhandenen Grünstreifen der Potsdamer Chaussee auch hier anlegen zu können. Der Vorsitzende des Zehlendorfer Heimatvereins, Hellmuth Engelhardt, hat vorgeschlagen, den Grünzug hinter dem Haus, wo Platz genug ist, weiterzuführen. Diesen vernünftigen Gedanken sollte man sich im Interesse der Erhaltung des Hauses zu eigen machen. Oder muß wieder einmal eine Bürgerinitiative auf den Plan treten?

Nikolassee, die Villenkolonie ohne Einkommensteuer

Als die Heimstätten AG. 1899/1900 rund hundert Hektar Forstland des Gutsbezirks Düppel-Dreilinden vom Prinzen Friedrich Leopold für 1,33 Mark je Quadratmeter kaufte und sogleich mit der Anlegung der Straßen und Versorgungsleitungen in ihrer neuen Villenkolonie Nikolassee begann, waren die Grenzen gegen die Nachbargemeinden Wannsee und Zehlendorf (Schlachtensee) außerordentlich verzwickt und unübersichtlich. Zu der Kolonie gehörten damals noch nicht einmal der namengebende Nikolassee und das vom Kuhfenn zur Rehwiese aufgewertete Wiesental zwischen Schlachtensee und Großem Wannsee.
Heute wissen die beneidenswerten Landhausbesitzer auch nicht immer, ob sie in Wannsee, in Nikolassee oder in Schlachtensee wohnen; denn Nikolassee ist mittlerweile auf 1970 Hektar ausgedehnt worden und reicht von der Potsdamer Bahn im Süden bis zum Hüttenweg im Norden, es schließt sogar Lindwerder, Schwanenwerder und das Strandbad Wannsee mit ein. Einigermaßen klar ist nur die östliche Begrenzung im Zuge von Breisgauer Straße, Spanischer Allee und Clauertstraße.
Zwischen dem 1863 als Berlins älteste Villenkolonie entstandenen Wannsee und dem 1874 angelegten Schlachtensee eingebettet, hat Nikolassee die Gunst der Lage zu nutzen verstanden und sich stets des Zuzugs gutbetuchter Berliner erfreut, die landschaftliche Schönheit suchten und fanden. Überdies brauchten sie keine Einkommensteuern zu zahlen, weil die Heimstätten AG vertraglich verpflichtet war, für die öffentlichen Ausgaben aufzukommen.

Steuern zahlte man erst von 1910 an, nachdem die „Kolonie" den Status einer selbständigen Landgemeinde erhalten hatte, aber auch dann nur in geringem Umfang. Von 600 Einwohnern im Jahre 1905 ist Nikolassee auf über 1.500 angewachsen. Diese konnten 1912 durch den damals geschätzten Architekten Bruno Möhring am Hohenzollernplatz ihr auf die Umgebung abgestimmtes Rathaus bauen lassen, das jetzt von der Pestalozzi-Schule genutzt wird.

Der Doppelbahnhof Nikolassee an Wetzlarer und Wannseebahn war schon 1902 eröffnet worden, weil die Heimstätten AG tief in die gut gefüllten Taschen gegriffen hatte. Für das Bahnhofsgebäude, ein paar Brücken und drei Beamtenhäuser hatte man 745.000 Mark an den Bahnfiskus gezahlt. Dazu kamen noch 120.000 Mark zur Deckung der Betriebskosten während der ersten fünf Jahre.

In der Matterhornstraße — die einmal Heimstättenstraße hieß und wie die noch vorhandenen Krottnaurer- und Lückhoffstraßen der Gründerin von Nikolassee und ihrer ersten Direktoren gedachte — hat sich nach Meinung eines Kollegen der Feder „der bizarre Geschmack reicher Bauherren der Vergangenheit geradezu ausgetobt". Ganz so schlimm ist es aber nicht, wie ein Spaziergang erhellt, und viele Villen aus den Gründerjahren der Kolonie mußten inzwischen nützlichen, jedoch architekturfreien Betonkuben weichen.

Man brauchte damals auch nicht reich zu sein, um in der Matterhornstraße aufwendig bauen zu können. Eins der ältesten Häuser dort und jenes, das am meisten bestaunt wird: die 1901 entstandene neugotische Kopie eines englischen Castle hat nur 66.000 Mark gekostet, obwohl sie zinnengeschmückten Rundturm, „Centralheizung und herrschaftlichen Ausbau" aufweist.

Sehr viel mehr hat der millionenschwere Julius Freudenberg, Inhaber des Kaufhauses Hermann Gerson, in das wundervolle Haus gesteckt, das er 1908 von seinem Nachbarn Hermann Muthesius in Anlehnung an niederländische Backsteinarchitektur auf einem zweieinhalb Hektar großen Parkgrundstück an der Potsdamer Chaussee 48 errich-

Rathaus in Nikolassee

ten ließ. Eine Zeitlang vom Abriß bedroht, ist es nun in den Mittelpunkt des „Nikolashofs" gerückt worden: einer modernen Appartementgruppe, die dank der Bereitstellung beträchtlicher Mittel der Denkmalpflege ihre befriedigende Form erhielt.

Iwan mißachtete das Schankverbot

Die „Alte Waldschenke" an der Karolinenstraße in Tegel soll Berlins älteste Gaststätte sein und wurde nach der Fama anno 1660 zur Zeit des Großen Kurfürsten erbaut. Das stimmt weder, was die Institution betrifft, noch was die Architektur angeht. Das romantische Fachwerkhaus entstand erst 1778 als Wohnhaus eines Züchters von Seidenraupen und ist spät, kurz vor der letzten Jahrhundertwende, Gastwirtschaft geworden.
Von einem anderen alten Gasthaus in Berlin wissen wir alle Einzelheiten seiner Baugeschichte, jedoch nur ungefähr, ab wann man sich dort leiblicher Genüsse erfreuen konnte. Gemeint ist das Blockhaus Nikolskoe, dessen Name immer so ausgesprochen wird, wie man ihn schreibt, aber richtig „Nikolskoje" lautet.
Anfang des vergangenen Jahrhunderts waren unsere Beziehungen zu Rußland ausgesprochen freundlich und keineswegs mit dem konfliktreichen Verhältnis unserer Tage vergleichbar. Der preußische König Friedrich Wilhelm III. hatte sogar 1817 seine älteste Tochter Charlotte dem russischen Thronfolger Nikolaus zur Frau gegeben. Ein Jahr später besuchte er die jungen Leute in Petersburg, die 1819 den Besuch erwiderten.
Bei dieser Gelegenheit wurden der Großfürst Nikolaus und Tochter Alexandra Fedorowna (wie sie sich nun nannte) mit dem Blockhaus in Nikolskoe überrascht. Der schweigsame Friedrich Wilhelm hielt eine der längsten Reden seines Lebens und sagte: „Sieh, Charlotte, ein russisches Bauernhaus. Es ist eine getreue Kopie des Blockhauses, in dem wir, als ich euch in Petersburg besuchte, so froh waren. Du wünschtest dir damals ein solches Haus und meintest, man

Nikolskoje bei Glienicke 1825

könne darin ebenso vergnügt sein wie in einem kaiserlichen Palast. Deine Worte habe ich nicht vergessen und im Andenken daran dieses Haus errichten lassen. Heute wollen wir es einweihen und nach dem dir teuersten Namen soll es immer heißen „Nikolskoe" (das bedeutet „dem Nikolaus zu eigen")".

Gebaut hatte es mit Stall und Wagenschauer in der kurzen Frist von sechs Wochen der Hauptmann Snethlage, Kommandeur der Garde-Pionierabteilung, nach aus Petersburg bezogenen Rissen, die ein paar Jahre später bei der russischen Kolonie Alexandrowka in Potsdam noch einmal verwendet wurden. Man denkt an Gerd Fröbe im unvergessenen Film „Die tollkühnen Männer in ihren hölzernen Kisten". Er steuerte, von keinerlei Wissen angekränkelt, ein Flugzeug, weil ein preußischer Offizier eben alles könne.

Dieses offiziell „Russisches Landhaus bei Potsdam" genannte Gebäude war ausschließlich „zur Verschönerung der Gegend" erbaut worden und nicht zur Gaststätte bestimmt. Das kam erst Jahre später, als die in Nikolskoe untergebrachten Hofbediensteten auf einen einträglichen Nebenverdienst aus waren.

Das Balkonzimmer im ersten Stock hatte sich der König vorbehalten, während der hintere Raum und das Erdgeschoß von Matrosen — den „Überfahrern" zur Pfaueninsel — und seinen russischen Leibkutschern bewohnt wurden. Ihre Namen sind bekannt: Barchatow, Muraschew und Iwan Bockow (auch Bockloff genannt). Dieser war der berühmteste und blieb bis heute unvergessen.

Wenn ihm auch amtlich aufgegeben war, „keine Tabagie oder Schank von Kaffee und Bier anzulegen", so hielt sich der langbärtige Sarmate nicht daran. Die Hofkammer fand sich schließlich damit ab, daß Iwan Gäste bewirtete und diese in seiner harten Aussprache fragte: „Wünschen Sie Brötchen beleckt oder unbeleckt?"

Iwan starb 1857 als Achtzigjähriger und fand seine letzte Ruhestätte in der geweihten Erde aus Mütterchen Rußland rund um die Kapelle des Heiligen Alexander Newsky am Potsdamer Pfingstberg. Seine Frau, eine Potsdamerin namens Schulze, schenkte ihm außer zwei Söhnen eine Tochter, die als „schöne Alexandrine" mit den Offizieren der Potsdamer Gardekavallerie auf Deibel komm raus flirtete und drei uneheliche Söhne hinterließ.

Das Blockhaus Nikolskoe hat sich — denkmalgeschützt — sein altes Aussehen bewahrt. Nur der offene Wagenschuppen wurde zum Saal ausgebaut und das Torhaus 1945 von einem nicht mit der Fahrkunst des Iwan Bockow begabten Russen über den Haufen geschoben. Der bereits von Preußens Charlotte gerühmte „schöne Blick über die Havellandschaft" ist geblieben, dazu jetzt mit einer von Frauenhand geleiteten Gastronomie verbunden, die über die Grenzen Berlins bekannt ist und geschätzt wird.

Blick über den Groß-Glienicker See

Schießscharten und Mumiengruft: Groß-Glienicke

Das slawische „glina" bedeutet Lehm, und diesen fruchtbaren Boden gibt es neben dem sterilen Sand so häufig in der Mark Brandenburg, daß rund zwanzig Ortsnamen davon abgeleitet wurden. Da haben wir das Ländchen Glin bei Velten, Glindow, Glienig und die vielen Glienickes, zudem noch unterschieden nach Alt-, Neu-, Groß- und Klein-Glienicke.

Bis 1945 war der Spandauer Ortsteil Groß-Glienicke eine Landgemeinde, die ganz zum Kreis Osthavelland gehörte und deshalb auf den Berliner Stadtplänen überhaupt nicht dargestellt war. Nach dem Kriegsende legte der Alliierte Kontrollrat fest, daß im Austausch mit West-Staaken — es war den Sowjets zugesprochen — der Flugplatz Gatow mit der näheren Umgebung zum britischen Sektor gehören sollte. Seitdem müssen wir uns mit der unüberlegten Grenzziehung abfinden, die beispielsweise den Groß-Glienicker See in der Mitte teilt und wenige Meter vor einer beliebten Badestelle verläuft.

Hier draußen gibt es den Ritterfelddamm, während Ritterfeld und Ritterholz dem Gatower Flughafen zum Opfer fielen. Auf dem Ritterfeld soll der Sage nach Albrecht der Bär Anno 1157 in dreitägiger Schlacht den Wendenfürsten Jaczo von Köpenick besiegt haben. Daß dieser mit seinem treuen Pferd über die Havel entkam, hat ein romantisch veranlagter Preußenkönig durch das bekannte Schildhorn-Denkmal bestätigen wollen.

Eine andere Erinnerung an alte Ritterzeiten ist nach landläufiger Meinung der in einer Art mißverstandener Tudorgotik aufgeführte backsteinerne Torbau des Gutes Ritterfeld, der mit Zinnenkranz, Schießscharten, Gußerkern und Spitztürmchen aufwartet. Der Schild über der Einfahrt zeigt einen Wolfskopf. Es ist das Wappen des seit 1890 hier ansässigen Rittmeisters Otto Wollank, dem es 1912 zugleich mit dem erblichen Adel verliehen wurde.

Otto Wollank — aus einer dank umfangreichen Grundbesitzes im Norden Berlins zu Ansehen und Reichtum gekommenen Familie — hat dieses „Spandauer Tor" errichten lassen, dem drüben in der DDR, auf der anderen Seite der Gutsstraße, ein „Potsdamer Tor" antwortet. Um den Zutritt von unbefugten Personen auszuschließen, hatte Wollank auch auf eigene Kosten die Potsdam-Spandauer Chaussee durch eine Umfahrungsstrecke um sein stattliches Schloß und den schönen Gutspark herumführen lassen.

Otto von Wollank verlor 1929 zugleich mit seiner Frau bei einem Autounfall auf dem Kurfürstendamm das Leben. Um die Erbfolge gab es unerquicklichen Streit, weil mehrere Testamente vorlagen. Doch die Entscheidung kam von anderer Seite, durch die Wehrmacht, die das Gut übernahm, den Flugplatz anlegte und im Schloß Wohnungen für die Offiziere der Ingenieurakademie einrichtete.

Das seit 1300 urkundlich genannte Groß-Glienicke hat im Laufe der Zeit verschiedenen Adelsgeschlechtern gehört, von denen die Falkenrehdes, die Griebens, die Bammes und Stechowa genannt seien. Im Jahre 1572 erwarben es die durch Fontanes Gedicht vom Birnbaum in die Literatur eingegangenen Ribbecks; sie haben es 216 Jahre lang bis 1788 besessen.

In der 1680 im Spätrenaissancestil neuerbauten Kirche ruhen in einer „Mumiengruft" mehrere Ribbecks, deren männliche Angehörige seit den Tagen des Kurfürsten Johann Georg bis heute stets die Vornamen Hans Georg tragen.

Einigen von ihnen wurden in der Kirche großartige Denkmäler gesetzt. So dem 1666 verstorbenen, hochgerüstet dargestellten Amtshauptmann Hans Georg II., und seinem Sohn, dem Domdechanten Hans Georg III. Das künstlerisch sehr beachtliche Denkmal füllt eine ganze Wandfläche zwischen den hohen Fenstern aus. Getragen vom Willen zur Repräsentation und zur Verherrlichung des Verstorbenen ist dieser vor reichdrapiertem Hintergrund im Galakostüm mit Prachtperücke und in großer Pose dargestellt. Das gelungene Werk von 1703 wird von einem üppigen, mit vielen Ahnenwappen und architektonischen Details gezierten Rahmen eingefaßt, der vor einem gemalten Vorhang steht, dem zwei trauernde Putten beigesellt sind.

Ungeahnte Entwicklungsmöglichkeiten für die Zukunft des Zeppelin-Luftverkehrs

Nachdem das traditionsbewußte, auf seine charakteristische Eigenständigkeit so stolze Spandau 1972 vergessen hatte, daß es 1197 – also vor 775 Jahren – erstmals urkundlich erwähnt wurde und sein Ortsteil Gatow gleichzeitig mit einem urkundlichen Nachweis von 700 Jahren aufwarten konnte, hat man im Falle Staaken besser aufgepaßt.
Draußen an der westlichen Grenze des Landes Berlin hat man kräftig gefeiert. Äußerer Anlaß war die vor 700 Jahren, am 26. März 1273 ausgefertigte Urkunde, mit der Heinrich und Arnold von Döberitz dem Spandauer Benediktinerinnenkloster acht Hufen im Dorfe Staaken übereigneten.
Das Nonnenkloster – in Namen wie Jungfernheide, Klosterfelde und Nonnendamm lebt es bis heute weiter, obwohl es bereits zu Anfang des 17. Jahrhunderts vom Erdboden verschwand – mußte sich für dieses Landgeschenk verpflichten, alle Kirchen im Umkreis von zwei Meilen mit Wein und Oblaten für das Abendmahl zu versorgen.
Dieses Kloster soll nach Ansicht eines Amateur-Onomasiologen auch für den nicht recht deutbaren Ortsnamen Staaken verantwortlich sein.
Die früher hier ansässigen Wenden hätten in ihrer pomoranischen Sprache für Klosterorden das Wort „zakon" gebraucht; und das sei aus „za konec" entstanden, was nun wieder „hinter dem Ende" heiße und sich auf die klösterliche Abkehr vom Leben oder auf das Verbringen des Lebensabends bezöge.
Nun war das Kloster aber gar nicht in Staaken, vielmehr in Spandau, und zwar erst seit seiner Gründung im Jahre 1239, als das Dorf Staaken schon bestand. Daß es erst über vierzig Jahre später in einer Urkunde Erwähnung fand, ist eine Eigentümlichkeit, die es mit vielen anderen Orten der Mark Brandenburg teilt.
Hinsichtlich des Ortsnamens scheint die Hypothese des gelehrten Dr. Schlimpert im jüngst erschienenen dritten Teil

des „Brandenburgischen Namenbuchs" überzeugender zu sein. Er verweist auf das slawische „stok", das „Zusammenfluß" bedeutet und durch natürliche Gegebenheiten gestützt werden kann.

Im Staaken von heute gibt es zwar noch ein paar Gräben, die alle ihre eigenen Namen haben, um schließlich, mit dem Bullengraben vereint, zusammen in die Havel zu münden, doch moderne Meliorationen und die rege Neubautätigkeit haben die Landschaft grundlegend verändert. Als der von Goethe so unbarmherzig in die literarische Pfanne gehauene Dichter-Pfarrer Schmidt aus Werneuchen 1798 in seinen „Romantisch-ländlichen Gedichten" das „Winterlied des Schulzen von Staken an die Städter" sang, war der Ort noch ein „stilles Dorf", in dem „sich wochenlang kein Fremder sehen" ließ. Dennoch ging's lustig zu, und wenn es „stürmt, daß Tür und Fenster klappern: O, dann sitzen wir vergnügt und plappern vor dem Herd von Braut und Bräutigam, necken uns und blasen auf dem Kamm. Schwatzend lachen wir uns halb zu Tode über euern Hochmut, eure Mode, euern Firlefanz von Gaz' und Taft, eure Schulden, eure Hahnreischaft."

Mit solchen boshaften Worten hatten die Berliner nicht zu rechnen, die am Festtreiben teilnahmen. Zu Blasmusikklängen konnten sie aus einer kleinen Festschrift des jungen Spandauer Heimatchronisten Jürgen Grothe erfahren, was in und um Staaken in den vergangenen 700 Jahren geschah.

Einiges ist vielen noch erinnerlich, wie die am 1. Februar 1951 ohne vorherige Ankündigung erfolgte Eingliederung von West-Staaken in die DDR. Das war eine verspätete Folge des bereits 1945 beschlossenen Flächenaustausches zugunsten des englischen Flugplatzes Gatow. Von hier aus startete am Festtag ein Hubschrauber mit Post nach Spandau und Staaken. Ein Sonderstempel mit dem Abbild eines Zeppelin-Luftschiffes rief die Erinnerung an den Flugplatz wach, auf dem während des Ersten Weltkriegs zwölf Luftschiffe erbaut wurden und von 1919 bis 1922 regelmäßige Post- und Passagierflüge mit dem LZ 120 „Bodensee" zwischen Staaken und Friedrichshafen stattfanden.

Vor der Eröffnung des Tempelhofer Flughafens hat Staaken auch als Verkehrsflugplatz für Berlin gedient und in größeren Abständen immer wieder den Besuch von Luftschiffen gesehen.

So hat der durch seine Weltrundfahrt von 1929 volkstümlich gewordene „Graf Zeppelin" (LZ 127) mehrmals am Staakener Ankermast angelegt und riesige Mengen von Schaulustigen angelockt. Der Magistrat von Berlin hatte deswegen mit „ungeahnten Entwicklungsmöglichkeiten für die Zukunft des Zeppelin-Luftverkehrs" gerechnet und 1929 die Summe von 6,5 Millionen Mark für den Ankauf des 322 Hektar großen Flugfeldes bewilligt. Aber die Weltwirtschaftskrise und die Perfektionierung der Flugzeugtechnik machten einen Strich durch die hochfliegenden Pläne unserer Obrigkeit.

In die Zeppelinhallen zog die Filmindustrie ein und drehte jahrelang ihre Streifen, bis 1935 ein neuer Fliegerhorst Staaken entstand. Die vielen hier geschaffenen Filme sind zumeist vergessen, aber einige kennt man noch und sieht sie zuweilen in Reprisen-Kinos oder im Fernsehen: den berühmten Bergner-Film „Ariane", Trenkers „Heiligen Berg" und die zeitlos-unvergängliche „Dreigroschenoper."

Leider verlor die während des Ersten Weltkrieges für Spandauer Rüstungsarbeiter gebaute Gartenstadt Staaken durch allerlei individuelle Veränderungen und geschmacklose Zutaten viel von ihrem ursprünglichen Gepräge, das sie einst zum Muster einer ersten großzügigen und gut vorbereiteten Lösung des Wohnungsproblems minderbemittelter Volksschichten gemacht hatte. Jedoch haben die Backsteinfronten der Giebelhäuser am Heidebergplan, dem Ortsmittelpunkt, im großen und ganzen noch den romantischen Reiz bewahrt, den sie von ihren Vorbildern im Potsdamer Holländischen Viertel und in den Hansestädten Norddeutschlands übernahmen.

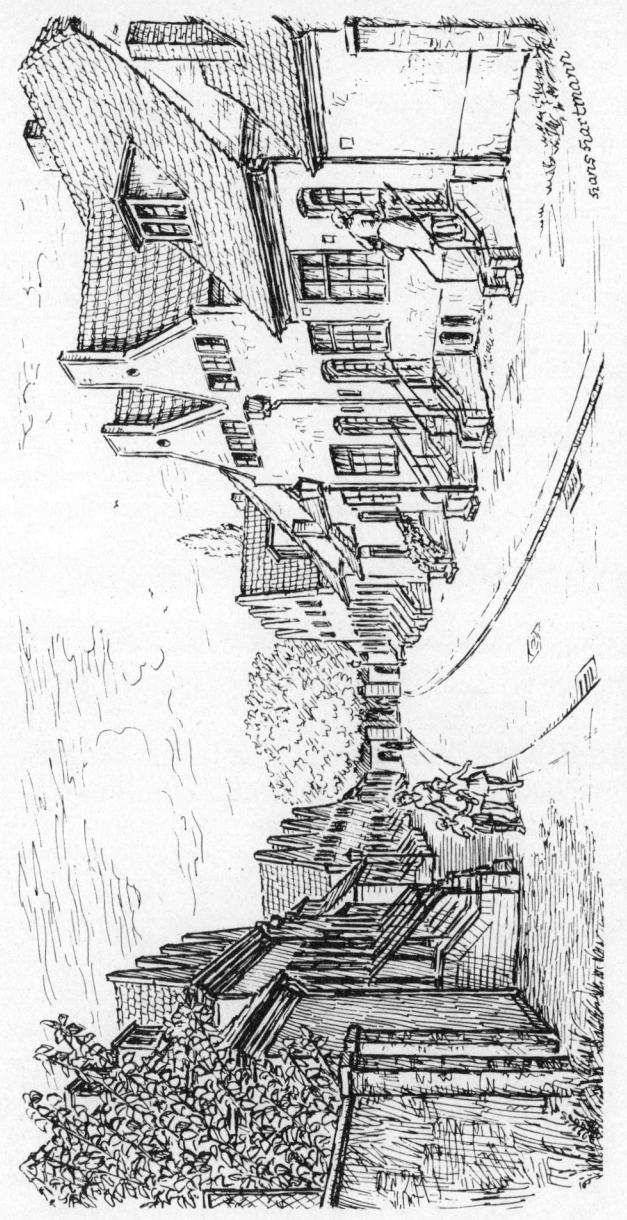

„Zwischen den Giebeln" in der Gartenstadt Staaken

Ein Bahnhofsname erregte die Lübarser Bauern

Berlin hat zwar eine Menge von Bezirken und Ortsteilen, deren Namen auf „dorf" enden, aber ein wirkliches Dorf ist nur noch Lübars. Hier wird der ländliche Reiz der Mark Brandenburg deutlich spürbar — zuweilen auch riechbar.

Die meisten Besucher begnügen sich damit, in den betont bäuerlich geführten, aber mit großstädtischen Preisen aufwartenden Gaststätten einzukehren. Wer auch das Dorfkirchlein von 1793 besuchen möchte, findet es neuerdings verschlossen. Der Diebstahl der Altarleuchter zwang zu der unpopulären Maßnahme.

Der eine oder der andere wird die wenigen noch vorhandenen Grabsteine im Schatten der alten Maulbeerbäume betrachten und sich darüber freuen, nun endlich zu wissen, wer dem Zabel-Krüger-Damm seinen Namen gab. Auf einem anderen Stein wird betont, daß hier der „Begründer von Waidmannslust" ruht.

Die Gründung geschah 1875 und wurde hundert Jahre später an einem Wochenende im August gefeiert. Der Gründer hieß Ernst Bondick und war Privatförster des Hermsdorfer Gutsherren Leopold Lessing. Für ihn sollte Bondick eine Parzelle am Tegeler Fließ zum Lagern von Holz erwerben. Als er erfuhr, daß nicht nur das Uferstück, sondern insgesamt 64 Morgen Land zum Spottpreis von 12.300 Mark — der Quadratmeter zu acht Pfennig — angeboten wurden, machte er das gute Geschäft auf eigene Rechnung — und wurde prompt von dem ob des entgangenen Gewinns verärgerten Lessing aus dem Dienst gejagt.

Bondick hat sich dann als Gastwirt niedergelassen und von seinem „Waidmannslust" aus die Parzellierung des billig erworbenen Geländes durchgeführt. Den eigentlichen Aufschwung erlebte er nach einigen bitteren Jahren erst nach der Eröffnung der auf seine Kosten angelegten Haltestelle der Nordbahn.

Das war Anno 1884 und erregte die Gemüter der Lübarser Bauern. Der Bahnhof lag nämlich auf ihrer Gemarkung, wurde jedoch nicht Lübars, vielmehr Waidmannslust genannt, und so heißt er noch heute. Die Lübarser haben es jahrzehntelang nicht verwinden können, daß ihr Dorf ins Abseits verwiesen wurde.

Waidmannslust ist jetzt ein selbständiger Ortsteil Reinikkendorfs mit rund 15.000 Einwohnern. Ursprünglich war es Bestandteil von Lübars, in dem die Bullenwiesen sowie die Kiewitzwall- und Fuchsbergenden der Bauern und Kossäten lagen. Die nördliche Grenze ist durch das Tegeler Fließ bestimmt, während die südliche dem Lauf des Pakkereigrabens entspricht. Im Westen grenzt Waidmannslust an die Tegeler Siedlung „Freie Scholle", östlich wird es von Lübars durch Büchenbronner Steig und Öschelbronner Weg getrennt.

Das 2,3 Quadratkilometer große Gebiet schließt den Waldpark Steinberg mit ein, und hier haben die ersten Waidmannsluster (die jedoch von diesem, ihrem Glück noch nichts wußten) Spuren hinterlassen. Für die zünftigen Archäologen bedeutete es eine Sensation, als sie 1962 beim Ausbaggern des Steinbergsees einen Holzpflug aus der Mitte des ersten Jahrtausends vor Christi Geburt fanden. Das seltene Stück ist im Museum für Vor- und Frühgeschichte in Charlottenburg zu sehen.

Die kostspielige Ausbaggerung des Hermsdorfer Sees an der Waidmannsluster Nordfront war in archäologischer Hinsicht unergiebig, obwohl man 1972/73 fast 700.000 Mark aufgewendet hat, um 12.000 Kubikmeter Schlamm zu bergen.

Um 1890 wurde Waidmannslust „wegen seiner gesunden Lage den Ruhe und Erholung suchenden Großstädtern sehr empfohlen", und es wurde ihnen im 1888 erbauten „Bergschloß" am Waidmannsluster Damm ein Kurhaus und Sanatorium geboten, „das in seiner originellen in allen Einzelheiten gewissenhaften Bauart mit seinen Türmen und Mauerkronen einer Burg aus früheren Jahrhunderten nicht unähnlich ist." Vor einigen Jahren hat man den stolzen Bau abgerissen und durch bezirkliche Unterkünfte für Gesundheitspflege und Jugendförderung ersetzt.

Mittlerweile ist auch die Großstadt in Waidmannslust heimisch geworden. Auf der wildromantischen Prärielandschaft der Rollberge am Zabel-Krüger-Damm entstand mit dem „Schwarzwald-Viertel" ein Betongebirge, das sich wie ein Ableger des nahen Märkischen Viertels ausnimmt. Von der 1948 amtlich beschlossenen Bebauung durch ein- bis viergeschossige Wohnhäuser war keine Rede mehr. Man entschied sich für das Hochhaus und türmte das höchste bis zu 22 Geschossen auf. Es steht unweit jener Stelle, auf der eine große Grünfläche vorgesehen war, „um das Landschaftsbild in Verbindung mit der Niederung des Packereigrabens nicht zu stark zu verändern". So wechseln die Zeiten und mit ihnen die Wunschbilder unserer Stadtplaner.

Familienausflug nach Französisch Buchholz

„Wallfahrt nach Frantzösch Bucholz" steht unter einem köstlichen Kupferstich von 1775, mit dem Daniel Chodowiecki — halber Pole und ganzer Berliner — seine Familie für eine geplatzte Landpartie entschädigte. Man wollte zu dem beliebten Vergnügungsort fahren, in dem Frau Jeanne Chodowiecka, geborene Barez, als Hugenottentochter zu Hause war, doch es goß wie aus Kübeln. Zum Trost ließ der gutmütige Vater die beabsichtigte Unternehmung wenigstens im Bilde vor sich gehen.
An der Spitze des Zuges auf dem Kupferstich geht die Tochter des Künstlers, Susette, mit Würsten und einer Riesenbrezel am Bratspieß. Sohn Wilhelm folgt als Eselreiter, in den Sattelkörben hocken seine Geschwister Heinrich und Henriette. Der Neffe Daniel hat ein vom Absturz bedrohtes Plätzchen auf dem Eselschwanz erwischt. Des Vaters Schwester Anette folgt mit dem Napfkuchen, Chodowieckis ältester Tochter hat man die Weinflaschen anvertraut, und Vetter Kolbe spielt auf.
Nachbar Chodowieckis im Berliner Stadthaus in der Brüderstraße war der Verleger, Buchhändler und Schriftsteller Friedrich Nicolai. In seiner Berlin-Beschreibung von 1785 hat er über Französisch Buchholz gesagt: „Ein Dorf, eine und eine halbe Meile von Berlin. Hier sind viele französische Bauern und Küchengärtner, welche viel gutes Gartengewächs bauen, womit sie Berlin versehen. Es sind hier

Chodowiecki: Wallfahrt nach Französisch Buchholz

verschiedene Landhäuser, welche Privatpersonen in Berlin gehören. Rechts stößt dicht an das Dorf ein angenehmer Eichen- und Buchenwald."
Dieser schon 1375 im Landbuch Kaiser Karls IV. erwähnte Wald (Est ibi bona silva), hat leider die Zeiten nicht überdauert. Seine letzten Reste wurden 1904 parzelliert. Wo er lag, besagt die heutige Parkstraße.
Die 1688 hier angesetzten französischen Glaubensflüchtlinge blieben dem seit 1913 nur noch Buchholz genannten Pankower Ortsteil bis 1960 treu. Dann hat sie die mit der Enteignung ihrer Ländereien verbundene Bildung einer Kooperationsgemeinschaft (die „sozialistisch arbeiten, lernen und leben" will), von der 272 Jahre innegehabten Scholle vertrieben. Auf dem Friedhof an der Mühlenstraße findet man noch die Namen der Guyot, Matthieu, Manouri und wie die arbeitsamen „Krauter" aus Frankreich sonst noch hießen. Nach alter Tradition wird sonntags immer noch ein französisch-reformierter Gottesdienst abgehalten, dem jetzt auch die lutherisch gesinnten Gemeindemitglieder beiwohnen.
Schauplatz der Gottesdienste ist die alte Dorfkirche inmitten des langen und weiten Angers. Ursprünglich ein in vor-

züglicher Technik spätromanisch angelegter Quaderbau des 13. Jahrhunderts mit Chorquadrat und halbrunder Apsis, wurde die Kirche 1852 in eine Querschiffanlage aus Ziegeln umgewandelt und der Westwand ein anspruchsvoller Staffelgiebel aus demselben Material aufgesetzt. Schließlich kam 1886 der Turm hinzu.
Über ihn zu urteilen, ist im Zeitalter der Nostalgie eine mißliche Sache. Einig dürften alle, die nach Buchholz kommen, darüber sein, daß der „sehr angenehme Lustort" (wie es noch vor hundert Jahren hieß) mittlerweile viel verloren hat.
Selbst das hübsche klassizistische Amtshaus von 1879 ist trotz der Tatsache, daß es der Berliner Sparkasse dient, ungepflegt und hat eine baufällig gewordene Freitreppe. Und wo sind sie geblieben, die vielen großen Gartenlokale mit ihrem schönen Baumbestand, in denen sich unsere Väter und Großväter mit ihren Familien zu Tausenden versammelten, um das traditionelle Buchholzer Erntefest zu feiern?
In einer alten Zeitung fand ich folgendes: „Trotz aller Wandlungen um Berlin ist Französisch Buchholz noch heute ein beliebter Ausflugsort. Die Wagenbesitzer von Berlin NO rollen sonntags in langen Reihen mit Weib und Kind hinaus. Die Wirte stehen auf der Höhe der Zeit. Sie haben sauber gepflegte Gärten, stattliche Säle und geräumige Stallungen."
Omnibusse fuhren seit ungefähr 1860 nach Buchholz; 1877 wurde die Haltestelle Blankenburg der Stettiner Eisenbahn eröffnet, und ab 1904 gab es die gemeindeeigene Pferdebahn nach Pankow. Doch die darauf gestützten Erwartungen, Buchholz zum Luftkurort machen zu können, scheiterten an dem inzwischen vom Berliner Magistrat angelegten Rieselfelderring. Dennoch pries man in Anzeigen und Prospekten, wenn auch erfolglos, die „gesunde kräftige Luft, die trockenen Sommerwohnungen und die unverfälschte Milch".

Die Glocken erklingen mitten in der Nacht

Obwohl sechs Straßen in Berlin seinen Namen tragen, wissen nur wenige, wer Georg Scharnweber war. Der 1816 in der Unterwasserstraße geborene „eingefleischte Berliner" (wie er selbst bekannte) kam aus gutem Hause. Sein Vater hatte als Staatsrat im Dienst Hardenbergs gestanden, und seine Mutter war eine geborene Schüler-Baudesson, Enkelin des Hofjuweliers Friedrichs des Großen, Jean Pierre Daniel Baudesson.
Der junge Scharnweber ergriff den Beruf eines Verwaltungsjuristen; 1841 schenkte ihm seine Mutter das ihr gehörende Rittergut Hohenschönhausen bei Weißensee. Da er nun im Kreis ansässig war, wurde Scharnweber zwei Jahre später zum Landrat des Kreises Niederbarnim berufen. Dieses Amt hat er 48 Jahre lang wahrgenommen. Zuerst von Hohenschönhausen aus; später in der Kochstraße 24, wo man das Kreishaus etabliert hatte.
Scharnweber begann früh damit, einen Teil seiner Ländereien zu parzellieren und hat 1843 die Kolonie Neu-Hohenschönhausen angelegt. Heute wird sie nahezu restlos vom Dynamo-Sportforum eingenommen.
Seine Tochter Manon, der das Gut noch vor dem Tode des Vaters (1894) zufiel, hat der Besiedlung großen Auftrieb gegeben, indem sie ihren Besitz an den Aachener Bankier Suermondt verkaufte. Dieser — durch einen Straßennamen geehrt und das, obgleich er „Spekulant" war — hat mit seiner „Grunderwerbs- und Baugesellschaft zu Berlin" das restliche Gutsgelände erschlossen.
Scharnwebers Tochter Manon war mit dem Baurat Walther Gropius verehelicht, der in Berlin die Baupolizei leitete. Von ihren Kindern hat der Begründer des Weimarer Bauhauses, Walter Gropius, weltweiten Ruf erlangt.
An der Hauptstraße in Hohenschönhausen (die erstaunlicherweise nach 1945 nicht umbenannt und auch nicht umnumeriert wurde) steht noch das einst von Scharnweber und seiner Familie bewohnte Gutshaus. Es ist sicher älter, als sein oft verändertes Äußeres vermuten läßt. Jetzt

ist hier die geburtshilfliche Abteilung des Krankenhauses Weißensee untergebracht.

Leider ist das früher oft und gern aufgesuchte Gasthaus „Zum Storchnest" im Kriege restlos zerstört worden. Vom „großen schattigen Naturgarten" ist ebensowenig geblieben wie von den regelmäßig hier nistenden Störchen.

Schräg gegenüber vom verwahrlosten Platz der gastlichen Stätte von Anno dunnemals erhebt sich das alte Dorschulhaus in der üblichen preußischen „Einschüchterungsarchitektur" aus schmutzig-roten Backsteinen. Es ist seit langem zum Abbruch verdammt, wird aber noch als Schule benutzt.

Das erfreulichste im alten Hohenschönhausen bietet uns die Dorfkirche. Weniger im Äußeren, weil ihr der Turm fehlt, den man 1957 wegen Baufälligkeit abreißen mußte und bislang aus Geldmangel nicht erneuern konnte. Seitdem passiert es hin und wieder, daß mitten in der Nacht die Glocken erklingen. Sie sind nämlich in einem offenen Schuppen auf dem Kirchhof untergebracht und jedem trunkenen Spätheimkehrer leicht zugänglich.

Die Kirche wird, was das Innere angeht, in Berlin nur von der Dahlemer Annenkirche übertroffen. Unter den gotischen Kreuzgewölben des altersgrauen Feldsteinbaues schimmert der Goldgrund eines Flügelaltars des 15. Jahrhunderts, daneben stehen zwei heilige Frauen, denen leider Hände und Attribute fehlen.

An der Orgelempore aus der Renaissancezeit künden bunte Wappentafeln von den einst in Hohenschönhausen begüterten Adelsgeschlechtern; so von den Röbels, die drei Jahrhunderte lang hier wohnten und wirkten. Dem 1671 verstorbenen Landrat Hans Christian von Röbel ist ein sehr schön geschnitzter Totenschild mit seinem Wappen und kronentragenden Engeln gewidmet, wie er in den Berliner Dorfkirchen nicht noch einmal vorkommt. Man muß hinnehmen, daß die Engel keineswegs traurig sind, vielmehr den Beschauer lustig anlachen.

Vom Vorwerk zur Stadt: Karlshorst

Das durch seinen Tierpark bekanntgewordene Friedrichsfelde — Ortsteil des Stadtbezirks Lichtenberg — hat von 1816 bis 1945 den Herren von Treskow gehört. Einer dieser erst 1797 mit dem erblichen Adel beglückten Gutsbesitzer, Karl von Treskow, hat 1826 „zur besseren Ausnutzung der Hütegerechtigkeit" in der Nähe der Wuhlheide ein Vorwerk angelegt und ihm seinen Namen gegeben. Spötter machten aus Karlshorst gern ein „Krähenhorst", weil man zwischen Wuhlheide und den noch vor 50 Jahren als Binnendünen vorhandenen Krähenbergen außer den Rabenvögeln keine Menschenseele sah.
In den verflossenen Jahrzehnten ist aus dem von einer Handvoll Menschen bewohnten einsamen Vorwerk an der heutigen Waldowallee eine beachtliche Stadt mit über 25.000 Einwohnern geworden. Diese Entwicklung ist in erster Linie der Rennbahn zu verdanken.
Der 1881 von Offiziers- und Adelskreisen gegründete Verein für Hindernisrennen mußte seine günstig gelegene und stets gut besuchte Rennbahn in Westend aufgeben, weil die Pachtzeit der auf dem jetzigen Laubengelände am Ruhwaldpark ansässigen Bahn abgelaufen war. Ein Kauf schied wegen des übermäßig hohen Bodenpreises aus.
Man ging deswegen nach Karlshorst, wo bereits um 1850 auf blankem Acker erste Jagdrennen veranstaltet und in den Jahren 1862 bis 1867 die preußischen Armeejagdrennen ausgetragen wurden. Der Rennverein kaufte 1893 für eine halbe Million Mark das 80 Hektar große Grundstück und ließ durch den Hamburger Ingenieur Jürgens und den heimischen Architekten Johannes Lange die ein Jahr später, im Mai 1894, eröffnete Bahn anlegen, von der noch heute der „Rennbetrieb Karlshorst" zehrt. Seit 1945 geht es aber nicht mehr über Hindernisse, der Platz ist vielmehr zur einzigen Traberbahn der DDR geworden. Das 1925 von Willibald Fritsch geschaffene schöne Reiterdenkmal für die im Ersten Weltkrieg gefallenen Herren- und Berufsreiter wurde erfreulicherweise geschont.
Die allzeit wachen Grundstücksspekulanten ließen sich die

zu erwartenden fetten Happen nicht entgehen und machten sich gleich mit vier Terraingesellschaften daran, das jungfräuliche Gelände zu erschließen. Eine von ihnen, die Gemeinnützige Bauvereinigung „Eigenhaus" erfreute sich besonderer Förderung durch die hochgestellten Herren vom Rennverein. Auch der Kaiser stiftete einige für Veteranen bestimmte Häuschen im zuerst erschlossenen Viertel beiderseits der Ehrlichstraße, die einmal Auguste-Viktoria-Straße hieß. Sie sind zum Teil noch heute in der Lehndorffstraße zu finden.

Mit den feudalen Straßennamen hat man nach 1945 aufgeräumt, doch gibt es neben anderen noch immer eine Karl-Egon-Straße; denn Karl Egon Fürst von Fürstenberg zu Donaueschingen, ein spezieller Freund des Kaisers, war ebenfalls unter den Gründern von Karlshorst.

Ursprünglich sollte das schon im Juli 1895 an die Eisenbahn angeschlossene Karlshorst eine ausgesprochene Gartenstadt mit Villen werden und das auch bleiben. Mit dem raschen Zuzug — 1895: 215 Einwohner, 1900 bereits 2400 — änderten sich die Auffassungen, und die Hauptverkehrsstraßen, insbesondere die Treskowallee (heute Hermann-Duncker-Straße), wurden von viergeschossigen Wohnhäusern flankiert.

Man kann die städtebauliche Entwicklung noch immer an Ort und Stelle studieren. Der Bombenkrieg hat Karlshorst verschont, so daß die Sowjets sich 1945 sofort hier niederließen und das durch Straßenbahngitter abgeschirmte „Klein-Moskau" der Militäradministration erst 1963 aufgaben, als in Bernau Neubauten bereitstanden. In ansehnlichen Villen und hochherrschaftlichen Häusern der Kaiserzeit residieren jetzt die Botschafter von Albanien, China, Korea, Vietnam und der Mongolei.

Die Russen sind jedoch nicht restlos abgezogen. Die ehemalige Pionierschule der deutschen Wehrmacht an der Rheinsteinstraße wird nach wie vor von ihnen benutzt. Vor dem Stabsgebäude (in dem am 8. Mai 1945 die bedingungslose Kapitulation Deutschlands unterzeichnet wurde) stehen Panzer und Geschütze, die von sowjetischen Soldaten mit aufgepflanztem Bajonett bewacht werden.

Rennen in Karlshorst

Die eisernen Ungetüme gehören zum Sowjetischen Armeemuseum, das auch für Deutsche zugänglich ist. Viel werden sie mit dem Dargestellten nicht anfangen können, weil alles nur kyrillisch beschriftet und durch die russische Brille gesehen ist.

Der standfeste Zuckerfabrikant ließ sich nicht bestechen

Mit 79 Quadratkilometern ist Lichtenberg der zweitgrößte Stadtbezirk Ost-Berlins nach Köpenick, das mit weiten Wasser- und Waldflächen 127 Quadratkilometer umfaßt. Zu Beginn des Jahres 1976 wurde durch eine Parteitags-Direktive der „Aufbau eines neuen Stadtteils" angeordnet und dafür Biesdorf und Marzahn aus Lichtenberg herausgenommen. Damit bekam Ost-Berlin einen neunten Stadtbezirk, und zu Groß-Berlin gehören nicht mehr zwanzig, vielmehr 21 Bezirke. Wird die am grünen Tisch entstandene Neuordnung überhaupt ins Bewußtsein der Berliner eingehen?
Biesdorf, Kaulsdorf und Mahlsdorf liegen wie an der Schnur aufgereiht an einer sehr alten Landstraße, die einst Teilstück der Reichsstraße 1 war und von der Ostgrenze bei Eidtkau bis zum westlichen Aachen quer durch Deutschland verlief. Genau wie bei uns in Schöneberg, Friedenau oder Zehlendorf sieht man auch drüben noch die kleinen Blechtäfelchen mit der schwarzen 1 auf gelbem Grund.
An Sehenswürdigkeiten ist nicht viel auszumachen. Die Dorfkirche inmitten des langgestreckten Angers Alt-Biesdorf ist wohl im Kern ein Feldsteinsaal des 14. Jahrhunderts, aber infolge neuzeitlicher Veränderungen — insbesondere durch den kaum aufs Land passenden Turm — um ihre alte Form gebracht worden.
Unübersehbar ist die inmitten alter Bäume aufragende Prachtvilla des Kulturhauses. Sie hat einmal zum Gut gehört, und Werner von Siemens war 1887 genötigt, dieses gegen seinen Willen zu übernehmen, weil er „sonst ein ansehnliches Kapital in letzter Hypothek durch Subhasta-

Kirche in Kaulsdorf

tion verloren hätte". Der große Techniker schrieb ferner: „Die Lage des Gutes ist natürlich nicht sehr schön, doch hat eine verdrehte frühere Besitzerin ein schönes Gebäude, Schloß benannt, auf demselben erbaut, welches ihm einige Attraktionskräfte gibt."

Eine Attraktion unserer Zeit ist die Kakteenzucht einer gärtnerischen Produktionsgenossenschaft, die dort, wo früher Kohl für den Berliner Markt angebaut wurde, unter Glas und Plastik unzählige Sorten der beliebten stachligen Zimmerpflanzen kultiviert.

In Kaulsdorf gibt es wie überall in den Randgebieten Berlins große Siedlungen mit Ein- und Mehrfamilienhäusern, die dank der guten Bahnverbindung weite Ackerflächen im Sturm eroberten und deren Eigentümer auf leichte Weise zu wohlhabenden Kapitalrentnern machten. Beiderseits der Dorfstraße sieht man aber noch genug ländliche Erinnerungen in Gestalt vergammelter Bauernhäuser und des automörderischen Kopfsteinpflasters. Hier in Kaulsdorf ist kurz vor 1800 in einem noch vorhandenen Gebäude die erste Rübenzuckerfabrik der Welt vom Berliner Apotheker Achard eingerichtet worden. Die mit Rohrzucker erfolgreich spekulierenden Engländer wollten Achard die unglaublich hohe Summe von 200.000 Talern zahlen, wenn er sich bereit fände, seine bahnbrechenden Arbeiten für irrtümlich und unbrauchbar zu erklären. Der standfeste Preuße aus Frankreich — er gehörte einer Refugiéfamilie an — ging auf das Angebot nicht ein.

Südlich vom alten Kaulsdorf bietet sich an der Straße nach Mahlsdorf ein schöner Weitblick von den Barnimhöhen über das Urstromtal der Spree bis zu den Müggelbergen und den Kranichbergen bei Erkner. Allerdings nur, wenn das Wetter klar ist.

Von Mahlsdorf schrieb ein märkischer Tourist vor mehr als 50 Jahren: „Der Ort macht im Gegensatz zu vielen seinesgleichen einen freundlichen und stattlichen Eindruck. Die zum Teil villenartig gebauten Häuser, die gut gehaltenen gepflasterten Verkehrswege und noch mancherlei anderes lassen auf einen ziemlichen Wohlstand seiner Bewohner schließen."

Heute hat sich das Bild gewandelt bis auf das Straßenpflaster, das immer noch dasselbe ist und in den vergangenen Jahren nicht besser wurde. Die Bauernhöfe sind aufgelöst, ihre Gebäude abgebrochen oder verwahrlost. Gut im Stande ist die Dorfkirche aus der ersten Hälfte des 13. Jahrhunderts, in der noch Bilder und Wappensteine an frühere Gutsherren erinnern. So an Lampert Diestelmeyer, den tüchtigen Kanzler des Kurfürsten Joachim II. und an seinen Schwiegersohn Johann von Kötteritz.

Im wohlerhaltenen Gutshaus am Hultschiner Damm, wenige Schritte südlich der Dorfkirche, hat ein begeisterter Sammler in mehr als dreißig Jahren Möbel, Kunst und Kitsch aus der Zeit von 1880 bis 1910 zusammengetragen, alles in den Räumen des Hauptgeschosses sachkundig aufgestellt und durch betriebsfähige Musikmaschinen von dunnemals sinnfällig belebt. Im Keller gibt es außerdem die „Mulackritze", ein Ganovenlokal aus dem verschwundenen Scheunenviertel, das nichts vom Inventar einer Kneipe wie Zille sie liebte, vermissen läßt. Besuchen Sie einmal das „Plüschmuseum", es ist jeden Sonntag von 11 bis 13 Uhr frei zugänglich, der Hausherr Lothar Berfelde führt persönlich.

Oberschöneweide, ein Kind der Elektrizität

Im Amtsblatt der Königlichen Regierung zu Potsdam und der Stadt Berlin, Stück 15 vom 15. April 1898, heißt es im geschwollenen Bürokraten-Deutsch jener Zeit, daß „des Königs Majestät mittelst Allerhöchsten Erlasses vom 16. März 1898 zu genehmigen geruhte", eine Anzahl näher bezeichneter Grundstücke von 149 Hektar Flächeninhalt aus der Landgemeinde Marzahn und dem forstfiskalischen Gutsbezirk Köpenick auszugliedern und zu einer Landgemeinde mit dem Namen Oberschöneweide zu vereinigen.
In diesem vormaligen „Schöneweide rechtes Spreeufer" hatten die Bauern des zehn Kilometer entfernten Barnimdorfes Marzahn einen Teil ihres Wiesenlandes, alles andere war ursprünglich der Eichen- und Kiefernwald der Wuhlheide. Um 1870 reichte sie noch bis zu den Ufern der Spree, wo nur ein paar Färbereien und Kattunbleichen lagen, zu denen sich dann bald einige Ausflugslokale gesellten. Wie in Berlin nun einmal üblich, erhielten sie hochtrabende Namen: „Spreeschloß", „Tabberts Waldschloß", „Schloß Wilhelminenhof", „Strandschloß" oder „Sadowa" nach dem Schlachtort des böhmischen Feldzuges von 1866. So hieß auch die 1877 eröffnete Station der Schlesischen Eisenbahn, der heutige Bahnhof Wuhlheide.
Diese Wasserlokale wurden jedoch nicht durch die Eisenbahn erschlossen, sondern von den seit 1864 regelmäßig verkehrenden Schiffen des „Berliner Dampfschiffahrts-Vereins". Trotz seiner zehn Dampfer war er aber nicht immer in der Lage, die in riesigen Scharen an die Ober-

spree strömenden Berliner abends auch wieder heimzubringen. So berichtete eine Zeitung im August 1868: „Im Schöneweider Kaffeehaus blieben so viele Passagiere zurück, daß der Wirt, dem es an Räumlichkeiten gebrach, seine Billards zu Schlafstellen einrichten mußte. Der erste Morgendampfer brachte am Montag früh die Verspäteten nach der Residenz zurück."
Keimzelle aller dieser und anderer Gartenwirtschaften an der Spree war der Wilhelminenhof; als „Quappenkrug" bestand er schon in den Tagen des Großen Kurfürsten. Später wurde daraus ein Landgut, das von einer Hand in die andere ging und um 1815 nach der Frau des Oberfinanzrates Reinbeck seinen klangvollen Namen erhielt. Als beliebte Gaststätte war der Wilhelminenhof bis zum letzten Krieg in Betrieb, doch heute ist ebenso wie von den anderen Lokalen keine Spur mehr von ihm zu finden. Wenn sie nicht von der Industrie aufgefressen wurden, hat man sie zu Bootsheimen oder Klubhäusern umgewandelt.
Auch die 1872 von dem Maurermeister Siecke und dem Bankier Mamroth gegründete Villenkolonie „Ostend" im Zwickel der Ostendstraße und der jetzt „An der Wuhlheide" genannten alten Chaussee von Rummelsburg nach Köpenick hat stärksten Wandel erfahren. Villen gibt es kaum noch, von der „waldreichen, sehr schönen Lage" ist nichts mehr zu spüren, das früher so beliebte Gasthaus „Krug zum grünen Kranze" dient schon lange nicht seiner eigentlichen Aufgabe und geht, vergammelt wie es ist, dem Abbruch entgegen.
Oberschöneweide ist als ein rechtes Kind des Zeitalters der Industrie bezeichnet worden. Daß man hier die idyllischen Spreeufer ohne Rücksicht auf den damals allerdings nahezu ungekannten Natur- oder Landschaftsschutz durch die Massierung von Fabriken verschandelte, ist der Grundrentengesellschaft zuzuschreiben. Sie hatte 1889 die Ländereien des Wilhelminenhofs gekauft, parzelliert und vornehmlich an die AEG weitergegeben. Seit 1895 hat sie ihre großen Werke errichtet, die noch heute das Bild von Oberschöneweide bestimmen. Die Gemeindevorsteher der jungen Landgemeinde von 1898 sahen in der ausschließli-

*Oberschöneweide
Restaurant" Sadowa 1887"*

chen Förderung der Industrie das seligmachende Heil zur Füllung der kommunalen Steuerkassen.
Zwischen Wilhelminenhofstraße und der Spree erstrecken sich zwei Kilometer lang die großen Industriebetriebe und vermitteln die Illusion des Ruhrgebietes. Doch seit 1945 gehören sie nicht mehr der AEG, firmieren vielmehr unter kaum verständlichen Abkürzungen als volkseigene Betriebe. Da gibt es das RFT-Werk (Rundfunk-Fernmelde-Technik), das KWO (Kabelwerk Oberspree), das TRO, in dem die „Trojaner" zu Hause sind (Transformatorenwerk Oberspree) und andere Betriebe; sie alle arbeiten immer noch in den schon vor der Jahrhundertwende von der AEG errichteten riesigen gelben Backsteinkästen. Auf der Straße, in der sich die Straßenbahn auf ausgeleierten Schienen lautstark bemerkbar macht, rangiert auch der „Bulle", wie die Oberschöneweider die schwere Diesellokomotive der Güterbahn nennen.
Angenehmer als die tristen Fabrikbauten der neunziger Jahre wirkt der 1912 von Peter Behrens bewußt monu-

mental mit hohem Turm errichtete Werkbau der NAG (Nationale Automobil-Gesellschaft), in dem aber schon lange nicht mehr der Sechszylinder NAG-Protos hergestellt wird. In dem erneuerten Komplex arbeitet ein Fernsehelektronik-Werk.
Der Wilhelminenhof an der Laufener Straße (die nicht mehr bis zur Spree durchgeht) ist im Industriegelände aufgegangen. Im Bombenkrieg verschwand der einst von hier zum Hasselwerder auf dem linken Spreeufer führende Kaisersteg, eine eiserne Fußgängerbrücke, die viele noch wegen ihrer bestechend eleganten Linienführung in Erinnerung haben. Diese „Schwindsuchtsbrücke" (auf der es „zog wie Hechtsuppe") galt der Fachwelt als „Wegweiser und Meisterwerk". Schließlich hatte sie der berühmte Statiker Müller-Breslau konstruiert. Sie kostete die für das Baujahr 1898 ansehnliche Summe von 110.000 Goldmark. Der noch lange in der Spree stehende Strompfeiler des Kaiserstegs ist jetzt weggeräumt.

Ein Propst als Krugwirt

„Friedrichshagen, so lernen die kleinen Kinder hier in der Schule, ist gegründet vom Alten Fritz; es heißt deshalb Friedrichshagen, hat eine Friedrichstraße und ein Denkmal vom Alten Fritz. Zweck der Gründung war Seidenkultur, die aber nicht reüssierte, ich weiß nicht, wer daran schuld hatte, der Alte Fritz oder die Seidenraupen."
Das steht im Vorwort eines 1901 erschienenen, natürlich längst vergessenen Buches mit dem Titel „Hinter der Weltstadt. Friedrichshagener Gedanken zur ästhetischen Kultur." Der ebenfalls von der Zeit überholte Autor hat es nicht mehr erlebt, daß man in Friedrichshagen dem Ortsgründer untreu wurde, sein Denkmal beseitigte und die bisherige Friedrichstraße ihm zu Ehren in Bölschestraße umbenannte.
Das passierte in den Jahren nach 1945, als die Legende vom „Friedrichshagener Dichterkreis" neuen Auftrieb erfuhr und sowohl die Zeiten wie die Personen und Ereignis-

An der Oberspree

se völlig durcheinander gerieten. Von einer geschlossenen naturalistischen Dichterschule, die mit Gerhart Hauptmann an der Spitze eines Tages in corpore nach Friedrichshagen übergesiedelt sei, hat sich Wilhelm Bölsche früh distanziert und gemeint, daß in Wahrheit eine engere freundschaftliche Gemeinschaft in jener lebhaften Zeit des „Gründeutschlands" oder „Berliner Vorort-Realismus" nur mit Bruno Wille, dem Gründer der Freien Volksbühne, und den als Dichter nicht sehr erfolgreichen Brüdern Heinrich und Julius Hart bestand, die allesamt mehr oder minder lange in Friedrichshagen ansässig waren.

Der zwischen Wald und Wasser schöngelegene Ort war 1753 im Zuge der friderizianischen „Peuplierungspolitik" entstanden. Er bot in fünfzig Doppelhäusern beiderseits der heutigen Bölschestraße Feinwollspinnern und Seidenraupenzüchtern aus Böhmen und anderen Gegenden eine fragwürdige Existenz.

Die Anlegung des Kolonistendorfs geschah durch den Kriegs- und Domänenrat Johann Friedrich von Pfeiffer, der in der Kurmark Brandenburg im ganzen 105 Dörfer (mit 1763 Familien) neu erstehen ließ, jedoch in Friedrichshagen scheiterte. Auf den Geschmack gekommen, hatte sich Pfeiffer durch einen Strohmann 96 Morgen Akker und zwölf Morgen Wiesenland zins- und abgabenfrei überschreiben lassen, dazu auch die Lieferung von freiem Bauholz, freien Bier- und Branntweinausschank sowie den Handel mit Lebensmitteln für sich erwirkt. Das konnte nicht gut gehen und brachte den geschäftstüchtigen Kriegsrat auf die Festung Spandau. Später hat er an der Universität in Mainz gewirkt und ist dort bettelarm gestorben.

Nachfolger als Gutsbesitzer wurde der betriebsame Propst Süßmilch von der Petrikirche in Berlin, der eine nicht alltägliche Mischung aus Theologe, Mediziner, Sozialwissenschaftler, Krugwirt und Posthalter war. Süßmilch hat auch die Maulbeerbäume in Friedrichshagen angepflanzt, deren Zahl einmal 1200 in vier Reihen betrug. Zwei sind noch in der Bölschestraße vorhanden, doch dürften sie erst aus dem Jahre 1852 stammen, als 250 Bäume nachgepflanzt wurden.

Das Wollespinnen war zurückgegangen und zuletzt nur noch von einigen Witwen betrieben worden. Mit der Zucht der gefräßigen Seidenraupen hatte man schon früh aufgehört und dafür die schmackhaften Früchte der Maulbeerbäume für jährlich 2.000 Taler in den Handel gebracht. Von den Männern hieß es 1855, daß sie sich als Maurer- und Zimmerleute oder in der Forst betätigen: „Alle sind fleißige Menschen und werden gesucht." Dennoch wird bis heute hartnäckig die Meinung vertreten, Friedrichshagen wäre ein durch seine Armut verrufenes Besenbinderdorf gewesen, und die Einwohner soll man noch am Ende des vergangenen Jahrhunderts in Berlin als „Friedrichshagener Kiefernklauer" gefürchtet haben, weil sie das Mein und Dein nicht recht unterscheiden konnten.

Damals war der durch seine Lage am Müggelsee begünstigte Ort längst zu einem Berliner Ausflugsziel geworden, in dem mehr als ein Dutzend großer Lokale der durstigen Besucher harrten. Auch das heutige Berliner Bürgerbräu gab es schon seit 1872 als Gründung des aus Weimar gekommenen Kaufmanns Hermann Schäfer. Er war der letzte Besitzer des seinerzeit vom Zehlendorfer Braukrugbesitzer Propst Süßmilch übernommenen Lehnguts, das er parzellierte. Schäfer war auch Schöpfer des nicht mehr vorhandenen „Müggelschlößchen" am jenseitigen Ufer der Spree, die hier den Müggelsee verläßt. Früher mußten die bis zu 60.000 Sonntagsausflügler manchmal stundenlang auf die Fähre warten; seit 1927 kann man acht Meter unterhalb des Wasserspiegels ohne Zeitverlust und gefahrlos zum anderen Ufer spazieren. Ursprünglich hatte man an eine Brücke gedacht, doch die Schiffer waren dagegen;

Alt Friedrichshagen vom Müggelsee aus

denn damals kamen sie mit ihren Zillen unter vollen Segeln angerauscht, ein unvergeßliches Bild für jene, die es noch erlebten.

Selbst das „Wendenschloß" gibt es doppelt in Berlin

Daß in unserer geteilten Stadt aus politischen Gründen vieles doppelt vorhanden ist, nehmen wir kaum noch zur Kenntnis. Man hat sich daran gewöhnt oder eben gewöhnen müssen. Doch gibt es auch Dubletten, die mit der leidigen Politik gar nichts zu tun haben. Da steht beispielsweise mitten in der Spandauer Altstadt, an der Ecke der Kinkel- und Ritterstraße, breit gelagert und behäbig ein zweigeschossiges Fachwerkhaus aus der Zeit um 1750, das aus unerfindlichen Gründen „Wendenschloß" genannt wird.
Hier hat kein Wende fürstlicher Abstammung residiert, vielmehr eine biedere Ackerbürgerfamilie des Namens Schultze ihren Sitz gehabt. So lange, bis das baufällig gewordene Haus abgebrochen werden mußte. Die Nikolai-Kirchengemeinde hat dann das Grundstück für den Aufbau eines Gemeindezentrums erworben und ihr neues

Haus 1968 auf Weisung des Landeskonservators mit einer Fassade erstehen lassen, die dem alten Wendenschloß völlig gleicht. Wenn man aber die Tür zur mächtigen Einfahrt öffnet, steht man plötzlich in einem kleinen Zimmer und nicht mehr auf den im Laufe der Jahrhunderte krumm gewordenen Dielen der alten Durchfahrt zum Hof. Die so altertümlich anmutenden Schauseiten mit schwarzem Fachwerk und weißen Putzfeldern sind weiter nichts als äußerliche Dekorationen eines modernen Hauses.

Das andere Wendenschloß in Berlin liegt „drüben" und ist ein Ortsteil von Köpenick, jener „Stadt im Grünen", an der Mündung der Dahme in die Spree, die in erster Linie durch den „Hauptmann von Köpenick" und daneben als Waschküche Berlins weltbekannt wurde. Anläßlich der Wiederaufführung seines berühmten Films hat Heinz Rühmann sich das ihm bislang unbekannte Köpenicker Rathaus angesehen, dem 1906 der auf preußischer Uniformhörigkeit basierende Handstreich des Schusters Voigt galt. Bei den Dreharbeiten zum Film hat Rühmann es nicht zu sehen bekommen, denn die erfolgten 1956 in Hamburg-Wandsbek.

Wie bei so mancher anderen Ortsgründung in Berlin — sei es Wannsee, Konradshöhe oder Tegelort — stand auch hier am Anfang eine Kneipe, eben das „Wendenschloß". Ein junger Berliner Heimatfreund hat sich vor einigen Jahren die Aufgabe gestellt, die kurze Geschichte von Wendenschloß als „Versuch einer Entwicklungsdarstellung" der interessierten Öffentlichkeit zu unterbreiten.

Wann und von wem das Gartenlokal Wendenschloß erbaut wurde, konnte der fleißige Horst Reinhardt nicht ermitteln. Er fand es zuerst auf einer Karte von 1891 und in dem ein Jahr später erschienenen Band „Osten" von „Fontane's Führer durch die Umgegend von Berlin", den der noch heute als Landesgeschichtliche Vereinigung existierende Touristen-Club für die Mark Brandenburg im Verlag von Friedrich Fontane, dem jüngsten Sohn des märkischen Wanderers, herausgab. Das Restaurant Wendenschloß ist jedoch schon früher erwähnt, und zwar von Paul Lindenberg im dritten Bändchen seiner „Berlin" ge-

Das „Wendenschloß" in Spandau

widmeten, in Reclams Universal-Bibliothek aufgenommenen Heftreihe.

Um 1885 dürfte die Gründung der Gaststätte erfolgt sein, der dann zu Beginn der neunziger Jahre die Aufteilung des im Besitze der Stadt Köpenick befindlichen Waldgeländes folgte. Die ersten Parzellen wurden 1892 verkauft, als der Kreis Teltow seine zehn Jahre zuvor zwischen Nieder- und Oberschöneweide über die Spree geschlagene Kettenfähre wegen des Neubaus einer Brücke abgebrochen und nach Grünau verlegt hatte.

Von Grünau, das sich bereits in den Gründerjahren aus einer friderizianischen Kolonistensiedlung zur Villenkolonie des Großbürgertums entwickelte, sind die ersten Impulse ausgegangen, auf dem anderen Ufer der zum Langen See ausgeweiteten Dahme die reizvolle Lage auszunutzen und hier ebenfalls Landhäuser zu bauen.

Theodor Fontane hat die am Ufer der Dahme (oder Wendischen Spree) entstandenen Villen kritischen Auges betrachtet, als er mit Freunden an Bord der „Sphinx" von

Köpenick nach Teupitz schipperte: „Villenanlagen in allen erdenklichen Spielarten, namentlich im italienischen und englischen Kastellstil. Dicke und schlanke Flachtürme, mit Pfeilern, Sims und Balustrade. Alles in allem ein wunderbarer Anblick, der, nach mehr als einer Seite hin, zu denken gibt. Geflissentlich an den unübertroffenen Vorbildern Schinkels und seiner Schule vorübergehend, wie sie die Villenstraßen des Tiergartens aufweisen, gefällt sich der Bourgeois unserer östlichen Stadtreviere darin, seinen ‚Donjon', und, wenn es sein kann, selbst seinen ‚Belfroi' zu haben. Und dieser Schiefheit des Gedankens entspricht die Ausführung, die er erfährt. Eine geschäftsbefreundete ‚Firma', die ein Ignorieren nicht wohl gestattet, empfängt den Bau in Generalauftrag, und tot und steif werden nun die Rund- und Spitzbogen aus dem Nürnberger Spielkasten genommen."

Wie sich doch die Auffassungen seit Fontane gewandelt haben. Heute genießen die geschmähten Villen offiziellen Denkmalschutz oder doch wenigstens mehr oder minder erfolgreiche Sicherungsbemühungen der engagierten Architekten unserer Generation, die auch in Kleidung, Haar- und Barttracht ihren Großvätern nacheifert.

Während ihrer Feier- oder Urlaubstage werden viele Westberliner in die lange nicht mehr besuchten Müggelberge strömen, auf den Müggelturm steigen und die bei klarem Wetter fünfzig Kilometer weit reichende Aussicht auf die schöne märkische Landschaft genießen. Wer dort wegen des starken Andranges nicht zum gewünschten Kaffee kommt, kann ihn sich am Ufer des Langen Sees, in Marienlust oder in Schmetterlingshorst servieren lassen. Vielleicht geht er auch noch ein paar Schritte weiter zum Seebad Wendenschloß, wo neben Strandkörben und Liegestühlen auch eine kleine Gaststätte seiner harrt.

Die Keimzelle von Wendenschloß, das gleichnamige „Etablissement" mit seinem großen Garten und dem „Festsaal für 1.200 Personen" an der Niebergallstraße wird man aber nicht zur Siesta aufsuchen können. Es ging zu Beginn des Zweiten Weltkireges ein und dient jetzt dem Wassersport als Werftplatz und vereinsinternes Klubhaus.

Weihnachtsmarkt und Weihnachtsausstellungen

Advent kommt vom lateinischen „adventus" und bedeutet Ankunft: für den gläubigen Christen ist es die Ankunft des Erlösers. Wenn auch die Gebote für eine Buß- und Fastenzeit während des Advents längst gemildert wurden, sind Heirats- und Tanzverbote bei strenggläubigen Katholiken noch heute üblich. Auch Protestanten meiden während der Adventszeit öffentliche Lustbarkeiten oder laute Hochzeiten. Den Weihnachtsmarkt hat die Kirche jedoch nicht verdrängen können.
In West-Berlin wird er seit Jahr und Tag „im Saal" veranstaltet, nämlich in den Ausstellungshallen rund um den Funkturm. 1973 hat man den Versuch unternommen, einen Teil der Verkaufsstände und Rummelattraktionen im Freien aufzubauen. Angeblich ist diese Neuerung, die eigentlich eine Besinnung auf alte Gewohnheiten war, weder beim Publikum noch bei den Schaustellern angekommen.

Vielleicht läßt man sich bei uns für die weihnachtliche Präsentation zu wenig einfallen. Die Zahl von rund 150.000 Besuchern, die im Durchschnitt auf dem Weihnachtsmarkt am Funkturm registriert werden, nimmt sich zwar recht stattlich aus, besagt aber nichts gegen die anderthalb bis zwei Millionen Menschen, die – zum Teil von weither mit Autobussen und Sonderzügen – auf den in aller Welt gekannten Nürnberger Christkindlesmarkt kommen.
Kein Wunder, wird mancher meinen, denn er hat ja mit dem Hauptmarkt im Herzen der alten Reichsstadt, mit der Frauenkirche und dem Schönen Brunnen eine Kulisse, wie sie Berlin nun einmal nicht bieten kann.
Denkste! Der Weihnachtsmarkt in Ost-Berlin – von jeher im Freien – findet in sehr prosaischer Umgebung auf einem Parkplatz am „Alex" statt und bringt es dennoch ebenfalls auf zwei Millionen Besucher. Daran ist weniger das private Schaustellergewerbe beteiligt, das es in der bei uns üblichen Form nur vereinzelt gibt, vielmehr der allmächtige Staat in Gestalt der HO, des Konsums und der Dewag-Werbung, denen Millionenbeträge als verlorene Zuschüsse zur Verfügung stehen.

Über das Alter unseres Weihnachtsmarktes gehen die verschiedensten Versionen um. Man kann annehmen, daß er auf die im Mittelalter rund um die Hauptpfarrkirchen der Stadt, St. Nikolai und St. Petri, aufgeschlagenen Christmärkte zurückgeht. Genaue Kunde haben wir erst seit dem Jahre 1729, als man ihn „gewöhnlich" nannte, was im Sprachgebrauch jener Zeit „landläufig" bedeutete. König Friedrich Wilhelm I. hat damals die auf dem Weihnachtsmarkt „feil gestellete Sachen in denen aufgeschlagenen Boutiquen en Promenade in Augenschein" genommen. Das haben nach dem Soldatenkönig alle preußischen Monarchen bis hin zu Kaiser Friedrich III. getan, nur Wilhelm II. hat man niemals auf dem Berliner Weihnachtsmarkt gesehen.
Sein erster Standplatz war im Stadtteil Kölln auf dem Petrikirchplatz und in der Breiten Straße, die damals noch ihrem Namen entsprach. Von hier dehnte sich der Markt dann über Köllnischen Fischmarkt und Mühlendamm nach dem rechts der Spree gelegenen Berlin aus und nahm dort den Molkenmarkt sowie Post- und Heiligegeiststraße ein. Aber nur bis 1750, dann wurde er auf die Breite und Brüderstraße beschränkt.
Der später im noch vorhandenen Haus Brüderstraße 13 wohnende und wirkende Verleger Friedrich Nicolai — „Aufklärer" und Lessing-Freund — hat 1779 in der zweiten Auflage seines Berlin-Baedekers einen kurzen, jedoch zeitlich frühesten Bericht über das Leben und Treiben auf dem Weihnachtsmarkt gegeben: „Der Christmarkt ist hauptsächlich nur für die Einwohner der Residenzstadt eingerichtet, von welchen allerhand Waren, besonders Puppenwerk, Drechslerarbeit, Pelzwerk und Naschwerk verkauft wird; die Buden sind hauptsächlich in der Breiten Straße aufgeschlagen."
Mit Nicolai begann eine bis heute nicht abgerissene Kette von immer begeisterter werdenden Schilderungen des Kindheitsparadieses vieler Generationen. Reflexionen, die vornehmlich in Memoiren und Romanen — so in Wilhelm Raabes Erstlingswerk „Die Chronik der Sperlingsgasse" — ihren Niederschlag fanden, und ihn noch immer finden.

Zur gleichen Zeit wie Raabe — in den 1850er Jahren — war auch Gottfried Keller nach Berlin gekommen, dessen anregende und betriebsame Atmosphäre ihn (wie er bekannte) erst zum Schriftsteller gemacht hat. In seinen „Wanderbildern" von 1852 steht das schöne Gedicht, das folgendermaßen beginnt:

> *„Welch lustiger Wald um das hohe Schloß*
> *hat sich zusammengefunden,*
> *ein grünes, bewegliches Nadelgehölz,*
> *von keiner Wurzel gebunden.*
>
> *Anstatt der warmen Sonne scheint*
> *das Rauschgold durch die Wipfel;*
> *hier backt man Kuchen, dort brät man Wurst,*
> *das Räuchlein zieht an die Gipfel."*

Das von Keller besungene „grüne, bewegliche Nadelgehölz" ist jetzt wieder auf dem Weihnachtsmarkt in Ostberlin zu finden; in Gestalt von 15.000 Kieferstämmchen, mit denen man die Stände der Händler und Schausteller kaschiert.

Weil das weihnachtliche Markttreiben „den ungeheuer angewachsenen Verkehr" behinderte (der noch kein Auto kannte), mußten die 3.000 Händler 1894 umziehen. Diesmal vom Lustgarten nach j. w. d. (janz weit draußen), in die Warschauer und Petersburger Straße, auf den Arkona- und Weddingplatz.

Seiner Beliebtheit tat das aber kaum Abbruch, denn das Polizeipräsidium verzeichnete im Verwaltungsbericht, daß er 1894 von 3.565 Händlern beschickt war; zwei Jahre später waren es sogar 3.606 und 1900 immerhin noch 3.228, die auf dem Weihnachtsmarkt ihre Waren feilboten. Dennoch hatte er nach Ansicht der Polizei „seine volkstümliche Bedeutung im wesentlichen eingebüßt und ist zu einem gewöhnlichen Krammarkt herabgesunken".

Eine natürliche Folge der Tatsache, daß der Weihnachtsmarkt „seine historische Stätte in unmittelbarer Nähe des Königlichen Schlosses verlassen hatte und immer mehr nach der Peripherie der Stadt herausgeschoben werden mußte", wie die Polizei meinte und die Episode des Weihnachtsmarkts im Plänterwald (1969) letzten Endes bestätigte.

Im Lustgarten angesichts des Schlosses ist der Weihnachtsmarkt erst 1874 heimisch geworden, nachdem ihn die einflußreichen Kaufleute und Hoflieferanten aus der Breiten Straße verjagt hatten. Aber auch am Potsdamer Tor, auf dem Alexander- und Büschingplatz sowie in einzelnen Buden an vielen anderen Stellen der Stadt war er damals aufgebaut. Wie das in Preußen einmal selbstverständlich war, erfuhr auch das harmlose Vergnügen zur Weihnachtszeit seine behördliche Regelung durch eine im Amtsblatt veröffentlichte „Polizei-Verordnung betreffend den Verkehr auf den Berliner Jahr- und Weihnachtsmärkten". In dieser heißt es: „Der Weihnachtsmarkt beginnt am 11. Dezember jedes Jahres und dauert bis zum 7. Januar des folgenden Jahres."

Später wurde er verkürzt und der Schlußtag auf den 31. Dezember festgelegt. Unverändert in der Polizei-Verordnung blieb jedoch die wenig menschenfreundliche Bestimmung: „Außer Pfefferküchlerwaaren dürfen eßbare Gegenstände zum Genuß auf der Stelle aus Buden und sonstigen Verkaufs-Vorrichtungen nicht verkauft werden". In der so oft zu Unrecht gepriesenen „guten alten Zeit" konnte man sich also nicht einmal an Knobländern oder Jauerschen erquicken, von der damals noch nicht bekannten Currywurst oder dem Schaschlik ganz zu schweigen.

Genüsse anderer Art boten die Weihnachtsausstellungen, die ebenfalls nicht mit dem Fest ihr Ende fanden, vielmehr bis weit in das neue Jahr hinein liefen. So entstand am 1. Februar 1851 der Großbrand bei „Krolls" am Königsplatz in der noch immer gezeigten Weihnachtsausstellung, deren Attraktion das bewegliche „Riesen-Cyclorama des Mississippi und Ohio" eines Herrn Cassidy war.

Im Krollschen Etablissement hatte man die seit Beginn des vorigen Jahrhunderts beliebten weihnachtlichen Marzipan- und Tragant-Zuckerbilder der Berliner Konditoren zu großen Weihnachtsausstellungen in sämtlichen Sälen des riesigen Gebäudes erweitert, für die es sogar von Ernst Litfaß

Weihnachtsmarkt auf dem Arkonaplatz

gedruckte Führer in Vers und Prosa mit humoristischen Erläuterungen gab.

Der unternehmungslustige Joseph Kroll war jedoch nicht der einzige Restaurateur, der zur Weihnachtszeit um die Gunst der Berliner buhlte. So bot Paarmann in der Fransösischen Straße „Weihnachts-Vorstellungen des beweglichen Riesengemäldes, Kunstfiguren-Theaters, der Nebelbilder und Farbenspiele" an. Zum Schluß wurde gezeigt: „Der heilige Morgen zu Bethlehem, allegorisches Tableau. Täglich Fortsetzung."

Über die Weihnachts-Ausstellung im Meserschen Saal, Unter den Linden 23, heißt es im schwülstigen Anzeigenstil unserer Urgroßväter-Generation: „Einem hochgeehrten Publikum während der Weihnachtszeit einen angenehmen Aufenthalt zu bereiten, habe ich meinen Saal durch den rühmlichst bekannten Decorateur Herrn Lell auf das Geschmackvollste und Eleganteste mit reizenden Landschaften und Laubgängen im maurischen Styl decoriren lassen, sämmtliche Arbeiten, ausgenommen ‚Granada' mondbeleuchtet dargestellt von den Gebr. Borgmann, sind von Herrn Heyl ausgeführt, welche Namen für die Eleganz der Ausstellung bürgen. Der Saal ist täglich von Abends 7 Uhr bei großem Concert unter Leitung des Herrn Selchow ohne Entree geöffnet, und empfehle ich denselben hiermit zur Restauration allen Liebhabern eines fröhlichen Beisammenseins."

Die Liste der Zitate aus dem Berliner Intelligenz-Blatt vom Dezember 1860 ließe sich beliebig verlängern, zumal auch ausgesprochene Schwoflokale mit Weihnachtsausstellungen aufwarteten, die nur gegen 2 1/2 Silbergroschen Eintritt zugänglich waren.

Heute kann man sich die Weihnachtsausstellung bei Wertheim in der Schloßstraße umsonst ansehen. Doch ist die „Große Spielzeugschau" nicht mit dem zu vergleichen, was einst im Stammhaus am Leipziger Platz aufgebaut war und von dem alte Berliner, die es noch gesehen haben, mit Wehmut erzählen: das unvergängliche Märchenland ihrer unbeschwerten Kinderzeit.

Das Vergnügen auf dem Eise und die Neujahrskarten

Immer, wenn die Weihnachtstage vorbei sind, fühlt man sich enttäuscht, weil man — wie schon so oft — auf Eis und Schnee verzichten mußte. Ältere Berliner, die noch unter Kaiser Wilhelm zur Schule gingen, behaupten steif und fest, daß es früher in dieser Hinsicht anders aussah: Berlin hatte zu Weihnachten immer Schnee, und überall konnte man auf dem Eis laufen.
Das stimmt nun auch wieder nicht: denn ein meteorologischer Sachverständiger hat eben in den Tagen Wilhelms II. amtlich festgestellt, daß kurz vor Weihnachten in Berlin oft sehr nasses und wenig winterliches Wetter herrscht. „Erst nach dem 16. Dezember fällt das Temperaturmittel und sinkt am 20. Dezember unter null Grad, woselbst es bis zur Februarmitte — wenigstens an den meisten Tagen — verharrt."
Aus den Erinnerungen alter Berliner, wie Agathe Nalli-Ruthenberg, die 1838 auf die Welt kam, oder des 1860 geborenen Maler-Poeten Hanns Fechner, wissen wir, daß die Winter ihrer Jugend härter waren als jetzt. Ein Körnchen Wahrheit ist schon dabei; denn wie hätte sonst der neue Pächter der Eisbahn an der Rousseauinsel im Tiergarten es Anno 1883 riskieren können, den bisherigen Pächter, der 10.650 Mark für die Wintermonate gezahlt hatte, mit 13.610 Mark auszubooten. Das Pachtgeld allein tat es ja nicht, schließlich mußten auch die Musik, Beleuchtung, Glühwein- und Umkleidebuden bezahlt werden.
Das Eislaufen auf den Gewässern im Tiergarten war damals eine Angelegenheit reicher Leute; selbst der Hof nahm an dem winterlichen Vergnügen teil, von der legendären „Eisrieke" Erdmann Graesers ganz zu schweigen.
In dem Bericht eines Zeitgenossen heißt es: „Die elegante Welt der Hauptstadt gibt sich hier Rendezvous; die Garde und die jeunesse dorée, die Mädchen des Geheimratsviertels und Damen noch höherer Art, auch geringerer, versammeln sich hier, eine bunte, sich tummelnde

Gesellschaft mit rosigen Wangen und roten Nasen, der zuzuschauen nicht ohne Reiz ist."

Wenn gerade der Berliner eine sehr weit zurückliegende Bindung an den Eislauf hat – sein Nationalgericht, das „Eisbein", geht auf den von der Slawenzeit bis zum Mittelalter gebräuchlichen „Schlittknochen", das schweinerne Schienbein, zurück –, so wurde das Laufen in der Winterzeit erst um die Wende des 18. zum 19. Jahrhundert aufgenommen. Daß die Herren anfänglich unter sich waren, stimmt. Jedoch kann die immer wieder genannte Gräfin Rossi – als Henriette Sontag eine hochgeschätzte Primadonna – nicht die erste Berlinerin gewesen sein, die sich im Winter 1844 die Schlittschuhe an die Füße schnallte und mit den männlichen Läufern um die Wette über das Eis jagte.

Es gibt zwei hübsche, um 1815 von Calau gezeichnete Veduten, auf denen die „Winter-Belustigung auf der Spree hinter den Zelten im Tiergarten bei Berlin" ebenso anschaulich wie genau dargestellt ist. Eines dieser Blätter zeigt bereits eine Dame, die Hand in Hand mit dem Herrn Gemahl (oder Verehrer) am Vergnügen auf dem kalten Parkett teilnimmt.

Sportlich eingestellte Eisläufer konnten damals und noch bis zum Ende des vergangenen Jahrhunderts auf den überschwemmten und gefrorenen Charlottenburger Wiesen und dem ebenfalls vereisten Spandauer Schiffahrtskanal bis Saatwinkel gleiten. In der anderen Richtung waren der Rummelsburger See, die Oberspree und der Müggelsee beliebte Tourenziele, über die hinaus Wagemutige sogar bis zum Spreewald gelangten. Den Heimweg machten sie allerdings per Bahn.

Der eigentliche Eislaufsport hat in Berlin keine große Vergangenheit; er begann in den 1860er Jahren mit dem Auftreten amerikanischer Kunstläufer. Der älteste Eislaufverein entstand erst 1886, und die drei berühmten Hallenkunsteisbahnen – Berliner Eispalast (Scala), Sportpalast und Admiralspalast – wurden, verhältnismäßig spät, in den Jahren 1908 bis 1911 errichtet. Auch sie sind schon längst zu Objekten nostalgischer Erinnerungen geworden.

Eisbahn an der Rousseau-Insel

Alle Jahre passiert dasselbe. Man nimmt sich im Urlaub vor, nicht mehr so viele Ansichtskarten zu schreiben wie bisher, und letzten Endes sind es dann doch eher mehr als weniger geworden. Schließlich hat man seine Verpflichtungen und muß nicht nur Tante Emmas und anderer Familienangehöriger gedenken, sondern sich auch für Karten revanchieren, die man im Laufe des Jahres von allen möglichen Seiten als Feriengrüße erhielt.

Ähnlich sieht es zum Jahreswechsel aus, zumal die Wunschkarten mittlerweile so etwas wie ein Statussymbol geworden sind. Nach amerikanischer Sitte stellt man sie auf den Sims des Kamins, und wenn man den in seinen vier Wänden nicht hat, weil der Soziale Wohnungsbau dergleichen Luxus nicht kennt, so müssen eben Bücherschrank oder Kommode herhalten. Ohne Rücksicht darauf, daß der geringste Windhauch sie auf den Teppich fegt. Schließlich nimmt man die Mühe des Auflesens und Wiederaufstellens geduldig auf sich, wird sie doch von den Besuchern belohnt, die über die Fülle der Wunschkarten spontan ihre Bewunderung äußern, daran auch den Einfluß und den gesellschaftlichen Erfolg ihres Gastgebers messen.

Während die jetzt gebräuchliche Verbindung von Weihnachts- und Neujahrskarte keine große Vergangenheit hat und erst 1846 durch den Engländer Sir Henry Cole ausgelöst wurde, blühte die Gepflogenheit, gedruckte Neujahrswünsche zu überbringen, in Deutschland bereits im 15. Jahrhundert. Damals verschenkte man Holzschnittblätter mit Darstellungen des Christkindes als Gabenspender und der Beischrift „Ein guot selig Jor".

Nachdem dieser Brauch fast 300 Jahre lang vergessen war, lebte er in den Tagen des Großen Friedrich wieder auf. Doch war man jetzt weltlicher und mannigfaltiger geworden. Die erste Erwähnung dieser Neujahrskarten neuer Art bringt eine Anzeige der „Vossischen Buchhandlung unter dem Berlinischen Rathhause" in der „Berlinischen privilegirten Zeitung" vom 1. Januar 1761: „Zwey Dutzend scherzhafte Neujahrswünsche fürs Frauenzimmer und 2

Dutzend für Mannspersonen aufs Jahr 1761, in Form von einer Spielkarte in Futteral. 10 Groschen."
Dieselbe Buchhandlung empfahl später zu Neujahr „passende Vignetten, fein illuminiert, in verschiedenen Couleuren", auch „Familienwünsche, freundschaftliche, freundschaftsvolle, zärtliche, drollige (oder scherzhafte), satyrische und vermischte Neujahrswünsche". Von der angebotenen Poesie ein Beispiel:

> „Was hilft das Wünschen stundenlang
> in Prosa, Versen, Reimenklang.
> Komm, liebes Mädchen, laß Dich küssen
> und so das neue Jahr begrüßen."

Die Wunschkartenfabrikanten lieferten schon damals Durchsteck-, Auszieh- und Klappkarten, auch Transparentkarten für mehr oder minder gewagte Scherze, bei denen der wesentliche Teil des Motivs erst sichtbar wurde, wenn man die Karte gegen das Licht hielt.
Für die außerordentliche Beliebtheit der Neujahrskarten zu jener Zeit in Berlin zeugt das Buch „Neuestes Gemälde von Berlin auf 1798", das ein ganzes Kapitel dem „Handel mit gedruckten Neujahrswünschen" widmet. Darin heißt es „Gedruckte Neujahrswünsche unter Freunden und Bekannten zu wechseln, ist hier zur Mode, ja zur Notwendigkeit geworden. Nicht nur in den Wohnungen der Kupferstecher und Buchhändler, wo es an Käufern wimmelt, sogar auf den Straßen werden solche Wünsche hier feilgeboten."
Auch Goethe hat sich für sie interessiert und seinen Berliner Duzfreund Carl Friedrich Zelter gebeten, „mir vor Neujahr von den artigen Neujahrswünschen zu senden, die sie beweglich, durchscheinend und auf sonstige Weise in Berlin gar artig fabrizieren".
Zur selben Zeit, als das Biedermeier die Wunschkarten durch die Verwendung von Moos, Stroh, Glas, Federn, Gold, Silber, Perlmutter und dergleichen mehr zum „Kunstbillet" entwickelte und dafür mit Preisen bis zu zwei Talern das Stück aufwartete, wurde auch die spröde Materie des Eisens für die Neujahrskarte nutzbar gemacht.

Die Königliche Eisengießerei in der Invalidenstraße verschickte von 1805 bis 1848 alljährlich vorzüglich modellierte Neujahrsplaketten aus Gußeisen an den König und Hofstaat sowie an Behörden und Geschäftsfreunde. Die geschmackvollen, nur sechs mal neun Zentimeter messenden Eisentäfelchen lagen in samtgefütterten Lederetuis, die mit goldgepreßten „Schlägel und Eisen" geschmückt waren. Die Plaketten zeigen in flachem Relief kunstgewerbliche Erzeugnisse der bis 1874 betriebenen Gießerei, dort hergestellte Maschinen oder auch in Berlin neuentstandene Gebäude oder Denkmäler, was diesen einzig- und eigenartigen Neujahrskarten neben dem künstlerischen auch kulturhistorischen Wert gibt.

Sowohl im Berlin-Museum wie im Märkischen Museum sind vollständige Sammlungen der eisernen Kunstfertigkeiten vorhanden. Da diese von Liebhabern und Sammlern heißbegehrten Neujahrskarten im Fachhandel kaum noch anzutreffen sind, ließ das Märkische Museum einige Motive — so die hübsche Ansicht der Klosterkirche von 1846 — in Kunstharz kopieren und bot sie neben den üblichen Ansichtskarten als Souvenir an. Daß sie bald vergriffen waren, kann man sich vorstellen. Zugegeben, das Angebot an musealen Andenken ist im Berlin-Museum schon reichhaltig, aber es könnte nur gewinnen, wenn neben dem farbig bedruckten Papier auch dreidimensionale Dinge wie eben Kopien der eisernen Neujahrskarten zu haben wären.